dumont taschenbücher

Michael Jäger, geb. 1953, studierte in Köln Kunstgeschichte, Philosophie und Klassische Archäologie. Seine bisherigen Buchveröffentlichungen: »Kommentierende Einführung in Baumgartens ›Aesthetica‹« (Hildesheim u. a. 1980), »Die Ästhetik als Antwort auf das kopernikanische Weltbild« (Hildesheim u. a. 1984). Seit 1984 Beschäftigung mit dem Thema der Kulturgeschichte, Philosophie und Kunsttheorie der Renaissance.

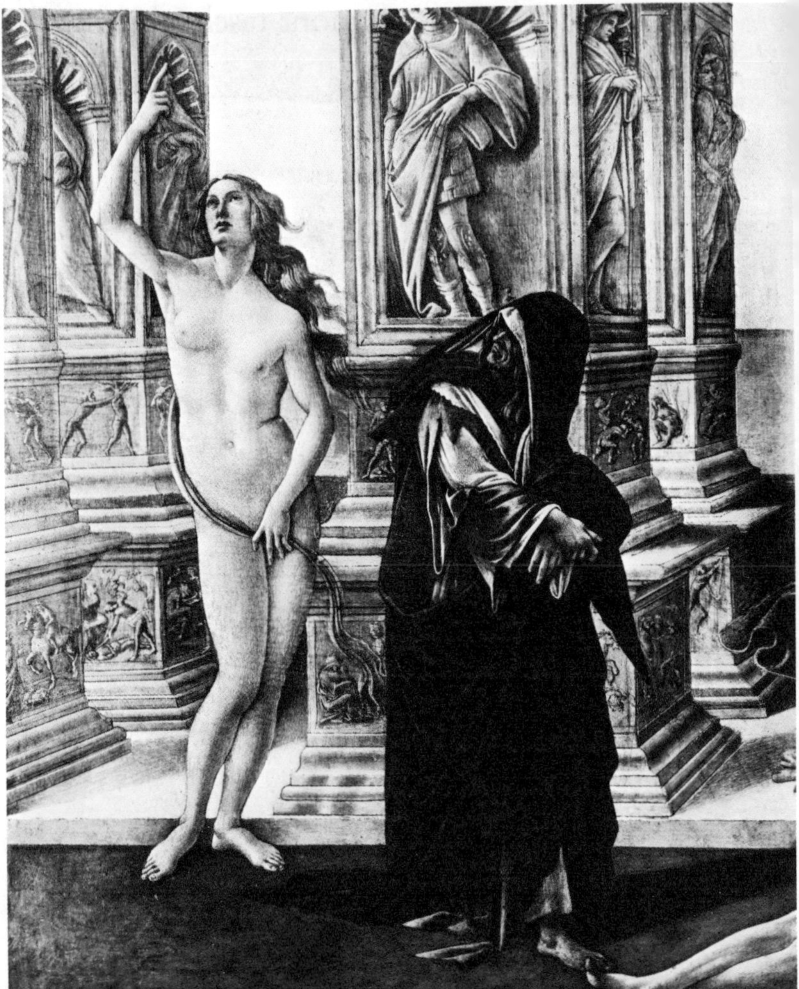

Sandro Botticelli, Die Verleumdung des Apelles. Um 1495. Tempera auf Holz, 62×91 cm. Florenz, Uffizien (Ausschnitt: Allegorische Figuren der ›nackten Wahrheit‹ und der ›Reue‹; vgl. Lukian, Calumn. non tem. cred. 2ff.)

Michael Jäger

Die Theorie des Schönen in der italienischen Renaissance

DuMont Buchverlag Köln

Umschlagabbildung: Paolo Veronese, Das Gastmahl im Hause des Levi (Ausschnitt; vgl. Abb. 19)

»In Toskana, hauptsächlich in Florenz selbst, hat die bildende Kunst ihre Wiedergeburt erlebt.«
Giorgio Vasari

CIP-Titelaufnahme der Deutschen Bibliothek

Jäger, Michael:
Die Theorie des Schönen in der italienischen Renaissance /
Michael Jäger. – Erstveröff. – Köln: DuMont, 1990
(DuMont-Taschenbücher; Bd. 238)
ISBN 3-7701-1739-5
NE: GT

Satz, Druck und buchbinderische Verarbeitung: Boss-Druck, Kleve

Printed in Germany ISBN 3-7701-1739-5

Inhalt

Vorbemerkung

Der Titel des Buches, »Die Theorie des Schönen in der italienischen Renaissance«, bedarf einiger Erläuterungen. Merkwürdigerweise hat sich bei uns für diese Epoche ein französischer Begriff eingebürgert, der auf die Wege der Forschungsgeschichte zurückweist. Innerhalb seines Werkes über die Geschichte Frankreichs nannte Jules Michelet seinen siebten, im Jahr 1855 erschienenen Band: »Histoire de France au XVIe siècle. Renaissance«. Jacob Burckhardt griff auf diese Bezeichnung zurück mit seinem einflußreichen und noch heute lesenswerten, erstmalig 1860 erschienenen Buch: »Die Cultur der Renaissance in Italien. Ein Versuch«. Seit Burckhardt wird bei dem Begriff ›Renaissance‹ von uns zunächst an die Kultur und Kunst der Epoche gedacht. Dies erhält eine gewisse Berechtigung dadurch, daß Künstler und Kunsttheoretiker wie z. B. Vasari ihre eigene Zeit als eine Epoche der Wiedergeburt, des *Rinascimento* oder der *Rinascita*, auffaßten (vgl. Text-Dokument I/65). Darüber hinaus ist der Begriff seit Burckhardt so eng mit Italien verbunden wie etwa derjenige der ›klassischen Antike‹ mit Griechenland und Rom. Dabei ist zu berücksichtigen, daß es während des 14., 15. oder 16. Jahrhunderts, also während des Tre-, Quattro- oder Cinquecento, keinen italienischen Nationalstaat gab. Die Formulierung ›italienische Renaissance‹ spiegelt eine Einheit wider, die dem damaligen Zustand unangemessen ist. In Florenz, das seinerseits auf solche Vorläufer wie z. B. Padua zurückblicken konnte, entstand ein weitausgreifendes Zentrum der Frührenaissance. Neapel, Mailand und die kleineren oberitalienischen Fürstentümer wie Ferrara und Mantua sowie Urbino in Mittelitalien wurden im Quattrocento zu Vertretern der Kultur der Renaissance. Im Cinquecento kamen Rom und Venedig hinzu und erlangten eine Bedeutung wie Florenz. Aber trotz mehrerer Mittelpunkte und trotz unterschiedlicher ›Kunstlandschaften‹[1] wurde insgesamt ein Gebiet, das in etwa dem heutigen Italien entspricht, weitaus stärker von der Renaissance geprägt als alle umliegenden Länder. Zwar waren auch Einflüsse auf die Länder außerhalb Italiens unverkennbar, aber längst nicht von solch durchschlagender Wirkung wie im Ursprungsland selbst. Die im Ausland entstandenen Anschauungen über die Schönheit und die Kunst wurden meist mit Kenntnis italienischer Quellen entwickelt und können, von besonderen Ausprägungen abgesehen, mit den in diesem Buch vermittelten Kenntnissen verstanden werden. Aus diesem Grund untersuche ich die italienische Renaissance stellvertretend und beispielhaft für die ganze Epoche.

Wenn wir diese begriffsgeschichtlichen Umstände beiseite lassen und uns dem Gehalt zuwenden, dann wird schon während der ersten Verständnisbemühungen klar, daß unterschiedliche Vorstellungen mit dem Zeitalter des *Rinascimento* oder der *Rinascita* verbunden werden. Die Renaissance wird zum einen ans Ende des Mittelalters, zum anderen an den Beginn der Neuzeit gesetzt; sie wird als selbständige Epoche oder als Übergangszeit aufgefaßt; ihre Zeitspanne wird sowohl von 1300–1600 als auch von 1400–1550 angegeben. In diesem Buch beschäftige ich mich vorzugsweise mit der Zeit des Quattro- und der ersten Hälfte des Cinquecento. Der sowohl räumliche als auch zeitliche Rahmen ist allerdings nicht so eng gesteckt, daß Ausländer wie Nikolaus von Kues oder Francisco de Hollanda oder auch frühe bzw. späte Autoren wie Francesco Petrarca oder Federigo Zuccari unerwähnt bleiben.

Der Begriff der Theorie wird in diesem Zusammenhang weit gefaßt. Im Erläuterungs- und Dokumententeil werden nicht nur wissenschaftlich begründete oder philosophisch tiefgründige Gedankengänge, sondern auch übernommene oder eigenständige Meinungen besprochen oder vorgestellt. Dabei fällt auf, daß es in der italienischen Renaissance mehrere Theoriengebäude und eine Vielzahl unterschiedlicher Meinungen hinsichtlich der Schönheit gab. In diesem Buch werden in der Hauptsache die Bereiche der Kunsttheorie und der Liebesphilosophie behandelt. Sie bestimmten in der Renaissance die Vorstellungen von der Schönheit. Beim Lesen im Untersuchungs- und Dokumententeil wird deutlich, daß diese beiden Bereiche keineswegs getrennt nebeneinander standen. Sie beeinflußten sich gegenseitig, und sie belegen, daß unsere Unterscheidungsmerkmale oft grob vereinfachen oder verfälschen. Neben der Theorie der bildenden Künste gab es bedeutende Vorstellungen z. B. des Humanismus, der Dichtungstheorie oder der Musiktheorie. Sie werden von mir insofern berücksichtigt, als die

Theorie der bildenden Künste davon berührt wurde. Neben dem Neuplatonismus und der in ihm entwickelten Liebesphilosophie gab es andere wichtige Lehren innerhalb der Renaissancephilosophie, die bis in die jüngste Zeit hinein ein »vernachlässigter Forschungsgegenstand« ist und der insgesamt »Unterschätzung« entgegengebracht wird. Vom Standpunkt der Philosophiegeschichte aus betrachtet, könnten noch folgende Gruppen angeführt werden: z. B. die Anhänger des Aristoteles, vertreten durch Georg von Trapezunt und Theodoros von Gaza, die Averroisten mit Nifo, die Alexandristen mit Ermolao Barbaro, Pomponazzi, Contarini, Scaliger, die unselbständige Popularphilosophie mit Valla und Nizolius, die Naturphilosophie mit Cardano, Telesio, Bruno, Campanella.[2] Diese Lehrmeinungen werden von mir nur insofern berücksichtigt, als sie Spuren in der Kunsttheorie oder Liebesphilosophie hinterlassen haben. Auf diese Weise wird durch die Auswahl ein Schwerpunkt gesetzt, aber durch das Herausgreifen von Kunsttheorie und Liebesphilosophie und ihrer mannigfaltigen Berührungspunkte untereinander und mit anderen Bereichen eine inhaltliche Einseitigkeit in der Darstellung vermieden. Es soll somit etwas sowohl von dem oftmals vorhandenen Tiefgang als auch von der Vielfalt der Schönheitsvorstellungen der italienischen Renaissance vermittelt werden.

Neben der Unterteilung des Buches in Untersuchungen und Text-Dokumente gibt es eine zweite Einteilungsweise, die vom Allgemeinen zum Besonderen und Einzelnen vorgeht. Zunächst werden allgemeine Vorstellungen innerhalb der Kunsttheorie und der Schönheitslehre besprochen und angeführt. Kunsttheorie und Schönheitslehre waren in der Renaissance nicht deckungsgleich. Die Kunsttheorie beschäftigte sich nicht ausschließlich mit der Schönheit, sondern auch mit Fragen, welche die Ausführung unmittelbar betrafen. In der Philosophie wurden sowohl das Kunstwerk als auch die Schönheit untersucht, ohne jedoch, von Ausnahmen abgesehen, diese beiden Gegenstände als einheitlich zu verstehen. Die Philosophen stellten nicht die Frage nach der künstlerischen Schönheit. Was wir heute mit dem einen Begriff ›Ästhetik‹ bezeichnen, das war in zwei ungleichartigen, jeweils vielschichtigen Bereichen enthalten. Weiterhin richtet sich die Einteilung auf die Schönheit und Häßlichkeit des Menschen. Eine besondere Beachtung dieses Themas ergibt sich durch die große Bedeutung des

Menschen für die damalige Kunsttheorie und Liebesphilosophie. An dem zuletzt untersuchten Thema der Schönheit von Natur und Landschaft wird geprüft, in welcher Weise und in welchem Ausmaß die Renaissance an der Entdeckung dieser Schönheit beteiligt war. Sowohl die Vorstellungen über den Menschen als auch über Natur und Landschaft sind heute noch bedenkenswert. Als inhaltliche Einführung zu diesem Buch können die beiden abschließenden Kapitel des von Rosario Assunto verfaßten Bandes über die Theorie des Schönen im Mittelalter herangezogen werden. Sie tragen die Überschriften: »Die Dichtungstheorie Dantes und das Florentiner Trecento« sowie »Die Ideen des ausgehenden Mittelalters vom Schönen und von der Kunst«.

Die Renaissance ist nicht so sehr von der Philosophiegeschichte, sondern von der Kultur- und Kunstgeschichte weitgehend erforscht. Ein weiteres Eindringen in den Sachbereich ist mit Hilfe der Literatur möglich, die in den Anmerkungen verkürzt und im Literaturverzeichnis vollständig angegeben wird. Leider hat in den letzten Jahrzehnten die Veröffentlichung der Quellen und ihrer deutschsprachigen Übersetzungen nicht mit dem Forschungsstand Schritt gehalten. Die kurz vor der Jahrhundertwende entstandene Welle von Übersetzungen hat keine Fortsetzung erfahren. Aus diesem Grund ist der Teil der Text-Dokumente ungewöhnlich umfangreich. Die meist lateinischen oder italienischen Originaltexte, von denen eine größere Anzahl im Petrarca-Institut in Köln einzusehen ist, werden mit einer Übersetzung angeführt. Längere Zitate sollen den grundlegenden Sinnzusammenhang vermitteln. Aus diesem Grund werden Alberti als Vertreter der Kunsttheorie oder Ficino für die Liebesphilosophie ausführlich zitiert. Die Wiederholungen sind nicht ohne Reiz und offenbaren feine Unterschiede in der Denk- und Ausdrucksweise. Die vielen Definitionen der Schönheit zeigen neben bewußten inhaltlichen Übernahmen auch gezielte Abweichungen gegenüber der herkömmlichen Meinung (Text-Dok. II/1–3, 9, 15–17, 19, 25, 32–34, 37, 39, 42–44, 46, 50). Das Zitieren der Zeuxis-Legende bei Alberti macht das Zitieren derselben Anekdote bei Raffael nicht überflüssig (Text-Dok. II/1, 28). Die Ausführung der Proportionslehre von Leonardo läßt es auch als sinnvoll erscheinen, entsprechende Äußerungen Firenzuolas anzuführen (Text-Dok. III/26, 27, 55, 56). Kürzere Zitate sollen Vergleichsmöglichkeiten aufweisen und Hinweise auf ähnliche Quellen geben. Zur

Erleichterung der Überprüfung und des selbständigen Weitersuchens sind unter jedem Zitat der Name des Verfassers, Titel, Ausarbeitungszeitraum bzw. Druckort und -jahr sowie die benutzten Ausgaben und Übersetzungen angegeben. Die vollständigen Angaben sind im Literaturverzeichnis vorhanden und können schnell nachgeschlagen werden. Ist die Herkunft einer Übersetzung nicht angegeben, so wurde diese von mir vorgenommen. Untersuchungs- und Dokumententeil sind eng aufeinander bezogen. Die Quellen können zur Vorbereitung für den Untersuchungsteil dienen und den notwendigen Kenntnisstand vermitteln und ergänzen, oder sie können der Überprüfung der Aussagen im Untersuchungsteil dienlich sein. Je nach Kenntnisstand ist also auch zunächst das Lesen des entsprechenden Quellenteils und danach die Durchsicht des Untersuchungsteils empfehlenswert.

Der Abbildungsteil des Buches – mit einer Karte Italiens, die alle genannten Orte enthält – ist bewußt äußerst beschränkt gehalten. Bildbände über die Renaissance sind zahlreicher als erläuternde, mit Quellen versehene Bücher. Die nur kleine Anzahl der Abbildungen gestattet es, ein studientaugliches, an Quellen reiches Buch im Taschenbuchformat zum erschwinglichen Preis herauszugeben. Ich hoffe, daß zum Vergnügen und zur Weiterbildung häufig darin nachgeschlagen und gelesen wird.

Denjenigen, die mich beim Schreiben des Buches unterstützt haben, danke ich. Besonders bedanke ich mich bei Hildegard Schaaf.

M. J.

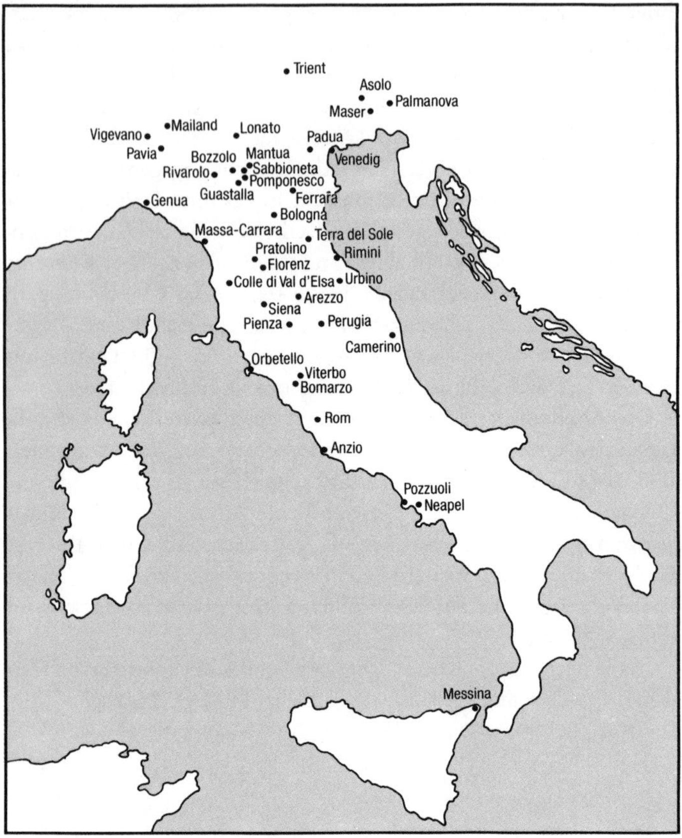

In diesem Buch erwähnte Städte und Ortschaften, die in der Renaissance Bedeutung hatten

Einleitung

Die Vielzahl der Voraussetzungen der italienischen Renaissance

Die Entstehung der italienischen Renaissance war das Ergebnis eines umfassenden Zusammenwirkens vieler Kräfte. Politik und Wirtschaft, Bildung und Religion, die Gesellschaftsordnungen der Stadtrepubliken und Höfe sowie ein gewisses Selbstverständnis der Menschen gehörten zu den Voraussetzungen dieser wegen ihrer Kunst und Kultur hochberühmten Epoche. In diesem Wirkungszusammenhang standen auch die uns besonders beschäftigenden Theorien der Kunst und des Schönen.

Diese Beziehungen sind schwierig zu untersuchen. So bedeutende Forscher wie Jacob Burckhardt, Heinrich Wölfflin, Aby Warburg, Karl Marx, Alfred Doren, Alfred von Martin, Frederic Antal, Arnold Hauser, Martin Wackernagel, Rudolf Wittkower, Hans Baron kamen zu unterschiedlichen Ergebnissen.[3] Oskar Kristeller, ein Kenner des Humanismus, formulierte einen wichtigen Grund für die Forschungsschwierigkeiten und gelangte zu dem für die Renaissance gültigen Schluß: »Schließlich dürfte in einer komplexen aber spezialisierten Kultur jeder einzelne kulturelle Bereich seine besonders eigentümliche Entwicklung nehmen. Wir haben keine Veranlassung, anzunehmen, daß die Renaissance oder irgendeine andere Epoche dieselben Merkmale, denselben ›Stil‹, denselben Rhythmus der Entwicklung oder der regionalen Verbreitung in der Kunst und Literatur, der Politik und Wirtschaft, der Religion und Philosophie oder der Naturwissenschaften aufweisen muß.«[4]

Die Bedeutung der Politik

Tatsächlich bestanden keine einfachen Beziehungen zwischen den obengenannten allgemeinen Bereichen und der Kultur und Kunst der

Renaissance. Rückschlüsse z. B. von der Politik auf die Kunst führen leicht zu Widersprüchen. Die Stadtrepubliken boten den Menschen einen Lebensraum der Freiheit, also auch den Künstlern, die auf die Eigenständigkeit der Kunst pochten und die künstlerischen Gesetzmäßigkeiten in ihren Werken entfalteten. Die Zeit der Stadtrepubliken aber ging während der Renaissance ihrem Ende entgegen. Andererseits schienen auch Tyrannen und Fürsten die Künstler in ihrem Tun nicht entscheidend einzuengen. Das Hofleben hob Zunftzwänge auf, sicherte die Künstler finanziell ab und brachte fürstliche Wünsche nach Exklusivität hervor. Donatellos »Judith«, Michelangelos »David« oder Bandinellis »Herkules und Cacus« waren solche Kunstwerke, die während weniger Jahrzehnte auf der Piazza della Signoria in Florenz aufgestellt wurden und die verschiedenen politischen Verhältnisse wiedergaben.[5] Am Beispiel von Florenz läßt sich nicht entscheiden, ob die republikanische oder unter den Medici fürstlich regierte Stadt den Künsten und der Kultur förderlicher war. Auch die zeitgenössischen Quellen selbst geben keine eindeutigen Hinweise. Vasari berichtet von Sansovino in dessen Lebensbeschreibung, daß dieser lieber im republikanischen Venedig als im päpstlichen Rom arbeiten wollte. Vasari selbst aber fühlte sich offensichtlich unter der Schirmherrschaft der Medici wohl und sang zahlreiche Loblieder auf sie.

Die Zeit der kulturellen und künstlerischen Blüte gründete sich nicht auf stabile politische Verhältnisse. Das Kräftespiel der Staaten Mailand, Venedig, Florenz, Rom, Neapel wurde im Quattrocento anfälliger. Ausländische Mächte griffen in immer stärkerem Maße ein, so daß spätestens seit dem ›*Sacco di Roma*‹ im Jahr 1527 dieser Politik ein Ende gesetzt wurde. Die Renaissance war somit eine Zeit des politischen Macht- und Bedeutungsverlusts für die italienischen Staaten.

Folgen von Politik und Frieden für Kunst und Kultur waren unbestritten. Die Tatsache des Ringens um den Vorrang von Waffen oder Wissenschaften, *arma et litterae*, zeigte das Ende der von rein ritterlichen Vorbildern bestimmten Gesellschaft an. Künstler und Wissenschaftler wußten, daß sie im Falle eines Krieges weniger Aufträge erhalten würden. Vasari hob dementsprechend in der Lebensbeschreibung von Antonio Pollaiuolo hervor, daß dessen Erfolge durch die friedlichen und günstigen Zeiten bedingt waren (Text-Dok. I/66).[6] Auf der anderen Seite wurde Florenz, während es unangefochtenes Zentrum der frühen Renaissance war, durch eine Invasion Mailands bedroht. Die politischen Spannungen verhinderten also nicht den Beginn einer neuen kulturellen und künstlerischen Entwicklung, und die Vermutung liegt nahe, daß die politischen Unruhen zu einer Anspannung aller, auch der künstlerischen Kräfte geführt hatten.

Wirtschaft

Die kulturelle Blüte gründete sich in der Renaissance auf wirtschaftliche Voraussetzungen. Die geographisch günstige Lage innerhalb des Mittelmeergebietes ließ Italien zur Vermittlerin zwischen Westen und Osten werden. Schon im 10. Jahrhundert war eine Welle von Stadtgründungen zusammen mit einer erheblichen Zunahme der Stadtbevölkerung Grundlage einer städtisch betriebenen Wirtschaft und eines weitverzweigten Handels geworden. In Italien gab es damals die größten und handelskräftigsten Städte. In Florenz, einem überragenden Handels- und Finanzzentrum, unterstützte das von Kaufleuten betriebene Rechnen, Gewinndenken und Rationalisierungsstreben den Wunsch nach einer Kunst, die eine solche Wirklichkeit festhielt. Auf beweglichen, zu kaufenden oder zu verkaufenden Tafelbildern wurde sie dokumentiert. Die Tatsache, »daß die Ausbildung im Quattrocento ungewöhnlichen Wert auf bestimmte mathematische Fähigkeiten legte«, führte zu einer Bereitschaft, »auf die Struktur komplexer Formen als Verbindungen regelmäßiger geometrischer Körper und als Intervalle, die in Folgen faßlich sind«, zu achten. So entwickelte sich »eine Kontinuität zwischen den mathematischen Fertigkeiten, derer sich die Kaufleute bedienten, und jenen, die der Maler einsetzte, um seinen Bildern die Proportionalität und klare Körperlichkeit zu geben, die uns heute als so bemerkenswert erscheint.«[7]

Allerdings war die Zeit der Renaissance nicht mehr die Zeit der wirtschaftlichen Höchstleistung. Nach der verheerenden Pest in der Mitte des Trecento waren die Bevölkerungsverluste in den nachfolgenden Generationen noch nicht gänzlich ausgeglichen. Florenz besaß in der Mitte des Quattrocento deutlich weniger Einwohner als 150 Jahre zuvor und brachte eine weitaus geringere wirtschaftliche Leistung zustande. Die politisch unsichere Lage im Osten, sichtbar geworden in der Eroberung von Byzanz im Jahr 1453 durch die Türken, und die neue westwärts gewandte Ausrichtung des Handels, ermöglicht durch die Entdeckung Amerikas im Jahr 1492, ließen Italiens Handelsgewinne schrumpfen und den wirtschaftlichen Vorsprung gegenüber den Nachbarstaaten verlieren.

Gesellschaftliche Bedeutung

Kultur und Künste der Renaissance bauten also auf einer Wirtschaft auf, die Einbußen hatte hinnehmen müssen. Daß sie aber solide Grundlagen benötigten, läßt sich schon an Künstlern wie z.B. Filippo Brunelleschi, Lorenzo Ghiberti, Donatello, Masaccio oder Leon Battista Alberti ablesen, die allesamt aus begüterten, hochstehenden und angesehenen Familien stammten, deren Mitglieder Kaufleute, Bankiers, Notare waren oder ähnlichen Berufen angehörten.[8] Diese Personen wollten verständlicherweise mit ihrer Berufswahl keinen gesellschaftlichen Abstieg in Kauf nehmen. Ihr Beruf sollte nicht der Not gehorchen und unmittelbar dem Broterwerb dienen müssen. Noch in der Mitte des Cinquecento erläuterte diesen Standpunkt leidenschaftlich Vasari, der an fürstliche Aufträge gewohnt war, in der Lebensbeschreibung des Giovanni Francesco Rustichi (Text-Dok. I/64). Vasari begründete seine Ansicht damit, daß eine solche dem Broterwerb dienende Arbeit nicht nur den Künstlern unangemessen sei, sondern daß auch die Güte der Arbeiten darunter leide.

Der Künstlerberuf sollte also nicht als Handwerk angesehen werden, er sollte aus der Gruppe der mechanischen Künste oder der *artes mechanicae* herausgelöst und in die Gruppe der freien Künste oder der *artes liberales* aufgenommen werden. Die Humanisten hatten schon im Trecento ein Beispiel dafür gegeben, wie mit Hilfe der humanistischen Fächer Grammatik, Redekunst, Dichtkunst, Geschichte, Moralphilosophie besser geredet und geschrieben werden konnte und damit privat und öffentlich Erfolge erzielt wurden.[9] Ähnlich wie Dichtkunst oder Musiktheorie sollten nun Bau-, Bildhauer- und Malkunst zu den freien Künsten gezählt und dadurch aufgewertet werden. Cennini brachte Dichtung und Malerei in Verbindung, Pacioli stellte die perspektivische Malerei neben die Musik, Leonardo vertrat einseitig die Malerei gegen die Dichtung und suchte Unterstützung in der Bildhauerei und Musik (Text-Dok. I/2, 32, 33, 40). Die Rangstreitigkeiten waren stark. Innerhalb ein und derselben Kunst wurde, ähnlich wie in den aus der Antike überlieferten Wettbewerben, um das beste Können und den höchsten Rang gestritten. Im sogenannten *paragone* setzten sich die Künstler heftig für den ersten Rang ihres jeweiligen Berufszweiges ein (Text-Dok. I/52; IV/37, 39, 58, 59, 73), so daß auch Künste, die wie die Tanz- oder Ackerbaukunst nicht so sehr im Mittelpunkt öffentlicher Beachtung standen, von ihren Vertretern Guglielmo Ebreo oder Vincenzo Scamozzi den hochgeschätzten freien Künsten gleichgesetzt wurden.[10]

Solche Versuche waren Begleiterscheinungen des gesellschaftlichen Aufstiegs der Künstler. Diese bemühten sich darum, die von den Humanisten vorbereitete Auflockerung der Gesellschaftsordnung, in welcher nicht mehr nur Geburt, sondern auch Leistung zählte, für sich zu nutzen. Gentile Bellini, Carlo Crivelli, Andrea Mantegna, Guido Mazzoni, Michelangelo Buonarroti, Baccio Bandinelli, Giuseppe Arcimboldo, Giovanni da Bologna wurden in den Adelsstand erhoben und vollzogen damit einen für alle sichtbar gewordenen gesellschaftlichen Aufstieg. Mantegna baute sich ein Haus, das einem Adligen angemessen war. Antonio da San Gallo forderte von seinem Kollegen und Verwandten Bastiano bessere und höflichere Verhaltens- und Ausdrucksweisen. Raffaellino del Garbo wurde von Vasari wegen seines verlotterten, pöbelhaften, eines Künstlers unwürdigen Aussehens gescholten. Raffael lebte in den äußeren Verhältnissen wie ein Fürst. Wenn Michelangelo vom Papst gebeten wurde, sich an seine Seite zu setzen, dann wurde dies richtig als Zuweisung eines hohen Ranges aufgefaßt. Ausnahmen bestätigten nur die Regel. Jacopo da Pontormo ließ adlige Auftraggeber stehen und bediente Handwerker. Jacopo Sansovino schlug Angebote des Papstes ab und blieb in Venedig sein eigener Herr (Text-Dok. I/63). Annibale Carracci zeigte sich gern als Freund des niederen Volkes.[11] Aber diese Nähe zum Volk und das Berichten entsprechender Anekdoten erfüllte Vasari auch mit Stolz, da sich darin eine gewisse Unabhängigkeit der Künstler gegenüber den Oberschichten und ihren Auftraggebern zeigte. In der zweiten Hälfte des Cinquecento griff Paolo Veronese vor der inquisitorischen Anklage, ein Bild unangemessen ausgeführt zu haben, zu der Ausflucht, der Künstler nehme wie der Narr Freiheiten in Anspruch (Text-Dok. I/79; vgl. Abb. 19). Noch zu dieser Zeit besaßen die Künstler ein Restgefühl davon, daß sie wie die Hofnarren die gesellschaftliche Ordnung auf den Kopf gestellt hatten. Im allgemeinen wurde der Unterschied zu den Unterschichten und die erstrebte Zugehörigkeit zu den Oberschichten betont. Der gesellschaftliche Aufstieg der Künstler, mag er auch nicht so schnell und so reibungslos vor sich gegangen sein wie es sich die Künstler wünschten und wie sie es behaupteten, war jedoch eine in zwei Jahrhunderten besiegelte Tatsache. Diese aufstrebende Gruppe hatte Erfolg, und weite Teile der Oberschichten waren bereit, Künstler zu fördern, Kunstwerke zu sammeln, über Kunst nachzudenken und sie laienhaft auszuüben.

Die Künste wurden somit von gesellschaftlich hochstehenden oder einen hohen Rang beanspruchenden Personen für gesellschaftliche Oberschichten ausgeführt, und zwar mit entsprechendem Inhalt und entsprechend großem und verfeinertem Aufwand. Diese ›Hochkunst‹ wies dann die Merkmale einer solchen Verbindung zwischen Künstler- und Mäzenatentum auf. Betont witzig, aufgrund der großen zeitlichen und räumlichen Entfernung zur italienischen Renaissance ein unverdächtiges Richteramt innehabend, schrieb einige Jahrhunderte später ein aus Amerika angereister Besucher folgendes über die Kunstwerke: »Die todten und verdammten Medici, welche Florenz grausam tyrannisirten und mehr als zweihundert Jahre sein Fluch waren, liegen eingepökelt und bei Seite gestellt in einem Kreise kostspieliger Grabgewölbe, und in ihrer Mitte sollte das heilige Grab aufgestellt werden... Ei, sie ließen ja ihre mittelmäßigen und vergessenen Thaten zu Lande und zur See (gleich den alten Dogen von Venedig) in großartigen Fresken abmalen, auf denen der Heiland und die Jungfrau selbst auf ihrem Throne im Himmel ihnen Beifall zuklatscht. Und wer malte dieses Zeug? Je nun, Tizian, Tintoretto, Paul Veronese, Rafael – niemand anders, als die Idole der Welt, die ›alten Meister‹. Andrea del Sarto verherrlichte seine Fürsten in Bildern, die sie auf ewig vor der Vergessenheit sichern mußten, welche sie verdienten, und sie ließen ihn verhungern. War ihm gesund. Rafael malte solche schurkischen Teufelinnen wie Katherine und Marie de Medici, wie sie im Himmel saßen und sich vertraulich mit der Jungfrau Maria und den Engeln unterhielten (von höheren Persönlichkeiten ganz zu schweigen), und doch schmähen mich meine Freunde, weil ich ein bischen gegen die alten Meister eingenommen bin, weil ich manchmal nicht im Stande bin, die Schönheit zu sehen, die in ihren Erzeugnissen liegt. Ich kann nicht umhin, sie dann und wann zu sehen, aber ich fahre fort, gegen den sklavischen Geist zu protestiren, der diese Meister zu bereden wußte, ihre edlen Gaben mit Schmeichelei gegen solche Ungeheuer zu prostituiren, wie die französischen, venetianischen und florentinischen Fürsten vor zwei oder dreihundert Jahren allesammt waren.«[12]

Humanistische und naturwissenschaftliche Bildung als Bestandteile der ›Theorie‹

Ebenso wie den gesellschaftlichen Aufstieg eigneten sich die Künstler eine neue Bildung an, die sich in den Kunstwerken bemerkbar machte. Zum einen wurden verstärkt Kenntnisse über die Antike erworben. Alberti war solch ein ›humanistisch‹ gebildeter Künstler, der sowohl antike Kunstwerke als auch antike Schriftquellen studierte. Zum anderen wurde Wert auf ein Wissen gelegt, das durch eigene Erfahrung gewonnen wurde und durch Mathematik und Naturwissenschaften abgesichert war. Leonardo besaß ein solches Wissen, und er stellte sich selbst in einen scharfen Gegensatz zu den Gelehrten, die sich in geschulten Reden und Schriften auf antike Autoritäten beriefen. Diese Bildungszweige gingen bei den meisten Künstlern der Renaissance eine Einheit ein und stellten dasjenige dar, was ›Theorie‹ genannt wurde. Kunstwerke waren nur mit Hilfe der theoretischen Kenntnisse richtig herzustellen und zu beurteilen. Diese wissenschaftliche Theorie wurde im Quattrocento ausgebildet. Sie fehlte Cennini noch weitgehend, was seiner eher handwerklich wirkenden Abhandlung anzumerken ist. Dem gesellschaftlichen Unterschied zu den bloßen Handwerkern entsprach der Besitz einer eigenständigen, theoretischen Bildung der Künstler. Die Forderung nach Aufnahme in die Gruppe der freien Künste wurde mit der Entwicklung einer wissenschaftlichen Theorie untermauert.

Die Bedeutung der Religion

Der Einfluß eines auf das Fühlen, Denken und Handeln der Menschen so wirkungsträchtigen Bereiches wie der Religion auf Kultur und Kunst ist nicht genau einzuschätzen. Das Beispiel der Humanisten lehrt, daß im allgemeinen trotz vermehrter Berührungspunkte mit antiker Kultur und Literatur keine Loslösung von der christlichen Religion die Folge war. Unter den Kunstschriftstellern leitete Cennini seinen sachlich gehaltenen Traktat mit christlichen Gedanken ein und beschloß ihn auch damit. Christliche Themen wurden in der Renaissance am weitaus häufigsten dargestellt, obwohl seit Ende des Quattrocento ein Anwachsen der Zahl von Bildern mit weltlichen Themen festzustellen ist.[13] Die Darstellungsmittel wurden weiterhin in den Dienst einer christlichen Kunst gestellt, so wenn z.B. Piero della Francesca für seine »Taufe Christi« einen streng geometrischen Bildaufbau benutzte oder Mantegna für die Darstellung des toten Christus eine stark untersichtige Perspektive wählte (Abb. 8).

Während der Renaissance gab es wechselnde Strömungen, in denen die Kirche, die Frömmigkeit und demzufolge auch die Beziehungen zur Kunst sich änderten. Savonarola bestritt nicht das Recht, überhaupt Kunstwerke zu schaffen und zu besitzen, aber er wollte an die Kunst einen anderen Maßstab anlegen als denjenigen der künstlerischen Eigengesetzlichkeit (Text-Dok. I/29, 30). Während der Gegenreformation setzte sich eine strengere Beachtung des Inhalts von Kunstwerken durch. Die Darstellung von nackten Figuren stieß zunehmend auf Widerspruch. Michelangelos »Jüngstes Gericht« (Abb. 14) in der Sixtinischen Kapelle bildete den berühmtesten Zankapfel in der Mitte des Cinquecento. Schriften von Giovanni Andrea Gilio, Bartolommeo Ammannati, Gabriele Paleotti belegten die von kirchlicher und religiöser Seite gewünschte Beeinflussung der Künste. Sie setzten in breiterem Stil fort, was in dem von 1545 bis 1563 innerhalb von mehreren Tagungen abgehaltenen Konzil von Trient erörtert und dort zuletzt beschlossen wurde. Vasari, ein glühender Bewunderer Michelangelos, vertrat einen gemäßigten, weit verbreiteten Standpunkt. Er beharrte auf der künstlerischen Eigengesetzlichkeit und war gleichzeitig von den Zielen der Gegenreformation bestimmt. In der Lebensbeschreibung von Fra Giovanni da

Fiesole hob er die Übereinstimmung von vorbildlichem Lebenswandel und künstlerischem Tun lobend hervor und zeigte, wie von vornherein die Gefahr einer anstößigen Kunst auszuschließen war (Text-Dok. III/59; I/75, 67).

Das Selbstbewußtsein der Künstler

Nicht ganz unabhängig von einer bestimmten Art der Frömmigkeit veränderte sich das Selbstbewußtsein der in der Renaissance tätigen Künstler. In starkem Maße bezogen die Kunsttheoretiker innerhalb ihrer schriftlichen Ausführungen Gott in ihre Vergleiche mit ein. Bezeichnenderweise tauchten solche Vergleiche zuerst in der Baukunst auf, also in derjenigen Kunst, die am meisten die sichtbare Welt zu verändern und die größten Werke herzustellen in der Lage war. Der Gedanke von Gott als Baumeister erschien schon in einer ausländischen Miniatur mitten im 13. Jahrhundert.[14] Die planenden oder ausführenden Künstler hatten ihr Selbstverständnis von den vermögenden fürstlichen und sich allgewaltig fühlenden Auftraggebern übernommen. Lodovico Sforza in Vigevano, Enea Silvio Piccolomini als Papst Pius II. in Pienza, Vespasiano Gonzaga in Sabbioneta hegten gewaltige Baupläne und führten sie teilweise auch aus. Palmanova, Orbetello, Rivarolo Mantovano, Bozzolo, Pomponesco, Massa, Terra del Sole, Guastalla waren im voraus weitgehend durchgeplante Anlagen von zumeist großem Aufwand. Politik, Religion und Kunst gingen auch in der Besiedlung der *Terraferma* durch Venedig eine Verbindung ein. Zeugnis eines solchen Vorgehens waren die Schilderungen Luigi Alvise Cornaros (Text-Dok. IV/78). Die Vergleiche zwischen dem schöpferischen Gott und dem schaffenden Künstler, zwischen der kunstvollen Welt und dem schöpferischen Kunstwerk wurden einander immer ähnlicher und fanden Eingang in die Theorie aller bildenden Künste. Vasari lobte Ghiberti dafür, die ersten Menschen, Adam und Eva, unvergleichlich schön gebildet und damit Gottes Schöpfung nachgeahmt zu haben (Text-Dok. III/64). Dosso Dossi malte um 1529 ein Bild mit Jupiter, welcher malend Schmetterlinge erschafft (Abb. 15). Die Maler der Renaissance schrieben, dachten – und wahrscheinlich fühlten sie auch so –, daß die Malerei eine göttliche Kunst sei. Von philosophischer Seite erhielt dieser Vergleich eine Unterstützung. Ficino bezeichnete die Welt als ein Gemälde. Die in der platonischen Philosophie ursprünglich nur auf die Dichtkunst gemünzte Vorstellung des göttlichen Wahnsinns, *furor divinus*, griff auf die bildenden Künste über. Die Musiktheorie Ficinos leitete von der göttlichen und kosmischen Sphärenharmonie über zur Harmonie der durch menschliche Instrumente hervorgebrachten Musik (Text-Dok. I/28). Hinweise auf den Schöpfergott und die kunstvolle Welt wurden selbstverständlich in den bekannten antiken Quellen gesucht und gefunden. Eindrücklich stand in den »Bildern« von Philostrat, einem von Ambrogio Traversari zu Beginn des Quattrocento wiedergefundenen und im Jahr 1503 in griechischer Sprache gedruckten Werk, folgendes geschrieben: »Und für den, der tiefer eindringen mag, ist die Malerei eine Erfindung der Götter, sowohl wegen der Farbenpracht auf Erden, womit die Göttinnen der Jahreszeit die Auen schmücken, wie wegen der Erscheinungen am Himmel.«[15]

Der bedeutsame Vergleich des künstlerischen Menschen mit Gott war für die damaligen Zeitgenossen Ausdruck des berechtigten Anspruchs auf den hohen Rang von Kunst und Künstler. Der Vergleich führte aber auch die Gefahr der Selbstüberhebung mit sich. Die Kirche warnte vor einer kolossalen Bautätigkeit, abgesehen davon, daß sie sich dem Baufieber der Zeit nicht entzog und selbst die größten Bauten erstellen ließ.[16] Savonarola ließ Kunstwerke als Luxusgüter verbrennen. Alberti verurteilte nicht so sehr vom moralischen, sondern vom künstlerischen, Nützlichkeitserwägungen einbeziehenden Standpunkt aus die mit großem Aufwand ausgeführten Bauten Neros (Text-Dok. I/17). Selbstverständlich wurde Gottes Schöpfung als unerreichbarer Maßstab für das menschliche Kunstwerk herausgestellt. Savonarola ahnte die Gefahr des künstlerischen Anspruchs und hielt am Vorrang der göttlichen Schöpfung und der nachzuahmenden Natur fest (Text-Dok. I/29). Aber trotzdem gipfelte das Selbstverständnis der Künstler während der Renaissance in einem nicht mehr zu steigernden Höhepunkt, indem mit fester Gewißheit die Vergleiche zwischen künstlerischem Menschen und schöpferischem Gott geäußert wurden (Text-Dok. I/9, 27, 32, 50, 51, 54; II/2, 5, 25; III/9, 62; IV/38, 65).

Notwendigkeit des mehrschichtigen Denkens

Der Blick auf nur einige der allgemeinen Voraussetzungen für die Entstehung der Renaissance beweist, wie schwierig es ist, eine Epoche insgesamt zu überschauen und bis in die Einzelheiten zu verstehen. Die Beschränkung jedoch auf eine einzige Voraussetzung engt den Blick zu sehr ein. Deshalb muß es treffend und kurz zu unserer Verfahrensweise heißen: »Vieles scheint für einen pluralistischen Ansatz zu sprechen.«[17] Aber diese Vielzahl von zu berücksichtigenden Ansätzen macht das Verstehen eben auch schwierig. Wie die Epoche der Renaissance mit ihren Ursachen sind die Theorien von der Schönheit und der Kunst mit einer Vielzahl von maßgeblichen Voraussetzungen verwoben. Die bisherige Darstellung hat uns gezeigt, mehrschichtig zu denken und allzu einfache Rückschlüsse zu vermeiden.

I Kunsttheorie

1 Die Kunstabhandlungen

Die Beschreibung der künstlerischen Seite der Renaissance ist einfacher als das Suchen nach ihren Voraussetzungen. Die Wirksamkeit der auf uns überkommenen Kunstwerke wurde erhöht durch schriftliche Zeugnisse über die Künste, über deren Materialien, Techniken, Grundsätze, Fragestellungen, Entwicklungen und Persönlichkeiten. Die Kunsttheorie wurde am ausführlichsten in besonderen Abhandlungen oder Traktaten niedergeschrieben, die während der Renaissance in großer Anzahl entstanden. Die Kunsttraktate sind ein Merkmal dieser Epoche und unterscheiden sie von vorangegangenen.

Noch lange nach ihrer Entstehungszeit blieben die Kunsttraktate wirksam. Als beispielhafter Ausdruck der Kunstanschauungen fanden sie auch die Aufmerksamkeit der Forscher. Bis in die letzte Zeit hinein wurden diese Traktate innerhalb der Kunstgeschichte, Kunsttheorie oder Ästhetikgeschichte untersucht. In einer Reihe von Übersetzungen wurden am Ende des 19. Jahrhunderts mehrere Traktate auch der deutschsprachigen Öffentlichkeit bekannt gemacht. Ebenfalls in deutscher Sprache geschrieben oder in sie übersetzt wurden untersuchende Arbeiten von Albert Dresdner, Julius von Schlosser, Erwin Panofsky, Anthony Blunt, Götz Pochat, Wladislaw Tatarkiewicz, Wilhelm Perpeet. Diese ausgezeichneten, teilweise leicht erreichbaren Werke erübrigen an dieser Stelle eine bis ins einzelne gehende Darstellung der Kunsttheorie der Renaissance. In der mustergültig zusammengestellten »Kunstliteratur« von Julius von Schlosser ist über fast jeden Traktat etwas zu erfahren. Im folgenden gebe ich eine Liste der wichtigsten Kunstabhandlungen in chronologischer Reihenfolge. Wurden die Traktate in zeitlicher Nähe zur Ausarbeitung gedruckt, sind sie mit Druckort und -jahr angegeben:

Cennino Cennini (um 1370–um 1440): Libro dell'arte o trattato della pittura, um 1390/1400
Leon Battista Alberti (1404–72): De pictura, 1435/36; De re aedificatoria, um 1450/52, Florenz 1485; De statua, 1464
Lorenzo Ghiberti (1377–1455): I commentarii, um 1447/53
Antonio Averlino, detto Filarete (1400–70): Trattato d'architettura, 1457/64
Piero della Francesca (um 1416–92): De prospectiva pingendi, vor 1482; Libellus de cinque corporibus regularibus, Venedig 1509
Francesco di Giorgio Martini (1425–1506): Trattati d'architettura ingegneria e arte militare, 1482
Luca Pacioli (ca. 1450–1520): De divina proportione, 1497, Venedig 1509
Leonardo da Vinci (1452–1519): Trattato della pittura, 1497
Pomponius Gauricus (1482–um 1530): De sculptura, Florenz 1504
Francesco Lancilotti (15./16. Jh.): Tractato de pictura, Rom 1509
Cesare Cesariano (1483–1543): Commento al De architectura di Vitruvio, Como 1521
Sebastiano Serlio (1475–1554): Regole generali di architettura, Venedig 1537
Mario Equicola (um 1470–1525): Instituzioni al comporre in ogni sorte di rima con uno eruditissimo discorso della pittura, Mailand 1541
Paolo Pino (16. Jh.): Dialogo di pittura, Venedig 1548
Benedetto Varchi (1503–65): Due lezioni sopra la pittura e scultura, Florenz 1549
Michelangelo Biondo (1497–1570): Della nobilissima pittura, Venedig 1549
Antonio Francesco Doni (1513–74): Il Disegno, Venedig 1549
Pietro Cataneo (um 1500–um 1569): I quattro primi libri di architettura, Venedig 1554
Daniele Barbaro (1513–70): L'Architettura di Vitruvio, Venedig 1556; La practica della prospettiva, Venedig 1568
Lodovico Dolce (1508–68): Dialogo della pittura intitolato l'Aretino, Venedig 1557
Jacopo Barozzi da Vignola (1507–73): Regole delle cinque ordini d'architettura, Rom 1562; Le due regole della prospettiva, Rom 1583
Giovanni Andrea Gilio (16. Jh.): Due dialoghi, ... nel secondo si ragiona degli errori de' pittori circa l'historie, Camerino 1564

Vincenzo Danti (1530–76): Trattato delle perfette proporzioni, Florenz 1567
Benvenuto Cellini (1500–71): Due trattati, uno intorno alle otto principali arti dell'orificeria, l'altro in materia dell'arte della scultura, Florenz 1568
Andrea Palladio (1508–80): I quattro libri dell'architettura, Venedig 1570
Martino Bassi (1542/8–91): Dispareri in materia d'architettura et prospettiva con pareri di eccellenti et famosi architetti, Brescia 1572
Cristoforo Sorte (1510–95): Osservationi nella pittura, Venedig 1580
Bartolommeo Ammannati (1511–92): Lettera scritta agli Academici del Disegno, Florenz 1582
Gabriele Paleotti (1522–97): Discorso intorno le immagini sacre e profane, Bologna 1582
Francesco Bocchi (1548–1618): Eccellenza della statua di S. Giorgio di Donatello scultore, Florenz 1584
Raffaello Borghini (1541–88): Il riposo, Florenz 1584
Giovanni Paolo Lomazzo (1538–1600): Trattato dell'arte della pittura, scultura ed architettura, Mailand 1584; Idea del tempio della pittura, Mailand 1590
Giovan Battista Armenini (1530–1609): De' veri precetti della pittura, Ravenna 1587
Gregorio Comanini (16./17. Jh.): Il Figino ovvero del fine della pittura, Mantua 1591
Antonio Possevino (1533/4–1611): Tractatio de poesi et pictura, Lyon 1595
Federico Zuccari (1542/3–1609): L'idea de' pittori, scultori e architetti, Turin 1607

Die Liste der Kunsttraktate war ursprünglich schon allein aus dem Grund länger als die obige, weil verlorengegangene Texte wie z. B. derjenige von Vincenzo Foppa uns nicht mehr zugänglich sind.

Zur Kunsttheorie äußerten sich auch Verfasser der Lebensbeschreibungen von Künstlern, z. B. Filippo Villani in den um 1400 entstandenen »Le Vite de' uomini illustri fiorentini«, Bartholomaeus Facius in dem um 1450 entstandenen Werk »De viris illustribus«, Cristoforo Landino in seinem im Jahr 1481 erschienenen Dantekommentar,

Antonio Manetti in der 1482/88 entstandenen Lebensbeschreibung Brunelleschis, Paolo Giovio in den 1520/30 verfaßten Lebensbeschreibungen von Leonardo, Raffael und Michelangelo, Giorgio Vasari in dem herausragenden und umfangreichen Werk über die ihm bekannten Künstler, das erstmals im Jahr 1550, dann verändert und erweitert im Jahr 1568 gedruckt wurde, Ascanio Condivi in der 1553 erschienenen Lebensbeschreibung Michelangelos, Benvenuto Cellini in der um 1560 verfaßten Beschreibung seines eigenen Lebens. Ebenfalls von Bedeutung für die Kunsttheorie waren Beschreibungen von Örtlichkeiten und Sammlungen, z. B. Poggio Bracciolinis um 1430 entstandene »Ruinarum urbis descriptio«, Flavio Biondos kurz vor 1446 entstandenes Werk »Roma instaurata«, Leandro Albertis »Descrittione di tutta Italia«, 1550 gedruckt, Marc Anton Michiels während der Jahre 1515/43 niedergeschriebene Aufzeichnungen von Kunstgegenständen in verschiedenen Städten Italiens, die 1554 erschienenen Briefe von Sabba da Castiglione. In Briefen wurden künstlerische Vorstellungen mitgeteilt, z.B. in dem Schreiben Raffaels an Baldassare Castiglione aus dem Jahr 1516. Umfragen sollten zu bestimmten Fragestellungen Aufschlüsse erbringen, wie z.B. in einer im Jahr 1546 gestarteten Umfrage von Benedetto Varchi unter führenden Künstlern seiner Zeit. Dichtungen enthielten kunsttheoretische Ansichten. Francesco Colonna kleidete seine Kunstliebhabereien 1499 in Romanform. Michelangelo äußerte seine Kunstvorstellungen in Form von Gedichten. Verträge wie derjenige von Isabella d'Este mit Perugino waren Belege für die vom Publikum gewünschten Eigenschaften der Kunstwerke. Gutachten verlangten die Ausführung grundsätzlicher Stellungnahmen so wie sie z. B. in einem von Francesco Giorgio Veneto erstellten Baugutachten zu einer venezianischen Kirche im Jahr 1535 enthalten war. In philosophischen Schriften, z. B. in denjenigen des Nikolaus von Kues, wurde das künstlerische Tun untersucht. Innerhalb des Quattro- und Cinquecento wurde verstärkt nach Gemeinsamkeiten zwischen von Menschen geschaffenem Kunstwerk und göttlicher Schöpfung gesucht, und neuplatonisches Denken legte den Künstlern den Gedanken des göttlichen Wahnsinns nahe. Die Baukunst wurde in dem 1525 erschienenen Werk »De harmonia mundi totius cantica tria« von Francesco Giorgio Veneto behandelt, einem vielschichtigen, von mehreren philosophischen und religiösen Strömungen bestimmten Werk. Der Kreis der Werke mit kunsttheoretischen Überlegungen vergrößerte sich, weil die Zahl der kunsttheoretisch denkenden und schreibenden Menschen wuchs. Im Quattrocento waren es noch die Künstler selbst, die ihre Gedanken zu ihrem Arbeitsgebiet schriftlich festhielten. Luca Pacioli und Pomponius Gauricus waren in dieser Beziehung Ausnahmen. Im Cinquecento äußerten sich dann auch Berufskritiker wie Pietro Aretino, Kunstliebhaber wie Paolo Giovio oder Laien wie Michelangelo Biondo in einer 1549 gedruckten kunsttheoretischen Abhandlung oder Baldassare Castiglione im 1528 herausgegebenen und künstlerische Belange nur streifenden »Buch vom Hofmann«.

Aber nicht nur im Bereich der bildenden Künste entstanden theoretische Abhandlungen. Lehrbücher über die Dichtkunst oder Poetiken schrieben im Cinquecento Girolamo Fracastaro, Giulio Cesare Scaliger, Vincenzo Maggi, Francesco Patrizi, Tommaso Campanella. Im Quattrocento wurden Tanztraktate von Domenico da Piacenza, Antonio Cornazano, Guglielmo Ebreo verfaßt. Franchino Gafori und Vincenzo Galilei schrieben ihre Musiktheorien nieder. In einem sehr weitgespannten Bereich und in vielerlei Formen wurden die Theorien der bildenden und anderer Künste vermittelt. Auch die künstlerisch gebildete Öffentlichkeit vergrößerte sich. Kunsttheoretische Gedanken wurden nicht nur von Künstlern für Künstler geäußert. Es kamen noch humanistisch gebildete Männer und Frauen, Philosophen, Fürstinnen und Fürsten, Kaufleute, Kirchenvertreter usw. hinzu. Das Umfeld der Kunsttheorie war groß, und es wurde während des Quattro- und Cinquecento immer größer. Bestimmte Fragestellungen wurden während zweier Jahrhunderte wiederholt, und es entstanden feste, kaum angezweifelte Überzeugungen.

2 Das Gebot der Wiederanknüpfung an die Antike

Innerhalb der schriftlich geäußerten Grundsätze gab es vor allem zwei, die alle anderen Aussagen an Häufigkeit und Wichtigkeit während des Quattro- und Cinquecento übertrafen. Es waren dies die Gebote der Wiederanknüpfung an die Antike und der Nachahmung der Natur.

Hierbei ist zu berücksichtigen, daß beide als eng miteinander verbunden angesehen wurden. Die Wiederanknüpfung an die Antike bedeutete gleichzeitig eine Versicherung für gelungene Naturnachahmung, da die antike Kunst für die Künstler der Renaissance die Naturnachahmung glücklich erreicht hatte und erst in der darauf folgenden Zeit dieser hohe Stand verloren wurde. Andererseits mußte die Befolgung der Naturnachahmung in die Nähe zur antiken Kunst führen. Diese Gebote galten für alle bildenden Künste, auch wenn sie in unterschiedlichem Maß und in unterschiedlicher Weise innerhalb der jeweiligen Theorie zu formulieren und in der jeweiligen Kunst zu verwirklichen waren. Die Baukunst hatte immerhin die Ruinen Roms als Studiengegenstände zur Verfügung, so daß eine Nachahmung der Antike nicht schwerfiel, wohingegen schon genauer erläutert werden mußte, was bei ihr unter Nachahmung der Natur verstanden wurde. Die Malerei hingegen hatte kaum, z. B. von den nicht gerade bedeutenden Grotesken abgesehen, sichtbare Vorbilder der Antike vor Augen, während hingegen eine Nachahmung der Natur durch die Übereinstimmung zwischen bildlicher Darstellung und wahrnehmbarer Wirklichkeit mit augenscheinlichem Erfolg erzielt werden konnte.

Die von den Künstlern der *Rinascita* erwünschte Wiedergeburt der Antike war schon durch den Humanismus im Trecento vorbereitet worden. Das Studium der Antike und zunächst hauptsächlich ihrer Literatur setzte in gewisser Weise das Studium der vorhergehenden Zeit fort, aber mit anderen Vorlieben und mit einem geänderten Bewußtsein. Schriften der Moralphilosophie rückten in den Mittelpunkt der Betrachtungen. Der Stil wurde begutachtet, um das antike Vorbild des guten Redens und Schreibens selbst wiederholen zu können. Dafür grundlegend war das seit Petrarca bei den Humanisten entwickelte Bewußtsein des geschichtlichen Abstandes zur Antike. Mit diesem Bewußtsein bedurfte es einer Rückwendung, um der Antike habhaft zu werden (Text-Dok. I/6). Ab diesem Zeitpunkt war eine Nachahmung der Alten möglich. Für die bildenden Künste hatte dies zur Folge, daß der künstlerische Höhepunkt durch eine bewußte Rückwendung zur antiken Kunst erreicht werden sollte. Antike Kunstwerke wurden genau untersucht und nachgeahmt (Text-Dok. I/22, 76; III/15, 37). Im sogenannten Mittelalter wurden antike Formmotive weiterverwendet, aber in einem veränderten, meist christlich bestimmten Sinn. Wurde dort die Darstellung eines antiken Themas angestrebt, dann mit Hilfe zeitgenössischer, bekannter Formen. »Es war das Privileg der eigentlichen Renaissance, antike Themen ... wieder mit antiken Motiven zu vereinigen.«[18]

Die Hinwendung zur Antike hatte das Vermessen und Aufzeichnen der antiken Baureste in Rom zur Folge. In Bildern wurde antiker Mythos dargestellt. Oftmals entwarfen zunächst die mit antiker Mythologie vertrauten Humanisten solche Bildprogramme. Beispielsweise ließ zu Beginn des Cinquecento Isabella d'Este durch ihren humanistisch gebildeten Sekretär Paride da Ceresara ein antik-mythologisches Bildprogramm ausarbeiten, welches der Maler Perugino ausführen sollte (Text-Dok. IV/50; Abb. 10). Die sowohl in der Kunstausübung als auch Kunsttheorie betriebene Hinwendung zur Antike erhielt schriftliche Richtlinien durch die Vorarbeiten von Humanisten und Philologen, welche die antiken Quellen den bildenden Künstlern zur Verfügung stellten. Albertis Schrift über die Baukunst gründete sich auf Vitruvs Werk. Frühe gedruckte Neuausgaben von Vitruvs Werk erschienen in Rom im Jahr 1486 und mit mehreren Auflagen in den darauffolgenden Jahren durch den Grammatiker und Philologen Giovanni Sulpicio da Veroli, in Venedig im Jahr 1511 durch den Architekten und Ingenieur Fra Giovanni Giocondo da Verona, eine italienische Übersetzung im Jahr 1521 in Mailand durch Cesare Cesariano, andere italienische Übersetzungen in Venedig 1524 und Perugia 1536, weiterhin in Venedig im Jahr 1556 die Ausgabe durch Daniele Barbaro. Plinius' »Naturgeschichte« mit den überaus wichtigen Künstleranekdoten erschien gedruckt in Venedig 1469 durch Spira, eine italienische Übersetzung in Parma 1476 durch Beroaldo, eine kommentierte Ausgabe in Rom 1492 durch Ermolao Barbaro, in Venedig 1499 eine Ausgabe durch Palmarius. Diese antiken Quellen waren den damaligen Künstlern gegenwärtig. So berichtete Francesco da San Gallo, wie im Jahr 1506 die »Laokoon-Gruppe« im Beisein seines Vaters Giuliano, Hofarchitekt des Papstes, und des berühmten Michelangelo Buonarroti gefunden wurde. Giuliano bezeichnete sofort die eben zum ersten Mal gesehene Statuengruppe als den bei Plinius beschriebenen Laokoon. Den Künstlern waren also schon allein durch die Kenntnis der antiken Quellen die antiken Kunstwerke in ihrer Vorstellung vertraut. Nur geringe Anstöße waren notwendig, um die schriftlich überlieferten Kunstwerke zu erkennen. Die in den Quellen mitgegebenen Beschreibungen und Beurteilungen wurden ebenfalls beherzigt. Selbstverständlich wurde diese antike, durch Plinius' Lob überaus berühmte Figurengruppe von den Künstlern der Renaissance ausgiebig studiert. Offensichtlich verwendete auch Michelangelo mehrere seiner Studien vom Laokoon in fertigen Bildern (vgl. Abb. 14). Kunsttheoretische Gespräche waren ohne die Kenntnis antiker Quellen nicht zu führen. Beiläufig erwähnte Francisco de Hollanda, daß während eines kunsttheoretischen Gespräches in Rom im Jahr 1538 ein Diener losgeschickt wurde, um die »Naturgeschichte« des Plinius zu holen.[19]

3 Das Gebot der Naturnachahmung

Das Gebot der Naturnachahmung war von überragender Wichtigkeit, aber es war zu Cenninis Zeit nicht neu. Schon während des Duecento, zur Zeit Friedrichs II., waren in Süditalien die Naturwissenschaften unter dem Grundsatz der Naturnachahmung gefördert worden. In den Universitätsstädten Padua, Perugia oder Bologna beschäftigten sich die Juristen mit der Nachahmungslehre. Wichtige Fragen, z.B. jene nach der Rechtmäßigkeit des Herrschers, wurden dort entschieden. Danach verlieh die Natur, nicht Papst oder Kaiser, dem Herrscher seine Rechtmäßigkeit. Im Anschluß an die Studien von Aristoteles' Werken und die Übersetzungen seiner »Physik« und »Politik« war der Grundsatz der Naturnachahmung in Philosophie, Literatur, Politik, Gesetzgebung und -sprechung sowie in der Medizin bekannt geworden. Aristoteles und der Grundsatz der Naturnachahmung dienten somit »der Verteidigung der weltlichen Institutionen gegenüber dem Allmachtsanspruch der Kirche. Hauptargument für eine diesseitige Existenzberechtigung war die ›Natürlichkeit‹, die sich am Grad der Naturnachahmung maß. Der letztlich politischen Anwendung arbeitete die wissenschaftliche Diskussion um die aristotelische Nachahmungslehre zu«.[20]

Auch auf die Künste sprang dieser Funke der Naturnachahmung über. Ein frühes Beispiel stellt in diesem Zusammenhang Friedrich II.

dar, der arabische Kommentare zu Aristoteles kannte und das »Falkenbuch« verfaßte, das auf genauen Naturbeobachtungen beruhte. Am Ende des Duecento berichtete Ristoro d'Arezzo aus seiner Heimatstadt über Vasen mit Tier- und Pflanzendarstellungen, »so wunderbar und vollendet, dass sie vor dem Schöpfer der Natur selbst mit Ehren bestehen könnten«. Im Trecento wurde bei der Architekturwiedergabe, am menschlichen Bildnis, in der Landschaftsmalerei, bei der Herstellung von Landkarten, bei der Pflanzendarstellung in Herbarien, bei Vogelbüchern der Grundsatz der Naturnachahmung verwirklicht. Während des Trecento in Siena bildeten Simone Martini und Ambrogio Lorenzetti, teilweise nach vorheriger Besichtigung, Örtlichkeiten mit solcher Abbildungsgenauigkeit ab, daß diese Malereien ›Landschaftsporträts‹ genannt werden können (Abb. 2). Kurz nach 1390 wurden durch Wachsabdrücke gewonnene Porträts der Carrara auf Münzen hergestellt, vielleicht Cennini selbst zuschreibbar. Um dieselbe Zeit entstanden Pflanzenbücher, deren Abbildungen nach Vorlagen gepreßter Pflanzen erfolgten. Die Grabplastik in Padua erhielt Porträtcharakter. Cennini war am Hof der Carrara zu Padua tätig und stand somit in Diensten einer Herrscherfamilie, die ihre politische Rechtmäßigkeit mit der ›Natürlichkeit‹ begründete. Cennini erhob zum ersten Mal in der beginnenden Traktatliteratur vernehmlich die Stimme zugunsten der Naturnachahmung. Aus seinem Traktat ist zu ersehen, was er unter Naturnachahmung verstand. Denn Naturnachahmung richtete sich gegen die Autoritäten. Letzter Maßstab waren nicht die Lehrer, sondern die Natur (Text-Dok. I/3).

Auf künstlerischem Gebiet mußte dies bedeuten, daß die überkommenen, nach dem Bilderstreit zu unveränderlichen Mustern erstorbenen Formen der byzantinischen Malerei und die als barbarisch empfundenen gotischen Formen durch Formen abgelöst werden sollten, die der Natur nachgeahmt waren. Naturtreue wurde nicht nur im Porträt gewahrt und auf das menschliche Gesicht beschränkt. Der ganze Körper, Kleintiere oder Landschaftsbestandteile wie Felsen oder Gewässer sollten in der künstlerischen Darstellung Naturähnlichkeit besitzen. Das von Cennini beschriebene und ausgeführte Abgußverfahren gewährte einen hohen Grad an Naturähnlichkeit. Wo dieses Verfahren nicht anwendbar war, z.B. bei solch großen Gegenständen wie einem Felsen, wurden passende Naturgegenstände als Modelle ausgesucht. Ein großer, rauher, unbearbeiteter Stein in der Werkstatt bürgte für Naturtreue in den Werken. Dieses keineswegs sonderbar anmutende, sondern folgerichtig gewählte Modell führte nicht zu schematischen Darstellungen. Für sein Ziel der Naturnachahmung konnte Cennini auch die Antike zu Hilfe nehmen. Das Verfahren der Naturabgüsse wurde bei Plinius erwähnt und mit Lysistratos aus Sikyon in Verbindung gebracht. Antike Statuen waren am Hof der Carrara zu sehen.[21] Kunstwerke und Kunsttheorie der Antike unterstützten also Cennini darin, sich für die in verschiedenen Wissens- und Tätigkeitsbereichen erhobene Forderung nach Naturnachahmung innerhalb seiner Abhandlung einzusetzen und ins künstlerische Werk umzusetzen.

In der zeitlichen Nachfolge von Cennini war Alberti davon überzeugt, die Natur sei die beste, nachahmenswerte Künstlerin, Ghiberti bekräftigte in seinem Traktat, die Natur mit allen seinen Kräften nachzuahmen, Facius bewunderte die nachzumessende Naturtreue auf Bildern Jan van Eycks, Pacioli hielt an dem Gebot der Naturnachahmung trotz seiner Meinung von der Unerreichbarkeit der Natur fest, Leonardo forderte eine möglichst große Übereinstimmung zwischen Kunstwerken und Naturgegenständen, und noch um die Mitte des Cinquecento empfahl Vasari in der Lebensbeschreibung des Mino, das Kopieren des Meisters, selbst wenn er Michelangelo hieße, durch Naturstudium zu ergänzen. Dolce setzte um dieselbe Zeit Malerei mit Naturnachahmung gleich, und Zuccari betrachtete am Anfang des Seicento die Malerei als Tochter der Natur. Die Forderung nach Naturnachahmung hielt auch unter den künstlerischen Laien Einzug. Ein solch bewußter Vertreter der christlichen Lebensführung wie Savonarola erkannte die Naturnachahmung als Grundsatz der künstlerischen Ausübung an (Text-Dok. II/1, 3; IV/25, 27; I/43, 35, 36, 71, 80, 29).

Bei diesen Äußerungen war jedoch der Begriff der Natur keineswegs so eindeutig, daß überall und jederzeit von jeder Person dasselbe unter Naturnachahmung verstanden wurde. Mit ›Natur‹ konnte die schöpferische Kraft, *natura naturans,* gemeint sein. Diese Kraft war an dem Wechsel der Jahreszeiten, in dem Hervorbringen der Früchte, in der Tatsache des Wachstums bei Pflanze und Lebewesen zu beobachten. Alberti riet dem Architekten, diese schöpferische, Ebenmäßigkeit und Vollkommenheit hervorbringende Natur nachzuahmen. Cennini erwähnte die Freiheit des Künstlers, nie gesehene oder zu sehende Dinge wie z. B. Chimären zu bilden. Auch diese Freiheit der Einbildungskraft und Phantasie war eine schöpferische Kraft des Künstlers und darin der Natur ähnlich (Text-Dok. II/3; I/2). ›Natur‹ konnte auch die gegenständliche und geschaffene Welt, *natura naturata*, bezeichnen. Die Naturnachahmung bestand dann in der möglichst großen Übereinstimmung zwischen dem wirklichem und dem im Kunstwerk dargestellten Gegenstand. In diesem Sinne schlug Leonardo einmal den Vergleich vor, der Maler solle wie ein Spiegel die Welt abbilden (Text-Dok. I/36). Die beiden Bedeutungen wurden oftmals nicht scharf voneinander getrennt und dem jeweiligen Verwendungszweck angepaßt. Auf die Baukunst wurde häufiger der Gedanke der schöpferischen Natur, auf die Malerei derjenige der geschaffenen Natur angewendet.

Auch das innerhalb der bildenden Künste ausgesprochene Gebot der Naturnachahmung stellte ähnlich wie vorher in Politik, Jurisprudenz und Medizin eine Art der Befreiung dar. Die Maler lösten sich nicht nur von den Lehrern, dem veralteten Lehrbetrieb, von überkommenen Mustern und Formen, sondern sie befreiten auf Dauer die bildenden Künste von ihrer zweckdienlichen Stellung und wiesen ihnen eine neue Aufgabe zu. Das Gebot der Naturnachahmung leitete den Vorgang ein, in welchem sich die Eigengesetzlichkeit der bildenden Künste entwickelte. »Sobald sich die Forderung der Natur vortäuschenden Darstellung unwidersprochen durchsetzt, beginnt die Auffassung zu schwinden, daß die Kunst metaphorisch etwas anderes bedeute.«[22] Trotz der beiden Bewegungen des Neuplatonismus oder der Gegenreformation, die beide die Künste in tiefere Sinnschichten zu verankern suchten, blieb aufgrund der Naturnachahmungslehre eine Entwicklungslinie zur Eigengesetzlichkeit der Künste bestehen.

Mittel der Naturnachahmung und zuallererst der Naturerkenntnis waren Mathematik und Naturwissenschaften. Optik, Perspektivlehre, Proportionslehre, Anatomie waren die wissenschaftliche Grundlage der bildenden Künste (vgl. Abb. 1). Die mathematische und naturwissenschaftliche Einstellung der Künstler zeigte Züge einer wissenschaftlichen Grundeinstellung auf, die auch im Geschichtsbewußtsein und in der Kunsttheorie vorhanden waren. Die mathematische Erforschung der Beziehungen zwischen menschlichem Betrachter und dem räumlich entfernten Gegenstand war der wissenschaftlich begründeten Wiederanknüpfung an die zeitlich ferne, zum Gegenstand erhobene Antike ähnlich. Die von den Künstlern betriebene mathematische Erforschung des Gegenstandes war der Wissenschaftlichkeit der entstehenden Kunsttheorie insofern ähnlich, als diese »durch eine neue Vergegenständlichung des künstlerischen Objekts und demgemäß durch eine neuartige Verpersönlichung des künstlerischen Subjekts« ermöglicht wurde.[23]

Am eindrücklichsten vertrat Leonardo die wissenschaftliche Grundhaltung des Künstlers, Francesco di Giorgio Martini sprach seine Hochschätzung der Geometrie aus, Luca Pacioli zeigte die fachübergreifende Bedeutung der Mathematik auf, Piero della Francesca verfaßte eine Abhandlung über die Perspektive als ein geometrisches und streng wissenschaftliches Werk (Text-Dok. I/23, 42). Die zunehmende Bedeutung der Intarsienkunst erfolgte durch die Verwissenschaftlichung der künstlerischen Zielsetzung und Ausbildung. Deren Künstler galten als Meister der Perspektive und Geometrie, und sie waren so lange hochgeachtet, wie die Forderung nach mathematischen Grundsätzen der Künste erhoben wurde. Sogar die Künstler, die sich mit Textilien beschäftigten und auf die Mode einwirkten, besaßen mathematische Kenntnisse und brachten in die Muster und Figuren ihrer stofflichen Kunstwerke eine gewisse Tiefenwirkung hinein.[24] Im Cinquecento verloren die wissenschaftlichen Anforderungen für die Künstler an Bedeutung. Danti, Borghini, Comanini drückten dies in ihren Traktaten aus. Zuccari zog zu Beginn des Seicento unter diesen Zeitabschnitt der mathematisch und naturwissenschaftlich beeinflußten Künste einen Schlußstrich, indem er den Zusammenhang zwischen Mathematik und Malerei bestritt (Text-Dok. I/80).

4 Die Künstlerpersönlichkeit

Die innerhalb der Kunsttheorie entwickelten Grundsätze der Antiken- und Naturnachahmung betrafen das Kunstwerk und den künstlerischen Vorgang. Eine andere Seite der Kunsttheorie untersuchte die Künstlerpersönlichkeit. Dieses Interesse entstand nicht schlagartig.

Schon während des Trecento wurden in Florenz die Kunstwerke von den Schriftstellern »als menschliche Leistung« beurteilt. Es rückte »mehr als das Ding-Erzeugnis der Mensch-Artifex in den Mittelpunkt der theoretischen Erörterungen. Es ist dies die wichtigste Neuerung der Florentiner Kritik gegenüber der des Mittelalters, die sich der Person des ›artifex‹ gegenüber gleichgültig gezeigt hatte«.[25]

Dementsprechend hob Cennini die menschliche Leistung hervor, indem er neben Naturnachahmung auch die Phantasie des Künstlers hervorhob. Alberti stellte fest, das schöne Kunstwerk käme nicht nur durch das Material, sondern auch durch handwerkliches Können und den geistigen Entwurf des Künstlers zustande. Leonardo bezeichnete die Malerei als geistige Kunst. Biondo stellte den Künstler und seinen freien Willen heraus (Text-Dok. I/2; II/6; I/33, 55). Schaffenskraft, Einbildungskraft, Phantasie wurden gefragte Begriffe. Die persönliche Handschrift, die Eigenart, die ›Manier‹ wurden Gegenstand der Erörterungen. Bei Michelangelo wurde die gewaltige Einbildungskraft geschätzt, welcher die ausführende Hand kaum nachfolgen konnte (Text-Dok. I/61).

Im Laufe des Cinquecento führte die Wertschätzung der künstlerischen Persönlichkeit zur Schwächung des Anspruchs der Nachahmungstheorie. Vasari beobachtete, daß Michelangelo eine eigene bahnbrechende Ausdruckskraft auf Kosten der Richtigkeit von Proportion und Perspektive erfand (Text-Dok. I/62). Häufiger als der Begriff der *natura* wurde nun derjenige der *idea* zitiert. Ebenso unverzichtbar wurde der Begriff *disegno,* welcher neben anderen Bedeutungen vor allem den zeichnerischen Entwurf meinte, in welchem sich unmittelbar der Verstand, die Vorstellungskraft, die geistige Fähigkeit des Meisters verrieten. Doni schrieb 1547 eine Abhandlung mit dem Titel »Disegno« und setzte diesen Begriff mit dem rein geistigen Vermögen und der göttlichen Überlegung gleich (Text-Dok. I/54). *Disegno* wurde das Kennzeichen von Mal-, Bildhauer- und Baukunst. Vasaris im Jahr 1563 in Florenz gegründete Akademie trug den Titel: ›Accademia del Disegno‹. Zuccari widmete im Seicento diesem Begriff eine ausführliche Untersuchung, indem er an Aristoteles und Thomas von Aquin anknüpfte. Es war gleichgültig, ob sich die künstlerische Ausführung in stärkerem Maß Raffael und der ihm zuerkannten *grazia, leggiadria, facilità* oder aber Michelangelo und seiner *terribilità* zuwandte; in beiden Arten spielte die Beachtung der künstlerischen Persönlichkeit und ihrer Fähigkeiten eine besondere Rolle.

Die Kunsttheorie der italienischen Renaissance bewahrte trotz ihrer verschiedenartigen Ansatzpunkte und trotz der Vielfalt wichtiger Begriffe eine gewisse Einheitlichkeit. Verhältnismäßig frühzeitig wurde von Alberti ein Gedanken- und Sprachschatz geformt, der noch lange als Vorrat diente. Die Wirkungsgeschichte der Kunstabhandlungen verlängerte und verzögerte sich, weil oftmals beträchtliche Zeitspannen zwischen Niederschrift und Druck der Abhandlungen lagen. Die Kunsttheorie der Frührenaissance in Florenz übte während der Zeit der Hochrenaissance bis in den Manierismus ihre Wirkung aus, auch wenn unterschiedliche Gewichtigkeiten vorgenommen wurden. Abschließend liste ich die in den Kunstabhandlungen häufig berührten Begriffsfelder mit den am meisten verwendeten Begriffen auf[26]:

1. Natur: *al naturale, imitazione della natura, similitudine, il vero, conformità, vivacità, relievo* (Text-Dok. I/1, 3, 5, 29, 34–36, 43, 55, 71, 80 usw.)
2. Ordnung: *concinnitas, armonia, proporzione, concordia, symetria, misura, ordine, dispositio, regola;* als deren Gegensätze: *grazia, dolcezza, leggiadria, non sforzato, venustà, giudizio* (Text-Dok. I/6, 11, 23, 24, 39, 40, 42, 45, 46, 62, 72, 73 usw.)
3. Reichtum: *varietà, copiosità, splendore, grandezza, dovizioso, dignissimo, illustre, magnifico, pomposo, sontuoso, superbo, ornato;* als deren Gegensätze: *semplicità, verecundia* (Text-Dok. I/15, 16, 57 usw.)
4. Ausdruckskraft: *terribilità, heroica, maestà, sublime* (Text-Dok. I/10, 61 usw.)
5. Kunstfertigkeit: *istudio, industria, diligentia, artificium, difficoltà, disegno, maniera, consilium, il sapere, ragione, idea;* als deren vorteilhaften Gegensatz: *facilità;* als deren minderwertige Gegensätze: *grosso, rozzo, goffo, asciutto* (Text-Dok. I/13, 18, 22, 25, 54, 56, 57, 59, 60, 61, 74 usw.).

II Allgemeine Schönheitslehre

1 Kunsttheorie und Schönheit

A Schönheit als allgemeiner Begriff

Der Begriff der Schönheit, *bellezza* oder *pulchritudo*, besaß ein weites Bedeutungsfeld. Er war trotz seiner Allgemeingültigkeit kein nichtssagender Begriff[27], sondern erhielt durch die untergeordneten und fest umrisseneren Begriffe der zitierten Auflistung seine Genauigkeit und Anschaulichkeit. Das Hinzuziehen des Schönheitsbegriffs wies der sich systematisch ausbildenden Kunsttheorie der italienischen Renaissance die Richtung. Seit dem Quattrocento wurde Schönheit das Ziel künstlerischen Überlegens und Tuns.

B Der Humanismus als Vorläufer der Kunsttheorie

Wiederum ist als Vorläufer der Humanismus zu betrachten. Das Wissen der Humanisten richtete sich auf Sprache und Schrift, und das humanistische Philosophieren ging »von der Frage nach dem Wort« aus. Die Humanisten begutachteten den Stil der antiken Literatur, empfanden seine Schönheit und versuchten, ihn nachzuahmen. Petrarca ergötzte sich an Cicero, dessen Werke »De inventione« und »De officiis« auch schon in der vorhergehenden Zeit bekannt gewesen waren und dessen Reden und Briefe von den Humanisten wiederentdeckt wurden (Text-Dok. I/6). Seit Petrarca wurde Wert auf die Feinheiten sowohl des antiken als auch eigenen Stils gelegt, »und in dieser Einengung auf den ästhetischen Bereich kann man im 15. Jahrhundert eben tatsächlich von einer Erneuerung des klassischen Altertums sprechen«.[28]

Den ausführenden und ihre Überlegungen niederschreibenden Künstlern war es zunächst unmöglich, mit philosophischer Strenge den Schönheitsbegriff zu untersuchen. Es wurden keine schlüssig begründeten Definitionen abgegeben. Die Künstler, deren Beruf dem Handwerkerstand entrissen werden sollte, hatten vordringlich handwerkliche, praxisnahe Schwierigkeiten zu bewältigen. Allein die Tatsache, daß die Schönheit für das Denken und Tun der Künstler verpflichtend wurde, war neuartig und schon bemerkenswert.

Dies schloß nicht aus, daß sich die Künstler zur Formulierung der Schönheit auch philosophischer Quellen bedienten. Aber die Verschiedenartigkeit und die Vielzahl der Quellen verursachten während der Frührenaissance eine Uneinheitlichkeit der Schönheitsbestimmungen. Alberti führte seine Bestimmungen auf Vitruv, Cicero, Platon, Aristoteles, Boethius zurück. Ghiberti zitierte für seine Ausführungen über die Schönheit seitenlang fast wörtlich aus einem arabischen Traktat über die Optik, den Alhazen an der Jahrtausendwende verfaßt hatte (Text-Dok. III/13). Leonardo, der »von der aristotelischen Wissenschaftsauffassung ... durchdrungen war«[29], wurde in seinen Schönheitsvorstellungen auch vom platonischen Gedankengut beeinflußt. Auch wenn Schönheit für die Künstler zum Beginn des Quattrocento noch kein festgelegter Begriff mit einer festumrissenen Bedeutung war, so bemühten sie sich um eine Klärung dieses Begriffs.

Die Künstler, nicht die Philosophen, bildeten diejenige Gruppe, die sich mit der Schönheit auseinandersetzte. Es war eine Tatsache, daß die philosophische »Spekulation über das Schöne noch nicht in Beziehung zu den Künsten« trat[30]. Die Philosophie konnte die Schönheit des Kunstwerks nicht untersuchen, da in den Künsten nicht der Anspruch bestanden hatte, Schönheit zu verwirklichen. Die bedeutendste Ausnahme, Manuel Chrysoloras, stammte aus einem anderen, nämlich aus dem byzantinischen Kulturkreis (Text-Dok. I/5). Aus diesem Grund kam auch sein Schüler Guarino Veronese zu Schönheitsvorstellungen, die für die damalige italienische Philosophie unüblich waren. Von diesen Ausnahmen abgesehen beschäftigte sich die Philosophie nur insofern mit der Schönheit des Kunstwerks, als sich die bildenden Künstler philosophische Gedanken aneigneten.

D Naturschönheit

Als schön galt zunächst die Natur. Alberti wies wiederholt auf die Schönheit der vorhandenen, natürlichen Materialien hin. Leonardo nahm die Schönheit des Blattgrüns im Gegenlicht der Sonne wahr (Text-Dok. II/7; IV/14, 20, 42). Schönheit war ein Zeichen für die Göttlichkeit der Natur. Die durch Naturnachahmung im Kunstwerk erhaltene Schönheit war mit der Schönheit der Schöpfung Gottes verknüpft. Diese Anschauung wurde von naturphilosophischen Gedanken des Neuplatonismus unterstützt.[31]

E Naturüberwindung und Kunstschönheit

Neben der Nachahmung der schönen Natur wurde ein Verfahren empfohlen, Schönheit durch die Überwindung der Natur zu gewinnen. Diese Naturüberwindung wurde in der Weise vollzogen, daß die »wählende und bessernde Tätigkeit des künstlerischen Verstandes die in der Wirklichkeit nie ganz realisierte Schönheit zur Anschauung zu bringen verpflichtet«[32] wurde. Die während der Renaissance immer wieder zitierte, von Plinius überlieferte Zeuxis-Legende diente als ein solches Beispiel (Text-Dok. II/1, 28; III/9; II/44, 45). Der Maler Zeuxis soll seine Gründlichkeit so weit getrieben haben, »daß er, in der Absicht, den Bewohnern von Agrigentum ein Bild zu malen, ... unbekleidete Jungfrauen von ihnen betrachtete und fünf auswählte, um durch die Malerei das wiederzugeben, was er an jeder besonders bewundernswert fand«[33]. An einer anderen Stelle wurde der Gegensatz zwischen Naturnachahmung und Schönheit anläßlich der Neuerungen des Lysistratos aus Sikyon erwähnt, der mehr Ähnlichkeit als Schönheit in seinen Werken auszuführen beabsichtigte. Alberti selbst teilte die von Quintilian berichtete Anekdote über Demetrios von Alopeke mit (Text-Dok. II/1), dessen Werke wegen der allzu großen Naturtreue und des Mangels an Schönheit nicht den größten Beifall fanden.[34] Die naturnachahmenden und naturüberwindenden Verfahrensweisen wurden zunächst im Quattrocento nicht gegeneinander abgewogen. Alberti führte die Zeuxis-Legende nicht nur deshalb an, um das Auswahlverfahren des Künstlers zu beschreiben, sondern mehr noch, um die Gebundenheit des Künstlers an die Natur aufzuzeigen. Sogar beim auswählenden Verfahren konnte nach Ansicht Albertis der Künstler letztlich auf die Natur nicht verzichten. Noch Dolce ging nacheinander auf beide Verfahrensweisen ein und zollte ihnen Lob. Aber insgesamt setzte sich während des Cinquecento die Anschauung von den naturübergreifenden Fähigkeiten des Künstlers durch. Es ist spannend zu verfolgen, in welcher Weise die Zeuxis-Legende bei den verschiedenen Schriftstellern verwendet und inwieweit die Überlegenheit des Künstlers gegenüber der Natur bei Alberti, Raffael, Biondo, Condivi, Dolce, Bocchi oder sogar noch im Seicento bei Zuccari, Bellori, Bernini, Baldinucci herausgestellt wurden.

Die Naturüberwindung lieferte die Grundlage für eine Trennung des Schönheitsbegriffs. Schönheit war nicht mehr nur der Natur eigen, sondern auch den Künsten. Der besondere Begriff der Kunstschönheit wurde herausgebildet. Mit dieser Unterscheidung fand gleichzeitig eine Bewertung statt, denn »aus den Traktaten der Renaissance-Künstler spricht die Überzeugung, daß das Kunstschöne schöner ist als das Naturschöne«[35].

Mit ihren Mitteln versuchten die Künstler, dem Wesen der Schönheit auf die Spur zu kommen. Überlieferung, Kollegenurteil, Volksmeinung, Erfahrung, die Sinneswahrnehmung, die Idee waren solche Mittel, unter denen im Quattrocento Mathematik und Naturwissenschaften an Bedeutung für die Schönheit herausragten. Die im Kunstwerk gesuchten Gesetzmäßigkeiten waren von mathematischer, Perspektive und Proportion von geometrischer und arithmetischer Art. Alberti verwendete den Begriff *concinnitas* für Schönheit und unterlegte ihn mit mathematischen Vorstellungen. Ghiberti suchte sich für die Schönheit von mehreren bei Alhazen erwähnten Begriffen denjenigen der Proportionalität oder Verhältnismäßigkeit aus. Pacioli bemerkte die Schönheit einfacher geometrischer Figuren, nämlich des Quadrates und des Kreises (Text-Dok. II/3; III/13, 35). Schönheit war eine Art Maßharmonie, und auch Eigenschaften, die – wie die Farben – nicht zu mathematisieren waren, sollten in ähnlicher Weise zur Harmonie passen.

Die neuartige Auffassung der künstlerischen Schönheit betraf auch die Materialien und Farben. Alberti zählte für die Schönheit des Kunstwerks insgesamt die Materialschönheit, das handwerkliche Können, die günstige Wahl oder Erfindung des Themas auf (Text-Dok. II/6). Schon bei Alberti und erst recht im Cinquecento sprach sich herum, daß die Materialschönheit allein nicht zur Schönheit des Kunstwerks ausreiche. Die mittelalterliche Anschauung hatte die Schönheit in der Materie selbst gesucht. Das Gold oder das Licht selbst galten als schön und kostbar, so daß Bildhintergründe mit Gold ausgestattet und die Wände der Kathedralen von großen Fenstern durchbrochen worden waren. In der Renaissance wurde die menschliche Leistung hinzugezählt. Alberti drängte darauf, Bildhintergründe zu malen. Pino stellte klar, daß die Farbenschönheit für das Kunstwerk ungenügend sei, gerade weil die Farbe für sich schön sei und keine Schönheit vom Künstler hinzukäme. Vasari erzählte in der Lebensbeschreibung von Cosimo Rosselli, wie gerade Farben aufgrund ihrer bloß natürlichen Schönheit von Laien geschätzt wurden, während die Kenner sich um die Zeichnung bemühten. Auch der Unterschied zwischen den Malschulen von Florenz bzw. Rom und Venedig wurde aus dieser Sicht betrachtet. Michelangelo wurde der erste Rang in der Zeichnung, Tizian nur derjenige in der Farbbehandlung zuerkannt (Text-Dok. I/10, 57; III/66; I/53).

Bei einer Vielzahl von Überlegungen, die in den Kunsttraktaten niedergeschrieben wurden, zeigte sich die Besonderheit der künstlerischen Gesetzmäßigkeiten. Wenn eine Wirkungssteigerung des Gemalten notwendig werden sollte, dann wurde gemäß Leonardo das Kontrastgesetz angewendet und Häßliches neben Schönes gesetzt. Eine in der Wirklichkeit kaum anzutreffende Einfachheit und Überschaubarkeit wurde in den Kunstwerken gewahrt, indem z. B. das Malen von Blättern, die sich im Sonnenlicht überschneiden, oder von Körperteilen, die bei einer Gruppe von Personen sich zwangsläufig überschneiden, vermieden wurde. Obwohl als größte Schönheit diejenige der Lokalfarben anerkannt wurde, sollten Leonardo zufolge Gesichter im abgeschatteten Hof, die Landschaft mit dem Licht der verdeckten Sonne, ferne Gegenstände im Dunst gemalt werden. Am Ende des Cinquecento unterschied Francesco Bocchi folgerichtig scharf zwischen der Schönheit des Gegenstandes und der Schönheit der Kunstfertigkeit (Text-Dok. I/31; IV/43; III/30; IV/41; II/49). Naturschönheit wurde zwar als eine notwendige, aber nicht als hinreichende Bedingung für die Kunstschönheit betrachtet.

Dieser Schönheitsbegriff war das Kennzeichen der italienischen Kunsttheorie oder, genauer ausgedrückt, der im Florenz der Frührenaissance entwickelten und von dort aus verbreiteten Kunsttheorie. Wie wir gesehen haben, war die Kunsttheorie Cenninis in Padua zum Ende des Trecento noch durchgängig vom Wunsch nach strenger Naturtreue geprägt (Text-Dok. I/3). Zum ersten Mal fand sich in Albertis Schriften die zunächst noch vorsichtig formulierte, später selbstbewußt ausgesprochene Forderung nach einer Schönheit, die durch die menschliche, naturverbessernde Leistung errungen wird. Aus den Aufzeichnungen von Bartholomaeus Facius geht hervor, daß an der ausländischen Kunst des Rogier van der Weyden oder Jan van Eyck die Wirklichkeitstreue bewundert wurde, die alle Einzelheiten berücksichtigte und selbst schwierige Lichtspiegelungen meisterte (Text-Dok. II/1; IV/27). Dasselbe galt vom Portinari-Altar des Hugo van der Goes oder von den Arbeiten Albrecht Dürers. Ebenso wurde die von Cennini bis zu Vasari erwähnte Ölmalerei als technische Voraussetzung dieser Wirklichkeitstreue geschätzt (Text-Dok. I/4). Wenn also die Schönheit eines flämischen oder niederländischen Kunstwerks beschrieben wurde, dann war dies meist eine Schönheit, die in der Naturtreue begründet lag. Francisco de Hollanda, ein Ausländer und um italienische Kunstfertigkeit bemüht, legte einem der berühmtesten Vertreter der italienischen Kunst, nämlich Michelangelo, die im Cinquecento verbreitete Meinung in den Mund, daß die ausländischen Kunstwerke gerade dasjenige vermissen ließen, was die Italiener als Theorie auffaßten und worunter z. B. Proportion, Perspektive, Maß, Harmonie, Komposition, Erfindung oder Idee zu zählen waren (Text-Dok. I/51; IV/60). Dies aber galt im Italien der Renaissance als der entscheidende Anteil des Künstlers an der Schönheit des Kunstwerks.

Das stetige Abweichen vom Grundsatz der Naturnachahmung zur selbstbewußten Forderung nach naturverbessernder Schönheit hatte mehrere Ursachen. Die Ausbreitung des Neuplatonismus mit seiner Betonung des geistigen Wertes eines Kunstwerks und mit seiner Formulierung einer ›idealen‹ Schönheit sowie die verfeinerte Hofkultur, die nach Schönheit verlangte, bildeten dafür außerkünstlerische Ursachen. Aus künstlerischer Sicht waren zwei Tatsachen dafür ausschlaggebend. Das zur Zeit Leonardos befolgte Gebot der wissenschaftlich begründeten Naturnachahmung wurde in späterer Zeit nicht mehr in seiner strengen Form befolgt. Es zeigte sich, daß die hohen Anforderungen an Wissenschaftlichkeit für die bildenden Künste überzogen waren. Zur Abbildung der erscheinenden Wirklichkeit war das Wissen um den Aufbau des menschlichen Körpers oder um die Entstehungsgesetze der Landschaft nur bedingt notwendig. Zu einer solchen Auffassung neigten Michelangelo und die Künstler des mit ihm beginnenden Manierismus. Diese Künstler hoben im Cinquecento die Gesetzmäßigkeiten auf, die aus der vorangegangenen Zeitspanne der naturwissenschaftlich begründeten Kunst stammten.

Aus künstlerischer Sicht ebenso wichtig war die Tatsache, daß fast unverändert häufig religiöse Themen behandelt wurden. Die künstlerische Aufgabe bestand in einer dem Thema angemessenen Behandlung. Eine vollständige, auswahllose Naturnachahmung genügte nicht, sie bedurfte einer Überhöhung. Aus diesem Grund bildete die Behandlung der Tempel, Kirchen, Gotteshäuser in den Architekturtraktaten von Alberti bis Palladio den Höhepunkt, welcher den Künstlern alles Können in Theorie und Praxis abverlangte (Text-Dok. I/77; III/35). In Malerei und Bildhauerei dienten als Modelle für die Heiligen, den christlichen Gott oder die antiken Götter zwar leibhaftige Menschen, aber deren körperliche Schönheit wurde verbessert und vervollkommnet. Somit wurde eine angemessene Darstellungsweise gefunden.

F Albertis Schönheitsbegriff

Der erste Kunsttheoretiker der Renaissance, welcher das künstlerische Ziel mit der Schönheit verknüpfte, war Leon Battista Alberti. Schönheitsbestimmungen enthielten sein Malereitraktat und ausführlich sein um 1450 entstandener, in Florenz 1485 erstmals gedruckter Architekturtraktat (Text-Dok. II/1–3).

Hauptsächliches Schönheitsmerkmal war für Alberti das Ebenmaß, das auch Zusammenstimmung, Zusammenklang, Harmonie genannt werden konnte. Alberti verwendete dafür den aus Ciceros Rhetorik entnommenen Begriff *concinnitas.* Das Ebenmaß ist genau abgestimmt, so daß es, wie Vitruvs Symmetrie, ohne Nachteil nicht verändert werden kann. Begriffe wie *cohesio, consensus, conspiratio, cohe-*

rescare, immiscere weisen darauf hin, daß das Ebenmaß eine Vielfalt unterschiedlicher und voneinander getrennter Teile vereinigt und daß dieser Eintracht eine Zwietracht vieler Teile gegenübersteht. Albertis Grundvorstellung der Schönheit richtete sich also auf die harmonische Einheit, bestehend aus einer Menge zusammenstimmender und auf das Ganze bezogener Teile.

Um Albertis Bestimmung der Schönheit besser verstehen zu können, müssen wir auf seine Quellen zurückgehen. Die wichtigste war Vitruv. Bei ihm konnte Alberti nicht nur in der Architekturtheorie, sondern auch in der ansatzweise ausgeführten pythagoräisch-platonischen Zahlenlehre und der durch Boethius vermittelten Musiktheorie fündig werden.[36]

Die Bedeutung der Musiktheorie für die Vorstellungen von Schönheit, Ebenmaß und Harmonie wurden von Alberti und später von Filarete, Pacioli, Francesco Giorgio Veneto erkannt. In seinem Architekturtraktat ging Alberti streng musiktheoretisch vor und erläuterte die musikalischen Intervalle, von denen er die Proportionen der Baukunst ableitete. Die Grundrißseiten sowie Breite, Länge und Höhe eines Bauwerks sollten nach Albertis Aussagen zueinander in musikalisch ausdrückbaren Zahlenverhältnissen stehen. Wie die Konsonanzen im Ohr zusammenklingen und Vergnügen hervorrufen, so sollten die baulichen Verhältnisse zusammenstimmen und dem Auge wohlgefallen.[37] Berücksichtigt wurden die Verhältnisse zwischen ganzen kleinen Zahlen und kommensurablen Größen, d. h. auf eine feste Größe sich beziehende, maßverwandte und miteinander vergleichbare Größen. »Es erscheint fast selbstverständlich, daß irrationale Proportionen die Renaissance-Künstler vor ein fast unlösbares Dilemma gestellt hätten. Denn die Stellung der Renaissance zur Proportion war bestimmt durch eine neue organische Naturanschauung, die ein empirisches Meßverfahren bedingte und sich bemühte zu beweisen, daß alles mit allem durch die Zahl zusammenhing. Ich glaube nicht zu weit zu gehen, wenn ich die Vergleichbarkeit der Maße als das Herzstück der Renaissance-Ästhetik betrachte.«[38] Dieses Verständnis von den Zahlenverhältnissen schlug sich in der Ausführung nieder, indem das geometrische Verfahren der vorhergehenden Jahrhunderte von einem vorwiegend arithmetischen Meßverfahren begleitet wurde (vgl. Abb. 4).

Dem Übertragen musikalischer Maßverhältnisse auf die Baukunst lag die Überzeugung zugrunde, daß das Zahlenwesen die Harmonie des Kosmos bestimme und sich auf alles Sein, auch auf die Musik, die Gebäude, die menschlichen Körper erstrecke. Die Zahl regelte menschliches und bauliches Maß dahingehend, daß z.B. die Verwandtschaft zwischen dem menschlichen Körper und den Säulen entdeckt wurde. Die Ursache für das Wohlgefallen, das sich Alberti zufolge beim Betrachten solcher Maße und Verhältnisse einstellte, lag in der Erkenntnis der Verwandtschaft zwischen der kosmischen, menschlichen, gebauten, sichtbaren und hörbaren Harmonie.

Dem Begriff der alles durchziehenden, am Harmoniegesetz des Kosmos teilhabenden Schönheit wurde von Alberti der Begriff des Schmuckes an die Seite gestellt (Text-Dok. II/2). Der Schmuck hatte die Schönheit zu ergänzen, zeitliche und räumliche Gegebenheiten zu berücksichtigen, nicht auf das Allgemeine, sondern auf Besonderheiten und Einzelheiten zu achten, nicht auf das Sein, sondern auf die Erscheinung einzugehen. Der Schmuck, *ornamentum,* sollte dem einzelnen Gegenstand angemessen, *decor, prepon, aptum,* sein. Es gab unterschiedliche Arten, je nachdem ob es sich um sakrale, profanöffentliche oder private Bauten handelte. Demnach sollte neben dem allgemeinen Harmoniegesetz auch der zum einzelnen Gegenstand passende Schmuck zur Schönheit des Ganzen beitragen. Die Aufgaben des Baukünstlers bestanden also darin, die allgemeinen Schönheitsgesetze abzuleiten, im Gebäude zu verwirklichen und den passenden Schmuck für das Gebäude zu bestimmen.

Die heutigen Auffassungen über Albertis Schönheitslehre gehen weit auseinander. Es scheint schwierig zu sein, Albertis Schönheitsvorstellung diesem oder jenem philosophischen oder kunsttheoretischen Lager zuzuordnen. Ein Standpunkt lautet: Alberti hatte der Schönheitslehre des Renaissance-Platonismus um Ficino in Florenz »die rein phänomenale der griechischen Klassik entgegenzusetzen ... Maßharmonie und Harmonie der Farben und Qualitäten – das ist es also, worin Alberti, und mit ihm alle übrigen Kunsttheoretiker der Renaissance, das Wesen der Schönheit erblickten. Gerade derjenigen Schönheitsdefinition, die Plotin auf das schärfste bekämpfte, weil sie nur das äußere Erscheinungsmerkmal, nicht aber den inneren Grund und Sinn der Schönheit erfaßt, hat Alberti auf lange Zeit hinaus zum Siege verholfen ... Dabei liegt aber gerade darin das Bedeutsame, daß ein solcher Verzicht auf eine metaphysische Erklärung des Schönen ... die Autonomisierung der ästhetischen Sphäre eingeleitet« hat.[39] Dagegen wurde folgendes geäußert: »Die spezielle Interpretation des Schönen, die Alberti im 9. Buch gibt, ist eine ontologische, keine ästhetische. Sie steht ganz in der Tradition der platonisch-pythagoreischen Zahlenontologie und führt das Schöne zurück auf jenes allgemeinste Harmoniegesetz des Universums ... Dieses Schöne hat einen mehr intelligiblen als sinnlichen Charakter ... Das sinnlich sich Vermittelnde dieser universalen Harmonie ist dabei fast wie ein Anhängsel.«[40] Beide Beurteilungen haben unrecht oder sind nur zum Teil zutreffend. Albertis Vorstellungen über die Schönheit stammten aus mehreren, überlieferten Quellen. Die Ausführungen waren deshalb »nicht besonders originell, aber Alberti war nicht in erster Linie an abstrakten ästhetischen Spekulationen interessiert«.[41] An einer Stelle gab Alberti selbst Hinweise darauf, wie er zu den Gesetzmäßigkeiten gekommen war und wie seine Bestimmungen zu verstehen waren: »Die Grundsätze hierüber umfassen nun einesteils die Schönheit und den Schmuck der ganzen Bauwerke, andernteils beziehen sie sich nur auf die einzelnen Glieder. Jene ersteren sind unmittelbar der Philosophie entlehnt und der Art und Weise unserer Kunst angepaßt; diese aber, welche, wie gesagt, aus der Erfahrung geschöpft sind, haben – in philosophische Normen gezwängt – die Grundlage der Kunst geschaffen.«[42] Durch das Vorbild antiker Bauten, durch das Urteil Sachverständiger oder durch Übung und Erfahrung gelangten die Architekten zu Kenntnissen in ihrer Kunst. Die allgemeine Frage nach der Schönheit mußte laut Alberti auf philosophischem Weg beantwortet werden. Die umfassende Schönheit wurde aus allgemeinen Seinsgesetzen abgeleitet. Jedoch gehörte die meist durch Erfahrung gewonnene Behandlung der schönen und schmuckvollen, das Erscheinungsbild des Gebäudes bestimmenden Einzelteile zum hauptsächlichen Anliegen des Architekten wie überhaupt jedes tätigen Künstlers. Neuartig war weder eine von Platon beeinflußte Schönheitslehre noch eine auf die künstlerische Ausführung ausgerichtete Kunstlehre. Neuartig war Albertis Schönheitstheorie durch die innige Verknüpfung von philosophischem Gedankengang und praktischer Kunstlehre.

2 Neuplatonismus und Schönheit

A Ficinos Schönheitsbegriff

Der Humanismus brachte mit der gestiegenen Aufmerksamkeit gegenüber der Antike das Bemühen mit sich, eine möglichst weitgehende Kenntnis der griechischen Sprache und die Möglichkeit der Lektüre originaler antiker Schriften zu erlangen. Manuel Chrysoloras war der erste Lehrer des Griechischen in Florenz. Ereignisse wie das Konzil in den Jahren 1438 bis 1445 in Ferrara und Florenz oder der durch die Eroberung von Byzanz im Jahr 1453 einsetzende Flüchtlingsstrom schlugen von Italien Brücken zur griechischen Sprache und zur griechisch-byzantinischen Kultur. Theodoros von Gaza lehrte in Ferrara, Johannes Argyropoulos in Florenz und Rom, Demetrios Chalcondylas in Pavia, Florenz und Padua, Konstantin Lascaris in Messina, Marcos Musuros in Venedig und Padua, Georg von Trapezunt in Venedig. Johannes Bessarion stiftete seine berühmte Bibliothek Venedig. Andererseits gab es italienische Gelehrte, die – teilweise aufgrund eigener Aufenthalte in Byzanz – selbst des Griechischen mächtig waren. Zu ihnen gehörten Giovanni Aurispa und Giovanni Tortelli; weiterhin waren Guarino Veronese in Venedig und Ferrara, Francesco Filelfo in Bologna, Florenz und Mailand, Angiolo Poliziano in Florenz tätig.[43] Gemistos Plethon regte Cosimo de' Medici dazu an, später, im Jahre 1462, die ›Platonische Akademie‹ zu gründen, Marsilio Ficino mit der Übersetzung griechischer Handschriften zu beauftragen und diesem eine Arbeitsstätte in Careggi bei Florenz zu stiften. So hatte die Forschung der Werke Platons für Jahrzehnte eine feste, anerkannte Wirkungsstätte. Neben der Übersetzung und Erläuterung der Werke Platons gehörten auch Schriften aus dessen vermeintlichem oder tatsächlichem Umkreis zum Arbeitsgebiet Ficinos, z. B. die Schriften des Hermes Trismegistos oder Werke Plotins. Letztere wurden in damaliger Zeit häufiger gelesen als Platons Werke selbst und waren für die Auslegung Platons von großer Wichtigkeit.

Ficinos Philosophie war ein System, das ohne Kenntnis seiner Grundgedanken unverständlich war und ist. Seine Philosophie war letztlich auch eine Art Theologie. Philosophische und christliche

Lehren wurden miteinander in Verbindung gebracht. Metaphysik, Erkenntnislehre, Ethik zielten auf Gott hin. Für Ficino war Gott das wesenhafte, vollkommene, höchste Sein. Gott galt als Einheit, welche dem Sein zugrundeliegt und alles Sein umfaßt. In dieser ursprünglichen Einheit gehen die allgemeinen, übergreifenden Eigenschaften ineinander über. In ihr lösen sich die Gegensätze zwischen den allgemeinen Eigenschaften auf, so daß Sein, Wahrheit, Gutes in Gott dasselbe sind. Gottes Schöpfung bildet eine vom göttlichen Geist durchdrungene, lebendige Einheit. Von Gott leitet sich die Ordnung der Welt her.

Systematisch hatten die Neuplatoniker in der Nachfolge Platons den stufenweisen Aufbau der Welt erklärt und jedem Seienden in der Rangordnung zwischen Gott und unbelebter Materie den entsprechenden Platz zugewiesen. Der Engel war mit Gott, der Mensch mit dem Engel, das Tier mit dem Menschen, die Pflanze mit dem Tier, das Unbelebte mit der Pflanze verwandt; oder umgekehrt konnte z. B. der Mensch zum Tier abgleiten. Große Aufmerksamkeit wurde der Stellung des Menschen geschenkt. Diesem boten sich neue, ungeheure Veränderungsmöglichkeiten, die Giovanni Pico della Mirandola in seiner »Rede über die Würde des Menschen« eindrücklich schilderte. Gerade in der hoffnungsvoll ausgesprochenen und den Menschen an seine Würde erinnernden Beobachtung, daß die Stufen nicht unüberbrückbar voneinander getrennt waren, wurde ein bedeutsamer Wesenszug von Ficinos Philosophie wirksam. Darin zeigte sich, »wie das hierarchische Weltkonzept des Mittelalters in ein Kontinuitätsmodell«[44] überging.

Die Lehre von der Schönheit war ein wichtiger, aber kein eigenständiger Bestandteil der Philosophie Ficinos. Die Schönheitslehre war Teil des philosophischen Systems. Dementsprechend galt Gott als die Schönheit selbst und als Ursache alles Schönen. In Gott geht Schönheit in Einheit, Wahrheit und Gutes über. Wie Gott seinen Geist über die Schöpfung gleichsam ausgegossen hatte, so strahlt seine Schönheit über und durch die Welt (Text-Dok. II/10–12).

Innerhalb der Schönheitslehre war ein Hauptanziehungspunkt der eng mit dem Schönheitsbegriff verknüpfte Begriff der Liebe. Im Jahr 1469 entstand der Kommentar zu Platons »Gastmahl«, er wurde 1484 unter dem Titel »Commentarium in Convivium Platonis de amore«

gedruckt. In dem Kommentar handelte Ficino ausführlich die Lehre von Liebe und Schönheit ab. In Platons »Gastmahl« oder »Symposion« war zu lesen, wie Sokrates zu Agathon sprach: »... und wenn es richtig ist, wo wäre Eros Liebe zur Schönheit, zur Häßlichkeit nicht«[45]. Unter Bezugnahme auf Platon bestimmte Ficino die Liebe als Wunsch, Sehnsucht, Begehren, Verlangen nach Schönem. Die Schönheit ihrerseits regt durch die Anziehungskraft, Grazie und Anmut zu diesem Streben an. Verbunden mit dem Schönheitswunsch sind Leidenschaft, Lust und Genuß (Text-Dok. II/12).

Selbstverständlich wurde innerhalb der Liebesphilosophie und Schönheitslehre die Frage nach dem Menschen erörtert. Die Bewegung, welche den Menschen erfaßt, ist eine von Gott ausgehende und von daher das All durchziehende Bewegung. Ficino unterteilte diese Bewegung des göttlichen Waltens in drei Arten oder Abschnitte, nämlich Ausgang, Wandlung, Rückkehr. Ihnen entsprechen Schönheit, Liebe, Genuß (Text-Dok. II/14). Dabei ist Liebe das einigende Band zwischen den beiden Gegensätzen von Schönheit und Genuß. Die von Gott herkommende Schönheit wandelt den Menschen durch die Liebe und läßt ihn den himmlischen, wiederum auf das göttliche Jenseits gerichteten Genuß erlangen.[46] Die Rückseite der Medaille eines Freundes von Ficino veranschaulicht diesen Zusammenhang von *pulchritudo, amor* und *voluptas* (vgl. Abb. 5).

Umgekehrt wird vom Menschen aus die göttliche Schönheit auf einem Weg erkannt, der in umgekehrter Richtung zur göttlichen Ausstrahlungsrichtung und ›Emanation‹ verläuft. Das Erkennen muß sich vom Materiellen lösen, die niederen Sinne wie Tast-, Geschmacks-, Geruchssinn überwinden, sich durch die höheren Sinne, durch Ohr und Auge, leiten lassen und sich ein rein geistiges, kontemplatives Verfahren aneignen. Der erkennende Mensch nähert sich in einer Art Selbstversenkung und Selbstreflexion einem immer höheren Abstraktionsgrad, einer größeren Reinheit und einer stärkeren Vereinheitlichung im Erkennen. Durch das Abstreifen des irdischen Materials findet der Mensch einen erkenntnismäßigen Zugang zu den in der Seele befindlichen ursprünglichen, gottgegebenen Gedanken, Bildern und Ideen. Der Mikrokosmos Mensch findet die Schönheit in sich selbst, denn in der menschlichen Seele ist der göttliche Gedanke der Schönheit enthalten. Das Hingerissenwerden der liebenden Seele zu

Gott ist »eine begriffliche Formel für die existenzielle Unruhe, welche das Bewußtsein innerlich in Bewegung setzt und von Stufe zu Stufe emportreibt bis es schließlich in dem höchsten Akt der Gottesanschauung sein Ziel erreicht und Ruhe findet«[47].

In Ficinos Lehre erhielten Schönheit, Liebe und Genuß für sich und für den Menschen ihre eigentliche Bedeutung im göttlichen, rein geistigen Bereich. Das letzte Ziel des liebenden Menschen besteht darin, seine Seele mit Gott zu vereinigen. Der erkennende Mensch soll die göttliche Schönheit zu seinem Gegenstand machen. Der Wunsch des Menschen soll darauf gerichtet sein, der göttlichen Schönheit teilhaftig zu werden, sie zu besitzen und sich in sie zu verwandeln. Liebe zwischen Menschen und das Verlangen des einen Menschen nach der Schönheit des anderen ist somit stets eine Vorbereitung auf göttliche Liebe und eine Vorstufe für das Streben nach der Schönheit Gottes.

Wenn auch Schönheit, Liebe und Genuß in der Philosophie Ficinos ihren eigentlichen und höchsten Wert durch die geistige Prägung erhielten, so wurde ihnen auch in der körperlichen Welt Beachtung geschenkt. Bei der Schilderung verschiedenartiger Schönheiten und bei der Erläuterung der stufenartigen Weltordnung wird die Lust Ficinos an der Schilderung der von Gott geschaffenen Welt deutlich. »Die Schönheit des Universums ist es, die den Hinweis auf seinen göttlichen Ursprung und die letzte und höchste Beglaubigung für seinen geistigen Wert in sich schließt.«[48] Ficino fallen die Schönheit von Körper, Farbe, Umriß und Klang auf. Bei der Erörterung schöner einfacher Substanzen wird neben der Schönheit von Seele, Geist, Gott auch diejenige von Lichtstrahlen, einzelnen Stimmen oder Metallglanz herausgestellt. Bei der Darlegung des Verhältnisses von Gutem und Schönem werden als schöne Beispiele Reden, Gebärden, Handlungen, Himmelssphären und Blütenschmuck angeführt. Die Stufen der Schönheit werden mit verschiedenen Lichtverhältnissen verglichen, mit im Wasser gespiegeltem Licht, Licht in der Luft, Licht des Feuers, Sonnenlicht. Beispiele körperlicher Schönheiten sind Bäume, Lebewesen, Elemente, Feuer, Wasser, Luft, Erde, Steine, Metalle, Töne (Text-Dok. II/9, 13; IV/31; II/14). Ohne Zweifel befand sich bei Ficino von Anfang an in der Liebesphilosophie neben dem Bestreben nach Vergeistigung auch die Beachtung der weltlichen, körperlichen und sinnlich wahrnehmbaren Schönheiten.

Oftmals wählte Ficino als Beispiel für Schönes das Licht (Text-Dok. II/13, 14; III/20, 21). Es war mehr als lediglich ein sprachliches oder gedankliches Mittel für die Veranschaulichung und Bestimmung der Schönheit. Licht ist ein Beispiel für die Schönheit einfacher Substanzen, und ihm sind die erwünschten Eigenschaften der Unkörperlichkeit, des Durchdringens, Leuchtens, Glänzens und Anziehens eigen. Auch die Unterscheidung von Geistigem und Körperlichem betrifft das Licht. Gott selbst ist lichtvoll und schön. Die vielteilige körperliche Welt erhält das Licht der Sonne und nimmt als Gottes Schöpfung teil an der lichtvollen, geistigen und göttlichen Schönheit.

Sowohl beim Licht als auch bei anderen schönen Gegenständen war die Unterscheidung zwischen Geistigem und Körperlichem wirksam. Dieser Gedanke durchzog die ganze Schönheitslehre Ficinos. »Trotz aller platonischen Tendenz des Spiritualisierens scheint sich hier ein der Renaissance eigentümlicher Zug zu zeigen, der die Körperlichkeit neu bewertet, freilich ohne diese zu verselbständigen oder den Gedanken, sie sei Manifestationsbasis eines Intelligiblen, zu verdrängen.«[49] Wir können heute nicht mit Sicherheit entscheiden, inwieweit die eine oder andere Art der Schönheit einen neuen Stellenwert erhielt, zumal sich die Aufmerksamkeit je nach Sinnzusammenhang der einen oder anderen Seite zuwandte. Es bleibt jedoch die Tatsache bestehen, daß Ficino neben der geistigen Schönheit die körperliche Schönheit erwähnte und ihre oftmals ausführliche, offensichtlich freudvolle Schilderung nicht vergaß. Andererseits schätzte er die körperliche Schönheit hauptsächlich als Vorstufe oder Mittel zur Erlangung der wertvolleren geistigen Schönheit. Die Gefühle, Gedanken und Aussagen waren in dieser Hinsicht zweischneidig. Eine Zweiseitigkeit des Schönheitsbegriffs war den beiden bedeutendsten Schönheitslehren des Quattrocento gemeinsam. »Aus der Konfrontation der Theorien Albertis und Ficinos wird deutlich, wie groß die Spannweite der Gegensätze in der Ästhetik des 15. Jahrhunderts war. Es wäre indessen ein Irrtum anzunehmen, daß sie im ganzen so spiritualistisch war, wie es Ficino entsprach, daß sie so positivistisch war, wie Alberti es forderte. Aber sie bot Raum für das eine wie für das andere.«[50] Wir fügen hinzu, daß Ficinos Schönheitsvorstellungen selbst nicht so vergeistigt und Albertis Schönheitsvorstellungen nicht so erfahrungsnah waren wie wir uns dies allzu vereinfachend denken. Sowohl in Ficinos als auch in Albertis Schönheitsbegriff befand sich ein kennzeichnender Zug der gesamten Schönheitslehre der Renaissance: die Zweiseitigkeit der Schönheit.

B Der Schönheitsbegriff bei Ficinos Nachfolgern

In Erläuterungen zu Gedichten und Abhandlungen zur Liebe waren ausführliche Äußerungen über Liebe und Schönheit vorhanden. Gedichtkommentare schrieben Dino del Garbo, Jacopo Mini, Francesco de' Vieri, Paolo del Rosso, Girolamo Frachetta, Lorenzo de' Medici, Girolamo Benivieni, Pico della Mirandola, Pompeo della Barba. Verfasser eines *trattato d'amore* waren Leone Ebreo, Pietro Bembo, Francesco Cattani da Diacceto, Mario Equicola, Baldassare Castiglione, Bartolomeo Gottifredi, Francesco Sansovino, Giuseppe Betussi, Sperone Speroni, Tullia d'Aragona, Benedetto Varchi, Flaminio Nobili, Francesco de' Vieri, Torquato Tasso, Annibale Romei, Giordano Bruno. Von den vielen Personen, die sich zu Liebe und Schönheit schriftlich äußerten, sind noch zu nennen: Jacopo Foresti da Bergamo, Giovanni Sabatino degli Arienti, Gian Giorgio Trissino, Giacomo Gian Calandra, Niccolò Franco, Alessandro Piccolomini, Antonio Francesco Doni, Lodovico Dolce, Lodovico Domenichi, Federigo Luigini, Francesco Patrizi usw.[51]

Die Liebestraktate selbst oder Werke aus ihrem Umkreis enthielten oftmals längere Ausführungen über die Schönheit und über ähnliche Begriffe. Ficinos Schüler Francesco Cattani da Diacceto verfaßte neben der Abhandlung »Tre libri d'amore« auch ein Werk »De pulchro«, das 1496 und 1514 in mehreren Fassungen entstand und sich ausschließlich mit dem Schönen beschäftigte. Mario Equicola stellte einen Abschnitt des zweiten Buches seines 1525 erschienenen »Libro di natura di amore« unter die Frage: »Che cosa è belleza«, was Schönheit sei. Agnolo Firenzuola gab in dem 1548 erschienenen Traktat »Dialogo delle bellezze delle donne« eine kurze Geschichte der Schönheitsdefinitionen und behandelte außerdem Begriffe wie z. B. Anmut, Grazie, Liebreiz. »De pulchro et de amore« von Agostino Nifo wurde im Jahr 1549 gedruckt. Darin äußerte sich Nifo, selbst kein Anhänger der neuplatonischen Liebesphilosophie, zu Ficinos Schönheitsbegriff

(Text-Dok. II/26, 27, 29, 30, 37, 33, 34). Marcus Antonius Natta veröffentlichte im Jahr 1553 eine unter platonischem Standpunkt verfaßte Abhandlung »De pulchro«. Häufig war Ficinos Platonkommentar Anlaß oder Ursache für das Verfassen von Liebesabhandlungen. Ficinos Liebesphilosophie war so bekannt und verbreitet, daß keine philosophische Abhandlung über Schönheit während des Cinquecento in Italien erscheinen konnte, ohne darauf Bezug zu nehmen.

Die Ausführungen über Liebe und Schönheit besaßen eine gewisse Einheitlichkeit. Sie übernahmen im Rückgriff auf Platon und Ficino grundlegende philosophische Gedanken. Dazu gehörten z.B. die Vorstellungen von Gott als dem höchsten Wesen, von dem stufenweisen Aufbau der Welt, von der aufsteigenden Bewegung der menschlichen Seele.

Für die Schönheitsvorstellung wurden Ficinos Definitionen, das Bewußtsein verschiedener Schönheitsgrade und der Rangunterschied von körperlicher und geistiger Schönheit beibehalten. Francesco Cattani da Diacceto hielt sich als Schüler Ficinos eng an seinen Lehrer. Er wiederholte die Schönheitsdefinitionen und bestimmte das Verhältnis von Schönheit und Liebe. Lorenzo de' Medici und Mario Equicola bestätigten die Beziehungen zwischen Liebe, Schönheit und Gutem. Leone, Castiglione, Bruno strebten die geistige Schönheit an und beschrieben den Weg zu ihr (Text-Dok. II/27, 15, 29, 22, 31; III/84, 85). Der schon bei Ficino vorhandene Zwiespalt zwischen geistiger und körperlicher Schönheit wurde auch hier deutlich. Varchi unterschied zwischen geistiger und körperlicher Schönheit und ordnete nicht ohne Wertvorstellungen jene der platonischen, diese der aristotelischen Philosophie zu. Castiglione schilderte breit die Schönheiten der Welt. Er zählte, fast wortwörtlich das rednerische Vorbild dieser Zeit – nämlich Cicero – wiederholend, die Schönheit von Himmel, Sternen, Planeten, Menschen, Tieren, Pflanzen, handwerklichen und künstlerischen Erzeugnissen auf. Einige Jahrzehnte später zeigte Bruno in seinen Schilderungen des schönen Weltalls, wie diese Freude an der Schönheit der Welt durch neue naturwissenschaftliche Kenntnisse gestärkt wurde. Firenzuola schilderte die körperlichen Schönheiten; die Schilderung der geistigen Schönheiten wollte er bereitwillig anderen überlassen. Francesco de' Vieri veranschaulichte den Zwiespalt seiner Zeit, indem er die Hochschätzung der geistigen Schönheit anerkannte, aber zugleich eine Art Naturrecht geltend machte und auf die vorzügliche Bedeutung der sinnlichen Schönheit gerade für die Menschen verwies. Ein Gedanke Varchis führte in dieselbe Richtung und stellte die körperliche Schönheit als unverzichtbaren Wert dar, nämlich als Mittel für den Aufstieg zur geistigen und göttlichen Schönheit. Tizians Bild über die heilige und die profane Liebe stellt sowohl die geistige als auch körperliche, die göttliche als auch menschliche Schönheit dar (vgl. Abb. 16). Nifo blieb als Gegner der Liebesphilosophie vollends bei der sinnlichen Schönheit stehen (Text-Dok. II/41; IV/52; I/44; III/52; II/48; III/61; II/33).

Ähnlich wie bei Ficino gab es auch innerhalb der Liebestraktate Vorstellungen, die nicht unmittelbar aus der Liebesphilosophie stammten. Pico unterschied zwischen der Harmonie der Musik und der Schönheit des Sichtbaren. Er verwendete als Quellen die Musiktheorie und Proportionslehre. Firenzuola schloß in seine Schönheitsdefinition den musikalischen Harmoniebegriff ein. Federigo Luigini drückte die Schönheit der Sphärenharmonie aus. Patrizi schwelgte in der Schönheit des Lichts und griff auf die mittelalterliche Lichtmetaphysik zurück (Text-Dok. II/37, 52).

Die Einheitlichkeit der Liebesphilosophie im Quattro- und Cinquecento war nicht so stark, als daß die Abhandlungen keine Unterschiede aufwiesen. Die Eigenarten der einzelnen Werke können hier jedoch nicht im einzelnen erörtert oder im Dokumenten-Teil belegt werden. Wegen der Vielzahl der Verfasser und ihrer Werke würde dazu allein schon der Platz nicht ausreichen. Aber die erste Suche nach auffälligen formalen Unterschieden erlaubt uns die Feststellung, daß Francesco Cattani eine philosophische Abhandlung für philosophische Kenner verfaßte und Lorenzo de' Medici auf einen hohen dichterischen und künstlerischen Rang zielte. Bembo und Castiglione schrieben für ein höfisches Publikum. Francesco Sansovino und Bartolomeo Gottifredi verzichteten auf philosophischen Tiefgang. Petrarca wurde während des Cinquecento innerhalb der Liebestraktate häufiger als Platon genannt. Die Traktate waren eher Dichtungen als philosophische Abhandlungen. In dieser Tatsache, die auch in Schriften und Druckerzeugnissen aus anderen Gedankenbereichen zu beobachten war, zeigte sich, daß in der Renaissance »die Übergänge zwischen literarischem Stil und philosophischer Gedankenführung häufig fließend«

waren. Der Vorzug dieser Tatsache war, daß es noch keine »Entfremdung streng philosophischer Wahrheitsfindung von der Wahrheitssuche sprach- und geschichtsbewußter Kultur« gab.[52] Der Nachteil jedoch war folgender: »Was einmal eine esoterische Philosophie gewesen war, wurde zu einer Art Gesellschaftsspiel.«[53] Die Ernsthaftigkeit der Liebesphilosophie wich einer den Bedürfnissen höherer Gesellschaftsschichten angepaßten Vergnüglichkeit. Auf diese Weise wurde die seit Ficino mit der Liebesphilosophie verbundene »Ablehnung der populären Kultur« trotz Verlusts an gedanklicher Tiefe in das Cinquecento hinübergerettet.[54] Die in vergnüglicher Weise erläuterte geistige Schönheit blieb den wenigstens oberflächlich gebildeten Oberschichten, geistlose Schönheit dem niederen Volk vorbehalten, das angeblich nur körperliche Liebe und Schönheit kannte und erstrebte.

In der Nachfolge Ficinos traten jedoch auch mehr oder weniger schwerwiegende inhaltliche Meinungsverschiedenheiten in der Liebesphilosophie auf. Im Unterschied zu Ficino stellte Pico in Abrede, daß Gott selbst schön sei. Da Pico unter dem Eindruck der Proportionslehre die Schönheit als Einheit einer gegensätzlichen Vielheit auffaßte und er Gott für die vollkommene Einheit hielt, konnte es für ihn die unvollkommene, aus Gegensätzen bestehende Schönheit nicht in Gott, sondern nur im menschlichen Bereich geben. Leone Ebreo setzte Gott nicht mit Liebe gleich. Weil für Leone die Liebe ein Streben nach Schönheit war und das Streben wegen des mangelnden Besitzes des Erstrebten grundsätzlich etwas Unvollkommenes bedeutete, konnte er Gott nicht mit Liebe gleichsetzen. Auf die von Leone erläuterten verschiedenen Arten der Schönheit übertrug Giuseppe Betussi den christlichen Gedanken der göttlichen Dreieinigkeit. Firenzuola weigerte sich, mit Hilfe des Lichts die Grazie zu veranschaulichen. Außerhalb der Liebesphilosophie stehend ging Nifo bis an die Grenzen der Kritik und versuchte, die Lehre von der Unkörperlichkeit der Schönheit zu widerlegen. Brunos Vorstellungen der Schönheit wurden durch neue naturwissenschaftliche Kenntnisse vermehrt (Text-Dok. II/17, 19, 20, 38; III/54; II/34). Am Ende des Cinquecento verlor Ficino seine überragende Stellung innerhalb der Schönheitslehre. Die innerhalb des Neuplatonismus entwickelte Liebesphilosophie band nicht mehr zwingend diejenigen an sich, die über Schönheit nachdachten.

III Die Schönheit des Menschen

1 Kunsttheorie

A Der Mensch als Gegenstand der Künste

Der Humanismus handelte in Anknüpfung an die antike Moral oder Ethik »vom Menschen in allen seinen Beziehungen«. Jacob Burckhardt stellte ebenso wie Michelet fest, daß die Kultur der Renaissance eine große Leistung hervorbrachte, »indem sie zuerst den ganzen vollen Gehalt des Menschen entdeckt und zutage fördert«.[55] In der Kunsttheorie des Quattro- und Cinquecento bestätigt sich diese Ansicht. Wenn über künstlerische Grundsätze nachgedacht wurde, war der Mensch Gegenstand der Überlegungen. Von ihm ging das Denken aus, zu ihm kehrte es zurück.

B Mensch und Gott

In der Kunsttheorie der Renaissance wurde das Verhältnis zwischen Mensch und Gott neu bestimmt. Die Künstler erlebten ein neues Selbstbewußtsein. Es häuften sich Vergleiche von Architekten, Malern oder Bildhauern mit Gott. Michelangelo galt als ›göttlich‹. Der Philosophie des Neuplatonismus entnahmen die Künstler, daß der künstlerische Schöpfungsvorgang vom göttlichen Wahnsinn beseelt sei. In antiken Quellen konnten die Künstler etwas über die Schöpfung als geistigen Vorgang und den Geist als etwas Göttliches nachlesen.[56] Die menschlichen Eigenschaften der Vergänglichkeit und Sündhaftigkeit verloren an Bedeutung. Sie waren für die Künstler kein Hindernis, sich mit dem Menschen auseinanderzusetzen. Die wissenschaftliche Neugier richtete sich in starkem Maße auf den menschlichen Körper. Das Ziel der Naturnachahmung, das Aufkommen des Porträts, die

Hochschätzung der Gattung des Geschichtsbildes machten den Menschen zum Gegenstand vielfältiger künstlerischer und kunsttheoretischer Überlegungen. Es mußte erforscht werden, wie der Mensch z. B. in verschiedenen Abständen zum Standpunkt des Betrachters, unter verschiedenen Gesichtswinkeln, mit verschiedenen Lichteinwirkungen, bei verschiedenen Bewegungen, mit unterschiedlichen Gemütsbewegungen aussehe. Die Forderung der Naturtreue setzte das Kunstwerk in eine neue Beziehung zum göttlichen Bereich der Antike oder des Christentums und ließ z. B. lebende Personen Modell stehen für darzustellende Götter oder Heilige. Die Forderung nach Schönheit umfaßte die darzustellenden Menschen. Sowohl die Künstler, die schöne Menschen künstlerisch erschaffen konnten, als auch die abgebildeten schönen Menschen selbst wurden als gottähnlich oder göttlich eingeschätzt (Text-Dok. III/32, 62). Der menschliche Künstler und der Mensch im Kunstwerk ließen mehr die Verwandtschaft als die Entfernung zu Gott spürbar werden.

C *Mensch und Tier*

Auch das Verhältnis der Künstler zu Tieren veränderte sich in der Renaissance. Zwar bezeichnete Leonardo, offensichtlich von Enttäuschung und Verzweiflung getrieben, den Menschen als Bestie. Er griff damit in herkömmlicher Weise die wilden, grausamen, unvernünftigen, triebbestimmten, meist körperlich bedingten Eigenschaften sowohl des Tieres als auch des Menschen heraus (Text-Dok. III/29). Aber insgesamt war das wilde und häßliche Tier für die Künstler der Renaissance nur noch von minderer Bedeutung. Alberti vertrat den Standpunkt von einer allumfassenden Vollkommenheit der Natur. Seiner Meinung nach besaßen Menschen und Tiere als Lebewesen eine gewisse Vollkommenheit. Pferde und Hunde waren gemäß Lorenzo Valla zum menschlichen Vergnügen geschaffen. Leonardo schätzte Pferde. Vögel kaufte er und ließ sie dann frei. Piero di Cosimo, dessen Verhältnis zur Natur von Vasari nicht verstanden wurde, suchte absichtlich die Tiere auf. Giovannantonio Bazzi aus Vercelli lebte in seinem Haus mit vielen Tieren zusammen und erhielt deswegen den boshaften Beinamen ›Il Sodoma‹ (Text-Dok. III/7; IV/10, 69). Tiere fielen zunehmend ins Untersuchungsgebiet der Künstler. Die vergleichende Tierkunde brachte neue und feine Unterscheidungen mit sich. Leonardo kam von daher zu der Erkenntnis, daß grundsätzlich zwischen menschlichem und tierischem Körper kein Unterschied bestehe. Er gelangte hinsichtlich der Verwandtschaft von Lebewesen zu Annahmen, die Jahrhunderte später bewiesen wurden.[57] Den Pferden widmete Leonardo ausführliche Proportionsstudien. Pisanello fertigte zeichnerische Studien von Enten an. In den fertigen Kunstwerken kam das neue Verhältnis der Künstler zu den Tieren zum Tragen. Schon Cennini beschrieb das Abgußverfahren bei Kleintieren, und Ghiberti führte solche Abgüsse aus. Auf Bildhintergründen wurden Tiere häufiger als in der Vergangenheit abgebildet, auf Geschichtsbildern fanden Tiere – etwa wie Landschaften – einen festen Platz (Text-Dok. I/15). Naturwissenschaftliche Erkenntnisse milderten den angeblichen Gegensatz von Mensch und Tier. Mehr als das Bemühen, sich von den Tieren abzusetzen, lag den damaligen Künstlern ihre Gottähnlichkeit am Herzen.

D Mann und Frau

Auch auf die Unterschiede von Mann und Frau wurde in der Kunsttheorie Wert gelegt. Eine bestimmte Bibelauslegung, der auch Savonarola anhing, lastete der Frau die Hauptschuld an der menschlichen Erbsünde an. Deshalb hielt Cennini in der Proportionslehre nur die Maße des Mannes für geeignet (Text-Dok. III/24, 4). Er schloß Frauen und unvernünftige Tiere aus seiner Proportionslehre aus. Wer sich in einer solchen Verfahrensweise nicht auf die Bibel stützte, konnte auf die Antike und Vitruv verweisen, der in seiner einflußreichen Proportionslehre ebenfalls nur den Mann behandelte.

Die tägliche Arbeit in den Werkstätten unterstützte die künstlerische Bevorzugung des Mannes. Die Umgebung des Künstlers war mit männlichen Mitarbeitern, Schülern und Modellen besetzt. Dies trug ebenso wie die Homosexualität dazu bei, den Mann und seine Schönheit als Maßstab für die menschliche Gestalt aufzufassen. Während der ersten Hälfte des Quattrocento stand fast nur der Mann im Blickpunkt der künstlerischen Überlegungen und Ausführungen. Noch Michelangelo, selbst homosexuell, war ein Vertreter jener Künstler, die eine Vorliebe für den männlichen Akt hegten. Seine Frauenfiguren verrieten deutlich ihre Herkunft von Aktstudien an Männern.

Neben religiösen Überzeugungen und übernommenen Urteilen festigten noch andere außerkünstlerische Vorstellungen die vorherrschende Stellung des Mannes in den Künsten und den Kunstwerken. Der Humanismus verschaffte zunächst dem Mann den Anspruch des größeren Wissens und besseren Denkens. Vernunft und geistvolles Reden und Schreiben galten als Vorzüge des Mannes, der Frau unterstellte man die Neigung zur Unkeuschheit. Damit zeigten sich gesellschaftliche Zwänge, die zu Lasten der Frau gingen und »erheblich größer« waren »als die des ebenbürtigen Mannes«.[58] Leonardo bestätigte die damaligen Vorstellungen, indem er riet, keine ihre Beine spreizenden Frauen darzustellen. Im Quattrocento faßte Alberti die allgemeinen Vorstellungen, die noch am Ende des Cinquecento von Francesco Bocchi vertreten wurden, in seinem Buch über das Hauswesen zusammen. Alberti ordnete dem Mann eine stolze kriegerische Haltung, dem älteren Mann Klugheit und Besonnenheit, der Frau äußere Gefälligkeit, Gebärfähigkeit und Keuschheit als Schönheiten zu. Die Wirkungsstätte des Mannes war die Öffentlichkeit, diejenige der Frau das Haus (Text-Dok. III/8, 12, 83).

Einige Künstler selbst wurden von Vasari als Musterbeispiele des schönen Menschen geschildert. Leonardo besaß demnach einen schönen Körper, große Kraft und eine anziehende Liebenswürdigkeit (Text-Dok. III/62). Raffael war ihm vergleichbar. In zunehmendem Maß wurden im Verlauf des Quattrocento solche Eigenschaften wie *maniera, grazia, sprezzatura, leggiadria* für die Schönheit des Menschen bestimmend. Diese Eigenschaften galten vor allem für die Menschen am Hof. Die gesellschaftlichen Verhältnisse verfehlten also nicht ihre Wirkung auf Kunst und Künstler. Leonardo, nach dessen Ansicht der menschliche Körper aus dienenden und herrschenden Gliedern bestand, war ein Vorbild der am Hof geschätzten Liebenswürdigkeit. Das richtige Verhalten, Anmut, Leichtigkeit und Lässigkeit wurden für die Künstler, für die dargestellten Personen und sogar für die Kunstwerke zu Beurteilungsmaßstäben. Es galt als Vorzug eines Bildes, wenn die darauf dargestellte Person eine gewisse unaussprechliche Anmut zeigte oder das gesamte Kunstwerk mit Leichtigkeit hergestellt schien.

Die in der Kunsttheorie erörterte menschliche Schönheit unterlag damit einer Verbindung von humanistisch-gelehrten und ritterlich-höfischen Vorstellungen. Innerhalb dieser Vorstellungswelt und mit dem starken Aufkommen des Neuplatonismus erhielt die Schönheit der Frau eine größere Bedeutung. Die Frauen wurden in der Liebesphilosophie, die sich auch auf die bildenden Künste auswirkte, verklärt. War – mit Ausnahme der Bilder Botticellis (vgl. Frontispiz) – im Florenz des Quattrocento noch der Mann Hauptgegenstand der Künste, so wurde die Frau im Venedig des Cinquecento zum beliebten Thema. Tizian und sein Kreis entwickelten in ihren Werken ein Bild der Frauen, welches den Mann als künstlerisches Vorbild für menschliche Schönheit ablöste.[59]

Diese Blickerweiterung auf die Frau erfolgte in der Renaissance von einem männlichen Gesichtspunkt aus. Vasari widmete seine Lebensbeschreibungen nur zum verschwindend geringen Teil den künstlerischen Frauen (Text-Dok. I/69). Eine Frau wie Artemisia Gentileschi, die von einem Mallehrer vergewaltigt wurde, hätte einen anderen Katalog von Schönheiten aufgestellt als ihre männlichen Kollegen.[60] Die in der Kunsttheorie der Renaissance formulierten Schönheiten von Mann und Frau waren von männlicher Sichtweise geprägt.

E Proportionslehre

Der Kern der Schönheitslehre in der Kunsttheorie der italienischen Renaissance war die Proportionslehre. Eng mit ihr hing die von Brunelleschi und Alberti gefundene und entwickelte Perspektivlehre zusammen. Die sich auf antike Quellen[61] gründende linearperspektivische Konstruktion sollte Gegenstände auf ebener, zweidimensionaler Fläche als Gegenstände im dreidimensionalen Raum erscheinen lassen. Bei dieser Konstruktion von Figuren oder Raumteilen wurde auf eine proportionsgerechte Wiedergabe der Gegenstände geachtet, je nachdem ob sie in veränderten Entfernungen zum betrachtenden Menschen gesetzmäßig kleiner oder größer dargestellt wurden. Die Lust an der Perspektive wird in den Bildern von Paolo Uccello deutlich, der sich nach Aussagen Vasaris mit ihr in geradezu übertriebener Weise beschäftigt hatte.

Wie die Perspektiv- schuf auch die Proportionslehre ein Beziehungssystem zwischen Mathematik, Natur, dem menschlichen Sehen und, was neu war, dem Kunstwerk. Die Proportionslehre war eine derjenigen Wissenschaften, welche die Naturgesetze, die Gegenstände und die Beziehungen zwischen Gegenstand und Betrachter untersuchte. Darüber hinaus wurde sie eine Hilfswissenschaft der bildenden Künste und ein Hilfsmittel zur Bewältigung der Konstruktionsschwierigkeiten, welche durch die Forderung der Naturnachahmung innerhalb der bildenden Künste auftraten.

Innerhalb der Proportionslehre kamen Begriffe wie *misura, proportione, proportionalità* häufig vor. Das Maß und das Verhältnis, das Maßvolle und die Verhältnismäßigkeit wurden von Cennini bis Bocchi innerhalb ihrer Theorien der bildenden Künste als Eigenschaften der Schönheit betrachtet (Text-Dok. II/8, 21, 37, 42; III/13, 21, 40, 49, 78). Sogar für die Tanzkunst wurde das Maß ein wichtiger Begriff, der das Schreiten in Beziehung zu Rhythmus und Takt der Musik setzte. Guglielmo Ebreo behandelte in seinem um 1460 entstandenen Tanztraktat ein ganzes Kapitel lang die *misura.*

Am meisten beschäftigten sich die Kunsttheoretiker mit den Proportionen, den Maßen und den Verhältnissen des menschlichen Körpers, vornehmlich des Mannes. Von überragender Wichtigkeit war wiederum eine antike Quelle, nämlich Vitruv. Dieser hatte in den Augen der Kunsttheoretiker der Renaissance den Kanon für vollkommene Schönheit gekannt. Für die Künstler galten auch die antiken Statuen als vorbildlich. Ghiberti glaubte, daß in ihnen die gesuchten Maßverhältnisse enthalten waren. Allerdings waren sowohl die schriftlichen Äußerungen Vitruvs als auch die Anzahl bekannter antiker Statuen unzureichend. Es gab nur wenige Angaben, die aus der Antike übernommen werden konnten.

Dies war eine Ursache dafür, daß die Proportionslehre uneinheitlich war und nicht vollständig ausgeführt wurde. Derjenige, der in ihr am weitesten fortschritt, war Albrecht Dürer. Zu seiner Zeit gab es kein zusammenfassendes Werk, und so »konnte Dürer mit vollem Recht betonen, er habe niemals ein neueres Spezialwerk über Proportionskunde benützen können«. Bei allen Proportionslehren der italienischen Renaissance verhielt »es sich ähnlich wie mit den Maßangaben Vitruvs, von denen Dürer sagt, es sei nur weniges und dies so gekürzt, daß ein Anfänger sich damit nicht viel behelfen könne«.[62] Die Proportionslehre der Renaissance bestand eigentlich aus einer Vielzahl von sowohl tief als auch wenig durchdachten, selbständig erforschten und übernommenen, ausführlich behandelten und stichwortartigen Lehren.

Innerhalb der Proportionslehren gab es verschiedene Verfahrensweisen. Das Modulusverfahren ermittelte zu einer festgelegten Maßeinheit, z. B. Fuß, Hand oder Gesicht, die Maße des menschlichen Körpers und setzte diese mit jener in Beziehung. Das Proportionsverfahren ermittelte die Maße als Bruchteile der Körperlänge, welche als Einheit bestimmt wurde. Alberti entwickelte das Exempedaverfahren, das, wie der Name sagt, den Fuß als Einheit festlegte, den Körper in sechs gleiche Abschnitte gliederte und, über das Modulusverfahren hinausgehend, diese Abschnitte in körperunabhängige Abschnitte mit Hilfe des Dezimalsystems einteilte. Gewöhnlich wurde das Modulusverfahren angewendet. Leonardo bildete eine Ausnahme, indem er im Anschluß an Vitruv auch das Proportionsverfahren versuchte. Die Künstler und Forscher gelangten zu unterschiedlichen Ergebnissen. Cennini, der in seiner Proportionslehre möglicherweise auf eine Schrift Hildegards von Bingen zurückgriff, nannte als Maß für die vorbildliche Körperlänge 8⅔ Gesichtslängen; Ghiberti, der neben Vitruv einen Kanon von Varro kannte, erwähnte 10, 9½ und 9⅓ Gesichtslängen; Filarete meinte, daß 9, 8, 7 Gesichtslängen möglich wären; Pacioli nannte unter Hinweis auf Vitruv 10 Gesichtslängen; Leonardo bestimmte ⅑ und ⅒ der Körpergröße als Gesichtslänge; Gauricus legte sich für den Körper auf 9 Gesichtslängen fest; Michelangelo verwendete nach Vasaris Bericht 9, 10 oder 12 Gesichtslängen für die Körpergröße (Text-Dok. III/9, 4, 14, 33, 26, 36, 65).

Gemeinsam mit den Proportionsverfahren gab es geometrische Versuche, den menschlichen Körper in ein Verhältnis zu einfachen geometrischen Körpern zu bringen (vgl. Abb. 1). Von Vitruv her waren die Vorstellungen des Menschen im Kreis, *homo ad circulum,* oder im Quadrat, *homo ad quadratum,* bekannt. Die Fragen, welcher Körperteil der Mittelpunkt des Kreises war, wo somit die Zirkelspitze anzusetzen war, ob die Gliedmaßen die Kreislinie berührten, wie die Gliedmaßen in die Winkel des Quadrates hineinragten, wurden unterschiedlich beantwortet. Wie bei dem zahlenmäßigen Erfassen des menschlichen Körpers zeigten sich auch in den geometrischen Unternehmungen »die Schwierigkeiten des Versuchs, das Fleisch in eine Formel zu pressen, die widerstrebende nackte Wirklichkeit in ideale Nacktheit zu verwandeln«[63].

Die Proportionslehren unterschieden sich auch hinsichtlich der unterschiedlichen Ziele der Kunsttheoretiker. Alberti, Ghiberti, Leonardo wollten verwendungsfähige Maße ermitteln. Alberti feilte sein tabellarisches Maßsystem so weit aus, daß er mit kleinen übertragbaren Maßeinheiten arbeiten konnte, die nur ¹⁄₆₀₀ der Körpergröße betrugen. Auf diese Weise hoffte Alberti, die durchschnittlichen Maße des Menschen zu finden. Leonardo, der wie Alberti eigene Versuche anstellte und neben Dürer die Proportionslehre am weitesten ausführte, bemerkte die Vielfalt der Maßverhältnisse in der Wirklichkeit und mißtraute einem einzigen ›idealen‹ Maßkanon. Die Aufmerksamkeit Leonardos richtete sich bald nicht mehr auf die Proportionen, sondern auf die Bewegungslehre. Es war eine Tatsache, daß der bildende Künstler es häufiger mit bewegten als mit unbewegten menschlichen Körpern zu tun hatte. Außerdem erkannte Leonardo, daß sich bei Bewegungen die Proportionen veränderten. So hatte z. B. das Beugen des Unterarmes das Zusammenziehen von Muskeln im Oberarm zur Ursache und damit Veränderungen der Größenverhältnisse zwischen Länge, Umfang und Durchschnitt des Oberarms und des Unterarms zur Folge. Auf solche Kenntnisse waren Theoretiker wie Pacioli oder Gauricus, welche die künstlerische Ausführung nur als Laien kannten, nicht aus. Sie strebten zu einer mehr philosophischen Durchdringung der Proportionslehre und knüpften bewußt an antike Vorstellungen der Harmonie und Symmetrie an.

F *Maßverwandtschaften und platonische Philosophie*

Die Bedeutung der Proportionslehre erstreckte sich in der Renaissance nicht nur auf das Finden und Darstellen der sichtbaren Proportionen und Maße. Ein Hauptaugenmerk richtete sich auf die Vergleichbarkeit der Maßverhältnisse. Ähnlichkeiten oder, wie Gauricus es nannte, *analogia* und *commensus* sollten entdeckt werden (Text-Dok. III/38). Eine derartige Auffassung der Proportionslehre gründete sich auf die platonische Geometrie- und Zahlenlehre und auf den Glauben an vielfältige, bedeutsame Beziehungen zwischen den regelmäßigen Körpern und Zahlen. Platon hatte im »Timaios« die Vielfalt der Körperwelt auf fünf regelmäßige Körper, Tetraeder, Hexaeder, Oktaeder, Ikosaeder, Dodekaeder, eingeschränkt und diese regelmäßigen Körper als Bestandteile der vier Elemente erkannt. Dadurch waren sie auch Bestandteile des Menschen und, was für die Künstler von Wichtigkeit war, auch der menschlichen Werke. Verwandte Maßverhältnisse gab es also im Kosmos, im Menschen, in seinen Werken. Grundgesetze der Welt reichten bis ins menschliche Kunstwerk hinein, und umgekehrt waren im Kunstwerk Gesetzmäßigkeiten der Welt vorhanden. »Es war also Platons Bild von der Proportion als Maß und verbindendem Band ungleicher Teile, das die Künstler bei ihrer Suche nach menschlichen Proportionen leitete.«[64] Francesco di Giorgio Martini brachte in eine einzige Zeichnung sowohl die menschliche Figur als auch den Fassaden- und Grundrißentwurf eines Gebäudes. Filarete verglich in Erinnerung an Vitruv verschiedene Säulenordnungen mit menschlichen Proportionen. Alberti stützte sich auf die Musiktheorie und benutzte deren Intervalle für die Baukunst. Sogar Leonardo, der am weitesten eigener Erfahrung vertraute, glaubte an grundsätzliche Ähnlichkeiten und dachte in Analogien (Text-Dok. III/19, 17, 49; I/11, 39, 40). Er suchte die Ähnlichkeiten zwischen Mikro- und Makrokosmos und verglich die Bewegungen der Menschen mit denen von Himmelskörpern. »Die von Leonardo studierten Bewegungen aller, auch der kleinsten Glieder des Körpers, alle auf Kreisbahnen angelegt, machten ihm eine kosmische Dimension des Menschen sichtbar, die Verwandtschaft dieser seiner zweiten vielteilig sphäroiden Bewegungsgestalt mit den auf ihren Bahnen kreisenden Himmelskörpern.«[65] Die Schönheit des Menschen beruhte somit für die Künstler, welche der platonischen Lehre anhingen, auf einer mathematisch faßbaren Grundgesetzlichkeit der Welt. Mit Hilfe der Proportionslehre vermochte der Künstler, diese Bedingung der Schönheit in sein Werk zu bringen.

G *Nacktheit*

Eine der größten Schwierigkeiten stellte sich den Künstlern mit der Frage nach der Nacktheit. Die Gebote der Natur- und Antikennachahmung veranlaßten die Künstler zum Studium des nackten menschlichen Körpers und der nackten antiken Statuen. In der Abbildung des Menschen stellte sich den Künstlern eine schwierige Aufgabe, deren Bewältigung die Aneignung neuester Kenntnisse und Verfahrensweisen erforderte. Leonardo setzte künstliche Menschen aus Knochen, Sehnen und Muskeln zusammen. Anatomie und Sezierkunst gaben Aufschlüsse über das Innere und über die Zusammenhänge von Innerem und Äußerem des Körpers, selbst wenn dieser bekleidet sein sollte. Für ein gelungenes Kunstwerk, welches den Menschen so lebensecht wie antike Statuen darstellen sollte, war das Studium des nackten Körpers unerläßlich.

Während des Quattrocento gab es eine steigende Anzahl von Kunstwerken mit nackten Figuren. Aus dem antiken Bereich schöpften die Darstellungen der nackten Wahrheit, *nuda veritas*, der nackten Gestalten von Venus, Galatea, den Grazien, der antiken Liebespaare. Aus dem religiösen Bereich stammten die Darstellungen von Adam und Eva, von der heiligen Agnes, Magdalena, Katharina, von Johannes dem Täufer, dem heiligen Hieronymus und Sebastian. Die Vorliebe für diese Darstellungen entstand zum einen aus der künstlerischen Zielsetzung der Natur- und Antikennachahmung, zum zweiten war sie »ein Kind des Platonismus ... Die platonische Ästhetik brachte die Theorie zu Ehren, daß der menschliche Körper der vollkommene Typus der irdischen Schönheit sei, gleichwie die menschliche Seele die Königin der Welt ... Mindestens zu Beginn der Bewegung vergöttlichte man in völlig gutem Glauben und mit entschieden spiritualistischen Absichten die lebendigen Kräfte der Welt«[66].

Der wirkungsvolle Bereich der Nacktheit wurde von den Künstlern der Renaissance vielfach bewußt als künstlerisches Mittel eingesetzt. Die erotische Ausstrahlung konnte als Beweis für die Könnerschaft des Künstlers und für die Anerkennung seitens des Publikums aufgefaßt werden. Nach Vasaris Bericht waren der heilige Sebastian von Fra Bartolommeo und der heilige Johannes von Leonardo da Vinci solche bewunderten Werke, die so lebensnah wirkten, daß sie unverkennbare Wirkungen auf das Triebleben der Menschen ausübten (Text-Dok. III/71). Heilige und Märtyrer zeigten im Zusammenhang mit ihrer Leidensgeschichte oder asketischen Lebensführung auf Bildern unverhüllt ihren Körper. Darstellungen der heiligen Magdalena wiesen im Verlauf der Renaissance mehr auf die reizvolle Frau als auf die büßende Sünderin. Mit solchen Darstellungen bestätigten die Künstler die Meisterschaft in der Figurenmalerei, und das hingerissene Publikum genoß die Lebensechtheit der dargestellten Personen.

Im Verlauf der Renaissance kamen Künstler und Publikum beim Thema der Nacktheit aufeinander zu. Die Künstler gestanden dem breiten Publikum ein gewisses Beurteilungsvermögen hinsichtlich dargestellter Menschen zu. Die schriftlichen Aussagen der Kunsttheoretiker stimmten darin überein, daß jeder Mensch schöne und häßliche, wohlgeformte und mißgestaltete Mitmenschen unterscheiden könne. Die allgemeinen Urteile kämen durch ein angeborenes Vermögen zustande, das nicht weiterentwickelt und z. B. durch die Proportionslehre wissenschaftlich gestützt zu werden brauchte. Leonardo riet den Malern, beim Figurenmalen stärker dem verbreiteten Urteil als dem eigenen Urteil zu vertrauen. In der Mitte des Cinquecento leitete Dolce aus einem allgemeinen das besondere Beurteilungsvermögen ab, schöne Menschen auch in den Kunstwerken beurteilen zu können (Text-Dok. III/28, 30, 78). Bewunderer von Aktdarstellungen sprachen also Urteile aus, welche die Künstler als berechtigt empfanden. Die Wirksamkeit der abgebildeten Nacktheit diente somit den Künstlern als Beweis ihrer Meisterschaft.

Die künstlerische Hinwendung zur Nacktheit wurde von anderen Bewegungen begleitet. Der Kunstmarkt mit seinem Anwachsen von Angebot und Nachfrage förderte das Malen von Aktbildern. Die Annahme des Aktbildes während des späten Quattrocento »ergab sich mit dem wachsenden Bedürfnis nach rein weltlicher, für private Besitzer bestimmter Kunst ... Es sind Luxusgegenstände, die betrachtet und berührt werden sollen von einem, der Sinn für die Kunst und für schöne Körper hat.«[67] Wie innerhalb der Öffentlichkeit ein feineres Gefühl für künstlerische Werke entstand, so wuchs auch das Bewußtsein für das Aktbild als Kunstwerk. Die Mode entwickelte ein Gefühl für den menschlichen Körper. Schrittweise wurden während des Quattrocento der Hals, dann Schulter, Rücken und Busen der Frauen entblößt. Die Männer trugen enganliegende, der Form der als erotisch geltenden Beine angepaßte Hosen.[68]

Der während der Renaissance im Vergleich zur vorangegangen Zeit erweiterte Spielraum kam der Gattung des Aktbildes zugute. Aber der Spielraum hatte seine Grenzen, und möglicherweise war er enger, als wir es uns heute gewöhnlich vorstellen. Eine Lockerung der Sitten, eine wachsende Freizügigkeit, die Verweltlichung der Künste gingen nicht geradlinig und nur allmählich vor sich. Noch Anfang des Quattrocento gab es hinsichtlich des Malens und Bildhauerns nackter Gestalten nur wenige Themen, geringe Darstellungsmöglichkeiten und ein beschränktes Publikum. »Das Aktbild erfuhr Wertschätzung nur von einer kleinen Elite ... Die öffentlichen Gefühle über den Akt – und in Wirklichkeit über den ganzen Antikenkult – blieben konservativ und reichten von Unverständnis bis zu offener Feindschaft.«[69] Diese Art von Gegenbewegung erstarb nicht gänzlich. Ein Aktbild war im Quattro- und Cinquecento niemals unangefochten ein beliebter Kunstgegenstand.

Wegen der Anziehungskraft oder Anzüglichkeit der Geschlechtlichkeit war die Nacktheit während der gesamten Renaissance ein umstrittener Darstellungsgegenstand. Ausdrücklich wurde Tizian von Vasari dafür gelobt, eine Magdalena zwar schön, aber nicht verführerisch gemalt zu haben (Text-Dok. III/69; Abb. 17). Die Künstler der Renaissance waren sich stets bewußt, beim Thema der Nacktheit auf einem schmalen Grat zu wandern. Wurde auf der einen Seite die Wirkungsmacht der dargestellten Nacktheit erprobt, so mußte auf der anderen Seite die unmittelbare Gefahr der Anzüglichkeit vermieden oder zumindest gedämpft werden. Das Wunschbild von körperlicher und geistiger Schönheit beanspruchte Geltung und durfte nicht rein künstlerischen Gründen untergeordnet werden.

Die stärksten Widerstände gegen die Darstellung des nackten menschlichen Körpers kamen von christlicher Seite. Die religiösen Erneuerungsbewegungen der Dominikaner, Franziskaner, Theatiner, Kapuziner riefen zur Rechtgläubigkeit auch innerhalb der bildenden Künste auf. In dieser Hinsicht war Savonarola kein Einzelfall. Der Papst, der nach dem *Sacco di Roma* im Jahr 1527 seine politischen Ansprüche herunterschrauben und seinen geistlichen Aufgaben größere Aufmerksamkeit widmen mußte, verstärkte eine religiöse Begutachtung der Kunstwerke. Die Auseinandersetzungen gipfelten im Streit um Michelangelos während der Jahre 1534–41 ausgeführtes »Jüngstes Gericht« (Abb. 14). Aretino und Dolce machten sich die allgemeine Stimmung in ihren Angriffen auf dieses Werk zunutze. Daniele da Volterra übermalte die nackten Körper oder, genauer ausgedrückt, die nackten Geschlechtsteile. Noch in der Folgezeit war die gänzliche Zerstörung des Werks nicht auszuschließen. In den Jahren 1545–63 tagte das Konzil von Trient. Dort wurden in den Beschlüssen die erzieherischen Vorzüge der religiösen Kunst und eine stärkere Beachtung religiöser Leitsätze hervorgehoben. Zu dieser Zeit war es ein Gemeinplatz, daß die verführerischen Reize nackter Figuren zu unterlassen seien. Paleotti, Erzbischof von Bologna, verschärfte in seinen kunsttheoretischen Schriften die Beschlüsse von Trient. Gilio, Borromeo, Borghini, Comanini waren Vertreter einer Kunsttheorie im Sinne der Gegenreformation. Ammannati war echt von der religiösen Aufgabe der Kunst überzeugt und widerrief reuevoll seine Darstellungen nackter Figuren (Text-Dok. III/59; I/75; III/80, 81). Selbstverständlich gab es auch weiterhin Vertreter einer kirchlich unabhängigen Kunstrichtung. Vasari verteidigte Michelangelo und lehnte die Darstellung nackter Figuren nicht ab. Er gab aber den Rat, die Umstände, das Thema, den Aufstellungsort usw. zu berücksichtigen. Veronese beharrte im Prozeß vor der Inquisition zunächst auf der künstlerischen Freiheit und scheute sich nicht, in dieser Beziehung Künstler und Narren gleichzusetzen. Außerdem verwies er auf das berühmte künstlerische Vorbild Michelangelo und berief sich auf die nackten Figuren in dessen »Jüngstem Gericht« (Text-Dok. I/79). Aber sicherlich wurde es im Laufe des späteren Cinquecento schwieriger, die Darstellung nackter Figuren zu rechtfertigen und kirchliche Billigung dafür einzuholen. Die kirchlich beeinflußte Kunsttheorie zur Zeit der Gegenreformation schloß die Nacktheit aus dem Bild der menschlichen Schönheit weitgehend aus.

Wenn in Kunstwerken der italienischen Renaissance Nacktheit vorkam, dann bewies die Art ihrer Darstellung, daß und wie die Künstler den Verhältnissen Rechnung trugen. Trotz der offensichtlichen Wirkungsmacht der Nacktheit wurde im Kunstwerk nicht hauptsächlich das Geschlecht zur Schau gestellt. Ausnahmen waren im Quattrocento die innerhalb des privaten Bereichs beliebten, auf Hochzeitstruhen abgebildeten erotischen Darstellungen antiker Liebespaare wie Venus und Mars, im Cinquecento Riccios Kleinplastiken erregter Satyrn oder Liebesakte in Giulio Romanos Bildern (vgl. Abb. 11 u. 12). Aber bei den meisten Darstellungen gab es »im Gegensatz zur Antike keine (oder nur verschwindend geringe) sexuelle bzw. pornographische Szenen. Auch im Bereich des Bildes wird der Anblick sexueller Handlung nicht toleriert. Es zeigt sich hier die gegenüber der Antike auffällige Intimisierung der sexuellen Triebäußerungen, ihre Verlegung hinter verschlossene Türen im Prozeß der Zivilisation.« Die im Kunstwerk dargestellte Nacktheit schloß gewöhnlich unmittelbaren geschlechtlichen Genuß aus. »Bei aller betonten Wendung an den Betrachter ist der nackte Frauenleib doch in mehrfacher Weise von ihm distanziert: thematisch als antikisierende Allegorie, formal als konstruierter Idealakt«[70] (vgl. Abb. 16). Der Geschlechtstrieb wurde durch die Nacktheit angeregt und wiederum gedämpft. Die Künstler verfeinerten mit ihrer Antikenkenntnis und kunsttheoretischen Bildung die Darstellungen der Nacktheit. Die künstlerische Nacktheit wandelte einen Großteil der Wirkungen auf das körperliche Triebleben in geistigen Genuß um. Auch in der Nacktheit spiegelte sich somit die Zweiseitigkeit der Schönheitsvorstellungen der italienischen Renaissance.

H Die Schönheit des menschlichen Körpers

Die künstlerische Behandlung des menschlichen Körpers umfaßte den ganzen Menschen. Für schön gehalten wurden gemeinhin blonde Haare, dunkle Augen und Augenbrauen und die weiße Haut der Frauen. Im Cinquecento bildeten sich mehrere Arten der im Kunstwerk festgehaltenen menschlichen Schönheit heraus. Die Bildnisse von Leonardos Schülern in Mailand unterschieden sich von denjenigen der Künstler in Venedig. »Hier gibt es weder die übergroßen, weit auseinanderstehenden Augen noch die breit ausladenden Wangenknochen oder das spitz zulaufende Kinn. Charakteristisch ist für die Venezianerin die Weichheit der Gesichtszüge, der kleine Mund und vor allem die reifen fülligen Körperformen. Dies ist sowohl in den Bildern Palmas als auch in denen Sebastianos bemerkbar, am deutlichsten bei

Tizian. Alles Schematische, das sich in den Mailänder Bildern verbirgt, ist in Venedig überwunden. Dabei wirken die Venezianerinnen nicht besonders kokett. Mitunter umgibt sie ein Ernst, der kaum zu ihrer äußeren Aufmachung, die durch raffinierte Sparsamkeit der Bekleidung mehr ent- als verhüllt, passen will.«[71]

Neben der umstrittenen Nacktheit gab es besondere Körperteile, die es bevorzugt abzubilden galt. Zwar entstanden seit der Liebesphilosophie ausgedehnte Schönheitskataloge, die jeden sichtbaren Körperteil beschrieben und die auch den Künstlern seit dem Ende des Quattrocento gegenwärtig waren. Aber während der gesamten Renaissance wurde das Gesicht als Darstellungsgegenstand bevorzugt. Es war für die Künstler der Ausdrucksträger der inneren menschlichen Bewegungen. Mit ihm konnten Künstler wie Leonardo etwas vom Inneren des Menschen sichtbar werden lassen. Vasari stellte in der Lebensbeschreibung von Beccafumi die Wichtigkeit des Gesichts für die abgebildete Figur heraus. Die Darstellung des Gesichts entschied die Beurteilung der ganzen Figur und des gesamten Kunstwerks. Ähnlich wie Leonardo bezeichnete Cellini darüber hinaus das Auge als schönsten Körperteil (Text-Dok. III/75; IV/34; III/76). Möglicherweise war an einer solchen Einschätzung die neuplatonische Geistesrichtung beteiligt, die eine Abstufung der Sinne vornahm und das Auge als höchstes Sinnesorgan einstufte. Erst am Ende der Renaissance nahm für einen Teil der Künstler die Bedeutung des Gesichts ab, und es wurde kleiner dargestellt als vorher.[72]

I Die Schönheit des Menschen als künstlerischer Grundsatz

Ausführung und Überlegung der Künstler richteten sich zunächst nicht ausschließlich auf die Schönheit des Menschen. Am Ende des Tre- und zu Beginn des Quattrocento besaß das Gebot der Naturnachahmung eine solche Bedeutung, daß die Menschen innerhalb der Kunstwerke auch ohne Schönheit dargestellt wurden. Cenninis Abgußverfahren brachte ein Höchstmaß an Wirklichkeitstreue. In Florenz wurde während einer verhältnismäßig kurzen Zeitspanne von einigen Jahrzehnten die unmittelbar erfaßbare, sinnlich wahrnehmbare Erscheinung des Menschen dargestellt. Piero della Francesca malte in solcher Weise Federico da Montefeltro, dessen Pickel auf der Haut oder dessen eingesunkener Nasenansatz abgebildet und nicht fortgelassen wurde. Domenico Ghirlandaio hielt auf einem Bild neben einem hübschen Jungen einen älteren Mann mit durch Wucherungen entstellter Nase fest (Abb. 6).[73] Aber zunehmend setzte sich im Quattrocento die Schönheit als künstlerische Zielsetzung durch. Botticellis Menschendarstellungen sind dafür treffende Beispiele (vgl. Frontispiz). Die von Plinius und Cicero erzählte Zeuxis-Anekdote wurde schon von Alberti übernommen und auf die menschliche Schönheit angewendet. Raffaels Brief an Castiglione bestätigte, inwieweit Auswahlverfahren und menschliche Schönheit keineswegs unverbindliche Glaubenssätze, sondern künstlerische Leitlinien waren (Text-Dok. II/28; Abb. 13).

Das Ziel der Schönheit wirkte sich nachhaltig auf die noch junge Porträtkunst aus. Mit diesem Ziel stimmten auch die ranghohen und vermögenden abgebildeten Personen und Auftraggeber überein, die Wert auf ihre äußere Erscheinung legten und zugleich das schöne Aussehen als Entsprechung der inneren Vorzüge auffaßten. Das Ausmerzen von sichtbaren Fehlern, das Zusammentragen von sichtbaren Vorzügen, die Vereinheitlichung von inneren und äußeren Eigenschaften waren Ziele sowohl der Künstler als auch der dargestellten Personen. Wie stark Michelangelo die Schönheit zum Grundsatz seiner Kunst erhob, belegt eine Anekdote von Martelli (Text-Dok. III/60). Michelangelo verzichtete demnach bei den Porträts der Medici bewußt auf Ähnlichkeit, um die inzwischen Verstorbenen schöner als in der Wirklichkeit erscheinen lassen zu können.

K *Die Häßlichkeit des Menschen*

Die Häßlichkeit, der Gegensatz der Schönheit, hatte grundsätzlich in Theorie und Praxis der Künste keinen Platz. Alberti führte wie selbstverständlich aus, daß bei Darstellungen von Menschen Schönheit zu erreichen und Häßlichkeit zu vermeiden wäre. Leonardo wollte Mißgestaltungen aus den Kunstwerken ausschließen (Text-Dok. III/25). Er verstand darunter Menschen, welche z. B. der Proportionslehre nicht entsprachen und durch Unmäßigkeit oder Unverhältnismäßigkeit gekennzeichnet waren. Die künstlerische Zielsetzung der Schönheit besagte nicht, daß die damalige Zeit die Häßlichkeit der Menschen nicht bemerkte. In studienartigen Versuchen mit menschlichen Proportionen und Formen stellte Leonardo Menschen dar, die heutigen Karikaturen ähnlich sehen. Leonardo wurde von Ekel befallen, wenn er die häßliche Seite des geschlechtlichen, verdauenden, angriffslustigen Menschen schilderte. Um 1500 malte Mantegna innerhalb eines Bildes, welches die Vertreibung der Laster aus dem Garten der Tugend zeigte, die häßlichen Personifikationen der Trägheit und des Müßiggangs. Machiavelli, dessen scharfer politischer Verstand das Böse im Menschen sah, beschrieb unerbittlich die Häßlichkeit einer Frau, an die er verkuppelt worden war. Castiglione schilderte einen unheilbar erkrankten Menschen. Künstler im späteren Cinquecento beschäftigten sich auch mit Narren und Zwergen. Aber Vasari erzählte, wie selten die Künstler sich mit menschlicher Häßlichkeit auseinandersetzten, so daß Michelangelo sich geradezu herausgefordert fühlen konnte, einen häßlichen Menschen abzubilden (Text-Dok. III/2, 29, 41, 44, 71–73, 68). In die fertigen Kunstwerke wurde menschliche Häßlichkeit nur ausnahmsweise eingebracht.

Die geläufige Unterscheidung von Körper und Geist führte bei Beschreibungen von Künstlern dazu, körperliche Häßlichkeit durch geistige Schönheit auszugleichen. Schon im Trecento war eine Anekdote über die Häßlichkeit Giottos und seiner Kinder bekannt. Der Reiz dieser kleinen Geschichte bestand darin, daß sich dem Künstler durch die Schönheit seiner Kunstwerke eine Ausgleichsmöglichkeit bot. In der Renaissance wurden diese Anekdoten auf solche Weise ausgelegt, daß ein schönes Kunstwerk auf die vorzüglichen geistigen Eigenschaften des Künstlers hinwiese. Vasaris Beschreibung von Brunelleschi befand sich im Rahmen der damaligen Kunsttheorie mit ihrer hohen Bewertung der geistigen Fähigkeiten des Künstlers. Offensichtliche körperliche Häßlichkeit wurde somit durch positive geistige Eigenschaften wettgemacht (Text-Dok. III/3, 63).

Häßlichkeit wurde von Künstlern aus den Werken und von vermögenden, hochstehenden Menschen aus der Persönlichkeit ausgeschlossen. Häßlichkeit und Schönheit waren an gesellschaftliche Verhältnisse gebunden. Als schön wurde angesehen, was fein, reich, gepflegt war und keine Anzeichen desjenigen trug, was die unteren

Volksschichten kennzeichnete. Als häßlich galt es, körperlich oder geistig krank, abgearbeitet, arm auszusehen. Der Oberschicht war es im Unterschied zu den niederen Volksschichten möglich, weitgehend dem Bild der Schönheit zu entsprechen und die Häßlichkeit zu meiden. Turniere, Wettkämpfe, Jagd, Sport, Erholungsreisen, Kleidung, Schminke verhalfen zur körperlichen Schönheit, Bildung ließ sie geistvoll erscheinen. Gewandtes, lässiges, anmutiges Verhalten verband körperliche und geistige Schönheit miteinander und vervollständigte die menschliche Schönheit. Wenn solche Verschönerungsmittel nicht mehr nutzten, dann konnten die betreffenden Personen ausnahmsweise trotzdem die Beachtung der Künstler finden. Castiglione schilderte den bemitleidenswerten, unheilbar erkrankten Herzog Guido da Montefeltro, und wahrscheinlich wurde diesem Aufmerksamkeit geschenkt, weil er Angehöriger des Adels war (Text-Dok. III/44).

Die Welt der Kranken, Tagelöhner, Bauern, Narren kam in der Kunstwelt der italienischen Renaissance kaum vor. Die damalige Zeit wußte zwar um die Realität, aber die Kunst bemühte sich um ein schönes Bild der Wirklichkeit. Der Bereich des Häßlichen, Abstoßenden fand bestenfalls als künstlerischer Gegensatz, Hinzufügung oder Schmuck im Hintergrund von Bildern Platz. Diese vergnügliche Form des Schmucks oder Ornaments »stellt die Welt der untersten Stände zur Erheiterung dar. In diesen Darstellungen ist die Armut und das Elend des Menschen stets zu Gunsten des Komischen oder Lieblichen ausgeblendet. Das humanistische System ist unfähig, sozialkritisch zu sein«.[74] Anschauliches Beispiel waren Narren oder Zwerge. Fra Mariano als Hofnarr unter Papst Leo X. in Rom, Fra Serafino, Hofnarr in Mantua und Urbino, der Zwerg Pietro Barbino bei den Medici oder der von Bronzino und Giovanni da Bologna dargestellte Zwerg Morgante (Abb. 7) dienten sowohl in ihrem Leben am Hof als auch in den Kunstwerken der Belustigung anderer.

Erst im späten Cinquecento wurden vormals als häßlich betrachtete Lebewesen für die Künstler aus künstlerischen Gründen wichtig. Vasari berichtet über Zwergendarstellungen von Andrea del Sarto, Bronzino, Valerio Cioli da Settignano (Text-Dok. III/72–74, 79, 68, 65). Bronzino malte einen Zwerg in Mehransichtigkeit, um im Sinne des *paragone* die Überlegenheit der Malerei gegenüber der Bildhauerei zu beweisen. Darüber hinaus gab er sich wie andere Künstler dieser Zeit der Vorliebe für unproportionierte, unregelmäßige, ungewöhnliche Körper und Formen hin. So war manchmal lediglich »die Bloßstellung deformierter Menschen Anlaß der Aktdarstellung«[75]. Der im allgemeinen für häßlich gehaltene Mensch bildete somit für die Künstler des Manierismus ein Sondergebiet, in dem eigene künstlerische Gesetze herrschten.

Im Vermeiden der Darstellung häßlicher Menschen tat sich ein Grundzug der Kunst der italienischen Renaissance auf. So wie sich im Gegensatz zur Kunst aus dem Norden die größte Aufmerksamkeit der Künstler, Auftraggeber, Sammler, Käufer, Händler, Liebhaber und Kritiker auf die hochrangige Kunst richtete und niedrigere Gattungen wie Porträts, Stilleben, Landschaft erst durch kräftige Mithilfe der ausländischen Künstler einen Aufschwung erlebten, so vernachlässigte die auf Schönheit und auf Verschönerung der Wirklichkeit ausgehende Kunst Italiens folgerichtig die als geringwertig beurteilte menschliche Häßlichkeit.

2 Liebesphilosophie und menschliche Schönheit

A Die Schönheit des Menschen bei Ficino

Ebenso wie in der Kunsttheorie wurde auch in der neuplatonischen Liebesphilosophie die menschliche Schönheit besonders gründlich untersucht. Ein Unterschied zwischen Platon und Ficino bestand darin, daß Platon hauptsächlich die in der Antike weithin verbreitete Freundschaft und Liebe unter Männern meinte, während Ficino homosexuelle Liebe ablehnte. Ausschließlich körperliche Liebe galt strenggenommen nicht als Liebe, da nur die niederen, auch den Tieren zugehörigen Sinne daran beteiligt waren. Sowohl Platon als auch Ficino zielten über die sinnliche Liebe hinaus auf die geistige Liebe, so daß die unterschiedlichen Lehren hinsichtlich der geschlechtlichen Liebe nicht zum Tragen kamen. Geistige Freundschaft und vergeistigte Liebe spielten sich auf einer Ebene oberhalb der Körperlichkeit der zwischen- oder gleichgeschlechtlichen Beziehungen ab.

Ficino klammerte den Geschlechtstrieb aus seiner Liebesphilosophie aus, behandelte aber ausführlich die körperliche Schönheit. Seiner Meinung nach war der Körper dann schön, wenn das Materielle oder Sinnliche durch Ordnung und Maß in der Erscheinung so gestaltet war, daß die Schönheit bis zum Körperlichen durchdringen konnte (Text-Dok. III/20). Diese Bedingungen für die körperliche Schönheit entnahm Ficino anderen Autoren, nämlich Augustinus und Thomas von Aquin, und verwendete sie als Grundlage für eine Proportionslehre, so wie sie Alberti vorher in seinem Malereitraktat entwickelt hatte. Neben die Proportionslehre, die für den Bereich des Auges und des Sichtbaren gültig war, stellte er die Harmonielehre, die auf den Bereich des Ohres und des Hörbaren gerichtet war. Er bestimmte die Proportion als einen Pfeiler seiner Lehre von der körperlichen Schönheit und hing der klassischen Auffassung von der Schönheit als einheitlichem Ganzen des vielteiligen, zusammengesetzten Körpers an (Text-Dok. III/21). Ficino war »im Bereich der körperlichen Schönheit über den Begriff der Proportion keineswegs hinausgekommen ... Aber wir müssen doch zu seiner Rechtfertigung sagen, daß er eine eigentliche Ästhetik oder Kunsttheorie nirgends hat geben wollen und daß es ihm überhaupt nicht darauf ankommt, das sinnliche Schöne aus sich selbst zu begreifen, sondern vielmehr es in den Rahmen eines metaphysischen Systems einzufügen«.[76]

Die Lehre von der Schönheit des menschlichen Körpers war in der allgemeinen Lehre enthalten. Grundsätze der neuplatonischen Philosophie wurden beibehalten. Der Grundgedanke der Unkörperlichkeit der Schönheit wurde von Ficino selbst bei diesem Gegenstand nicht aufgegeben. Denn körperliche Schönheit gab es nur deshalb, weil das rein Geistige oder der göttliche Gedanke der Schönheit aufgrund der Vorbereitung der Materie bis zur Erscheinung gelangen konnte. Der menschliche Körper war für Ficino schön, wenn über die erfüllten Bedingungen hinaus etwas von der allgemeinen Schönheit des Menschen und des göttlichen Gedankens der Schönheit überhaupt in der Erscheinung wirksam und wahrnehmbar war. Damit beharrte Ficino auf einer geistigen Ursache für die körperliche Schönheit. Scheinbar widersprüchliche Aussagen in Ficinos Kommentar lösten sich insofern auf, als einerseits körperliche Schönheit mittels der Proportionslehre als *positio, commensuratio* oder *proportio* bestimmt wurde, andererseits körperliche Schönheit von der Proportion unterschieden und auf ihren unkörperlichen Ursprung und ihr unkörperliches Wesen zurückgeführt wurde (Text-Dok. II/13).

Die Zweiseitigkeit des Schönheitsbegriffs macht es schwierig, den eigentlichen Wert der körperlichen Schönheit für Ficino genau zu bestimmen. Körperliche Schönheit an sich schätzte er nicht. Er deckte die Oberflächlichkeit und den Schein der mit den Augen wahrnehmbaren Schönheit auf. Einige seiner Aussagen erinnerten an die Jahrhunderte älteren Ausführungen des Odo von Cluny, der die Häßlichkeit des Körpers unterhalb der Haut anschaulich zu beschreiben verstand und glaubte, nachdrücklich vor der Verführungskraft der schönen Haut warnen zu müssen (Text-Dok. III/23).[77] Aber andererseits schien sich Ficino nicht für eine platte Leibfeindlichkeit einzusetzen. Er konnte dem Körper auch Vorzüge abgewinnen. Körperliche Schönheit war für die Menschen eine Vorstufe zur geistigen Schönheit. Als Schönheit offenbarte die körperliche Schönheit den Bezug zum göttlichen Gedanken der Schönheit. Ficino wies also die körperliche Schönheit als Schönheit aus, umgrenzte den Geltungsbereich der im alltäglichen Leben wirkungsvollen körperlichen Schönheit und zeigte die Allmacht der geistigen und göttlichen Schönheit.

Die Schönheit des Menschen bestand also in einer gewissen Anmut, die auf den liebenden Menschen anziehend wirkte und ihm Freude spendete. Seine körperliche Schönheit war gemäß der Proportionslehre eine einheitliche Zusammenstimmung der in einem bestimmten Verhältnis zueinander stehenden Einzelteile. Diese einheitliche Schönheit war Abbild der geistigen Schönheit. Je mehr die menschliche Schönheit vom Göttlichen durchdrungen war, desto mehr näherte sie sich der göttlichen Schönheit an. Die Vergeistigung der Liebe hatte eine anwachsende Vereinheitlichung von Mensch und Gott zur Folge, so daß schließlich der Mensch gänzlich in die ursprüngliche Einheit zurückkehrte.

Die Liebe ist als eine Form des Strebens, des Begehrens, des Wünschens und Sehnens dem Wollen ähnlich. Wie der Wille richtet sich auch die Liebe auf ein Ziel, das es zu erreichen gilt. Ficinos Liebesbegriff gab Leitlinien, was die Menschen anzustreben und wie sie sich zueinander zu verhalten hatten. Freundschaft und Liebe sollten »die ethischen Grundhaltungen des Menschen sein, die ihn Gott ähnlich machen können ... Die Liebesphilosophie des Ficino ›ersetzt‹ gewissermaßen die der Zeit fehlende wissenschaftlich-philosophische Ethik«.[78] Das Gute als Ziel des Willens und das Schöne als Ziel der Liebe ergänzten sich bei Ficino. Schönheit beeinflußte das sittliche und moralische Handeln, indem menschliches Handeln auch schön, anmutig, liebenswert sein sollte. Umgekehrt wurde Schönheit unter dem Einfluß von Sittlichkeit und Moral bestimmt, weil menschliche Schönheit auch gut zu sein hatte. Ein solch vielschichtiger Schönheitsbegriff konnte nur von gebildeten Menschen verstanden und verwirklicht werden. Philosophische Bildung war die Voraussetzung für das Erreichen von Schönem und Gutem. Solche Voraussetzungen schränkten den Gültigkeitsbereich der neuplatonischen Schönheitslehre auf den Adel und das reiche Bürgertum ein.

B Die Schönheit des Menschen bei den Nachfolgern Ficinos

Die auf Ficino folgenden Liebestraktate widmeten sich weitaus häufiger als bei Platon oder Ficino der Schönheit der Frau. Oftmals richteten sie sich an eine einzige, hochstehende Frau. Bembos »Asolani« spielte am Hof der Caterina Cornaro, Castigliones »Cortegiano« hob Elisabetta Gonzaga hervor, Trissinos »Ritratti« zeichneten ein schriftliches Bild von Isabella d'Este, Sperone Speroni umwarb Tullia d'Aragona, zum Teil waren Michelangelos Gedichte an Vittoria Colonna gerichtet, Nifo verehrte Johanna von Aragon. Persönliche Erfahrungen spielten bei der Abfassung der Liebestraktate mit. Die Liebesphilosophie besaß im Cinquecento an jenen Höfen, wo Frauen im Mittelpunkt des kulturellen Lebens standen, eine aufregende Beziehung zur damaligen Gegenwart. Die Liebe zwischen Mann und Frau und die menschlichen Leidenschaften wurden an den Höfen in Rimini, Mailand, Urbino, Mantua, Ferrara oder Asolo persönlich durchlebt und gedanklich hinterfragt. Zu dieser Zeit im Cinquecento lebten auch die meisten und berühmtesten Dichterinnen der Renaissance, welche sich der Themen von Liebe und Schönheit annahmen. Gaspara Stampa, Vittoria Colonna, Properzia de' Rossi, Veronica Gambara, Laura Terracina, Laura Battiferri äußerten, beeinflußt von Petrarca und Ficino, Gedanken aus dem weiteren Bereich der Liebesphilosophie.

Ähnlich wie zu bestimmten mittelalterlichen Zeiten waren die gesellschaftlichen und menschlichen Verhältnisse der Renaissance von der Art, daß »die Beziehung des sozial niedrigerstehenden und abhängigen Mannes zu der sozial höherstehenden Frau jenen zu einem An-sich-Halten, zur Versagung, zur Bändigung der Triebe und damit zur Umformung nötigt«. An diesen Orten der lebendigen Liebesphilosophie entstand nicht nur bei einzelnen Persönlichkeiten, sondern in weiteren Teilen der oberen und gebildeten Schichten »jene Umformung der Lust, jene Tönung des Gefühls, jene Sublimierung und Verfeinerung der Affekte, die wir ›Liebe‹ nennen«.[79]

Der um begierdelose Liebe bemühte Mann und die hochgeborene, um Tugendhaftigkeit und Bildung bemühte Frau hatten sich die vergeistigte Liebe und Schönheit als Wunschbild auserkoren. Die vergeistigte Liebe betraf menschliches Fühlen, Denken, Begehren und Handeln. Das Zusammenleben zwischen den Menschen sollte nicht durch äußere Zwänge, sondern durch innere Haltung zur freundschaftlichen Eintracht führen. Die triebhemmende Sittlichkeit mit ihren Geboten der Vergeistigung konnte nur den gebildeten Menschen der Höfe oder des reichen Bürgertums bekannt sein. Die Liebesphilosophie vergrößerte von der Oberschicht her den Unterschied zum niederen Volk. Die Berufung auf Platons und Ficinos Liebesphilosophie und der Wunsch nach vergeistigter Schönheit wurden zu einem Kennzeichen der Oberschichten.

Allerdings bestand ein tiefer Zwiespalt zwischen Anspruch und Wirklichkeit. Dem Wunsch nach Vergeistigung folgte in den meisten Fällen kein vergeistigtes Verhalten. Der »Decamerone« Boccaccios, der »Hermaphroditus« von Beccadelli, die »Facetiae« von Poggio, die Satiren von Filelfo, die Anekdoten und Novellen von Sacchetti, Giovanni Fiorentino, Masuccio, Straparola, Cornazano, Firenzuola, Grazzini veranschaulichten vom Tre- bis zum Cinquecento die Kluft zwischen geforderter Keuschheit und tatsächlicher Liebe. In verständlicher Weise wurden sowohl dem Volk als auch den gesellschaftlichen Oberschichten klargemacht, daß weibliche Keuschheit und vergeistigte Liebe Ausnahmen zuließen. Geistige Liebe, Freundschaft, Genuß und Schönheit waren zwar Wunschziele, aber es ließ und läßt sich nicht entscheiden, wie ernst die jeweilige Untersuchung der geistigen Liebe und Schönheit gemeint war und wie stark diesem Wunschbild nachgeeifert wurde.

Innerhalb der Liebesphilosophie des Cinquecento wurden die allgemeinen Ansichten über die menschliche Schönheit gewahrt. Castiglione, der in seinem Buch auf die »echte Menschlichkeit« und »Anständigkeit des Herzens« abzielte[80], beschränkte seine Ausführungen von vornherein hauptsächlich auf die menschliche Schönheit. Über das allgemein verbindliche Vorbild der geistigen Schönheit hinaus beschrieben Pico, Bembo und Firenzuola die körperliche Schönheit näher mit Hilfe der Proportionslehre. Der Hochschätzung der Frau folgten Castiglione und Firenzuola, indem sie die Frau als das liebenswürdigere Geschlecht bezeichneten und ihre Anregungen auf die Künstler beschrieben (Text-Dok. III/42; II/17; III/40; II/37; III/56–58). Neben den Proportionsbegriff trat der wichtige Begriff der Anmut. Er bildete »das Verbindungsglied zwischen den objektiven Eigenschaften des Gegenstandes, den Proportionen und Formen, und dem Urteil, daß der Gegenstand schön sei«. In dem Begriff ›Anmut‹ »war die strenge Rationalität der klassischen Leitbegriffe gemildert«.[81] Wie die Anmut schlüsselten auch die anderen zur Kennzeichnung der weiblichen Schönheit verwendeten Begriffe die menschliche Schönheit nicht restlos auf. Bei Firenzuola blieben die »tiefsten Gründe des Schönfindens ... ein Geheimnis«. Seine Definitionen der Schönheit und verwandter Begriffe waren »zum Teil ein vergebliches Ringen mit dem Unaussprechlichen«[82] (Text-Dok. II/37; III/53, 54). Innerhalb der Philosophie Ficinos verblieb Castiglione, wenn er zur Veranschaulichung der menschlichen Schönheit, die in Berührung mit dem göttlichen Bereich kommt, Vorstellungen aus der Lichtmetaphysik gebrauchte. Patrizi schwärmte entzückt vom weiblichen Antlitz mit Begriffen, welche aus dem Bereich des Lichts stammen. Trissino wollte die geistige und innere Schönheit des Menschen durch Philosophen bestimmen und die Schilderung der Farbenschönheit nicht durch Maler, sondern durch Dichter wie Petrarca vornehmen lassen (Text-Dok. III/82; I/48). Der im Sinne des *paragone* ausgeteilte Seitenhieb auf die bildenden Künstler zeigte, daß Philosophen und Dichter als berufen dazu angesehen wurden, innere und äußere Schönheit zu ergründen und zu vermitteln. In den Kreisen des Neuplatonismus zur Zeit der Renaissance waren Liebe und Schönheit zunächst Sache von Dichtern und Philosophen. Tatsächlich gingen innerhalb der neuplatonischen Gedanken über Liebe und Schönheit die Philosophie und die Dichtung eine innige Verbindung miteinander ein. Ein Bild wie Tizians »Die heilige und die profane Liebe« ist ein Beleg dafür, welch unergründlicher philosophischer Tiefsinn in dem Thema von Liebe und Schönheit enthalten war (vgl. Abb. 16).

Ebenso wichtig wie die Untersuchung der menschlichen Schönheit war den Verfassern der Liebestraktate die Einordnung und Bewertung dieser Schönheit. Trissino, Varchi, Luigini unterschieden in gewohnter Weise zwischen geistiger und körperlicher Schönheit. Varchi suchte nach Gründen für die Nützlichkeit der körperlichen Schönheit und fand sie im Aufstieg zum göttlichen Bereich. Bruno wandelte auf gewohnten Bahnen, indem er zeigte, daß er an der körperlichen Schönheit deren Geistigkeit schätzte. Firenzuola war ein gutes Beispiel, wie die Strittigkeiten zwischen geistiger und körperlicher Schönheit ausgetragen werden konnten. Seine ganze Abhandlung beschrieb und erklärte die körperliche Schönheit der Frauen. Für die Darstellung der wertvolleren geistigen Schönheit fühlte er sich nicht zuständig. Vollends aus dem Rahmen der Liebesphilosophie fielen Nifos Ausführungen. Weder Gott noch die Welt, sondern nur den Menschen hielt er für schön (Text-Dok. III/47, 48; II/41; III/61, 84, 85, 52). Er verfaßte seine Abhandlung in der Überzeugung, »das Schöne sei nichts anderes als dasjenige, was die heutigen Menschen sich gewöhnlich wünschen, z. B. Sex-Appeal«.[83] Die geistige Seite, welche alle Liebesphilosophen selbst bei der körperlichen Schönheit herauszustellen versuchten, vernachlässigte er gänzlich und stellte sich damit bewußt in Gegensatz zur neuplatonischen Schönheitslehre.

IV Die Schönheit der Landschaft

1 Das Landleben

In Italien wurde schon vor der Renaissance der Grundsatz der Naturnachahmung hoch geschätzt und seit dem Ende des Tre- bis zum Cinquecento in den künstlerischen Bereichen übernommen. Zu dieser Zeit hatten sich trotz der Vielfalt der Beziehungen zwischen Mensch und Natur einige Grundmuster herausgebildet, die vor allem mit dem Stadt-Land-Verhältnis zusammenhingen. Der für das damalige Europa einmalige Vorgang der Städtegründungen in Italien hatte zur Folge, daß es dort am Ende des Trecento die größten Städte gab, unter denen Venedig und Mailand mit jeweils 100 000 Menschen und Florenz mit 85 000 Menschen herausragten. Zusammen mit der Stadtentwicklung und dem Zuzug der Menschen in die Städte erwuchs eine Fülle neuer Beziehungen zwischen Stadt und Land. Das Land erhielt Bedeutung für Politik, Wirtschaft, Gesundheit, Freizeit und Kunst der Stadtbewohner. Die Inbesitznahme des jeweiligen Umlands durch Florenz oder Rom sicherte die politische Macht und war Ausdruck der politischen Stärke der Stadt. Venedigs verhältnismäßig späte Besiedlung des Festlandes, der *Terraferma,* wurde unverhohlen von politischen Zielsetzungen begleitet. In der Mitte des Quattrocento hatte Venedig dem Rivalen Mailand in der Lombardei weite Gebietsteile abgewonnen und griff nach der Eroberung von Byzanz durch die Türken im Jahr 1453 und wegen der zunehmenden Handelsschwierigkeiten im Osten ersatzweise auf das Festland über. Cornaro äußerte dementsprechend mitten im Cinquecento seine Befriedigung darüber, mit der Urbarmachung neuen Bodens seiner Heimat einen politischen Dienst erwiesen zu haben. Wirtschaftliche Gesichtspunkte waren von solchen Unternehmungen nicht zu trennen. Das Anlegen des Vermögens in Grund und Boden erschien im Cinquecento sicherer als das risikoreichere Geld- oder Handelsgeschäft, so daß der Erwerb von ländlichem Grundbesitz einem Vorgang der ›Refeudalisierung‹ glich. Für jedes einzelne Landgut galt der Grundsatz des wirtschaftlichen Auskommens. Aus Albertis Werken über das Hauswesen und über die Baukunst sprach deutlich das Ziel, die wirtschaftliche Selbständigkeit durch das Landgut zu gewährleisten. Das Land als der Grundstock des Vermögens war deshalb für Alberti wichtiger als das Gebäude darauf (Text-Dok. IV/13, 16). Gesundheitliche Gründe wogen schwer zugunsten eines Landbesitzes. In einem Land, in welchem während der Mitte des Trecento mehr als die Hälfte der Bevölkerung der Pest zum Opfer gefallen war, schienen gute Luft, Schutz vor sommerlicher Hitze, gute, Ansteckungsgefahren vertreibende Winde für die Städter von unschätzbarem Wert. Unvergeßlich schilderte Boccaccio im »Decamerone«, wie die Menschen vor der Pest auf das Land flohen und dort Zuflucht fanden. Für die Städter gab es feste Zeiten für den Landaufenthalt, *villegiatura,* und zwar im Sommer vom 12. Juni, dem Tag des heiligen Antonius, bis Ende Juli, im Herbst vom 4. Oktober bis Mitte November. Cornaro berichtete noch von zusätzlichen Landaufenthalten in den Monaten April/Mai und September/Oktober (Text-Dok. IV/78). Auf diese Weise wurde von Zeit zu Zeit das Land durch die Städter in Besitz genommen. Die ländliche Umgebung, *contado,* stand somit »ganz im Bannkreis der Stadt und war bis in die Landschaftsgestaltung geprägt von den Bedürfnissen und Herrschaftsansprüchen ihrer Bürger«.[84]

Die meist beschwerlichen Reisen und beruflichen Arbeiten führten begrenzte Landaufenthalte mit sich. Cennini durchstreifte mit seinem Vater das Gebirge, um Farbmaterialien zu suchen (Text-Dok. IV/9). Alberti, in päpstlichen Diensten stehend, mußte beruflich oftmals seine Aufenthaltsorte wechseln und ländliche Gegenden durchqueren. Ein Teil des päpstlichen Hofstaates begleitete Enea Silvio Piccolomini bei seinen wiederholten Reisen aufs Land. Isabella d'Este lernte das Land auf Wallfahrten oder auf Besichtigungsreisen ihrer verstreuten Besitztümer kennen und verbrachte ihre letzten Lebensjahre in einem Landhaus in Porto d'Anzio. Michelangelo suchte den Marmor für seine Skulpturen im Steinbruch bei Carrara selbst aus. Villenarchitekten erkundeten ländliches Gebiet wegen der in Auftrag gegebenen Landhäuser.

Das für sich schon empfehlenswerte Landleben wurde als Gegensatz zum Stadtleben und als dessen Ausgleich betrachtet. Ruhe, Erholung, Frieden, Muße waren Vorzüge des Landaufenthaltes gegenüber dem Stadtleben. Diese Vorzüge bargen die Gefahr in sich, die politische Wirklichkeit bewußt zu verkennen. Dem Mangel an politischer Mitarbeit in den Städten, dem Schwächerwerden der Stadtrepubliken und dem Aufkommen der Stadttyrannen wurden der Rückzug auf das Land und die Selbstfindung der Persönlichkeit entgegengesetzt.[85] Machiavelli schrieb seinen »Principe« auf dem Land, während er seiner politischen Ämter enthoben war. Der Künstlerkreis um Lorenzo de' Medici stärkte in der Bukolik die Sehnsucht nach Vergangenheit und unberührter Ländlichkeit. Die politische Entmachtung wurde hier durch die schöne Scheinwelt des Kunstwerks wettgemacht.

Zu den Vorzügen des Landlebens gehörte die Verwirklichung der vorbildlichen Lebensform der *vita contemplativa.* Petrarca hatte aus der Verurteilung des Stadtlebens heraus ein Leben fernab der bedrückenden Menschenmenge in der ländlichen Einsamkeit, die *vita solitaria,* gerühmt. Ebenso wie Petrarca mußte auch Alberti, Mitglied einer aus Florenz verbannten Familie, die Frage nach dem Lebens- und Wohnort besonders beschäftigen. Er ließ in seinem Buch über das Hauswesen die Frage nach dem erwünschten Wohnort zugunsten des Landes beantworten (Text-Dok. IV/15). Der Wunsch nach dem Landaufenthalt wurde nicht nur von stadtflüchtigen Einzelgängern geäußert und in die Tat umgesetzt. Giovanni Villani berichtet, daß schon früh im Trecento ein dichter Ring von reich ausgestatteten Landhäusern um Florenz bestand. Die durch städtische Geschäfte beanspruchten Kaufleute oder die durch höfische Herrschaftsverhältnisse strapazierten Adligen wußten den Ausgleich auf dem Land zu schätzen. Eine Vielzahl von Gelehrten und Künstlern widmete sich dem Landleben. Poggio baute sich ein Landhaus nordwestlich von Arezzo in Terranuova, Niccolò Niccoli in Florenz. Alberti suchte die *tranquillità dell'anima* auf dem Land. Vasari berichtet vom eigenen Kauf eines Landgutes und von einem Landgut als Bezahlung für seine künstlerische Arbeit. Er erwähnt den Kauf eines Landgutes durch Fra Diamante, den Landverkauf durch Brunelleschi, den Landgütern des Benedetto da Maiano, Guglielmo da Marcilla, Francesco Bonsignori, die Freude von Antonio da San Gallo an der Landwirtschaft, den Besitz eines Landgutes und die Bezahlung durch ein solches bei Baccio Bandinelli, die Betätigung von Fra Giocondo in der Landwirtschaft.[86] Für Gelehrte und Künstler waren die Abgeschiedenheit des Landes, die ermunternde körperliche Betätigung, das urwüchsige Leben, die Schönheit von Landschaft und Natur besonders wichtig. Diese ländlichen Eigenschaften empfanden sie als befruchtend für ihr gelehrtes Denken und künstlerisches Schaffen. Schon Ristoro d'Arezzo meinte am Ende des Duecento voll Lobes über seine Heimat, daß besondere Örtlichkeiten die guten Künstler anzögen. In diesem Sinn stellte Enea Silvio Piccolomini die Anziehungskraft des Monte Amiata für die Dichter fest. Enea Silvio ließ dementsprechend in Pienza den Palazzo Piccolomini bauen, eine Villa, die mittels zweier Loggien im ersten und zweiten Stockwerk den Blick auf die Landschaft des Monte Amiata eröffnete. Isabella d'Este erwähnte in einigen Worten an Trissino die Angemessenheit des Gardasees für den Dichterberuf (Text-Dok. IV/29, 49). Paolo Giovio baute seine Villa, in der er ein Museum einrichtete, am Comer See.

Allen Gruppen, die von der Stadt aus zeitweilig auf das Land gingen, waren antike literarische Quellen bekannt; sie glaubten, mit dem Landleben eine antike Lebensweise fortzuführen. Cato, Varro, Columella, Palladius waren antike Schriftsteller, die das Landleben geschildert hatten, die *rei rusticae scriptores.* Piero de Crescenzi knüpfte an diese Verfasser mit seinem um 1300 entstandenen, weitverbreiteten Werk »Opus ruralium commodorum« an. Leonardo da Vinci, der in ländlichen Verhältnissen aufgewachsen war und später als berühmter Künstler ein Landgut besaß, kannte Crescenzis Werk. Die antike Hochachtung des Landes und der *sancta rusticitas* wurde bei Platon, Xenophon, Cicero, Attalus, Plinius, Ovid, Cincinnatus nachgelesen. Alberti selbst verwies bei seinen Ausführungen über das Landleben auf antike Verfasser, und Isabella d'Este lernte als Kind Vergils »Bucolica« auswendig.[87]

Die vielfältigen Gesichtspunkte, unter denen ein Landleben geführt wurde, verbanden sich mit einer Mehrzahl von ländlichen Lebensweisen und einer Verschiedenartigkeit ländlicher Aufenthaltsorte. Es gab einfache ländliche, der Nützlichkeit dienende Gebäude, die in Gemälden von Lorenzetti oder Gozzoli vorkamen. Prachtbauten waren die Villen von Falconetto, Sansovino, Sanmicheli, Palladio. Diese Anwesen waren von landschaftlicher Arbeit verhältnismäßig unabhängig. Dazu passend erzählte Vasari innerhalb der Lebensbeschreibung des Tribolo, daß die Nutzbauten der Villa di Castello bei Florenz möglichst verdeckt wurden. Alberti hielt das Land, den Boden, das Gut für grundlegend und vorrangig. Im Zweifelsfall wollte er lieber auf das Haus als auf das Land verzichten. Schon das räumliche Verhältnis zur Stadt bot Unterschiedlichkeiten, je nachdem ob sich das Leben in einer *villa urbana,* einer *villa suburbana* oder einer *villa rustica,* also in einem Landhaus innerhalb des Stadtbezirks, vor der Stadt oder auf dem Land, abspielte.[88] Alberti zählte mehrere Landhäuser und ihnen entsprechende Lebensweisen auf. Er selbst wollte kein prächtiges Gebäude, aber auch kein Haus besitzen, welches das Notwendige entbehren ließ. Er lehnte sowohl das Leben der ungastlichen Reichen ab als auch dasjenige der schlauen, betrügerischen, ungebildeten, tölpelhaften, lächerlichen Bauern. Albertis Vorstellungen vom Landleben waren genau. Fast wie bei einer Stadtgründung wurden viele grundsätzliche Gesichtspunkte in Betracht gezogen. Alberti wünschte sich ein Gut, das wirtschaftliches Auskommen, Gesundheit, Verbindung zur Stadt, Gelegenheit zur Muße, landschaftliche Schönheiten, Möglichkeiten zur Freude bot. Seine Landschaftsbeschreibung paßte sich diesen Wünschen an. Der Standort mußte günstig gewählt, das Land von fruchtbarem Boden und vielgestaltig sein, und zwar mit sonnigen Abhängen, Ebenen, Felsen, Ackerboden, Gewässern zum Fischen und Wäldern zum Jagen. Die Landerzeugnisse sollten ebenfalls nutzbringend, vielfältig und den wechselnden Jahreszeiten angepaßt sein. Gute Winde sollten für Gesundheit bürgen, und schattige Stellen sollten vor schädlicher, zu starker Sonneneinstrahlung schützen. So gab es ein Verzeichnis der wünschenswerten landschaftlichen Gegebenheiten. Dieser Katalog bezog die meisten Landschaftsteile mit ein und wies ihnen die entsprechende Aufgabe zu (Text-Dok. IV/13, 17; II/4). Albertis Schilderung trug offensichtlich den Wünschen der Städter Rechnung. Stellvertretend für fast alle Abhandlungen über das Landleben während des Tre- und Quattrocento ließ Alberti die Möglichkeit des Stadtlebens offen. Albertis Abhandlung war in Form eines Gesprächs ausgeführt, in welchem Vorteile und Nachteile erwogen wurden. Schließlich gaben die Argumente zugunsten der *villegiatura* den Ausschlag, also eines auf einige Monate begrenzten Landlebens. Insofern unterschied sich Albertis Schilderung des Landlebens und -hauses, die er in seinen

Schriften über das Hauswesen und die Baukunst vornahm, von den Villenbüchern des Cinquecento, z. B. denjenigen von Antonio Francesco Doni, Giuseppe Falcone, Alberto Lollio, Agostino Gallo, Luigi Alvise Cornaro, Giovanni Vittorio Soderini, Giovanni di Vicenzo Saminiato. Diese Verfasser schrieben für wohlhabende Städter, die auf das Land übersiedelten und dort das ganze Jahr lang lebten.

2 Vergnügen am Lustort, dem *locus amoenus*

Was den Beschreibungen vom Land nicht fehlen durfte, war die Schilderung des dortigen Vergnügens. Neben der Sorge um wirtschaftliches Auskommen, Arbeit, Familie, Gesundheit erfreute die städtischen Menschen die Vergnüglichkeit, Heiterkeit und Annehmlichkeit der ländlichen Örtlichkeiten und des ländlichen Lebens. Die Beschreibungen gipfelten oftmals in Formulierungen, die sich auf den Lustort oder *locus amoenus* bezogen. Dieser ist »ein schöner, beschatteter Naturausschnitt. Sein Minimum an Ausstattung besteht aus einem Baum (oder mehreren Bäumen), einer Wiese und einem Quell oder Bach. Hinzutreten können Vogelgesang und Blumen. Die reichste Ausführung fügt noch Windhauch hinzu«.[89]

Während der Renaissance gab es offensichtlich vielerlei Gelegenheiten zu solchen Schilderungen. Dazu gehörten die schon im Trecento entstandenen Schilderungen Petrarcas von seinem Einsiedlerleben und Boccaccios Rahmenerzählung im »Decamerone«. Lorenzo Valla, der an die antike Philosophie der Epikuräer anknüpfte, erklärte Natur, Landschaft und Tiere als für das menschliche Vergnügen erschaffen. An den *locus amoenus* erinnerten Albertis Beschreibungen des wünschenswerten Landgutes, Enea Silvios Reisebeschreibungen, die Definition des Begriffs ›Paradies‹ von Lorenzo de' Medici, Leonardos bruchstückhafte Erzählungen und seine Beiträge zum *paragone,* Francesco Colonnas Roman, der »sich u. a. als eine Reihung von Beschreibungen des *locus amoenus*«[90] lesen ließ, Reisebeschreibungen der erst zwanzigjährigen Isabella d'Este, die dichterisch ausgeschmückte Schilderung des irdischen Paradieses durch Ariost, Biondos verklärende Beschreibung seiner Heimat Venedig, Pinos Kennzeichnung Italiens,

Cornaros Lob des besiedelten Landes (Text-Dok. IV/1, 4, 10, 13, 14, 29, 32, 34, 37–39, 47, 48, 51, 64, 67, 78). Romane, Briefe, Dichtungen, Reisebeschreibungen, Villenbücher und auch Bildbeschreibungen bzw. -erfindungen trafen häufig die Züge des *locus amoenus.* Die Bemühungen um Verschönerung, die uns schon beim Menschen aufgefallen waren, kamen auch hier in den Landschaftsbeschreibungen zum Ausdruck.

Besondere Bedeutung nahmen Landschaft und Natur innerhalb der Bukolik ein. Während der Renaissance bekannt und wirksam waren Teile aus der antiken Bukolik und Pastoraldichtung, Ausführungen von Theokrit, Horaz, Vergil, Longos, Schilderungen mit christlichen Motiven des ›Guten Hirten‹ und des Paradiesgartens, Beschreibungen der für die höfische Kultur bedeutsamen Liebesgärten. Dante, Petrarca und Boccaccio waren unmittelbare Vorbereiter der Schäfer- und Hirtendichtung, die während des Quattro- und Cinquecento in Poliziano, Sannazaro, Tasso und Guarini einen Höhepunkt erfuhr. Hier wurden Erinnerungen an das Goldene Zeitalter der Antike, das einfache, naturverbundene Leben und die dortige Liebe wachgehalten. Im Bewußtsein des zeitlichen, unwiederbringlichen Vergangenseins solchen Lebens wurde künstlerisch und spielerisch eine Rückbewegung zur schönen, unberührten, manchmal wilden Natur vollzogen. Landschafts- und Naturschilderungen hielten sich gewöhnlich an Formulierungen des *locus amoenus.* Sie konnten sich auch in anderen bekannten Sonderarten der Landschafts- und Naturbeschreibungen versuchen. Aus antiker Literatur waren das wilde Tempe-Tal, dessen ›Kontrastharmonien‹ oder Vitruvs Theaterdekoration der Satyrspiele bekannt. Bei Vitruv hieß es: »Die satyrische Dekoration wird mit Bäumen, Grotten, Bergen und anderen Gegenständen ausgeschmückt, wie man sie in der Landschaft antrifft, nach Art eines gemalten Landschaftsbildes.« Dantes Erwähnung eines wilden Waldes am Anfang der »Göttlichen Komödie« konnte den Dichtern als Vorbild dienen. In Garten- und Parkanlagen, z. B. in Bomarzo, wurden Verbindungen zwischen *locus amoenus* und *locus terribilis* verwirklicht.[91]

Inwieweit den schriftlichen Landschafts- und Naturbeschreibungen der italienischen Renaissance eigenes Erleben oder eine Übernahme literarischer Vorbilder zugrunde lag, läßt sich kaum entscheiden.

Burckhardt sah in der Renaissance einen epochalen Wendepunkt in der Entwicklung zu einem Natur- und Landschaftsgefühl. Er schrieb: »Allein außer dem Forschen und Wissen gab es noch eine andere Art, der Natur nahe zu treten, und zwar zunächst in einem besondern Sinne. Die Italiener sind die frühesten unter den Modernen, welche die Gestalt der Landschaft als etwas mehr oder weniger Schönes wahrgenommen und genossen haben.«[92]

Inzwischen gibt es anderslautende Urteile über Burckhardts Beispiele. Petrarca, dessen unmittelbare Betroffenheit durch den Naturanblick und dessen »wahrste und tiefste Aufregung« bei der Besteigung des Mont Ventoux von Burckhardt hervorgehoben wurde (Text-Dok. IV/2), wird heute in seiner Gebundenheit an vergangene religiöse Vorstellungen erkannt, wobei sogar in Betracht gezogen werden muß, daß der brieflich geschilderte Bergaufstieg ganz und gar erfunden worden sein könnte.[93] Enea Silvio Piccolomini, von Burckhardt »als der erste« bezeichnet, »welcher die Herrlichkeit der italienischen Landschaft nicht bloß genossen, sondern mit Begeisterung bis ins einzelne geschildert hat«, schöpfte bei solchen Gelegenheiten unaufhörlich aus dem reichen Vorrat antiker Zitate.[94] Leon Battista Alberti, von Burckhardt, als »in so rätselhaft innigem Verkehr mit der Außenwelt« stehend gekennzeichnet, vervollständigte seine Vorstellungen des erwünschten Landlebens mit Zügen des *locus amoenus* und griff dabei auf antike Quellen zurück (Text-Dok. IV/22).[95] Selbst Leonardo, auf eigene Erfahrung bedacht und die Naturforschung am weitesten vorantreibend, erwähnte offensichtlich mit literarischen Kenntnissen die erfreuliche und heitere Natur. Mit Sicherheit wurden seine Schilderungen des *locus amoenus* von antiken literarischen Vorbildern geprägt (Text-Dok. IV/37–39).[96] Über die Hirtendichtungen der Renaissance erkannte Burckhardt selbst, daß sie hervorragende Kunstwerke waren, »worin jedoch das Hirtenwesen nur ein äußerlich übergeworfenes ideales Kostüm für Empfindungen ist, die einem ganz anderen Bildungskreis entstammen«[97].

Das schriftlich geäußerte und wirklich erlebte Vergnügen an der heiteren Landschaft benötigte Voraussetzungen, ohne die es sich nicht entfalten konnte. Genuß, Lust, Vergnügen, Freude an und in der Natur können und konnten sich erst einstellen, wenn die menschlichen Grundbedürfnisse befriedigt sind. Die als schön empfundene

Landschaft ist eine »wissenschaftsentlastete, arbeitsentlastete, handlungsentlastete« Natur, welche z. B. der wissenschaftlich geeigneten Natur »des forschenden, arbeitenden und handelnden Menschen« gegenübersteht.[98] Fluß, Baum, Gebirge werden dann zur schön empfundenen Natur und Landschaft, »wenn sich der Mensch ihnen ohne praktischen Zweck zu ›freier‹ genießender Anschauung zuwendet, um als er selbst in der Natur zu sein ... Was sonst das Genutzte oder als Ödland das Nutzlose ist und was über Jahrhunderte hin ungesehen und unbeachtet blieb oder das feindlich abweisende Fremde war, wird zum Großen, Erhabenen und Schönen: es wird ästhetisch zur Landschaft«.[99] Die Entwicklung der innerhalb der Renaissance so starken Vorstellung von der anmutigen, lieblichen und heiteren Natur, welche den Menschen unaussprechliches Vergnügen bereitete, und des Genusses an der Landschaft befand sich also in einem langanhaltenden Vorgang. Das Verhältnis von Mensch und Natur änderte sich derart, daß die Bedingungen für ein vergnügliches Naturverhältnis entstehen konnten. Städtische Kultur und befriedete Natur gaben den Ausschlag: »Die Art, wie langsam im Anstieg des Mittelalters und dann beschleunigt vom 16. Jahrhundert ab die ›Natur‹ erlebt wird, ist dadurch gekennzeichnet, daß immer größere Menschenräume immer entschiedener befriedet werden; erst damit hören Wälder, Wiesen und Berge allmählich auf, Gefahrenzonen erster Ordnung zu sein, aus denen beständig Unruhe und Furcht in das Leben des einzelnen einbricht; und nun, wenn das Wegnetz, wie die Verflechtung, dichter wird, wenn Raubritter und Raubtiere langsam verschwinden, wenn Wald und Feld aufhören, der Schauplatz ungedämpfter Leidenschaften, wilder Jagden auf Menschen und Tiere, wilder Lust und wilder Angst zu sein, wenn sie statt dessen mehr und mehr durch friedliche Tätigkeiten, durch Erzeugung von Gütern, durch Handel und Verkehr modelliert werden, nun wird den befriedeten Menschen die entsprechend befriedete Natur in einer neuen Weise sichtbar. Sie wird – gemäß der steigenden Bedeutung, die das Auge mit der wachsenden Affektdämpfung als Vermittler von Lust erlangt – in hohem Maße zu einem Gegenstand der Augenlust, und die Menschen oder, genauer gesagt, zunächst und vor allem die an Städte gebundenen Menschen, für die Feld und Wald nicht mehr Alltag, sondern Erholungsraum sind, werden empfindlicher, sie sehen das offene Land differenzierter in einer Schicht, die zuvor den

Menschen durch Gefahren und das Spiel der ungedämpften Leidenschaften verdeckt war; sie erfreuen sich am Zusammenklang der Farben und Linien; sie werden offen für das, was man die Schönheit der Natur nennt; ihr Empfinden wird angesprochen durch den Wechsel der Töne und Figuren am Wolkenhimmel und durch das Spiel des Lichts in den Blättern eines Baumes.«[100] Die Befriedung der Natur durch die städtischen Menschen bewirkte, daß die Natur »als Landschaft entdeckt« wurde, »die sich durchaus unterwerfen und beherrschen ließ«[101]. Die Freude an der Natur war eine Freude an der durch menschliche Kraft und Einsicht bearbeiteten und veränderten Natur. Gerade in Italien, wo die städtische Kultur sich früh und stark auf das Land ausbreitete, schätzte »das Naturverständnis des urbanen Menschen« gerade nicht »die ›kunstlose‹ Natur in ihrem Urzustande«, sondern die Kulturlandschaft.[102]

Die Haltung gegenüber der Natur war während der frühen Renaissance eine gemäßigte. Alberti freute sich bei der Pflanzung und beim Anblick von Bäumen, die schnurgerade Linien, geometrische Figuren oder Häusergrundrissen ähnliche Muster bildeten (Text-Dok. IV/19). Die Regelmäßigkeit, welche Ausdruck menschlicher Tätigkeit war, bildete die Ursache des Vergnügens. Aus diesem Vergnügen an regelmäßiger Natur sprach bei Alberti kein »Diktat des rechten Winkels«.[103] Alberti konnte ebenfalls die Schönheit einfacher unbearbeiteter Materialien oder die kurvenreiche, flußähnliche Form von Militärstraßen genießen. Im Quattrocento stand der künstlerische Versuch im Vordergrund, die Schwierigkeiten der Naturnachahmung zu meistern. Vervollkommnung oder Überwindung der Natur wurden erst danach in Angriff genommen. Die von Enea Silvio Piccolomini, Isabella d'Este oder Paolo Pino als gartenähnlich gekennzeichnete Landschaft Italiens wurde in zunehmendem Maße technischen Gewaltakten ausgesetzt (Text-Dok. IV/48, 64; I/17; IV/20, 21, 78). Bramante suchte bei anzulegenden Gärten bewußt die Ungleichheiten des Bodens, Ammannati bewertete Gebautes höher als Gepflanztes. Die toskanischen Gärten im Florenz der Frührenaissance wurden in der Folgezeit von den kunstvollen und künstlicheren Gartenanlagen in und um Rom verdrängt. Dem toskanischen Garten, wie er noch heute verhältnismäßig unverfälscht bei der Villa Lante in Bagnaia bei Viterbo zu sehen ist, folgte eine Gartenkunst, welche wie z. B. teilweise in Bomarzo die

Besiegung der Natur durch die verblüffende Kunst zu einem Grundsatz erhob. Montaigne, in den Jahren 1580/81 durch Italien reisend, äußerte scharfsinnig über die 1573 erbaute Villa Pratolino und ihren großherzoglichen Auftraggeber Francesco I. de' Medici: »Er scheint absichtlich eine ganz ungünstige Anlage herausgesucht zu haben, in einer öden, bergigen Gegend, um das Vergnügen zu haben, das Wasser fünf Meilen weit herzuleiten und Sand und Kalk fünf andere.«[104] Deutlicher konnte das in Kunstwerken und in der Landschaft zum Ausdruck kommende Gegeneinander von Mensch und Natur nicht erkannt und ausgesprochen werden.

Die Rechtfertigung zur Beherrschung der Natur wurde antiken Vorlagen entnommen. In Xenophons »Oekonomikus«, der Vorbild für Albertis Abhandlung über das Hauswesen war, staunte Lysander im Garten des Kyros über die gleichweit entfernten, geraden, rechtwinkligen Baumreihen. Vitruv, Terenz, Aristoteles riefen zur Verbesserung der Natur auf. In Vitruvs Hang zu einer »ingenieurmäßigen Klimabeherrschung« und in seiner »durchdachten und durchorganisierten Naturbeherrschung« waren die menschlichen Machtmöglichkeiten gegenüber der Natur aufgezeigt worden. In schriftlichen Äußerungen wurde die zum Bau der römisch-antiken Villa notwendige Terrassierung »als Unterwerfung des gegnerischen Geländes unter den Willen des Bauherrn gefeiert«[105].

3 Mitgefühl mit der Natur

Eine bisher weitgehend unbeachtet gebliebene Seite in den damaligen Beziehungen zwischen Mensch und Natur war stark gefühlsmäßig geprägt. Diese Gefühle gegenüber der Natur waren zum Teil an die Moral gebunden. Sie besagten, wie das Verhältnis zwischen Mensch und Natur eigentlich sein sollte. Boccaccio verwies auf die Leiden des Erdbodens und stellte die Geduld der Erde als vorbildlich für die Menschen dar. Alberti, der nach Burckhardts Kennzeichnung »ein fast nervös zu nennendes, höchst sympathisches Mitleben an und in allen Dingen« besaß, weinte angesichts fruchtbarer Felder über die eigene Unzulänglichkeit. Piero di Cosimo versuchte, in einem ursprünglichen Naturverhältnis zu leben. Stark wirkte dieses Naturgefühl in Leonardo. Feinfühlig drückte er das Verhältnis vom geschundenen Ackerboden und pflügenden Bauern in einem Rätsel aus (Text-Dok. IV/5, 18, 70, 36). Er beschrieb den Verlauf des wegen der Erzgewinnung ins Erdinnere eindringenden Menschen und den Gebrauch der eisernen Waffen durch die grausamen Menschen. Ein Gefühl für Schuld und Unschuld, Recht und Unrecht, Verbrechen und Strafe, Sühne und Rache bestimmte sein Verhältnis zur Natur. Im Glauben an die letztlich überlegene Kraft der Natur traute er ihr das Rächen für die an ihr begangenen, von Menschen ausgeführten Verbrechen zu. Die Tatsache ist nicht einfach zu erklären, daß ein solcher am Leiden der Natur mitfühlender Mensch wie Leonardo an der Weiterentwicklung von Kriegsmaschinen arbeitete, die zerstörerische Veränderung großräumiger Naturgebiete plante oder sich an den kriegerischen Feldzügen von Cesare Borgia beteiligte. Daß die Renaissance eine Epoche »der gewaltsamen und leidenschaftlichen Verbrechen« gegen Mensch und Natur war, reicht als Erklärung nicht aus. Es bleibt zunächst nur festzustellen, daß es derartige, für unser heutiges Empfinden widersprüchliche Gefühle, Gedanken und Handlungen in der Renaissance gab.[106]

Ein starkes Gefühl zur Natur wirkte auch in der Schäfer- und Hirtendichtung. Allerdings wurde der Versuch, in der Bukolik jenseits von Naturkatastrophe und von Naturbeherrschung eine Einheit mit der ursprünglichen Natur zu bilden, schon durch das Bewußtsein der Vergangenheit eines solchen Verhältnisses nur noch künstlerisch und spielerisch ausgeführt, nicht mehr gelebt. Dieses vergangene Zeitalter, »dessen totales Glücksversprechen in der Wirklichkeit der Gegenwart zur bloßen Sehnsucht« gerann[107], wurde als Verlust schmerzlich empfunden, aber im Kunstwerk und Spiel lustvoll genossen. Das raffinierte Gefühlsspiel in der Bukolik ist mit Petrarcas ›Weltschmerz‹ vergleichbar (Text-Dok. IV/44). Künstlerische Anleihen wurden wiederum in der Antike gemacht.[108]

Das Mitgefühl mit der Natur verband sich meist mit einer weitgreifenden Kritik am Menschen, der als Mitglied der Natur von selbst dazu bereit war oder aufgrund höherer Mächte dazu gezwungen wurde, seinerseits gegen die ihn umgebende Natur gewalttätig zu sein. Diese Art von Kritik war selbst wiederum Bestandteil einer Zivilisationskritik, nämlich Teil der Kritik an der Beherrschung der Natur durch den Menschen, an der Regulierung der Triebe innerhalb der Liebe, an den Herrschaftszwängen innerhalb des menschlichen Zusammenlebens, an den grausamen Kriegen durch die Politik, an dem fortschreitenden Bewußtsein innerhalb der menschlichen Entwicklung.[109]

Das Mitgefühl mit der Natur und die in ihm enthaltene Ablehnung einer vom Menschen beherrschten Natur wurden in der Renaissance ausgerechnet innerhalb einer Epoche mächtig, die als Übergangsepoche vom Mittelalter zur Neuzeit gilt und die Ablösung des organischen durch das mechanische Weltbild einleitete. Das Mitgefühl mit der leidenden Natur war nur unter der Voraussetzung möglich, die Natur als lebendig aufzufassen, die Natur als Mutter und die Erde als Körper zu empfinden. Durch Persönlichkeiten wie Leonardo wurden die Voraussetzungen für ein neues Weltbild geschaffen. Einerseits hatte er ein Mitgefühl mit der gequälten Natur und hielt es, wenn er es auch nicht aussprach oder in Aktivitäten umzusetzen wußte, doch schriftlich in seinen Tagebüchern fest. Andererseits beteiligte er sich durch seine Pläne vom Trockenlegen der Sümpfe, durch die Errichtung von Dämmen, mit der Konstruktion von Maschinen, mittels der vergrößerten Einsicht in die Naturgesetze und deren technische Verwertung an der maßlos werdenden Beherrschung der Natur. Die Welt als Lebewesen verlor schon zu Descartes' Zeiten immer mehr an Bedeutung und wurde von der Vorstellung der Welt als Maschine verdrängt. Das menschliche Gefühl lernte die selbständige, unabhängige Natur erst dann schätzen, als sie durch menschliches Einwirken verlustig zu gehen drohte. Das ohnmächtige Gefühl des Mitleids stellte sich ein, als die Niederlage der Natur schon vorgezeichnet war.

4 Landschaft im Bild

Daß Landschaftsteile wie Berge, Gewässer, Ebenen die Aufmerksamkeit der Künstler fanden, ist nicht nur an den damals gemalten Bildern zu sehen, sondern auch den schriftlichen Aufzeichnungen des Quattro- und Cinquecento zu entnehmen. Bartholomaeus Facius beschrieb um die Mitte des Quattrocento einige Werke der berühmtesten Maler wie Jan van Eyck, Rogier van der Weyden oder Pisanello. Am Hofe des Alfonso von Aragon in Neapel waren diese Bilder zu sehen, auf denen Facius einen Wirbelsturm, eine Welt- oder Landkarte, einen Ausblick auf eine ferne Landschaft bemerkte. Auch Marc Anton Michiel hielt seine Aufzeichnungen über Kunstwerke schriftlich fest. Diese hatte er während der ersten Hälfte des Cinquecento bei Reisen durch verschiedene Städte gesehen. Bilder mit Landschaften fielen ihm in der Weise auf, daß er nicht nur Teile der gemalten Landschaften aufzählte, sondern solche Bilder kurz und bündig »Landschaften« nannte. Zur selben Zeit bezeichnete Paolo Giovio die Landschaftsmalerei als eigene Gattung.[110] Giovanni Paolo Lomazzo faßte am Ende des Cinquecento alle ihm bekannten Arten und Unterarten der Landschaftsbilder zusammen (Text-Dok. IV/25–27, 54, 55, 57, 80). Karel van Mander gelang es zu Beginn des Seicento, die Landschaftsmalerei in systematischer Weise zu behandeln. Bilder mit Landschaftsdarstellungen wurden also gemalt, beschrieben, ausgestellt, gesammelt, ver- und gekauft. Zwangsläufig entstanden in der Renaissance Bilder, in denen die Landschaften immer mehr Bildfläche einnahmen; am Ende dieser Entwicklung standen die reinen Landschaftsbilder.

Die Ursachen für die besondere Beachtung gemalter Landschaften und für das Entstehen einer reinen Landschaftsmalerei waren vielfältig. Daran beteiligt waren die Ausdehnung des Kunstmarktes, das Ausgreifen der Kunstliebhaberei auf breitere Bevölkerungsschichten, die steigende Wertschätzung der künstlerischen Leistung durch das Publikum, die fortschreitende Arbeitsteilung in den Werkstätten, die zunehmende Spezialisierung der Künstler, das Malen von Bildern auch ohne unmittelbaren Auftrag und somit der Übergang von einer Kunden- zur Warenproduktion. Die Erfindung neuer Techniken, die Erarbeitung wissenschaftlicher Grundlagen der Malerei, die Forderung nach Naturnachahmung begünstigten oder formten die Landschaftsmalerei. Es gab künstlerische Vorlagen, z. B. ausländische Bilder mit Landschaften. Die Kunsttheorie und ihre Anleihen bei der Antike stützten ebenfalls die Landschaftsmalerei. Die Dichtung stellte geeignete Themen bereit. Der Wertschätzung der gemalten Landschaft ging auch »ganz offensichtlich ein ästhetisches Verhältnis zur Natur voraus, das durch die Kunst, die gemalte Landschaft seine entsprechende Prägung« erhielt.[111] Also beeinflußte auch das tatsächliche Landleben die Landschaftsmalerei.

Als Beispiel für die gestiegene Aufmerksamkeit gegenüber gemalten Landschaften lassen sich die Formulierungen von Verträgen heranziehen. Im Vergleich zur vorherigen Zeit wurde seit dem Quattrocento weniger Wert auf das Material und seine Kosten, statt dessen größerer Wert auf Technik und künstlerische Leistung gelegt.[112] Innerhalb der Malerei wich der Goldgrund zugunsten eines von Künstlerhand gemalten, oftmals mit einer Landschaft ausgefüllten Hintergrundes. Bei dem wichtigen Wettbewerb um den Auftrag der Baptisteriumstüren von Florenz zu Beginn des Quattrocento hatte sich in einer verwandten Kunstgattung diese Entwicklung angekündigt. Für die anzufertigenden Probe- und Wettbewerbsmodelle war bewußt die Geschichte von der Opferung des Isaak ausgewählt worden, »weil in einer solchen Geschichte genug Figuren vorkommen und alte und junge Menschen, Tiere, Berge und Bäume, wodurch jeder Meister leicht zeigen könne, wie vollkommen er in der Kunst sei«[113]. Nach Verträgen aus den Jahren 1403 und 1407 wurde Lorenzo Ghiberti, der Gewinner des Wettbewerbs, dazu verpflichtet, eigenständig zu arbeiten und solche schwierigen Sachen wie Figuren, Haare, Nackte, Bäume und Ähnliches auszuführen. Ghiberti fand also in Florenz eine Achtsamkeit auf eigenständiges Arbeiten, selbst hinsichtlich der Gegenstände im Hintergrund, vor (Abb. 3). Der Auftrag der Bruderschaft von der Unbefleckten Empfängnis an Leonardo da Vinci und Ambrogio und Evangelista de Predis aus dem Jahr 1483 sah für die »Felsgrottenmadonna« (Abb. 9) auch »Berge und Felsen« vor. Im Jahr 1485 schrieb Giovanni Tornabuoni Ghirlandaio für die Fresken von S. Maria Novella in Florenz vor, »in allen vorgenannten Historien ... Figuren, Bauwerke, Burgen, Städte, Berge, Hügel, Ebenen, Felsen, Gewänder, Tiere, Vögel und Vieh« zu malen. Pinturicchio verpflichtete sich im Jahr 1495 für die Altartafeln der Kirche S. Maria dei Fossi von Perugia, »im freien Teil der Bilder ... Landschaften und Himmel zu malen und desgleichen auch bei allen anderen Flächen, die koloriert werden, mit Ausnahme der Rahmen, für die Gold zu verwenden ist«. Giovanni Bellini kam im Jahr 1502 Isabella d'Este entgegen, indem er ihr bestätigte, einer »Anbetung des Kindes« eine Johannesfigur nebst einer »Fernsicht und anderer fantasia« einzufügen. Der im Jahr 1503 von Perugino mit Isabella d'Este geschlossene Vertrag über ein Bild mit dem Kampf der Keuschheit gegen die Sinnlichkeit (Abb. 10) sah vor, zur größeren Schönheit »einen angemessenen Fernblick, einen Fluß oder das Meer« zu malen (Text-Dok. IV/50)[114]. Diese Verträge, die nicht nur Thema, Format, Kosten und Bezahlung, Maldauer und Material, sondern auch eigenhändige Ausführung festlegten, waren eine praktische Umsetzung der Kunsttheorie. Alberti sah den eigentlichen Wert des Bildes nicht in der schwierig herzustellenden, seltenen und kostbaren Farbe, sondern im kunstvollen Ausmalen der Bildfläche. Ein Jahrhundert später wiederholte Dolce fast wörtlich diese Auffassung (Text-Dok. I/10, 70), die zu dieser Zeit Gemeingut nicht nur der bildenden Künstler geworden war.[115] Seit dem frühen Quattrocento waren auch die Landschaften ein Prüfstein der künstlerischen Meisterschaft. An ihnen wurde u.a. die eigenhändige, perspektivische, farbliche, technische oder kompositionelle Behandlung beurteilt.

5 Liebliche Landschaft im Bild

Auch Leon Battista Alberti erwähnte in seinen kunsttheoretischen Schriften die Landschaftsmalerei (Text-Dok. IV/22, 23). Seine Ausführungen waren von übergeordneten Anschauungen abgeleitet. Ein eigenständiges System der Landschaftsmalerei erarbeitete er nicht. Zwar nahm der Mensch die Hauptaufmerksamkeit des Malers in Anspruch, aber auch die gemalte Landschaft hatte die zwei künstlerischen Gebote der Naturnachahmung und Schönheit zu wahren. Wie Alberti innerhalb seines Malereitraktates das Gesicht zergliederte und Forderungen erhob nach anmutiger Verbindung der Gesichtsflächen, innigem Verweben von Licht und Schatten, verschönerndem Weglassen der stark eingesunkenen, zerklüfteten oder spitzen Gesichtspartien, so hätte er in ähnlicher Weise die Anforderungen an das Malen einer Landschaft formulieren können (Text-Dok. III/11). Die schöne Landschaft im Kunstwerk wurde mit Hilfe der vollkommenen Natur und der verbessernden Menschenhand und -vernunft dargestellt. Diese Landschaft gab als Wunsch- oder ›Ideallandschaft‹ Aufschlüsse über Mensch und Welt. Die gemalte Landschaft wollte »ein Bild der idealen

Vollkommenheit der Welt geben, in deren Zentrum herrschend und genießend der Mensch steht«[116].

Alberti mit seiner humanistischen Bildung kannte selbstverständlich die antike Kunsttheorie, die sich auch über Landschaftsmalerei äußerte. Plinius und Vitruv gaben willkommene Auskünfte. Plinius erwähnte den zur Zeit des Augustus tätigen Maler Spurius Tadius, »der als erster die anmutigste Wandmalerei schuf, Landhäuser und Säulenhallen und Gartenanlagen, Haine, Lustwälder, Hügel, Fischteiche, Kanäle, Flüsse, Gestade und was man sich nur wünschte, sowie verschiedenartige Gestalten von Spaziergängern oder Schiffsreisenden und solchen, die zu Land auf Eseln oder Wagen sich zu ihren Landhäusern begeben, ebenso auch Fischer, Vogelsteller oder Jäger oder auch Winzer«. Vitruv berichtete von naturgetreuen Malereien und davon, daß die Künstler dazu übergegangen waren, die Wände von langen Wandelgängen »mit verschiedenen Landschaftsbildern auszuschmücken, wobei sie die Gemälde nach den ganz bestimmten Eigenarten der Örtlichkeiten schufen. Es wurden nämlich Häfen, Vorgebirge, Gestade, Flüsse, Quellen, Meerengen, Heiligtümer, Wälder, Gebirge, Viehherden, Hirten abgemalt und anderes, was in ähnlicher Weise wie dies von der Natur geschaffen ist«[117]. Damit stimmte Albertis eigene Aufzählung der Landschaftsteile, Örtlichkeiten und menschlichen Tätigkeiten weitgehend überein. Wie Plinius hielten auch Alberti und, nach ihm, Giovio diese Art und diesen Gegenstand der Malerei für vergnüglich oder anmutig. Ein Jahrhundert später verwirklichte Veronese Albertis Vorstellungen von der Landschaftsmalerei (vgl. Abb. 20).

Neben Kunsttheorie und Antikenkenntnis beeinflußten auch eigene Erfahrungen die Ausführungen Albertis über die Landschaftsmalerei. Es galt, das von vielen Städtern wegen seiner Gesundheit, Erholung und Annehmlichkeit geschätzte Landleben abzubilden. Auch Albertis Empfehlung, Bilder mit Darstellungen von Wasser gegen Fieberleiden einzusetzen, war trotz möglicher Antikenkenntnisse der eigenen Erfahrung entnommen und für die alltägliche Gesundheit gedacht. Es ist also überflüssig anzunehmen, Alberti habe sich bei seinen Ausführungen über die Landschaftsmalerei an »nördliche Themen« erinnert und die Themen der »aus dem Norden stammenden Gobelins mit ihren Szenen von Falkenjagden und anderen Jagdvergnügen« gemeint.[118] Alberti kannte das Landleben aus eigener Anschauung und Wirklichkeit. Zudem waren ausländische Kunstwerke für ihre Genauigkeit, aber nicht für ihre landschaftliche Schönheit bekannt. Gerade die italienische Landschaft wurde als gartenähnlich und schön angesehen, im Gegensatz zur wilden Landschaft der ausländischen *oltramontani* (Text-Dok. IV/22, 23, 25, 27, 64). Schon von daher galt insbesondere das sich in der italienischen Landschaft abspielende Leben als abbildungswürdig.

Die von Alberti für die Malerei vereinnahmte liebliche und heitere Landschaft fand unter Künstlern und Kunsttheoretikern weite Verbreitung. Im *paragone* wurde sie zu einem wichtigen Beweismittel für die Vorzüglichkeit der Mal- gegenüber der Dichtkunst. Die Malerei erwies sich nach Ansicht vieler Theoretiker als geeigneter, diesen Gegenstand darzustellen. Diese Begründung wurde von Leonardo bis Francisco de Hollanda verwendet (Text-Dok. IV/37–39, 58, 59, 73; dagegen IV/63; I/52). Einige Dichter begannen, kunstvolle heitere Landschaften zu erfinden und zu schildern. Unter den vielen Kunstwerken, auf die Francesco Colonna in seinem 1499 veröffentlichten Roman zu sprechen kam, erwähnte er kurz eine Landschaftsdarstellung in venezianischer Mosaiktechnik. Sannazaro beschrieb in der erstmals 1504 vollständig gedruckten »Arcadia« ausführlich ein Tempelfresko (Text-Dok. IV/46). Dort gab es gemäß der dichterischen Phantasie die Abbildung einer schönen Hirtenlandschaft, welche »dem Modell des locus amoenus« folgte.[119] Möglicherweise war die Verbreitung der heiteren Landschaft in der Malerei so groß, daß Kritiker berechtigt Anstoß daran nehmen konnten. Um die Mitte des Cinquecento äußerte Lodovico Dolce eine wichtige Kritik an den zeitgenössischen Malern (Text-Dok. IV/76). Dolce kam innerhalb seiner kunsttheoretischen Abhandlung darauf zu sprechen, daß die abgebildete Landschaft zum Thema passen müsse und daß die annehmliche und vergnügliche Landschaft z. B. dem Thema des Moses in der Wüste unangemessen sei. Offensichtlich gab es zu seiner Zeit Maler, die allzu gerne solche Landschaften malten und nicht auf den Zusammenhang achteten, so daß sie gegen einfache Malgesetze verstießen.

6 Wissenschaftlich erforschte Landschaft im Bild

Naturnachahmung war in der frühen Renaissance der entscheidende Grundsatz für die Ausführung und Beurteilung von Kunstwerken. Cennini, Ghiberti, Facius vertraten diese Forderung. Das Gebot der Naturnachahmung wurde in besonderer Weise von Leonardo da Vinci befolgt, weil dieser am weitesten Naturforschung betrieb (Text-Dok. I/35, 36, 38). Diese beeinflußte sowohl seine schriftlichen Äußerungen als auch seine Bilder. Naturforschung und Malanweisung durchkreuzten sich. Naturbeobachtungen führten zu bestimmten Malanweisungen, Naturforschung war ein Mittel für die richtige Darstellungsweise. Das gesamte Gebiet des Sichtbaren wurde zum Aufgabengebiet sowohl des Forschers als auch des Künstlers erklärt. Als Naturforscher nahm Leonardo keine Unterscheidungen hinsichtlich Bedeutung oder Rang der Untersuchungsgegenstände vor. Dem Forscher war alles wissenswert. Allseitigkeit war ein Ziel des Forschers und des Künstlers. Auch die Landschaft wurde ein Gegenstand der Forschung und der Malerei, die nach Leonardos Worten die Tochter oder Enkelin der Natur war.

Naturforschung bedeutete für Leonardo, die Ursachen von Vorgängen oder Begebenheiten zu erkennen. Demzufolge konnte Malerei nicht bloße Abbildung der sichtbaren Natur sein, sondern Abbildung der Natur im Bewußtsein der waltenden Gesetze. Der Maler sollte zwar wie ein Spiegel, aber nicht wie ein geistloser Spiegel, ohne Kenntnis der Gesetzmäßigkeiten, sein. Die in der Malerei abgebildete Natur war für Leonardo eine künstlerische Wiederherstellung der Natur. Aus diesem Grund konnte ihm Botticellis Malerei von Landschaften nicht genügen, denn diese blieb nach Leonardos Meinung auf der Ebene der Oberflächlichkeit und menschlichen Einbildungskraft stehen (Text-Dok. IV/40). Ein hingeworfener Schwamm regte zwar in bewunderungswürdiger Weise die künstlerische Vorstellungskraft und Phantasie an, aber er konnte nur zufällig entsprechende wahrnehmbare Eindrücke wiederholen, niemals aber die Wirklichkeit im Bewußtsein der Naturgesetze veranschaulichend wiederherstellen. Während also Botticelli, der gelegentlich Strich für Strich Landschaften von anderen Bildern abmalte,[120] bei einem flüchtigen sinnlichen

Eindruck haltmachte, stützte Leonardo sich auf eigene Beobachtungen und eigenes erworbenes Wissen. Er erkundete die Wahrnehmungsgesetze, Farb- und Luftperspektive, Entstehungsgesetze von Bergen, Flüssen, Meeren, Tieren, Pflanzen usw. Auf diese Weise kam auch Leonardo bei seinen gemalten Landschaften zu Stimmungswerten, die jedoch wissenschaftlich belegbar waren (Text-Dok. IV/41).

Die Hinwendung zu den Ursachen der sichtbaren Erscheinungen führte bei Leonardo zu einer streng wissenschaftlich erforschten Landschaft im Bild. Die Landschaften der »Felsgrottenmadonna« (Abb. 9), der »Anna Selbdritt«, der »Mona Lisa« waren Zeugnisse seiner naturwissenschaftlichen Annahmen und Erkenntnisse. Die Landschaft im Hintergrund der »Mona Lisa« wurde mit Kenntnis der Gesetze von langandauernden, großflächigen Entstehungsvorgängen der Gebirge und Gewässer gemalt. Die Landschaft der »Felsgrottenmadonna« beruhte auf Leonardos Vorstellungen der durch den Erdkörper verlaufenden Wasseradern, die, wie die Blutbahnen im menschlichen Körper, an die Oberfläche gelangen können (Text-Dok. IV/35). Mit seinen Forschungsergebnissen löste Leonardo Vermutungen ab, welche das Entstehen von Bergen, Felsen, Hügeln z. B. auf Feuervorkommen im Erdinnern zurückführten. Die wissenschaftlichen Annahmen von Philo von Alexandrien, Albertus Magnus, Ristoro d'Arezzo beeinflußten möglicherweise die Landschaftsdarstellungen von Simone Martini, Ambrogio Lorenzetti, Domenico Veneziano, Giovanni di Paolo, Paolo Uccello, Jacopo Bellini.[121] Dagegen waren Leonardos Landschaften auf neue wissenschaftliche Erkenntnisse gegründet. Aus diesem Grund wird auch die Tatsache erklärbar, warum Leonardo in seinen Bildern eine Vorliebe für großräumige, urtümlich wirkende Landschaften hegte und sie offensichtlich gegenüber den lieblichen, heiteren, anmutigen Landschaften bevorzugte. Jene entsprachen am besten seinen naturwissenschaftlichen Annahmen und Wiederherstellungsversuchen. Seine Landschaften waren Verkörperungen von Naturgesetzen.

7 Katastrophenlandschaft im Bild

Es wurden nicht nur wissenschaftlich ergründete oder vergnügliche Landschaften abgebildet. Den Inhalten der Bilder und dem Gebot der Naturnachahmung entsprechend wurden auch Katastrophenlandschaften gemalt, in denen überflutete, brennende, verheerte Örtlichkeiten gezeigt wurden. Ein solches Bild fesselte Ghibertis Aufmerksamkeit. Er beschrieb in seiner Abhandlung neben seinen eigenen Werken nur noch ein einziges Bild ausführlich, nämlich ein um 1335/40 innerhalb eines Klosters in Siena ausgeführtes, heute zerstörtes Fresko von Ambrogio Lorenzetti. Zusammen mit Martini war Lorenzetti zu dieser Zeit der führende Maler in Siena. Besonders berühmt sind ihre ›Landschaftsporträts‹. Ghiberti empfand Lorenzettis Werk in anderer Weise als etwa Alberti die »Navicella« Giottos. Alberti bemerkte das künstlerische Merkmal der Vielfalt und die Übereinstimmung von Körper- und Gemütsbewegungen, aber nichts von der Landschaft. Ghiberti jedoch wurde offensichtlich von dem bei Lorenzetti dargestellten Gewittersturm und dessen Auswirkungen auf Land und Leute angesprochen (Text-Dok. IV/24; I/16). Er lobte auch eine von Orcagna gemalte Höllendarstellung in der Strozzi-Kapelle in Florenz. Für ihn war es »ein mit großer Sorgfalt ausgeführtes, sehr schönes Werk«.

Diese Beobachtungsweise Ghibertis stand nicht einzigartig da. Facius erwähnte bewundernd die Darstellung eines Wirbelsturmes auf einem Bild von Gentile da Fabriano, Francesco Colonna schilderte ein von ihm erdichtetes Relief mit dem Thema des Gigantenkampfes, Leonardo da Vinci verfaßte Anleitungen für das Darstellen von Ungewittern, Nächten, Kämpfen. Er zeichnete die »Anghiari-Schlacht« und Brände, die er während kriegerischer Auseinandersetzungen beobachtete. Marc Anton Michiel erwähnte das Bild »Das Gewitter« (oder »Der Sturm«) von Giorgione, Francisco de Hollanda erging sich in breiten Schilderungen von gemalten Meeresstürmen und Stadtbränden, Matteo de Nasar schilderte die Wirkungskraft von 20 Bildern mit brennenden Landschaften, Cristoforo Sorte beschrieb ausführlich den Brand innerhalb einer Stadt und wollte ihn malen. Michelangelo Biondo wünschte sich Bilder mit Meeresstürmen und Stadtbränden, Lomazzo führte als Gegenstände der Malerei unheimliche, brennende oder gewaltvolle Orte auf (Text-Dok. IV/26, 38, 58, 59, 61, 65, 80). Auch Vasari beschrieb in seinem umfangreichen Werk einige derartige Bilder. Über Lorenzettis schon von Ghiberti beschriebenes Fresko hieß es bei ihm: »Der Aufruhr der Elemente, Wind und Wut des Regens sind mit großer Kunst und Geschicklichkeit den Qualen der Menschen gegenübergestellt.« Von einem gemalten Meeressturm Jacopo Palmas meinte er: »Ich für mein Teil besinne mich nicht, je ein erschrecklicheres Bild gesehen zu haben, als dieses.« Über die von Giulio Romano gemalten, von Blitzen und Flammen getroffenen Giganten (vgl. Abb. 18) schrieb er: es »glaube niemand, daß er je ein Werk des Pinsels sehen werde, schreckensvoller, entsetzlicher oder natürlicher, als dieses«.[122]

Die Begründung für die Anziehungskraft von gemalten Katastrophenlandschaften stammt aus antiken Quellen: Platon erwähnte »wiehernde Pferde und brüllende Stiere und rauschende Flüsse und brausende Meere und Donner und alles dergleichen wiederum« als Stoff für Erzählungen und Reden. Während Platon diese Gegenstände aus den Künsten ausschließen wollte, stellte hingegen Aristoteles fest: »Was wir nämlich in der Wirklichkeit nur mit Unbehagen anschauen, das betrachten wir mit Vergnügen, wenn wir möglichst getreue Abbildungen vor uns haben, wie etwa die Gestalten von abstoßenden Tieren oder von Leichnamen.« Plinius schrieb über Apelles: »Er malte auch das, was außerhalb des Bereichs der Malerei liegt, Bilder wie Donner, Wetterleuchten und Blitze.«[123]

Die Künstler und Theoretiker der Renaissance entnahmen den antiken Stellen, daß die abstoßende Wirkung des Gegenstandes die Künstler zu besonderen Leistungen herausforderte. Wie in der Rhetorik war die Wirkung von entscheidender Bedeutung und mußte gründlich untersucht werden. Das scheinbar Abstoßende, Häßliche, Niedrige erfuhr durch die künstlerische Leistung eine Umwandlung zum Wertvollen. Den Gedanken von Aristoteles wiederholend äußerte sich zu Beginn des Quattrocento Manuel Chrysoloras in entsprechender Weise (Text-Dok. I/5). Er, der aus dem byzantinischen Kulturkreis stammte, trat für die künstlerische Darstellung von Insekten und abstoßenden Tieren ein. Sein Schüler Guarino Veronese schrieb über die Künstler: »Wenn sie Würmer und Schlangen, Mäuse, Skorpione und andere ekelhafte Geschöpfe darstellen, wirst Du nicht des Künstlers Kunst und Können bewundern?«[124] Es gab also Verbindungslinien zwischen Cenninis Anleitung zur Darstellung eines Gebirges, seiner Empfehlung, einen groben und rauhen Stein als Modell zu benutzen, Ghibertis Naturabgüssen von Eidechsen, Spinnen, Krebsen, Käfern in der ersten seiner Baptisteriumstüren in Florenz (vgl. Abb. 3), seiner Bewunderung des grauenvollen Sturmes in Lorenzettis Fresko, Michiels Notiz über eine Sammlung von Krebsen, Schlangen oder Schalentieren (Text-Dok. IV/6, 24, 56), den Bildbeschreibungen von Ghiberti bis Vasari, welche trotz der abstoßenden Darstellungsgegenstände zu positiven Beurteilungsergebnissen gelangten. Abschreckendes Getier und Katastrophenlandschaften übten einen Reiz auf Künstler und Betrachter aus und wiesen in der naturgetreuen Wiedergabe auf die Meisterschaft des Künstlers hin.

8 Der Rang der Landschaftsmalerei

In der Tat beanspruchten die Landschaften einen breiteren Raum in den Bildern der Renaissance als in früheren Werken. Verträge, Inventare, Beschreibungen und andere schriftliche Zeugnisse erwähnten häufig die gemalte oder zu malende Landschaft. Der Begriff der Landschaft, *paesaggio,* war im Cinquecento an das gemalte Bild gebunden.[125]

Trotz dieser zweifellos steigenden Aufmerksamkeit gegenüber der gemalten Landschaft wäre es vorschnell zu urteilen, damals hätten die Menschen der Landschaft und Natur eine besondere und unverhältnismäßig große Aufmerksamkeit zugewendet. Das Ereignis, die Landschaft zum Gegenstand der Malerei zu nehmen, erfolgte innerhalb eines ohnehin erweiterten Rahmens der Kunstbereiche. Die wachsende Aufmerksamkeit stieg bloß im Verhältnis zu der allgemeinen Entwicklung der Malerei.

Theorie und Wertschätzung der Landschaftsmalerei waren schon durch Albertis Rangordnung festgelegt. Alberti beurteilte aus seiner humanistischen Bildung heraus das vergnügliche Landleben weder als die einzige noch die höchste Lebensform. »Landschaften, Bäume, Wasser, Fischer und Häfen, die den Handel vorstellen, erheitern die Menschen, weil sie niedrig sind und weil sie sich außerhalb des

Ernstes des öffentlichen Lebens befinden ... Die Arbeit, die dem Überleben dient, ist nur mit dem amüsierten Lächeln des Komischen, Lieblichen oder Grotesken darstellbar.«[126] Da Wirklichkeit und Kunst sich bei Alberti die Hände reichten, war auch die Landschaftsmalerei weder die einzige noch die höchste Malgattung. Im Geschichtsbild, das für Alberti die höchstrangige Malgattung war, spielte die Landschaft – ähnlich wie Tiere, Kleidung, Randfiguren – eine untergeordnete Rolle (Text-Dok. I/14, 15; IV/22). Die Hauptsache war der sich im öffentlichen Leben bewährende Mensch mit der Aussicht auf Ruhm und Ehre. Wie Alberti waren auch andere Kunstkenner von einer untergeordneten Bedeutung der gemalten Landschaft überzeugt. Deshalb bezeichneten Colonna und Giovio mit Kenntnis der antiken Kunsttheorie die gemalten Landschaften als Beiwerk oder *parerga.*[127] Einer solchen Beigabe widmete Isabella d'Este in einer ausführlichen Bildvorschrift für Perugino oder Lodovico Dolce in einer seitenlangen Beschreibung eines Bildes von Tizian nur wenige Zeilen. Michelangelo bevorzugte die Figuren- gegenüber der Landschaftsmalerei. Francisco de Hollanda überließ die Wertschätzung der Landschaft den unwissenden Leuten. Vasari stellte die Verbreitung von Landschaftsbildern lediglich bei den niedrigen Volksschichten fest und wies wie Francisco oder Pino diese Malerei den Ausländern zu (Text-Dok. IV/57, 50, 77; I/68; III/66; IV/60, 73, 64). Auf solche Arten drückte sich die mindere Bedeutung der Landschaftsmalerei aus.

Neben der Wirklichkeit bot die Dichtkunst einen Anhaltspunkt für die Rangordnung der Malerei. Dichter und Redner waren Vorbilder für Maler und bildende Künstler. Alberti stellte ausdrücklich die Arten der Malerei neben die festgefügte Ordnung der Dichtung (Text-Dok. IV/22). Die in der Antike entwickelte Lehre von verschiedenen Stilen, einem hohen, mittleren, niedrigen Stil, wurde z. B. an den Werken Vergils veranschaulicht. Eine derartige Einteilung der Dichtkunst wirkte auch auf die Malkunst, in welcher die Landschaftsmalerei einen niedrigen Rang einnahm.[128]

Die Vorbildlichkeit der zu den freien Künsten gerechneten Dichtkunst zeigte sich auch darin, daß diese der Malerei Stoff, Inhalt, Thema vorschrieb. Alberti verwies die Maler auf die Erfindungskunst der Dichter und Redner (Text-Dok. I/13). Die vom Neuplatonismus berührte Dichtung um Lorenzo de' Medici und Poliziano beeinflußte die Malerei Signorellis. Bembos »Asolani«, im Jahr 1505 gedruckt, wirkte auf die Maler Venedigs. Die Hirten- und Schäferdichtung zeigte deutliche Spuren in den gemalten Landschaften von Tizian, Bellini, Dossi oder Giorgione. Sannazaros 1504 veröffentlichte »Arcadia« wurde in Bildern Domenico und Giulio Campagnolas verarbeitet. Das von Sannazaro in der »Arcadia« erdichtete Tempelfresko fand unmittelbare Aufnahme beim Maler Cima da Conegliano (Text-Dok. IV/46). Noch Karel van Mander empfahl dieses erdichtete Fresko den Malern. Einzelheiten aus Francesco Colonnas 1499 erschienenem Roman »Hypnerotomachia Poliphili« wurden von Giulio Romano im Palazzo del Té oder in der Gartenkunst von Bomarzo verwertet.[129]

Der überragende Rang der Dichtkunst blieb in Albertis Folgezeit nicht unangefochten. Zum Wettstreit der Künste leistete die Landschaftsmalerei einen bedeutsamen Beitrag. Von Leonardo bis Vasari wurde die malerische der dichterischen Landschaftsdarstellung vorgezogen. Selbst Francisco de Hollanda, der in Abhängigkeit von Michelangelo die Figuren- der Landschaftsmalerei vorzog, war dieses Mittel recht, um die Überlegenheit der Malerei gegenüber der Dichtung auszuspielen. Vor allem die Katastrophenlandschaft wurde zu einem beliebten Gesprächs- und Streitgegenstand innerhalb des *paragone.*

9 Die Entstehung der malerischen Sichtweise

Die für sich abstoßende Katastrophenlandschaft beschleunigte als Gegenstand der Theorie einen Vorgang, welcher die Eigengesetzlichkeit des künstlerischen Schaffens und Beurteilens in die Wege leitete. Zwar wurden grausame Schlachten oder gefolterte Märtyrer trotz des schrecklichen Inhalts dargestellt, weil sie entweder der Verherrlichung des Siegers dienlich oder der Stärkung des Glaubens behilflich waren, aber sowohl diese Gegenstände als auch die Katastrophenlandschaften galten während der Renaissance trotz ihres abschreckenden Wesens in zunehmendem Maße aus künstlerischen Gründen als abbildungswürdig. Die Katastrophenlandschaften wurden auf ihre künstlerisch verwertbaren Eigenschaften hin überprüft. Die Naturtreue, der Farbenreichtum, die von dem Unheil betroffenen Menschen, Tiere und Landschaftsteile, die Wirkung auf den Betrachter u. a. wurden nun einer Beurteilung unterzogen. Diese Einschätzung der gemalten Landschaften übertrug sich ihrerseits auf die Wirklichkeit. Die verbreitete und gestärkte malerische Sichtweise veränderte die Beziehungen der damaligen Menschen zur Wirklichkeit. Paolo Pino stellte die gewohnte Rangordnung geradezu auf den Kopf, indem er die paradiesische, gartenähnliche Landschaft Italiens als nicht so abbildungswürdig wie die wilde Landschaft des nördlichen Auslandes beurteilte (Text-Dok. IV/64). Eine bei Alberti selbstverständliche Übereinstimmung der Rangordnungen in Wirklichkeit und Bildlichkeit hatte sich bis zur Mitte des Cinquecento aufgelöst. Die Durchsetzung künstlerischer, insbesondere malerischer Grundsätze verflocht sich mit der Wirklichkeit. Trotz einer niedrigen Einstufung der Landschaftsmalerei wurden nun Landschaft und Natur aus malerischer Sicht betrachtet. Sannazaros Beschreibung einer Morgenstunde konnte eine Bildbeschreibung sein. Aretino beschrieb Tizian den Himmel Venedigs, um diesen malen zu lassen. Sorte beobachtete einen Stadtbrand aus der Sicht des Malers. Biondo wünschte sich gemalte Landschaften. Dichter übten sich in der Bildbeschreibung, und Dolce stellte fest, daß Maler und Dichter sich gegenseitig mit Material belieferten (Text-Dok. IV/62, 61, 67, 68; I/74).

Burckhardt versuchte, die entstehende Landschaftsmalerei in Italien zu erklären. Er meinte, daß die Wahrnehmung und der Genuß der landschaftlichen Gestalt als etwas Schönes »immer das Resultat langer, komplizierter Kulturprozesse« seien, »und ihr Entstehen läßt sich schwer verfolgen, indem ein verhülltes Gefühl dieser Art lange vorhanden sein kann, ehe es sich in Dichtung und Malerei verraten und damit seiner selbst bewußt werden wird.«[130] Tatsächlich gab es vor der Renaissance einen Genuß an der Natur, der im Landleben oder in Kunstwerken, hauptsächlich in Dichtungen, zutage trat. Aber war es dasselbe Gefühl, das sich im Landleben, in der Dichtung oder auch in der Malerei äußerte? »Die Idee, daß die Schönheit der Natur es ist, die den Künstler inspiriert, ... ist bestenfalls eine gefährliche Übervereinfachung eines komplizierten Sachverhalts. Vielleicht ist sie geradezu eine Umkehrung des Prozesses, durch die der Mensch die Schönheit der Natur zu empfinden lernt.« Denn dann nennen »wir eine Landschaft malerisch, wenn sie uns an Bilder erinnert, die wir gesehen haben. Umgekehrt kann für einen Maler nur das zu einem ›Motiv‹ werden, was er mit dem Vokabular, das er schon erlernt hat, assimilieren kann ... Während es im allgemeinen üblich ist, die ›Entdeckung der Welt‹ als die Motivation der Landschaftsmalerei anzusehen, sind wir jedoch beinahe versucht, die Formel umzudrehen und die Behauptung aufzustellen, daß die Landschaftsmalerei früher da war als unser ›Gefühl für Landschaft‹«.[131]

Diese auf Burckhardt gemünzte Entgegnung Ernst Gombrichs ist teilweise zutreffend. Denn jener hatte darin unrecht, jegliches Gespür für Landschaftsschönheit der Malerei vorausgehen zu lassen. Er berücksichtigte dabei nicht, daß und wie die Malpraxis selber und ihre Theorie zur Entstehung des malerischen Landschaftsgefühls beitrugen. Es entwickelte sich ein Naturgefühl, das nur unter kräftiger Mitwirkung der Malerei in der erfolgten Weise wirklich wurde. Dagegen muß Gombrich vorgehalten werden, daß ein gefühlsmäßiger Bezug der Menschen zur Natur, zu ihren Formen und ihrer Schönheit schon vor der Entstehung der Landschaftsmalerei nicht abgestritten werden kann. Dieses Verhältnis der Menschen zur Natur beeinflußte das entstehende malerische Landschaftsgefühl und wurde selbst wiederum durch dieses bereichert und verändert. Innerhalb der sicherlich langen und komplizierten Kulturprozesse waren die Praxis und die mit ihr zusammenhängende, wiederaufgenommene antike Kunsttheorie zwei notwendige, in ihrer Bedeutung kaum zu unterschätzende Bedingungen für das Entstehen des malerischen Landschaftsgefühls, aber sie waren nicht die einzigen Bedingungen. An der Entstehung sowohl der Malerei als auch der malerischen Sichtweise der Landschaft waren zahlreiche Ursachen beteiligt, die teils innerkünstlerischer, teils außerkünstlerischer Art waren. Die ›ästhetische‹ Sicht auf die Natur, die künstlerische Inanspruchnahme der Natur, die Wahrnehmung der Naturschönheiten, überhaupt das Zustandekommen einer vom entlasteten Menschen mit Vergnügen erlebten Natursicht wurden nicht erst während der Renaissance entdeckt. Vielmehr wurde zunächst nur eine neue oder andere Beziehungsart in dem weitgespannten und vielfältigen Bereich zwischen Mensch und Natur entwickelt und vorwiegend mit dem Begriff *paesaggio* oder Landschaft bezeichnet. Unbestreitbar jedoch ist die Tatsache, daß das zunächst auf einen schmalen Bereich begrenzte malerische Landschaftsgefühl in der Renaissance eine immer größere Bedeutung erlangte und schließlich eine unauflösliche Verbindung mit dem lebendigen, alltäglichen Bezug der Menschen zur Natur einging.

Wie stark die malerische Sichtweise und letztlich jegliche künstlerische Haltung die Wahrnehmungen und das Bewußtsein beeinflussen konnten, wurde der Renaissance wiederum durch die antiken Quellen vermittelt. In einem seiner berühmten Briefe gelang Plinius d. J. eine Naturschilderung, welche für die Renaissance im wahrsten Sinne des Wortes vorbildlich war: »Die Landschaft ist ganz herrlich. Stelle Dir ein riesiges Amphitheater vor, wie es allein die schöpferische Natur hervorbringen kann. Eine weitausgedehnte Ebene wird rings von Bergen umschlossen ... Es wird für Dich ein großer Genuß sein, wenn Du von einem Berge aus auf diese Landschaft hinunterblickst. Denn es wird Dir so vorkommen, als sähest Du nicht Ländereien, sondern ein in außergewöhnlicher Schönheit gemaltes Landschaftsbild, an dessen Buntheit und Gliederung Deine Augen sich erquicken werden, wohin auch immer sie blicken.«[132] Die Renaissance entnahm der Antike, die Natur selbst sei ein Kunstwerk und sie warte bloß auf den künstlerischen Zugriff.

Die Anwendung einer malerischen Sichtweise auf die Natur und das Entstehen einer malerisch gesehenen und verstandenen Landschaft stellten einen Höhepunkt in der Wirkungsgeschichte der bildenden Künstler dar. Die Maler schienen damit ihrer während des Quattro- und Cinquecento geäußerten Selbsteinschätzung gerecht zu werden. Die künstlerische Schönheit, die göttliche Vollkommenheit, das Übertrumpfen der Natur waren von den Künstlern nach ihrem eigenen Ermessen und demjenigen des Publikums verwirklicht worden. Vollkommene Menschen wurden im Bildnis geschaffen, Herrscher porträtiert, Landschaftskarten den Heerführern zur Verfügung gestellt, Städte entworfen und Bastionen gebaut, Stadtbrände beobachtet und Meeresstürme gemalt, jegliche Wirkungsmacht von der unwiderstehlichen Reizesfülle bis zum anziehend-abstoßenden Schrecken im Kunstwerk ausgespielt. Damit glaubten die Künstler, die Epoche eines künftig unerreichbaren künstlerischen Ruhmes wiederhergestellt zu haben, so daß auch wir heute noch unter dem Eindruck stehen, die

Renaissance sei eine besonders ›ästhetische‹ Epoche gewesen. Doch abgesehen davon, daß der künstlerischen Sehweise auch in der Renaissance Grenzen gesteckt waren – das Beispiel Neros, der beim Brand Roms seine Hausbühne betrat und den Untergang Trojas besang[133], wurde trotz antiker Vorbildlichkeit als nicht wiederholbar oder nachahmenswürdig angesehen –, wurden darüber hinaus die Ansprüche der sich göttergleich wähnenden Künstler auch im täglichen Leben zurechtgestutzt. Die künstlerische Entfaltung war von materiellen Gesichtspunkten nicht unabhängig. Das tägliche Brot, das notwendige Geld, die Zuneigung der Gönner, die günstigen Rahmenbedingungen mußten erst auf Dauer gewonnen werden. Gegen die harte Wirklichkeit blieb manches Mal das Ansinnen der Künstler nur eine Posse. Die ästhetische Sichtweise war an Politik, Wirtschaft, Gesellschaft und Religion gebunden und nicht stark genug, selbständig zu existieren. War ihr Zweck erfüllt, konnte die Kunst abtreten. Die Zeit der Macht dauerte für die Künstler nur einen Augenblick, war oft nur eine Hoffnung und eine Selbsttäuschung. Den der Schönheit und ihren Ausdrucksmöglichkeiten hingegebenen Künstlern wurde ihr Platz nach und nach durch die sich verselbständigende Gruppe der Naturwissenschaftler und Techniker streitig gemacht. Diese Entwicklung bestimmte in der Folgezeit bis heute das Geschehen, und es ist überlegenswert, wo den heutigen Technokraten mit ihren welt- und menschenverändernden Unternehmungen, ähnlich wie den Künstlern der Renaissance, die Grenzen gesteckt werden.

Anmerkungen

1 Zu ›Kunstlandschaften‹ vgl. Keller, 1983, I, S. 20; Lehmann, 1961, S. 249ff.; zum Begriff ›Renaissance‹ vgl. Gerl, 1989, S. 1ff.; Burdach, 1978, S. 8ff.

2 Über die Unterschätzung der Renaissancephilosophie vgl. Gerl, 1989, S. 11ff.; über ihre Vernachlässigung vgl. Otto, 1984, S. 81; über die Philosophielehren vgl. Windelband, 1976, S. 303ff.; Vorländer, 1965, S. 24ff.

3 Vgl. Burke, 1985, S. 13ff.

4 Kristeller, 1976, II, S. 32

5 Vgl. Verspohl, 1985, S. 35ff.

6 Vgl. auch Boiardo, Orlando innammorato, I/18, 40ff.; Ariost, Orlando furioso, X/77ff., XX/1f.

7 Baxandall, 1984, S. 133f.

8 Vgl. Perrig, 1985, S. 46

9 Zu dem Begriff Humanismus, den Humanisten und den humanistischen Fächern vgl. Kristeller, 1974, I, S. 17

10 Vgl. Guglielmo Ebreo, Ausg. 1968, S. 10; Bentmann/Müller, 1981, S. 165, Anm. 57

11 Zu Raffaellino del Garbo, Raffael, Pontormo, Antonio da San Gallo, Sansovino, Michelangelo vgl. Vasari, Ausg. Gottschewski u. a., 1904ff., II, S. 175; 1910, IV, S. 262; 1906, VI, S. 232; 1927, VII/2, S. 147, S. 203, S. 403; zu Carracci und Mantegna vgl. Hüttinger, 1985, S. 38, S. 29 Anm., S. 53f.

12 Mark Twain, Die Arglosen auf Reisen (The Innocents Abroad, 1869). Ins Dt. übers. v. Busch, 1875, S. 318ff.; ebenfalls lesenswert sind Twains Aufzeichnungen von seiner zweiten Europareise, 1880 unter dem Titel »A Tramp Abroad« erschienen.

13 Vgl. Burke, 1985, S. 152 u. S. 159

14 In einer französischen Bibel, Cod. 2554, fol. IV, Österr. Nat. Bibl.

15 Zu Dossi vgl. Hüttinger, 1985, S. 32; gegen den Schöpfungsbegriff bei Alberti vgl. Mühlmann, 1981, S. 116; zur Kunsttheorie Ficinos vgl. Kristeller, 1972, S. 288ff.; Beierwaltes, 1980, S. 43ff.; Tatarkiewicz, 1987, S. 123ff.; Ficinos Formulierung vom »Welt-Gemälde«, *mundi pictura*, findet sich in seiner, als Kommentar zu Platons Gastmahl verfaßten Abhandlung über die Liebe, Ausg. Blum/Hasse, 1984, S. 142f.; zu Philostrat vgl. sein Werk »Die Bilder«, I Proem., Ausg. Schönberger, 1968: *»και βουλομένῳ μὲν σοφίξεσθαι θεῶν τὸ εὕρημα διά τε τὰ ἐν γῇ εἴδη, ὁπόσα τούς λειμῶνας αί Ὧραι γράφουσι, διά τε τὰ ἐν οὐρανῷ φαινόμενα.«*

16 Vgl. Confurius, 1984, S. 222f.

17 Burke, 1985, S. 25

18 Panofsky, 1978, S. 58

19 Vgl. Andreae, 1986, S. 6; Daltrop, 1982, S. 9ff.; Francisco de Hollanda, Ausg. Vasconcellos, 1899, S. 145ff.

20 Gramaccini, 1985/86, S. 210

21 Das Zitat des Ristoro d'Arezzo stammt aus seinem Werk »Della composizione del mondo«, Ausg. Narducci, 1864, S. 255: »... in ogne atto mirabile, e perfettamente sì, che passarono dinanzi all'operazione della natura«, dt. Übers. b. Schlosser, 1941, S. 143; zu Martini und Lorenzetti vgl. Feldges, 1980, S. 10, S. 32, S. 51ff.; zur Naturnachahmung innerhalb der Künste vgl. Feldges, 1980, S. 11ff.; Gramaccini, 1985/86, S. 212ff.; zum Modell Cenninis vgl. Panofsky, 1975, S. 23; Schlosser, 1924, S. 87; zu Lysistratos aus Sikyon vgl. Plinius, Nat. hist. XXXV/153

22 Assunto, 1982, S. 118

23 Panofsky, 1975, S. 91, vgl. ebda. S. 26 u. Panofsky, 1978, S. 59

24 Zur Intarsienkunst vgl. Torney, 1982, S. 112ff.; zur Mode vgl. Deruisseau, 1937, S. 608

25 Assunto, 1982, S. 117

26 Vgl. Burke, 1985, S. 128ff.

27 Vgl. dagegen Burke, 1985, S. 128; Perpeet, 1987, S. 24

28 L. Borinski, 1968, S. 21; zur humanistischen Philosophie des Wortes vgl. Grassi, 1986, S. 36

29 Gombrich, 1987, S. 60

30 Kristeller, 1976, II, S. 181; dagegen Perpeet, 1987, S. 36. Wie aus den obigen Ausführungen zu ersehen ist, haben beide recht.

31 Vgl. Windelband, 1976, S. 314; Cassirer, 1927, S. 67f.

32 Panofsky, 1975, S. 24

33 Plinius, Nat. hist. XXXV/64, Ausg. König, 1978: »... ut Agragantinis facturus tabulam, ... inspexerit virgines eorum nudas et quinque elegerit, ut quod in quaque laudatissimum esset, pictura redderet.«; vgl. Cicero, De inv. II/1,1

34 Vgl. Plinius, Nat. hist., XXXV/153; Quintilian, Inst. orat. XII/10,9

35 Perpeet, 1987, S. 54

36 Zu Albertis Quellen vgl. Vitruv, De arch. I/2,1ff., III/1, VI/2,1; Cicero, Orator 149, 164ff.; ders., Brutus 287, 325; Plato, Timaios 35aff.; Aristoteles, Metaph. 985b 23; ders., Nic. Eth. 1106b 9ff.; Boethius, De inst. musica I/2, I/8, V/2

37 Auch Leonardos Harmoniebegriff war von solcher Art, und er gebrauchte für die Malerei den Begriff der *proportionalità armonica.* Leonardo verstand diese Harmonie »im ausgeprägt modernen Sinne des damaligen Musik-Verständnisses als mehrstimmigen, gleichzeitig erklingenden Zusammenklang«. Feinstein, 1977, S. 55

38 Wittkower, 1969, S. 127; vgl. Naredi-Rainer, 1982, S. 79ff., S. 166ff.

39 Panofsky, 1975, S. 28f.

40 Mühlmann, 1970, S. 130. Zu den verschiedenen Standpunkten vgl. Pochat, 1986, S. 234, wo es über Albertis Bestimmung des Schmuckes heißt, dort klinge »auch die Vertrautheit Albertis mit der neuplatonischen Theorie der Schönheit« mit. Vgl. dagegen Pochat, 1986, S. 231, wo Albertis Verurteilung des Goldhintergrundes auf Bildern folgende Deutung findet: »Von

einer metaphysisch begründeten, ›ontologischen‹ Theorie der Schönheit geht man jetzt dazu über, die Schönheit und den künstlerischen Wert in der illusionistischen Darstellung selbst zu sehen.« Vgl. Blunt, 1984, S. 12, wo die Gleichsetzung des Typischen mit dem Schönen in Albertis Bildhauereitraktat als Beweis dafür herangezogen wird, »wie weit er von jeglicher Art idealistischer oder neuplatonischer Vorstellungen entfernt war«. Vgl. Mühlmann, 1981, S. 20: »Das Schöne wird eindeutig ontologisch definiert, d. h. von ersten Prinzipien hergeleitet, die außerhalb der Erfahrung liegen.«

41 Blunt, 1984, S. 13

42 Alberti, De re aed. VI/3, Ausg. Orlandi, 1966, S. 457: »Istarum rerum praecepta alia universam omnis aedificii pulchritudinem et ornamenta complectuntur, alia singulas excerpta et ad artis istius modum viamque dirigendam et conformandam adacta; proxima vero ex cognitione, quam diximus, ad philosophiae normam, ut ita loquar, dolata artis seriem produxere.«, dt. Übers. v. Theuer, 1975, S. 299

43 Vgl. Kristeller, 1974, I, S. 153ff.

44 Otto, 1984, S. 262, vgl. ebda. S. 220

45 *». . . καὶ εἰ τοῦτο οὕτως ἔχει, ἄλλο τι ὁ Ἔρως κάλλους ἂν εἴη ἔρως, αἴσχους δ'οὔ«;* Platon, Symp. 201a, dt. Übers. v. Hildebrandt, 1968; vgl. Platon, Phaidros 250d

46 Zur Bedeutung des Genusses vgl. Wind, 1981, S. 70ff. u. S. 99ff.

47 Kristeller, 1972, S. 251

48 Cassirer, 1927, S. 67f.; vgl. Windelband, 1976, S. 314

49 Beierwaltes, 1980, S. 35

50 Tatarkiewicz, 1987, S. 126; vgl. Panofsky, 1975, S. 28ff.

51 Vgl. P. Lorenzetti, 1917; Floerke, 1929, S. 99; Walser, 1932, S. 251ff.; Garin, 1947, S. 137ff.; Nelson, 1958; Panofsky, 1980, S. 213ff.; über Frauen und die Liebesphilosophie vgl. Förster, 1985

52 Otto, 1984, S. 13 u. S. 26

53 Panofsky, 1980, S. 213

54 Burke, 1981, S. 289

55 L. Borinski, 1968, S. 23; Burckhardt, 1976, S. 284

56 Vgl. Cicero, De leg. I/58ff.

57 Leonardo schrieb verhältnismäßig selten »von ›dem‹ Menschen oder ›dem‹ Tiere«. Er vermied eine menschliche Selbsteinschätzung, die in dieser Form »anthropozentrischer Größenwahn« war und ist. Vgl. K. Lorenz, 1980, S. 63; Anders, 1987, I, S. 327

58 Elias, 1988, II, S. 110f.

59 Vgl. Ingenhoff-Danhäuser, 1984, S. 53; zu Leonardos Auffassung von dienenden und herrschenden Körperteilen vgl. Cod. Atlanticus fol. 119v, dt. Übers. b. Herzfeld, 1911, S. 114

60 Vgl. Dolff-Bonekämper u. a., 1985, S. 128f.

61 Euklid, Elemente IV/11ff.

62 Dürer, Ausg. Rupprich, 1966, II, S. 158

63 Walters, 1986, S. 84
64 S. Braunfels, 1973, S. 57
65 S. Braunfels, 1983, S. 69
66 Floerke, 1929, S. 38; zur nackten Wahrheit vgl. Chapeaurouge, 1969, S. 170; zu den antiken Liebespaaren vgl. Ingenhoff-Danhäuser, 1984, S. 10
67 Walters, 1986, S. 83
68 Vgl. Deruisseau, 1937, S. 598; Walters, 1986, S. 79
69 Walters, 1986, S. 82
70 Hoffmann, 1978, S. 146f. u. S. 151
71 Ingenhoff-Danhäuser, 1984, S. 53; vgl. Floerke, 1929, S. 39
72 Nahe liegt die Vermutung, daß durch die Naturwissenschaft und die Gegenreformation, also »zwei nicht-individuelle Mächte«, die damalige »Kunst rücksichtslosesten Realismus mit rücksichtslosestem supranaturalem Überschwang« verband und das Gesicht entwertete. Anders, 1987, I, S. 333
73 Porträt des Federico da Montefeltro, um 1470/75, Florenz, Uffizien
74 Mühlmann, 1981, S. 122
75 Chapeaurouge, 1969, S. 176
76 Kristeller, 1972, S. 248f.
77 Vgl. Odo v. Cluny, Collationen, zit. b. Ronner, 1971, S. 79f. u. Eco, 1986, S. 423f.
78 Otto, 1984, S. 79
79 Elias, 1988, II, S. 111
80 K. Lorenz, 1980, S. 274
81 Tatarkiewicz, 1987, S. 139
82 Burckhardt, 1976, S. 323
83 Croce, 1947, S. 57
84 Hausmann, 1987, S. 72; zur Städtegründung vgl. M. Fazio, 1976, S. 21; zur Besiedlung der *Terraferma* vgl. die wichtige Arbeit von Bentmann-Müller, 1976, S. 13ff.; dagegen ebenso wichtig Dörrenhaus, 1976, S. 126f.; Rupprecht, 1966, S. 239; zur Zeitspanne der Landaufenthalte vgl. Pauly, 1916, S. 39; Prinz, 1973, S. 45
85 Vgl. Rupprecht, 1966, S. 213
86 Vgl. Vasari, Ausg. Gottschewski u. a., 1904ff., VI, S. 381, S. 394, II, S. 76, III, S. 87, S. 321, IV, S. 538, V, S. 231, VII/1, S. 74, S. 323f., S. 312f., S. 348, VII/2, S. 180; zu Villanis Beschreibung vgl. dessen Cronica, Ausg. 1969, Bd. III, Lib. XI, Cap. XCIV, S. 326
87 Vgl. Lauts, 1952, S. 21; zum Piccolomini-Palast vgl. Dörrenhaus, 1976, S. 43; Keller, 1983, I, S. 54; Pieper, 1986, S. 1716ff.; zu Piero de' Crescenzi vgl. Rupprecht, 1966, S. 219; zum Landgut Leonardos vgl. Guhl, 1880, I, S. 78ff.; zu Crescenzis Werk in Leonardos Bibliothek vgl. Leonardo, Ausg. Lücke, 1940, S. 899ff.
88 Vgl. Bentmann/Müller, 1972, S. 186, dagegen Dörrenhaus, 1976, S. 66, 127
89 Curtius, 1948, S. 200
90 Confurius, 1984, S. 95

91 Zu den Kontrastharmonien des Tempe-Tals vgl. Curtius, 1948, S. 203ff.; Plinius, Nat. hist. IV/8, XV/31; Vergil, Georg. II/467. Über die Theaterdekoration vgl. Vitruv, De arch. V/7,9 Ausg. Fensterbusch, 1984: »... satyricae vero ornantur arboribus, speluncis, montibus reliquisque agrestibus rebus in topeodi speciem deformati ...«. Dantes wilder Wald findet sich in der Div. Com., Inf. I/1–12; zu Bomarzo vgl. Bredekamp, 1985, I, S. 104

92 Burckhardt, 1976, S. 274

93 Burckhardt, 1976, S. 277f.; dagegen Pochat, 1973, S. 183f.: »So bleibt Petrarca in seiner Bewertung der sichtbaren Natur der religiös gebundenen Anschauung der vorhergehenden Jahrhunderte letztlich treu.« Weiterhin Eberle, 1980, S. 121: »Der Versuch Petrarcas, die Bergbesteigung und den ästhetischen Genuß an der Welt mit seinem religiösen Weltverständnis in Übereinstimmung zu bringen, mußte scheitern.« Über Petrarca vgl. schon Humboldt, 1847, II, S. 121: »Er lebte mehr in den classischen Erinnerungen an Cicero und die römischen Dichter oder in den begeisternden Anregungen seiner ascetischen Schwermuth, als in der ihn umgebenden Natur.«

94 Burckhardt, 1976, S. 280; dazu E. S. Piccolomini, Ausg. Widmer, 1960, S. 120: »Seine oft verblüffend gut gelungenen Beschreibungen verdankte er gelegentlich eher seiner genauen Kenntnis der antiken Klassiker als einer besonderen Gabe unmittelbarer Anschauung.«

95 Vgl. Plinius, Nat. hist. XXXV/116; Vitruv, De arch. V/5,2, VII/7,9

96 Vgl. Leonardo, Ausg. Ludwig, 1882, I, Nr. 18, 20, 23

97 Burckhardt, 1976, S. 326

98 Piepmeier, 1980, Sp. 17

99 Ritter, 1978, S. 18

100 Elias, 1976, II, S. 405f.

101 Dörrenhaus, 1976, S. 42

102 Dörrenhaus, 1976, S. 134; Bentmann/Müller, 1981, S. 78; vgl. Humboldt, 1847, II, S. 79; zu Bukolik und Stadttum vgl. Blume, 1985/86, S. 190

103 Klotz, 1969, S. 95, gegen Blunt, 1984, S. 6

104 Montaigne, Ausg. 1908, S. 170; zu Bramante und Ammannati vgl. Hansmann, 1983, S. 22 u. S. 29; zu Bomarzo vgl. Bredekamp, 1985, I, S. 82ff.

105 Vgl. Xenophon, Oek. IV/21; Vitruv, De arch. VI/1; Terenz, Andria VI/7; Aristoteles, Physik II/8, 199a 15; vgl. insgesamt Bentmann/Müller, 1981, S. 79; zu Vitruv vgl. Steckner, 1984, S. 265 u. S. 269; zur römischen Villa vgl. Drerup, 1959, S. 10

106 Zu Alberti vgl. Burckhardt, 1976, S. 131f.; zu Leonardo vgl. Bredekamp, 1984, S. 266 u. S. 276; zum Bild der gewalttätigen Renaissance vgl. Kristeller, 1976, II, S. 42

107 Blume, 1985/86, S. 190

108 Vgl. Vergil, Ekl. IV/33; Ovid, Met. I/101f. u. 138

109 Zum letzteren vgl. Tasso, Aminta, 888ff.; zu den Kriegen vgl. Abhandlungen von Erasmus v. Rotterdam, Paracelsus und Sebastian Franck b.

Wollgast, 1968; über die menschliche Grausamkeit vgl. Montaigne, Essais II/11, Ausg. Franz, 1969, S. 203ff.

110 Vgl. Gombrich, 1985, S. 148

111 Eberle, 1980, S. 80; vgl. Gombrich, 1985, S. 143

112 Vgl. Baxandall, 1984, S. 28f.

113 Anonimo Magliabechiano, Ausg. Frey, 1892, S. 70: »... perche in tale storia assaj fiure interuenghono, et uecchj et giovanj, animalj, montagne et arborj, perilche facilmente puo mostrare ogni maestro, quanto nella arte perfetto sia«.

114 Zu Ghiberti vgl. Krautheimer, 1956, S. 368 u. S. 369 sowie Gramaccini, 1985/86, S. 208; zu Leonardo, De Predis und Ghirlandaio vgl. Burke, 1985, S. 98; zu Pinturicchio vgl. Baxandall, 1984, S. 31; zu Bellini und Perugino vgl. Lauts, 1952, S. 179 u. S. 176f. Noch im späten Cinquecento duldete Veronese keine freien Stellen im Bild und malte sie, in seinem Fall mit Figuren, aus. Dazu vgl. Caliari, 1888, S. 104; vgl. Text-Dok. I/79

115 Vgl. Tasso, Gerus. liberata. XVI/2

116 Gerstenberg, 1933, S. 18; vgl. Bentmann/Müller, 1981, S. 79; Lehmann, 1950, S. 187

117 Plinius, Nat. hist. XXXV/116, Ausg. König, 1978: »... qui primus instituit amoenissimam parietum picturam, villas et porticus ac topiaria opera, lucos, nemora, colles, piscinas, euripos, amnes, litora, qualia quis optaret, varias ibi obambulantium species aut navigantium terraque villas adeuntium asellis aut vehiculis, iam piscantes, aucupantes aut venantes aut etiam vindemiantes ...« Diese Stelle bei Plinius kannte auch der Anonimo Fiorentino oder Magliabechiano, vgl. Ausg. Frey, 1892, S. 35.

Vitruv, De arch. VII/5, 2, Ausg. Fensterbusch, 1981: »... varietatibus topiorum ornarent ab certis locorum proprietatibus imagines exprimentes; pinguntur enim portus, promunturia, litora, flumina, fontes, euripi, fama, luci, montes, pecora, pastores ceteraque, quae sunt eorum similibus rationibus ab rerum natura procreata ...«

Zu den antiken Zitaten vgl. Gombrich, 1985, S. 147f. u. S. 154f.; Oberhuber, 1968, S. 209

118 Gegen Gombrich, 1985, S. 144; Eberle, 1980, S. 63

119 Vgl. Colonna, Ausg. 1980, I, S. 53; zu Sannazaro vgl. Maisak, 1981, S. 92

120 Vgl. Panhans, 1974, S. 188ff.

121 Zu den letzteren Landschaftsdarstellungen vgl. Perrig, 1985, S. 71ff. u. 1987, S. 41ff.; zu Leonardo vgl. Perrig, 1980, S. 51ff.

122 Zu Ghiberti über Orcagnas Werk vgl. Ghiberti, Ausg. Schlosser, 1912, I, S. 40: »... è bellissima opera condotta con grande diligentia ...«; zu den aufgezeichneten Bränden Leonardos vgl. Pedretti, 1983, S. 40; zu Colonna vgl. Ilg, 1872, S. 72f.; zu Matteo de Nasar vgl. Buscaroli, 1935, S. 56; zu Vasari über Lorenzetti vgl. Vasari, Ausg. Bettarini, 1967, II Testo, S. 179f.: »Nella qual pittura con molta arte contrafece destrissimamente il rabbaruffamento dell'aria, e la furia della pioggia e de'venti ne'travagli delle figure ...«, dt. Übers. b. Gottschewski u. a., I/2, S. 62f.; zu Vasari über

Jacopo Palma vgl. Vasari, s. o., 1976, IV Testo, S. 550: »Io per me non mi ricordo aver mai veduto la più orrenda pittura di quella ...«, dt. Übers., s. o., V, S. 98; zu Vasari über Romano vgl. Vasari, s. o., 1984, V Testo, S. 72: »Onde non si pensi alcuno vedere mai opera di pennello più orribile e spaventosa né più naturale di questa ...«, dt. Übers., s. o., IV, S. 310

123 »... *ταύρους μυκωμένους καὶ ποταμοὺς ψοροῦτας καὶ θάλατταν ... καὶ βροντὰς καὶ πάντα αὖ τὰ τοιαῦτα* ...«; Platon, Polit. 396b; dt. Übers. v. Schleiermacher, 1958. »*σημεῖον δὲ τούτου τὸ συμβαῖνον ἐπὶ τῶν ἔργων· ἃ γὰρ αὐτὰ λυπηρῶς ὁρῶμεν, τούτων τὰς εἰκόνας τὰς μάλιστα ἠκριβωμένας χαίρομεν θεωροῦντες οἷον θηρίωντε μορφὰς των ἀτιμοτάτων καὶ νεκρῶν.*«; Aristoteles, Poetik 1448b 10ff.; dt. Übers. v. Gigon, 1961.

Plinius, Nat. hist. XXXV/96, Ausg. König, 1978: »... pinxit et, quae pingi non possunt tonitrua fulgetra fulgura ...«; vgl. Philostrat, Imag. I/14

124 »... si vermes angues mures scorpiones ranas muscas fastidiosasque bestiolas expresserint, num ipsam admiraberis et extolles artem artificisque solertiam?« Um 1426 geschrieben, zit. b. Baxandall, 1965, S. 190 Anm.; dt. Übers. b. Gramaccini, 1985/86, S. 217

125 Vgl. Eberle, 1980, S. 61

126 Mühlmann, 1980, S. 210; vgl. Mühlmann, 1969, S. 155; Bentmann/Müller, 1981, S. 55

127 Vgl. Plinius, Nat. hist. XXXV/101

128 Vgl. Curtius, 1948, S. 206 Anm.; Maisak, 1981, S. 46; Burke, 1985, S. 148

129 Zu Sannazaros Wirkung auf die Malerei vgl. Maisak, 1981, S. 93f.; zu Karel van Mander vgl. dessen Lehrgedicht, Ausg. Hoecker, 1916, S. 120f.; zu Colonna und Romano vgl. Bredekamp, 1985, I, S. 182

130 Burckhardt, 1976, S. 274f.

131 Gombrich, 1985, S. 152ff.

132 Plinius d. J., Ep. V/6, Ausg. Kasten, 1984: »Regionis forma pulcherrima. imaginare amphitheatrum aliquod immensum et quale sola rerum natura possit effingere. lata et diffusa planities montibus cingitur ... Magnam capies voluptatem, si hunc regionis situm ex monte prospexeris. neque enim terras ibi, sed formam aliquam ad eximiam pulchritudinem pictam videberis cernere; ea varietate, ea descriptione, quocumque inciderint oculi, reficientur.«

133 Tacitus, Annalen XV/39

Verzeichnis der verwendeten Fachausdrücke und Begriffe

Alexandristen	innerhalb der aristotelischen Philosophie Anhänger des Alexander von Aphrodisias
al fresco-Malerei	Wandmalerei auf feuchten, frischen Putz
al secco-Malerei	Wandmalerei auf trockenen Putz
ars (lat.), **arte** (ital.)	Kunst, Kunstfertigkeit
artes liberales (lat.)	die sieben freien Künste, nämlich: Grammatik, Arithmetik, Geometrie, Musik, Astronomie, Dialektik, Rhetorik
artes mechanicae (lat.)	die handwerklichen Künste
Ästhetik	Schönheitslehre, Kunsttheorie
Averroisten	Anhänger des arabischen Aristoteles-Kommentators Averroes
bellezza (ital.)	Schönheit
Bukolik	Schäfer- und Hirtendichtung
Cinquecento (ital.)	16. Jahrhundert
concinnitas (lat.)	Übereinstimmung, Einheit
decorum (lat.)	Zierde, Schmuck, Angemessenheit
disegno (ital.)	Zeichnung, Entwurf
Duecento (ital.)	13. Jahrhundert
Exempedaverfahren	innerhalb der Proportionslehre Albertis Verfahren zur Ermittlung menschlicher Körpermaße
facilità (ital.)	Leichtigkeit
furor divinus (lat.)	göttliche Begeisterung
Gegenreformation	Gegenbewegung der römisch-katholischen Kirche zur Reformation
grazia (ital.)	Anmut, Schönheit
idea (ital.)	Gedanke, Begriff
imitatio (lat.)	Nachahmung
imitatio naturae (lat.)	Naturnachahmung

inventio (lat.)	Erfindung
leggiadria (ital.)	Anmut, Liebreiz
locus amoenus (lat.)	lieblicher Ort
locus terribilis (lat.)	schrecklicher Ort
maniera (ital.)	Art und Weise, Eigenart
misura (ital.)	Maß
Modulusverfahren	innerhalb der Proportionslehre die Ermittlung menschlicher Körpermaße zu einer festgesetzten Einheit, z. B. zu Fuß oder Hand
natura naturans (lat.)	zeugende, schöpferische Kraft der Natur
natura naturata (lat.)	geschaffene, gegenständliche Welt
ornamentum (lat.)	Schmuck
oltramontani (ital.)	die nördlich der Alpen wohnenden Ausländer
paragone (ital.)	Vergleich, Wettstreit unter den Künstlern und Künsten
parerga (griech.)	Beiwerk
Perspektive	Darstellung zweidimensionaler räumlicher Verhältnisse auf eine ebene Bildfläche
proporzione (ital.)	Verhältnis, Ebenmaß
Proportionsverfahren	Ermittlung menschlicher Körpermaße in Bruchteile der als Einheit festgelegten Körperlänge
pulchritudo (lat.)	Schönheit
Quattrocento (ital.)	15. Jahrhundert
Refeudalisierung	Wiederanlegen des in städtischen Geschäften gewonnenen Vermögens in ländlichen Grund und Boden
Rinascimento, rinascita (ital.)	Wiedergeburt, Epoche der Renaissance
rei rusticae scriptores (lat.)	antike Agrartheoretiker
Sacco di Roma	Plünderung Roms durch deutsche und spanische Söldner Karls V. im Jahre 1527

Seicento (ital.)	17. Jahrhundert
studia humanitatis (lat.)	literarische Gelehrsamkeit bezüglich der Fächer Grammatik, Rhetorik, Geschichte, Dichtkunst, Moralphilosophie
Terraferma (ital.)	Festland, Hinterland von Venedig
terribilità (ital.)	das Schreckliche, Entsetzliche
tranquillità dell'anima (ital.)	Seelenruhe
villa urbana, suburbana, rustica (ital.)	Landhaus innerhalb der städt. Grenzen, vor der Stadt, auf dem Land
villegiatura (ital.)	meist sommerlicher Aufenthalt der Städter im Landhaus
vita activa (lat.)	tätige Lebensform
vita contemplativa (lat.)	beschauliche Lebensführung
vita solitaria (lat.)	Leben in ländlicher Einsamkeit

1 Leonardo da Vinci, Die Proportionen des Menschen (nach Vitruv). 1485–90, ▷
Zeichnung. 34,3×24,5 cm. Venedig, Galleria dell'Accademia

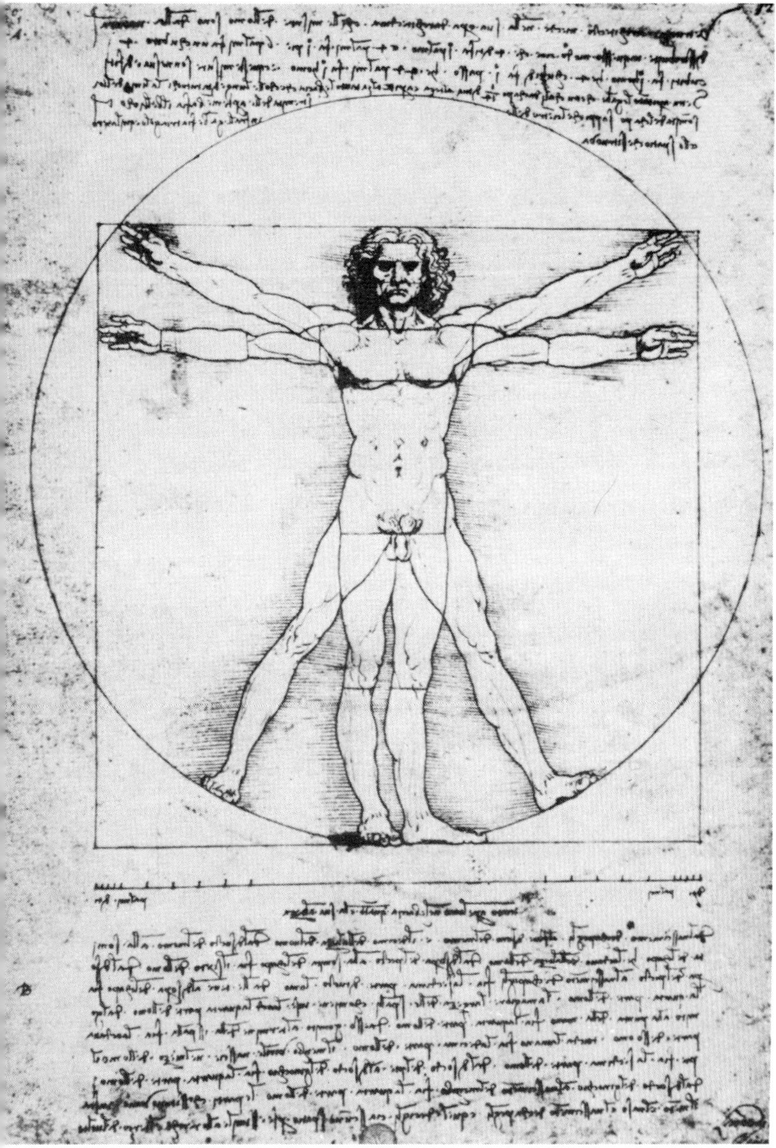

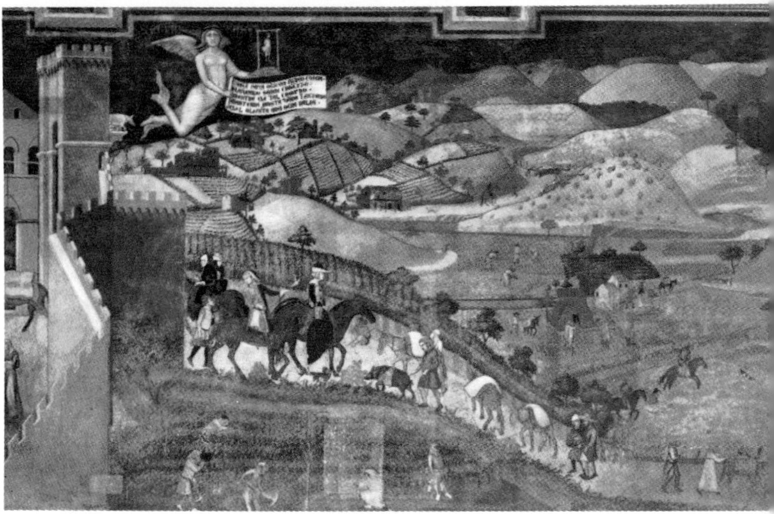

2 Ambrogio Lorenzetti, Die Auswirkung der guten Regierung auf das Land. 1337–3
Teil eines Freskos. Siena, Palazzo Pubblico

3 Lorenzo Ghiberti, Details von der Bronzetür der Nordseite des Baptisteriums i
Florenz. 1403–1424

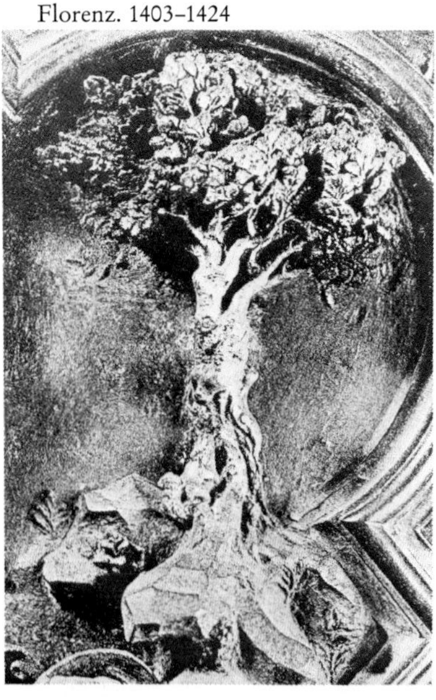

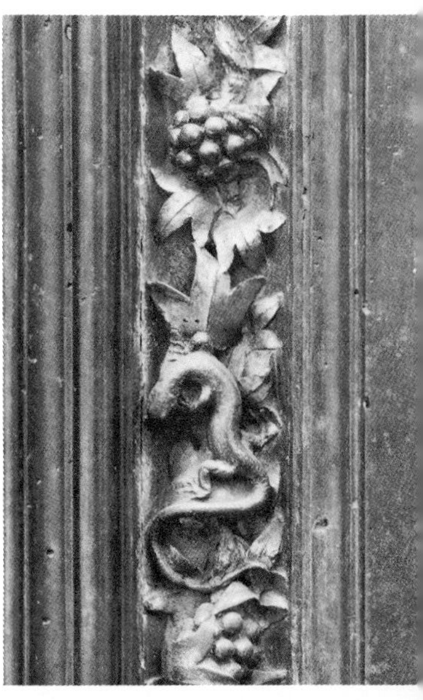

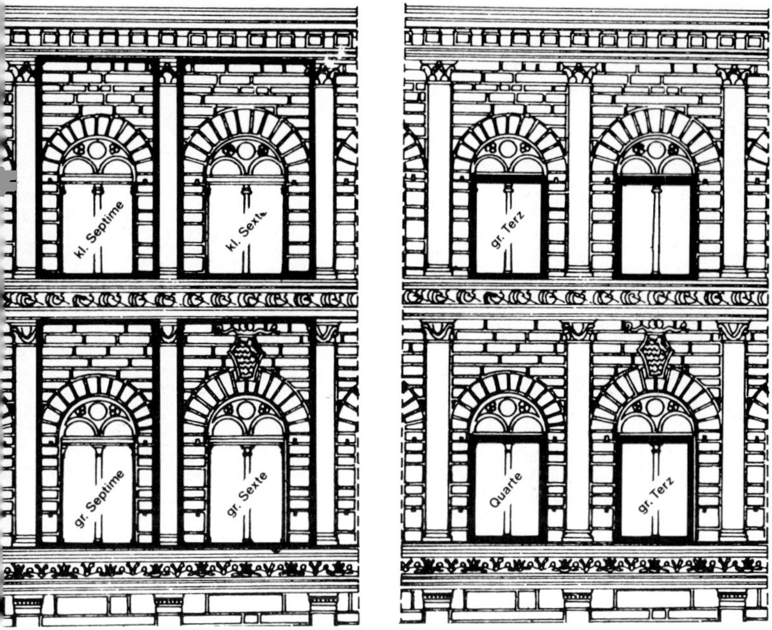

Palazzo Rucellai in Florenz, Entwurf von Leon Battista Alberti, Ausführung von Bernardo Rossellino, nach 1455. Proportionsschema der Fassade, a) Pilaster- und Gesimsrahmungen, b) Fensteröffnungen
(kl. Septime = 9:5, kl. Sexte = 8:5, gr. Septime = 15:8, gr. Sexte = 5:3, gr. Terz = 5:4, Quarte = 4:3)

Niccolò Fiorentino zugeschr., Rückseite der Medaille des Pico della Mirandola mit der Darstellung der drei Grazien und der Umschrift PULCRITUDO, AMOR, VOLUPTAS. Um 1493. ∅ 8 cm

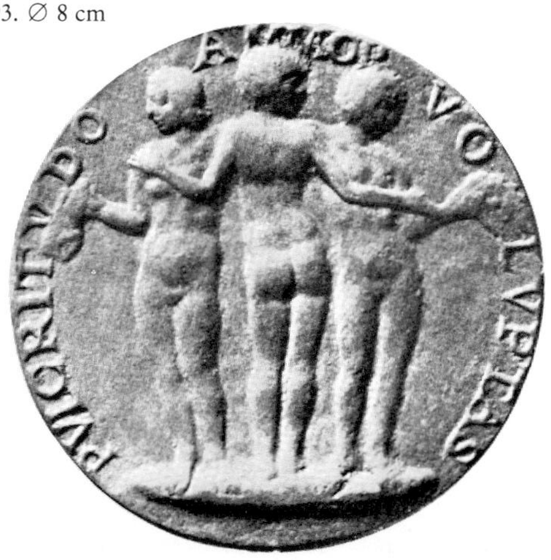

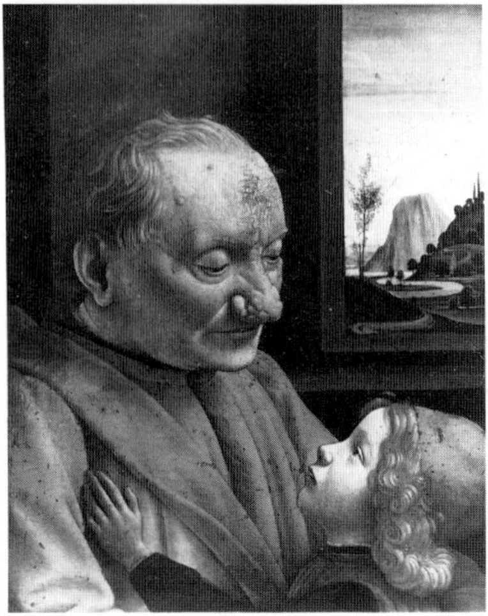

6 Domenico Ghirlandaio, Alter Mann mit seinem Enkel. Um 1480. Tempera und Öl auf Holz, 67×46 cm. Paris, Louvre

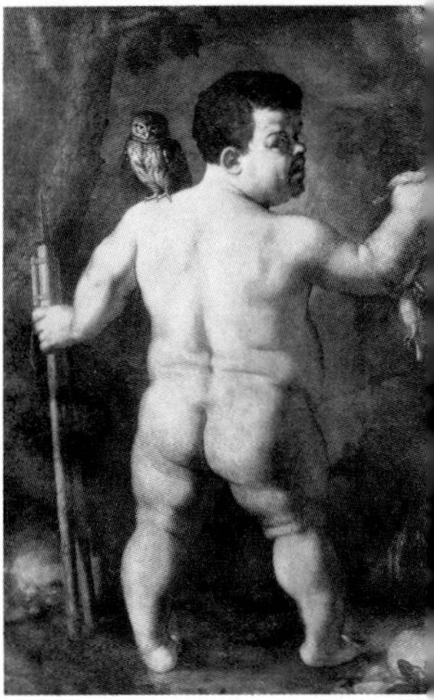

7 Angelo Bronzino, Der Zwe Morgante. Öl auf Leinwa (doppelseitig), vielleicht Kop eines 1553 bezeugten Gemäld Florenz, Uffizien

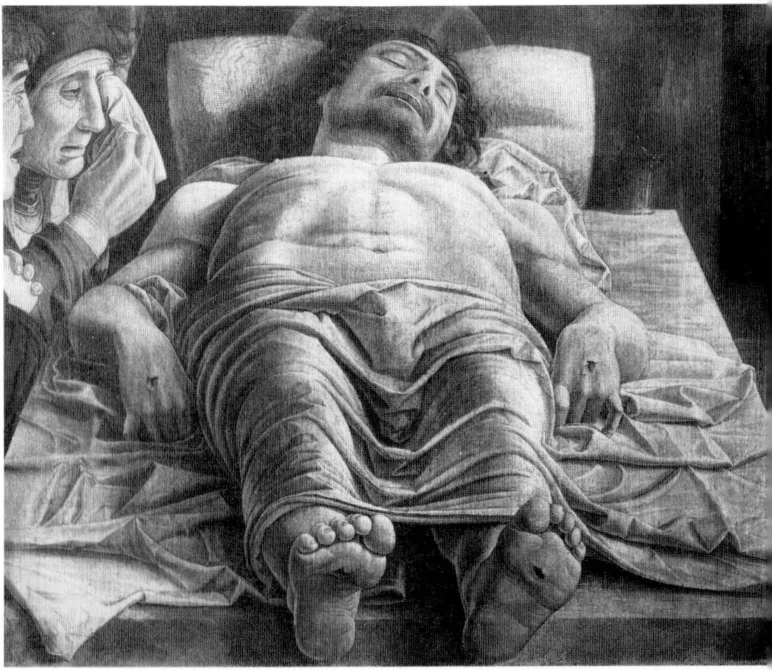

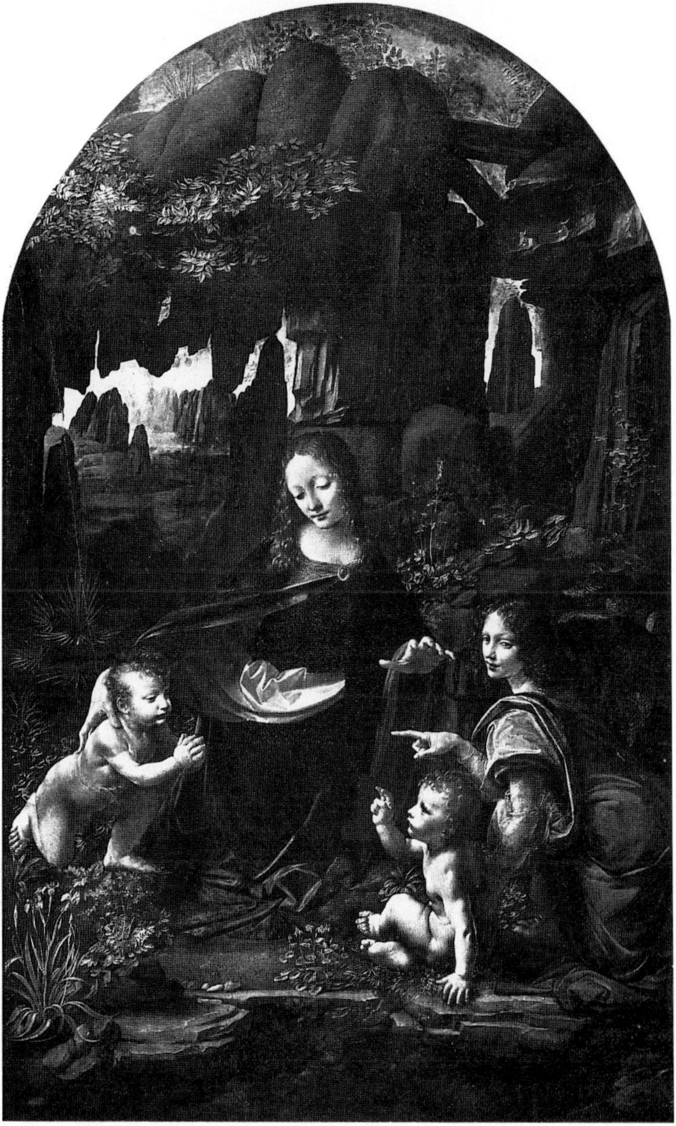

9 Leonardo da Vinci, Felsgrottenmadonna. 1483–86. Öl auf Holz (im 19. Jh. auf Leinwand übertragen), 198×123 cm. Paris, Louvre

◁ 8 Andrea Mantegna, Beweinung Christi. 1480. Tempera auf Leinwand, 66×81 cm. Mailand, Pinacoteca di Brera

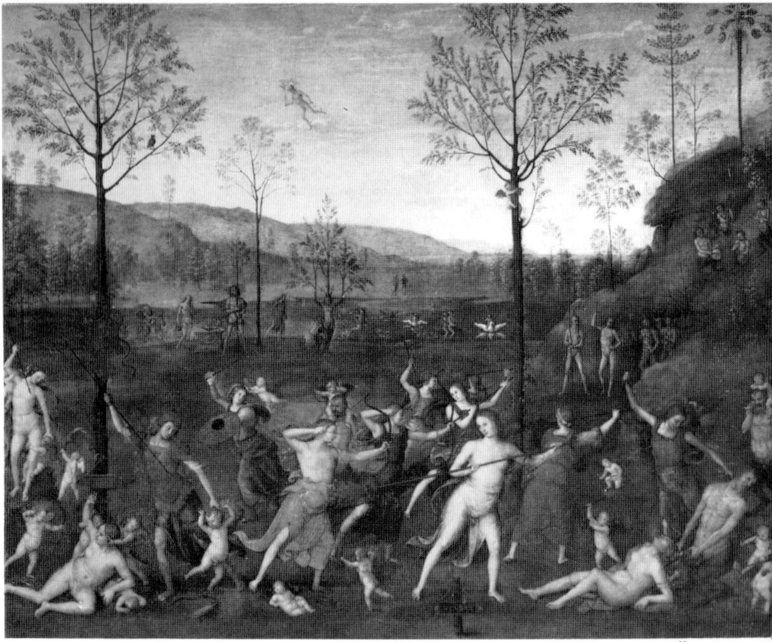

10 Perugino, Kampf der Keuschheit gegen die Sinnlichkeit. Um 1503–05. Öl auf Leir wand, 160×191 cm. Paris, Louvre

11 Giulio Romano, Die Vermählung von Cupido und Psyche. 1528. Teil eines Fresko Mantua, Palazzo del Tè

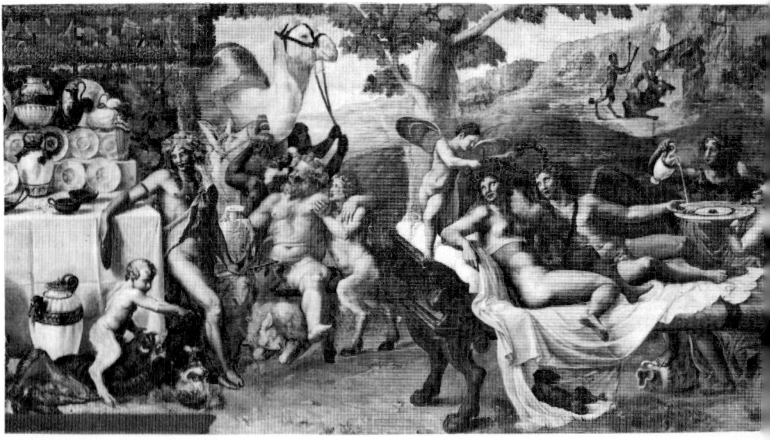

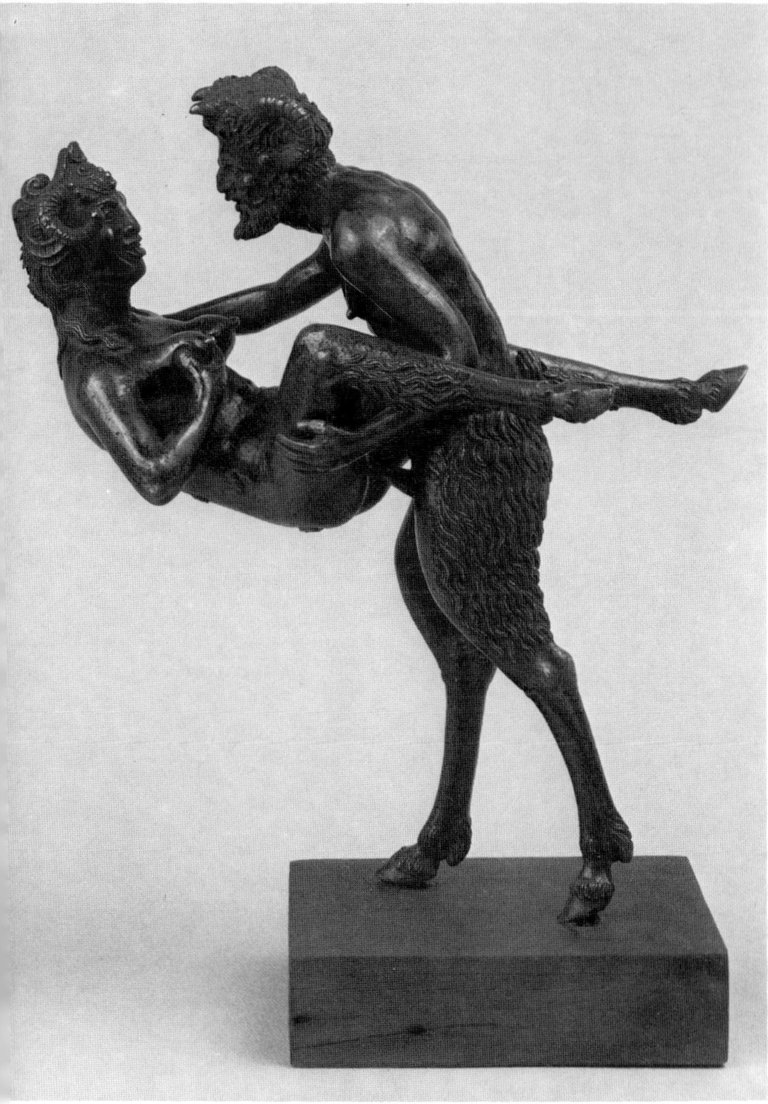

Andrea Riccio, Satyr und Nymphe. Um 1520–30. Bronze, Höhe 27,3 cm. Ecouen, Musée National de la Renaissance

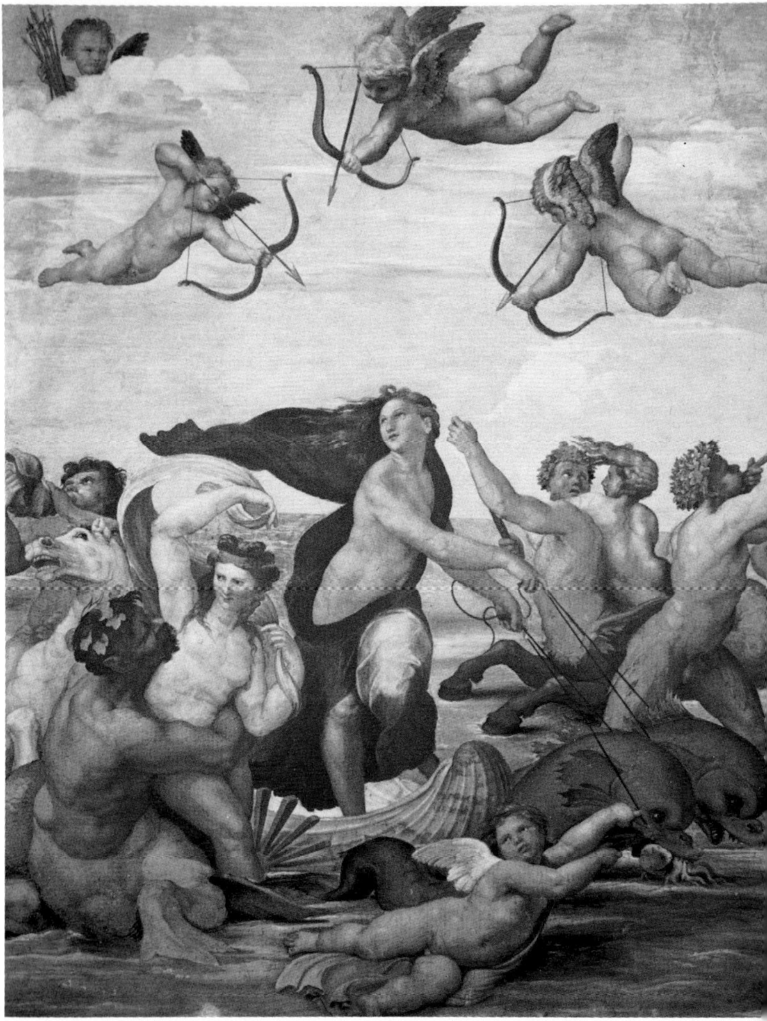

13 Raffael, Der Triumph der Galatea. 1514. Fresko. Rom, Villa Farnesina

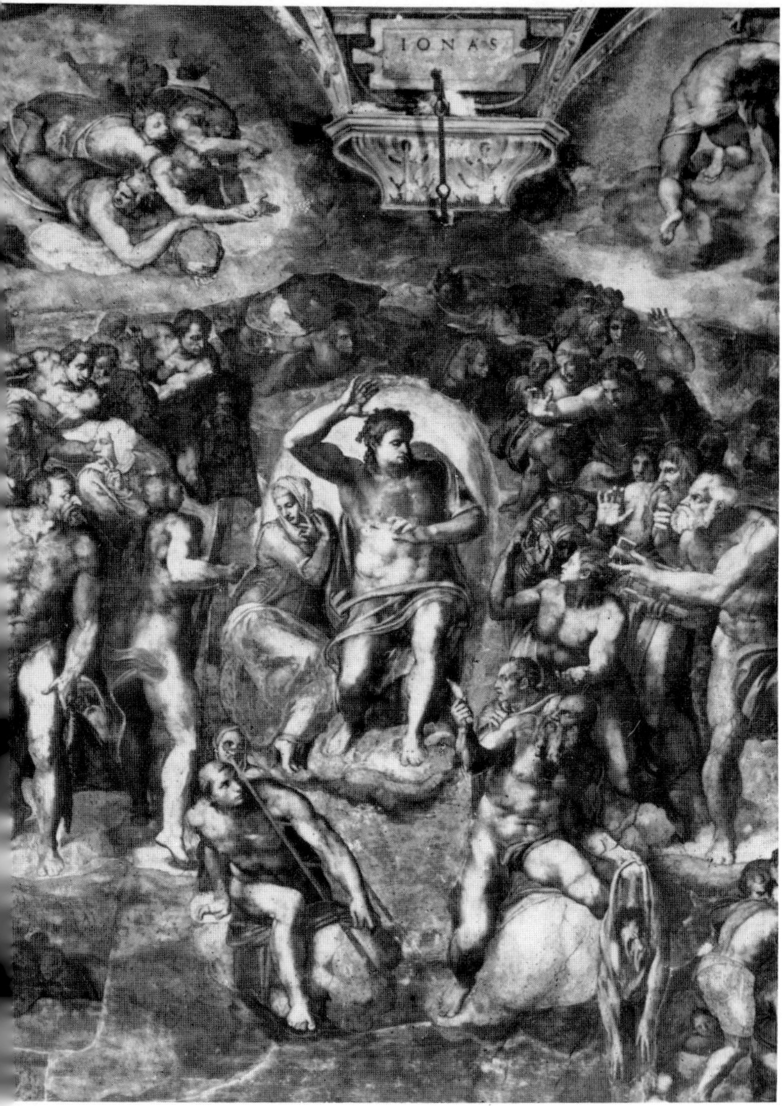

Michelangelo, Das Jüngste Gericht (Detail). 1534–41. Fresko. Rom, Sixtinische Kapelle

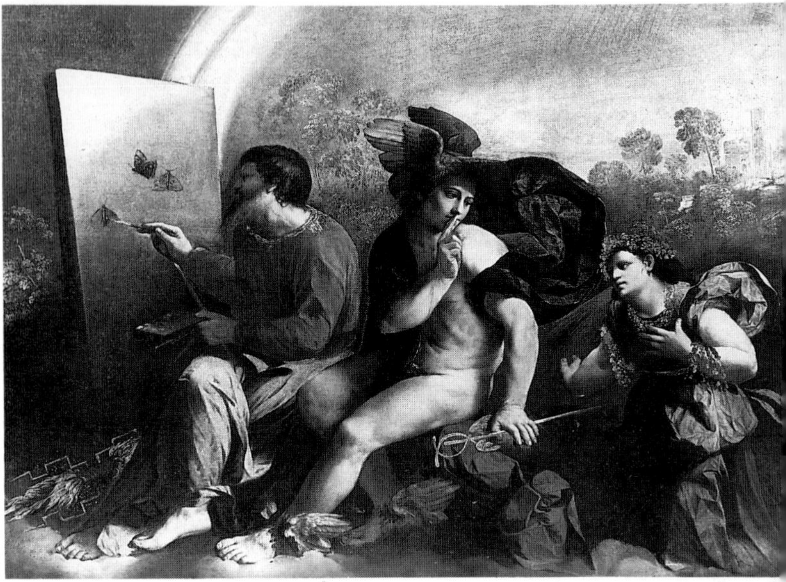

15 Dosso Dossi, Jupiter und Merkur und Virtus. Um 1529. Öl auf Leinwand, 112×150 cm Wien, Kunsthistorisches Museum

16 Tizian, Die heilige und die profane Liebe. 1515. Öl auf Leinwand, 118×279 cm. Rom Galleria Borghese

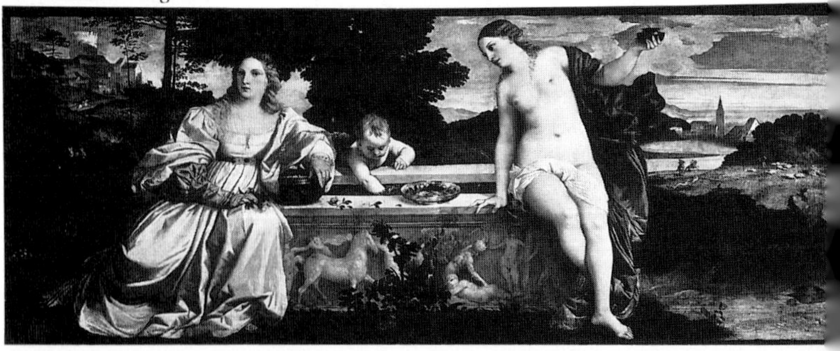

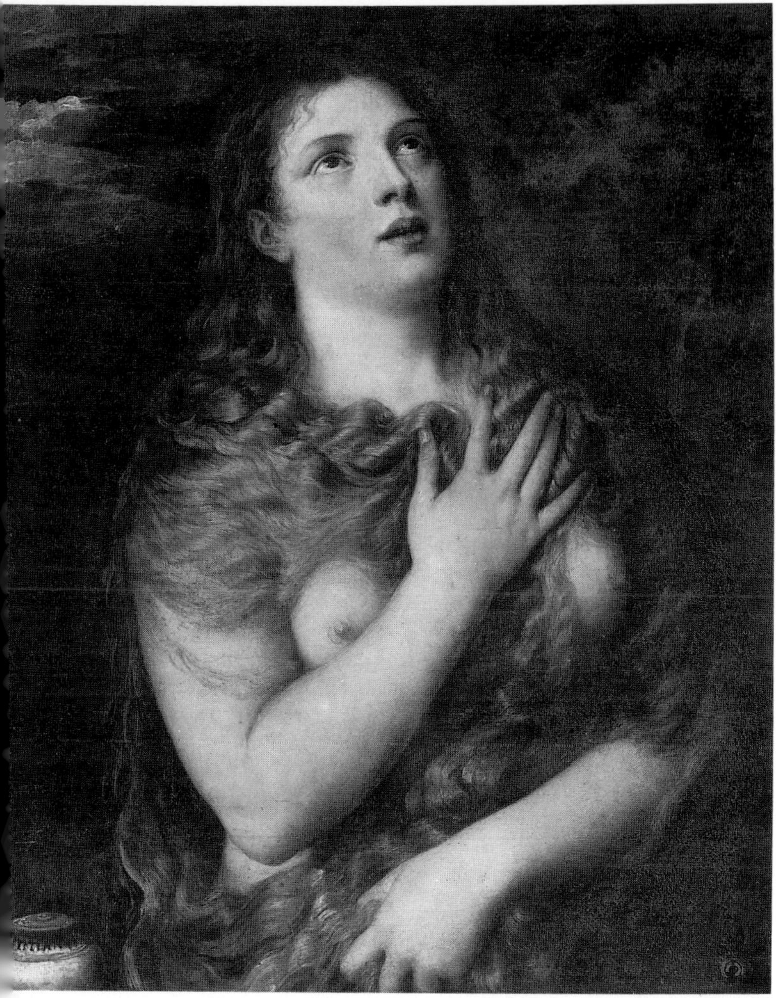

Tizian, Maria Magdalena. Um 1531. Öl auf Holz, 84×69 cm. Florenz, Palazzo Pitti

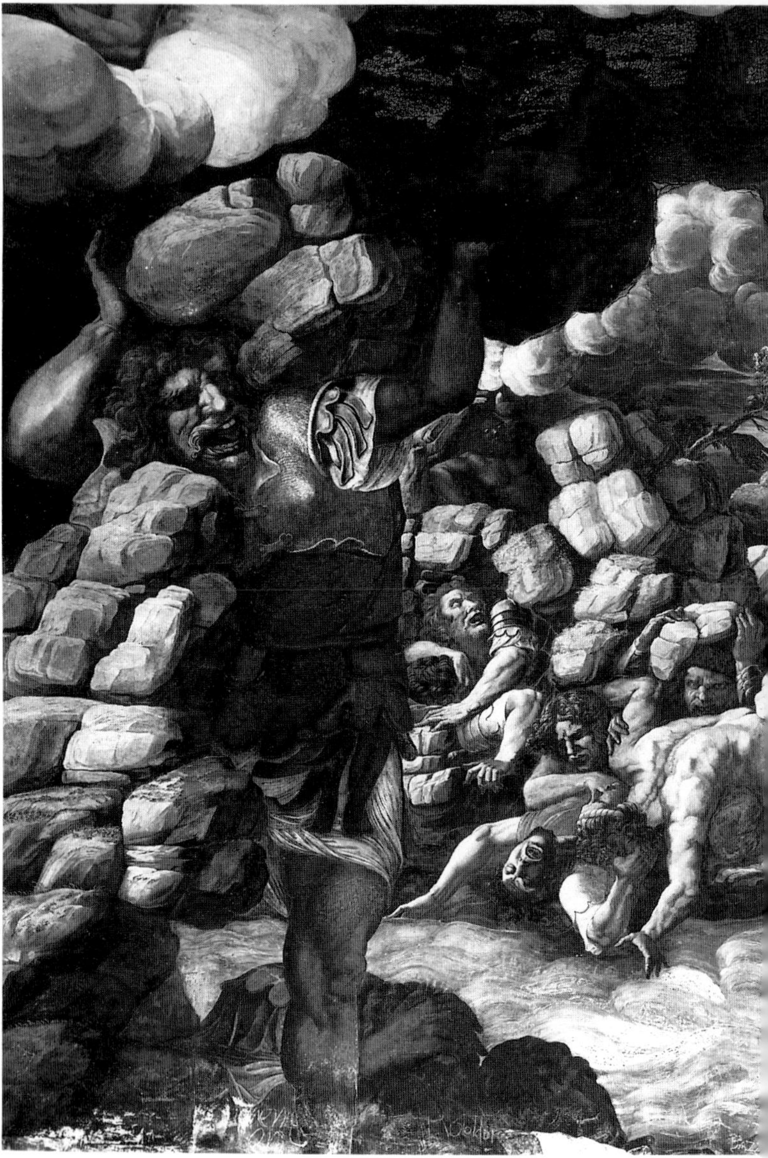

18 Giulio Romano, Kampf der Giganten. 1530–35. Fresko. Mantua, Palazzo del Tè

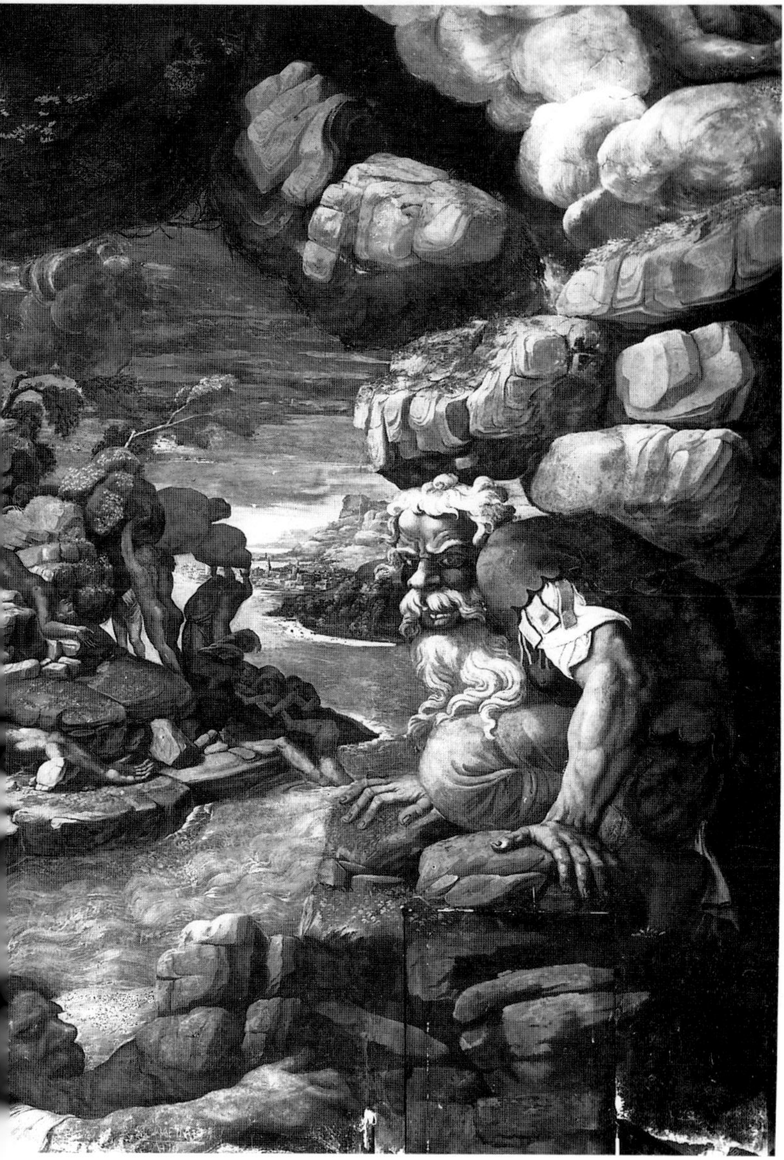

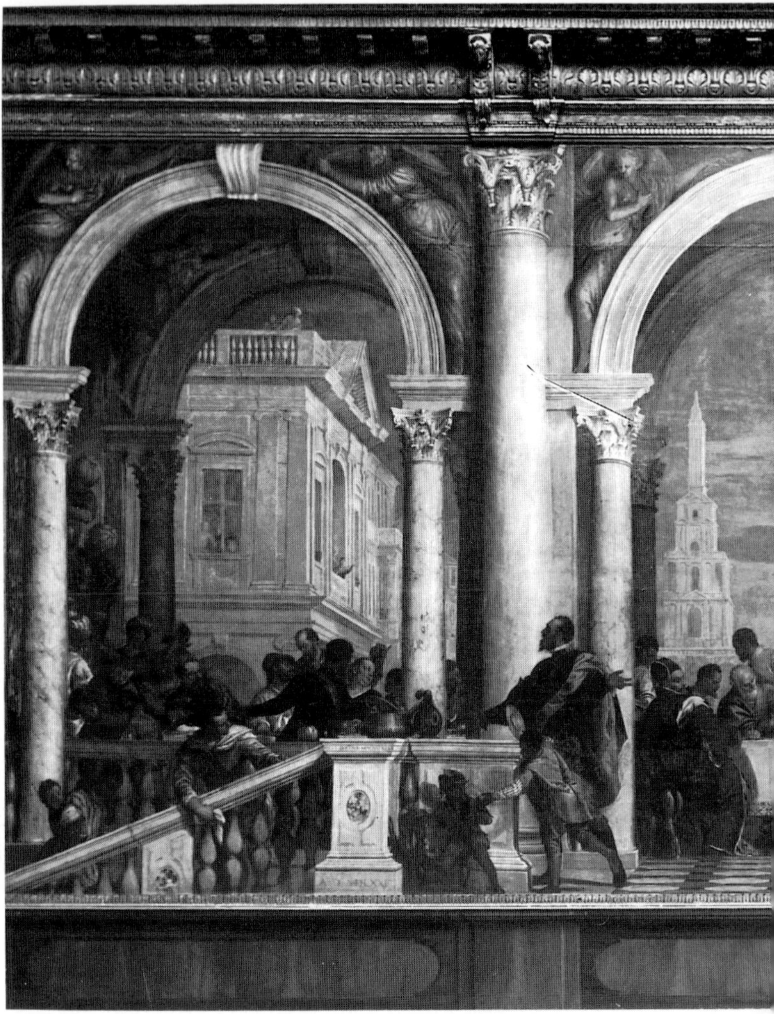

19 Paolo Veronese, Das Gastmahl im Hause des Levi. 1573. Öl auf Leinwan
550×1278 cm, gemalt für das Refektorium des Klosters SS. Giovanni e Pao
Venedig, Galleria dell'Accademia

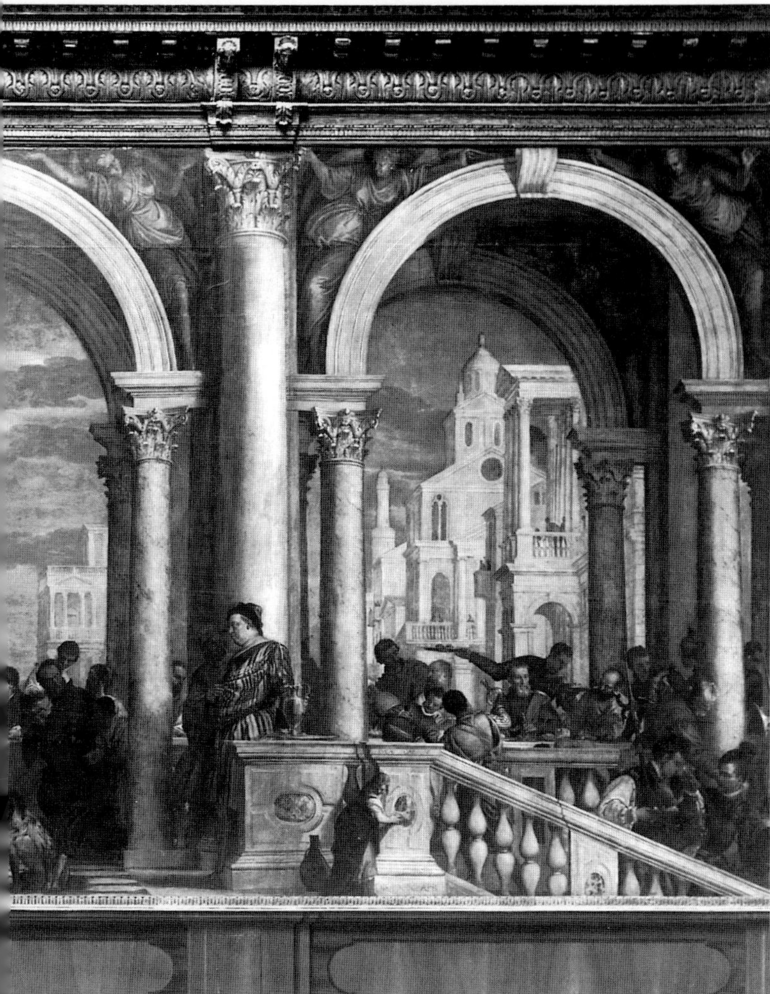

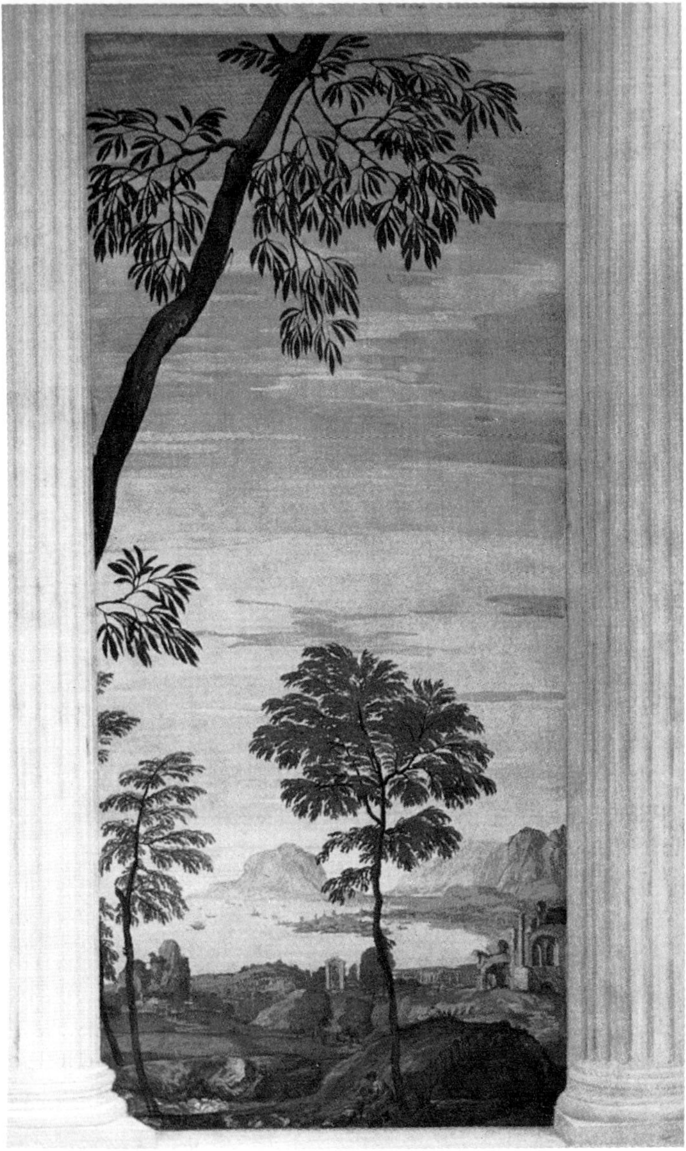

Text-Dokumente

I Zur Kunsttheorie

◁ 20 Paolo Veronese, Flußlandschaft. Um 1560. Fresko. Maser, Villa Barbaro, Saal des Olymp

GIOVANNI BOCCACCIO (1313–1375)

Über die naturgetreue Kunst Giottos: I/1

»... e l'altro, il cui nome fu Giotto, ebbe uno ingegno di tanta eccellenzia, che niuna cosa dà la natura, madre di tutte le cose e operatrice col continuo girar de'cieli, che egli con lo stile e con la penna e col pennello non dipignesse sì simile a quella, che non simile, anzi più tosto dessa paresse, in tanto che molte volte nelle cose da lui fatte si truova che il visivo senso degli uomini vi prese errore, quello credendo esser vero che era dipinto. E per ciò, avendo egli quella arte ritornata in luce, che molti secoli sotto gli errori d'alcuni, che più a dilettar gli occhi degl'ignoranti che a compiacere allo 'ntelletto de' savi dipignendo, era stata sepulta, meritamente una delle luci della fiorentina gloria dir si puote ...«

»Der andere, Giotto genannt, besaß die hervorragende Gabe, mit Griffel, Feder oder Pinsel alle Werke der Mutter Natur, die den ständigen Wechsel der Gestirne veranlaßt, so getreulich darzustellen, daß seine Wiedergabe nicht nur der Natur ähnelte, sondern selber Natur zu sein schien, so daß bei vielen seiner Darstellungen das Auge des Betrachters irregeführt ward und für echt ansah, was nur gemalt war. Da er auf diese Weise der Kunst ihren alten Glanz wiedergab, der jahrhundertelang durch die Irrtümer einiger Menschen, welche lieber die Augen der Unwissenden entzückten als die der Kenner befriedigten, begraben gewesen war, wurde er nicht zu Unrecht ein Stern am Florentiner Kunsthimmel genannt ...«

(Boccaccio, Decamerone, VI/5, 1348/53, Ausg. Branca, 1976, S. 417; dt. Übers. v. Macchi, 1984, S. 471)

CENNINO CENNINI (um 1370–um 1440)

Art und Rang der Malerei, verfolgt von Adam an: I/2

»Poi seguitò molte arti bisognevoli, e differenziate l'una dall'altra; e fu ed è di maggiore scienza l'una che l'altra: chè tutte non potevano essere uguali. Perchè la più degna è la scienza: appresso di quella seguita alcuna discendente da quella, la quale conviene aver fondamento da quella con operazione di mano: e questa è un'arte, che si chiama dipignere, chè conviene avere fantasia, e operazione di mano, di trovare cose non vedute (cacciandosi sotto ombra di naturali) e formar con la mano, dando a dimostrare quello, che non è, sia. E con ragione merita metterla a sedere in secondo grado alla scienza, e coronarla di poesia.«

»Er gerieth dann auf viele nöthige Künste, eine verschieden von der andern; auch ist und war die eine von grösserem Wissensgehalte als die andere, denn nicht alle können sich gleichen, weil die Weisheit das Allerwürdigste ist. Eine von dieser herkommende, welche auf ihre Grundlagen sammt der Ausführung mit den Händen zurückzielt, ist eine Kunst, welche man Malerei nennt, welche zugleich mit der Ausführung der Hand Phantasie erfordert, um niegesehene Dinge zu erfinden (indem man sie in die Hülle des natürlichen steckt) und sie mit der Hand festzuhalten, indem als wirklich vorzustellen ist, was nicht vorhanden. Und mit Recht verdient sie die zweite Stufe nach der Weisheit und die Krone von der Poesie.«

(Cennini, Trattato della pittura, Kap. 1, um 1390/1400, Ausg. Tambroni, 1821; dt. Übers. v. Ilg, 1888, S. 4)

Die Natur als Führerin der Malerei: I/3

»Come, sopra i maestri, tu dei ritrarre sempre del naturale con continuo uso.

Attendi, che la più perfetta guida che possa avere e migliore direzione, si è la trionfal porta del ritrarre dei naturali. E questo avanza tutti gli altri esempj; e sotto questo con ardito cuore sempre ti fida, e spezialmente come incominci ad avere qualche sentimento nel disegnare. Continuando ogni dì non manchi disegnare qualche cosa, chè non sarà sì poco che non sia assai: e faratti eccellente però.«

»Wie du selbst mehr als nach den Meistern, nach der Natur in steter Übung nachzeichnen sollst.

Bemerke, dass die vollkommenste Führerin, welche man haben kann, das beste Steuer, die Triumphpforte des Zeichnens, das Studium der Natur ist. Es stehet dies vor allen andern Mustern, diesem vertraue dich immer mit glühender Seele an, vornehmlich wenn du anfängst, einiges Gefühl im Zeichnen zu bekommen. Ausdauernd ermangle keinen Tag, irgend ein Ding zu zeichnen, welches nie zu gering sein wird, um zu genügen, und herrlichen Nutzen wird es dir bringen.«

(Cennini, Trattato della pittura, Kap. 28; dt. Übers. S. 18)

Maltechnik der Deutschen: I/4

»Innanzi che più oltre vada, ti voglio insegnare a lavorare d'olio, in muro o in tavola, che l'usano molto i tedeschi ...«

»Ehe ich weitergehe, will ich dir anzeigen, wie man auf der Mauer, oder auf der Tafel in Oel malt, wie dies vorzüglich die Deutschen in Gebrauch haben.«

(Cennini, Trattato della pittura, Kap. 89; dt. Übers. S. 60)

MANUEL CHRYSOLORAS (um 1350–1415)

Über das Vergnügen an Kunstwerken und das Verhältnis zu wirklichen Dingen und Lebewesen: I/5

»Ἆρα δύνασαι πιστεῦσαι περὶ ἐμοῦ, ὡς ἐγὼ τὴν πόλιν ταύτην περιϊὼν, κατὰ τοὺς ἐρωτολήπτους τούτους καὶ κωμαστὰς τοὺς ὀφθαλμοὺς ὧδε κἀκεῖσε περιφέρω, καὶ τοὺς τῶν οἰκιῶν τοίχους εἰς ὕψος, καὶ τὰς ἐν αὐταῖς θυρίδας περιεργάζομαι, εἴ τί που τῶν καλῶν ἴδοιμι παρ' ἐκείναις; . . . ἐγὼ γὰρ οὐ ζώντων σωμάτων κάλλη ἐν ἐκείνοις ζητῶν τοῦτο ποιῶ, ἀλλὰ λίθων, καὶ μαρμάρων, καὶ ὁμοιωμάτων. Φαίης ἂν ἴσως τοῦτο εἶναι ἀτοπώτερον ἐκείνου, καὶ ἐμὲ δὲ πολλάκις τοῦτο λογίσασθαι ἐπῆλθε· τί δήποτε ἵππον μὲν ἢ κύνα ἢ λέοντα καθημέραν ζῶντα ὁρῶντες, οὐ πρὸς θαῦμα. ἐγειρόμεθα, οὐδὲ τοσοῦτον αὐτὰ ἀγάμεθα τοῦ κάλλους, οὔτε μὴν τὴν ὄψιν αὐτῶν περὶ πολλοῦ ποιούμεθα, οὐδὲ δένδρον, ἢ ἰχθὺν, ἢ ἀλεκτρυόνα, ταυτὸ δὲ καὶ ἐπ' ἀνθρώπων, τινὰ δὲ αὐτῶν καὶ μυσαττόμεθα, ἵππου δὲ εἰκόνα ὁρῶντες, ἢ βοὸς, ἢ φυτοῦ τινος, ἢ ὄρνιθος, ἢ ἀνθρώπου, εἰ δὲ βούλει μυίας, ἢ σκώληκος, ἢ ἐμπίδος, ἢ τινὸς τῶν αἰσχρῶν τούτων, σφόδρα διατιθέμεθα ὁρῶντες τούτων τὰς εἰκόνας, περὶ πολλοῦ ποιούμεθα. Καίτοι οὐ ταῦτα δήπου ἀκριβέστερα ἐκείνων, ἄγε παρὰ τοσοῦτον ἐπαινεῖται, παρ' ὅσον ὁμοιότερα ἐκείνοις φαίνεται. Ἀλλ' ὅμως ταῦτα μὲν καὶ τὰ τούτων κάλλη παρατρέχομεν παρόντα, ταῖς δὲ ἐκείνων εἰκόσιν ἐκπληττόμεθα· καὶ τὸ μὲν τοῦ ζῶντος ὄρνιθος ῥύγχος ὅπως εὐφυὴς κέκαμπται, ἢ τὴν ὁπλὴν τοῦ ζῶντος ἵππου οὐ πολυπραγμονοῦμεν· τὴν δὲ χαίτην τοῦ χαλκοῦ λέοντος, εἰ καλῶς ἥπλωται, ἢ τὰ φύλλα τοῦ λιθίνου δένδρου, εἰ τὰς ἶνας παρεμφαίνει, ἢ τὴν τοῦ ἀνδριάντος κνήμην, εἰ τὰ νεῦρα καὶ τὰς φλέβας ὑποδείκνυσιν ἐπὶ τοῦ λίθου, τοῦτο τοὺς ἀνθρπώπους τὲρπει, καὶ πολλοὶ πολλοὺς ἂν ἵππους ζῶντας καὶ ἀκεραίους ἀσμένως ἔδωκαν, ὥστε ἕνα λίθινον τὸν Φειδίου ἢ τὸν Πραξιτέλους, καὶ τοῦτον εἰ τύχοι διεῤῥωγότα καὶ λελωβημένον ἔχειν. Καὶ τὰ μὲν τῶν ἀγαλμάτων καὶ ζωγραφιῶν κάλλη οὐκ αἰσχρὸν θεᾶσθαι, μᾶλλον δὲ καὶ εὐγένειάν τινα τῆς θαυμαζούσης ταῦτα διανοίας ὑποφαίνει· τὰ δὲ τῶν γυναικῶν κάλλη ἀκόλαστον καὶ αἰσχρόν. Τί δὴ τούτου τὸ αἴτιον; Ὅτι οὐ σωμάτων κάλλη θαυμάζομεν ἐν τούτοις, ἀλλὰ νοῦ κάλλος τοῦ πεποιηκότος.«

»Kannst du mir glauben, daß ich in dieser Stadt Rom herumwandere und wie Verliebte oder Nachtschwärmer meine Augen dort herumschweifen lasse, daß ich die Mauern von Häusern besteige und bis an deren Fenster vordringe, um darinnen etwas von den schönen Dingen zu sehen? ... Denn ich tue dies nicht, um dort Schönheiten an lebenden Körpern, sondern in Stein, Marmor und in Bildern zu finden. Du könntest sagen, das sei noch widersinniger als das andere, aber oftmals geschah es, daß ich darüber überlegte, warum wir nämlich alltägliche Lebewesen wie ein Pferd, einen Hund oder Löwen sehen, sie aber nicht bestaunen. Wir bemerken, daß wir ihre Schönheiten nicht bewundern noch ihr Aussehen hoch einschätzen, ebenso nicht bei einem Baum, Fisch, Huhn oder beim Menschen, von denen wir manchen verabscheuen. Wenn wir aber die Bilder eines Pferdes oder Rindes sehen, irgendeiner Pflanze, eines Vogels, eines Menschen oder, wenn du willst, einer Fliege, eines Wurms, einer Mücke oder anderer solcher Häßlichkeiten, dann sind wir stark beeindruckt, und wir schätzen sie beim Anblick ihrer Bilder hoch ein. Obwohl die Bilder zweifellos nicht so vollkommen wie jene lebendigen Sachen sind, werden sie doch im Verhältnis dazu wahrgenommen, wie ähnlich diese jenen erscheinen. Aber dennoch übergehen wir jene und ihre Schönheiten, sind sie aber anwesend, dann bewundern wir ihre Bilder. Wir sind nicht wißbegierig, ob der Schnabel eines lebenden Vogels oder der Huf eines lebenden Pferdes wohlgeformt sind, wohl aber, ob die Mähne eines bronzenen Löwen sich schön ausbreitet, ob sich die Blätter eines steinernen Baumes zeigen oder die Sehnen und Adern auf dem Schienbein einer steinernen Statue sichtbar werden. Dies alles ergötzt die Menschen; und viele Menschen gäben freiwillig viele lebende und reinrassige Pferde für ein steinernes Pferd von Phidias oder Praxiteles, auch wenn es zerteilt oder verstümmelt wäre. Die Schönheiten von Statuen und Gemälden sind nicht häßlich anzuschauen, vielmehr zeigt sich ein Adel des Geistes denjenigen, die sie bewundern; die Schönheiten der Frauen aber werden zügellos und häßlich betrachtet. Was ist davon die Ursache? Weil wir bei all diesen Gelegenheiten nicht die Schönheiten der Körper bewundern, sondern die Schönheit des Geistes des Schöpfers.«

(Chrysoloras, Brief aus Rom an Demetrius Chrysoloras, um 1411; zit. b. Baxandall, griech. u. engl., 1965, S. 203f. u. 197f.)

LEONARDO BRUNI ARETINO (1370–1444)

Petrarca und antiker Schreibstil: I/6

»Francesco Petrarca fu il primo il quale ebbe tanta grazia d'ingegno che riconobbe e rivocò in luce l'antica leggiadria dello stile perduto e spento ...«

»Francesco Petrarca war der erste, dem derartige Feinheit des Geistes zuteil wurde, daß er die antike Anmut des Stils erkannte und sie aus der Vergessenheit, aus der Dämmerung, wieder ins Leben rief.«

(Bruni, Le Vite di Dante e del Petrarca, 1436, Ausg. Lanza, 1987, S. 57; dt. Übers. b. Stützer, 1977, S. 8)

LEON BATTISTA ALBERTI (1404–1472)

Über die künstlerischen Betätigungen: I/7

»E sono ancora in noi accommodati a guadagnare quegli essercizii ne'quali l'animo e le membra insieme concorrono all'opera e lavoro, nel quale numero sono e'pittori, scultori, e citaristi, e altri simili. Tutti questi modi del guadagnare, e'quali sono in

noi si chiamano arti, e sono quelle le quali sempre con noi dimorano, le quali col naufragio non periscono, anzi insieme co'nudi nuotano, e al continuo seguono compagne della vita nostra, nutrice e custode delle lode e fama nostra.«

»Endlich sind diejenigen unserer Betätigungen geeignet, Geld einzubringen, bei denen Geist und Körper in der Arbeit zusammenwirken; zu diesen gehören die des Malers, des Bildhauers, des Harfenspielers und andere ähnliche. Alle diese Arten, zu verdienen, die im Bereich unserer Fähigkeiten liegen, heißen Künste; sie sind das, was uns immer bleibt, was beim Schiffbruch nicht untergeht, sondern mit dem nackten Leben gerettet wird; sie folgen uns als beständige Begleiter durchs Leben, als Nährer und Hüter unserer Geltung und unseres Rufes.«

(Alberti, Della famiglia, II, 1434/41, Ausg. Grayson, 1960, S. 145; dt. Übers. v. Kraus, 1986, S. 186)

Regeln für Kunst und Wissenschaft: I/8

»Sic statuo, cuiusque artis et disciplinae adsunt naturae principia quaedam et prospectiones et secutiones quae qui adhibita diligentia adverterit sibique adsumpserit rem ex instituto pulcherrime consequetur. Quemadmodum enim prestitit natura ex trunco – uti diximus – glebave, ut fieri aliquid posse a te suis operibus simile sentires, ita ab eadem ipsa natura existit promptum habileque aliquid, quo tu quidem modum mediaque habeas certa et rata, quibus ubi intenderis, facile possis a(p)tissime atque accommodatissime summum istius artificii decus attingere.«

»Meinem Dafürhalten nach sind von Natur aus für jede Kunst und Wissenschaft diese Principien, Vortheile und Regeln vorhanden; wer diese durch Aufmerksamkeit wahrgenommen und für sich benützt haben wird, der wird seine Absicht seinem Vorhaben entsprechend auf das Schönste erreichen. Denn gleichwie die Natur in einem Baumstumpf oder einer Erdscholle – wie wir sagten – darthat, wie du es anzustellen, dass irgend etwas durch deine Kraft ihren Werken ähnlich werden könnte, so existirt ebenfalls von Natur aus etwas Leichtes und Bequemes, wodurch du bestimmte und feste Mittel und Normen erhältst, vermöge deren Kenntniss du auf angemessenste und geeignetste Weise die höchste Schönheit an dem bestimmten Kunstwerk erreichen kannst.«

(Alberti, De statua, 1464, Ausg. Janitschek, lat. u. dt., 1877, S. 172f.)

Der gottähnliche Rang des Malers und die führende Stellung der Malerei: I/9

»Adunque in se tiene queste lode la pictura che qual sia pictore maestro vedra le sue opere essere adorate et sentira se quasi giudicato un altro iddio. Et chi dubita qui appresso la pictura essere maestra o certo non picciolo hornamento a tutte le chose?«

»So schliesst denn die Malerei jene hohe Auszeichnung in sich, dass der, welcher sie mit Meisterschaft ausübt, seine Werke verehrt sehen und sich selbst gleichsam wie einen Gott geschätzt hören wird. Und wer zweifelte daran, dass die

Malerei die Lehrerin für alle Künste oder sicher eine nicht geringe Zier derselben sei?«

(Alberti, Della pittura, II, 1435/36, Ausg. Janitschek, ital. u. dt., 1877, S. 90f.)

Über den Wert des Materials und der künstlerischen Ausführung: I/10

»Truovasi chi adopera molto in sue storie oro, che stima porga maësta; non lo lodo ... non però ivi vorrei, punto adoperassi oro però che nei colori imitando i razzi del oro ...«

»Es kommt vor, dass Derjenige, welcher in seinen Bildern viel Gold anwendet, vermeint, diesen dadurch Hoheit zu verleihen; ich lobe dies nicht ... so wünschte ich doch nicht, dass er Gold selbst anwende, da es mehr Bewunderung und Lob dem Künstler einbringt, den Glanz des Goldes durch Farben nachzuahmen ...«

(Alberti, Della pittura, II, S. 138f.)

Wirkungen der Zahlen im sichtbaren und hörbaren Bereich: I/11

»Hi quidem numeri, per quos fiat ut vocum illa concinnitas auribus gratissima reddatur, hidem ipsi numeri perficiunt, ut oculi animusque voluptate mirifica compleantur. Ex musicis igitur, quibus hi tales numeri exploratissimi sunt, atque ex his praeterea, quibus natura aliquid de se conspicuum dignumque praestet, tota finitionis ratio perducetur ...

Armoniam esse dicimus vocum consonantiam suavem auribus. Vocum aliae graves, aliae acutae. Gravior vox a longiore nervo resonat, acutae a brevioribus. Ex vocum istarum varia disparitate variae habentur armoniae, quas ex cordarum consonantium mutua comparatione veteres ad certos numeros collegere ... Numeri demum ipsi musici, ut eos summatim colligam, hi sunt: unus duo tres quattuor ... His omnibus numeris utuntur architecti perquam commodissime ...«

»Die Zahlen aber, welche bewirken, daß jenes Ebenmaß der Stimmen erreicht wird, das den Ohren so angenehm ist, sind dieselben, welche es zustande bringen, daß unsere Augen und unser Inneres mit wunderbarem Wohlgefühle erfüllt werden. Von den Musikern also, welche diese Zahlen am besten kennen und außerdem daraus, worin die Natur uns einen besonders geeigneten und wertvollen Anhaltspunkt gewährt, wollen wir das ganze Gesetz der Beziehung ableiten ...

Harmonie nenne ich einen den Ohren angenehmen Zusammenklang. Von den Tönen sind die einen tief, die andern hoch. Ein tieferer Klang erklingt von längerer Saite, hohe von kürzeren. Aus der Verschiedenheit dieser Töne erhält man verschiedene Harmonien, welche die Alten nach der wechselseitigen Vergleichung der zusammenklingenden Saiten in bestimmten Zahlen zusammenfaßten ... Die musikalischen Zahlen selbst schließlich, um sie summarisch zu erwähnen, sind folgende: eins, zwei, drei, vier ... All dieser Zahlen bedienen sich die Architekten aufs allergeeignetste ...«

(Alberti, De re aedificatoria, IX/5, 1450/52, Florenz 1485, Ausg. Orlandi, 1966, S. 821ff.; dt. Übers. v. Theuer, 1975, S. 495ff.)

Notwendige Hilfswissenschaften der Baukunst: I/12

»... quae sint architecto penitus necessaria ex artibus, haec sunt: pictura et mathematica.«

»... was für den Architekten von den Künsten unumgänglich notwendig ist, das sind Malerei und Mathematik.«
Alberti, De re aedificatoria, IX/10, S. 861; dt. Übers. S. 518)

Über Maler, Dichter, Redner: I/13

»Pertanto consiglio, ciascuno pictore molto si faccia familiare ad i poeti, rhetorici et ad li altri simili dotti di lettera, sia che costoro doneranno nuove inventione o certo ajuteranno ad bello componere sua storia, per quali certo adquisteranno in sua pictura molte lode et nome.«

»Desshalb rathe ich jedem Maler, er möge sich mit Dichtern, Rhetoren und anderen ähnlichen in der Wissenschaft Bewanderten wohl vertraut machen, einerseits weil diese ihn mit neuen Erfindungen beschenken, andererseits weil sie ihm sicherlich für eine schöne Composition seines Bildes förderlich sein werden, durch welches Beides der Maler sich gewiss Anerkennung und Ruhm seines Werkes erwerben wird.«
(Alberti, Della pittura, III, S. 146f.)

Der Rang des Geschichtsbildes: I/14

»Grandissima opera del pictore sara l'istoria ...«

»Das grösste Werk des Malers wird das Geschichtsbild sein ...«
(Alberti, Della pittura, II, S. 104f.)

Das Geschichtsbild: I/15

»Quello che prima da volupta nella istoria, viene dalla copia et varietà delle cose ... Diro io quella istoria essere copiosissima, in quale a suo luoghi sieno permisti vecchi, giovani, fanciulli, donne, fanciulle, fanciullini, polli, catellini, ucellini, cavalli, pechore, hedifici, provînce et tutte simili cose.«

»Das was an dem Geschichtsbilde zuerst Vergnügen hervorruft, ist der Reichthum und die Mannigfaltigkeit der Gestalten ... Jenem Bilde werde ich Fülle und Mannigfaltigkeit zusprechen, wo man in richtiger Postirung alte und junge Männer, Knaben, Frauen, Mädchen, Kinder, Hühner, Hündchen, Vögel, Pferde, Rinder, Gebäude, Ortschaften u. dgl. Dinge vermischt sieht.«
(Alberti, Della pittura, II, S. 116f.)

Die Vielfalt des Ausdrucks der Gemüts- und Körperbewegungen in Giottos Bild: I/16

»Lodasi la nave dipinta ad Roma in quale el nostro toscano dipintore Giotto pose undici discepoli, tutti commossi da paura, vedendo uno de'suoi compagni passegiare sopra l'acqua, chè ivi expresse ciascuno con suo viso et gesto porgere suo certo inditio d'animo turbato, tale che in ciascuno erano suoi diversi movimenti et stati.«

»Ingleichen lobt man ein Bild unseres toscanischen Malers Giotto in Rom, welches ein Schiff darstellt, in welchem sich die elf Jünger befinden; sämmtliche sind von Furcht bewegt, da sie einen ihrer Genossen über das Wasser schreiten sehen; bei Jedem aber ist in Miene und Geberde die Gemüthserregung in besonderer Weise ausgedrückt, so dass bei Jedem die Haltung und die Bewegungen verschieden sind.«
(Alberti, Della pittura, II, S. 122f.)

Über unverhältnismäßige Werke: I/17

»Sed Neronis aedificandi insaniam et vastissimorum operum absolvendorum furorem non omnes probant. Tum et eum, qui tam multis hominum milibus montem apud Puteolos perfoderit, quis non malit utiliori aliqua in re tantum operae atque impensae consumpsisse? Eliogaballi prodigiosam insolentiam quis non detestabitur?«

»Aber Neros wahnsinnige Bauten und seine Leidenschaft, die ungeheuren Werke zu Ende zu führen, heißen nicht alle gut. Wer hätte es ferner nicht lieber gesehen, daß der, welcher mit soviel Tausenden von Menschen den Berg bei Puteoli abgrub, zu etwas Nützlicheren soviel Mühe und Auslagen verwendet hätte. Wer wird nicht die ungeheuerliche Überhebung Eliogabals verwünschen?«
(Alberti, De re aedificatoria, II/2, S. 105; dt. Übers. S. 73)

LORENZO GHIBERTI (1377–1455)

Über Naturnachahmung, Maß und Perspektive an der dritten Tür des Baptisteriums von Florenz: I/18

»... nelle quali mi ingegnai con ogni misura osseruare in esse cercare imitare la natura quanto a me fosse possibile... Condussi detta opera con grandissima diligentia et con grandissimo amore. Furono istorie dieci tutti in casamenti colla ragione che l'ochio gli misura e ueri in modo tale, stando remoti da essi appariscono rileuati.

Anno pochissimo rilieuo et in su e piani si ueggono le figure che sono propinque apparire maggiori e'lle remote minori; come adimostra il uero.«

»... darin befliss ich mich, alle Masse zu beobachten und die Natur, so viel als mir nur möglich war, nachzuahmen ... Ich führte das Werk wahrhaftig mit grösstem Fleisse und grösster Liebe aus. Insgesamt waren es zehn Geschichten, und alles Beiwerk darin so, wie es dem Auge sich darstellt und derartig lebenswahr, dass es, wenn man in gehöriger Entfernung steht, rundkörperlich erscheint. Sie sind in sehr flacher halberhobener Arbeit, und die Figuren, die man auf den nahen Plänen sieht, erscheinen grösser, entferntere kleiner, so wie es der Wahrheit entspricht ...«

(Ghiberti, I commentarii, II, um 1447/53, Ausg. Schlosser, 1912, I, S. 48f; dt. Übers. b. Schlosser, 1941, S. 213f.)

NIKOLAUS VON KUES (1401–1464)

Menschliche und göttliche Kunst: I/19

»... primum volo, scias me absque hesitacione asserere omnes humanas artes ymagines quasdam esse infinite et divine artis ...«

»Zunächst also wisse, daß ich ohne Zögern behaupte, daß alle menschlichen Künste Abbilder seien der unendlichen und göttlichen Kunst.«

(Nikolaus von Kues, De mente, Kap. 2, 1450, Ausg. Cassirer, lat. u. dt., 1927, S. 210f.)

Das Bild und die Nachahmung des dargestellten Gegenstandes: I/20

»Et quia ymago nunquam quantumcunque perfecta, si perfectior et conformior esse nequit exemplari, adeo perfecta, si perfectior et conformior esse nequit exemplari, adeo perfecta et sicut quecunque imperfecta ymago, que potenciam habet se semper plus et plus sine limitacione inaccessibili exemplari comformandi. In hoc enim infinitatem ymaginis modo, quo potest, imitatur ...«

»Und da ein Bild, so vollkommen es sein mag, doch niemals absolut vollkommen ist (denn vollkommener und ähnlicher als das Original selbst kann es ja nicht sein), so besteht es als ein unvollkommenes Bild, das jedoch die Möglichkeit hat, sich immer mehr und mehr, ohne jede Grenze dem unerreichbaren Urbild anzugleichen. Denn gerade in dieser Weise ahmt das Bild die Unendlichkeit nach, so sehr es immer kann ...«

(Nikolaus von Kues, De mente, Kap. 13, S. 286f.)

BARTHOLOMAEUS FACIUS (1400–1457)

Die Verwandtschaft von Dichtung und Malerei: I/21

»Est enim ut scis inter pictores ac poetas magna quaedam affinitas. Neque enim est aliud pictura quam poema tacitum. Namque in inventione ac dispositione operis utrorumque cura propemodum par.«

»Denn, wie du weißt, besteht zwischen Malern und Dichtern eine große Verwandtschaft. Ein Gemälde ist nämlich nichts anderes als ein stummes Gedicht. Und hinsichtlich der Erfindung und Anordnung des Werkes ist bei beidem eine nahezu gleiche Sorge zu tragen.«

(Facius, De viris illustribus, 1456, zit. b. Baxandall, 1964, S. 99)

ENEA SILVIO PICCOLOMINI (1405–1464)

Über Beredsamkeit und Malerei: I/22

»... ingenium pictura expetit, ingenium littere exquirunt, uno eloquentia et pictura fonte prodeunt et passe sunt easdem calamitates easdemque felicitates. olim eloquentia mirum in modum floruit, postea jacuit multis annis ab Augustino et a Jeronymo usque ad Petrarcham, deinde extollere caput cepit et jam ita elucet, ut Ciceronis temporibus equata videatur. sic et prisca etate, dum Romana respublica in summo fuit, pictura ingens erat, deinde cecidit usque ad Jobtum, qui eam reparavit seu reformavit. postea multi creverunt et jam in summo ars est, ut surgere et cadere cum eloquentia pictura videatur.«

»... es braucht Geist für die Malerei und braucht Geist für die Sprachkunst. Aus einer einzigen gemeinsamen Quelle gehen Beredsamkeit und Malerei hervor, sie haben die gleichen Leiden und gleichen Freuden erlebt. Einst hat die Redekunst in wunderbarer Weise geblüht; dann lag sie während vieler Jahre, von Augustin und Hieronymus bis zu Petrarca, darnieder; darauf begann sie ihr Haupt zu erheben, und schon leuchtet sie dermaßen auf, daß sie wohl an Ciceros Zeiten erinnert. Gleicherweise war im Altertum, als der römische Staat auf seiner Höhe stand, auch die Malkunst gewaltig groß, dann sank sie hinab bis zu Giotto, der sie neugeschaffen und neugeformt hat. Darauf erstanden viele, und schon ist die Kunst auf höchster Höhe, so daß Aufgang und Niedergang der Malerei dem Lauf der Beredsamkeit zu entsprechen scheinen.«

(E. S. Piccolomini, Brief an Niklaus von Wyle, 1452, Ausg. Widmer, lat. u. dt., 1960, S. 298 f.)

FRANCESCO DI GIORGIO MARTINI (1425–1506)

Die Bedeutung der Geometrie: I/23

»... perché ogni cosa con misura proporzionatamente far bisogna.«

»... weil jede Sache mit Maß und Proportion gemacht werden muß.«
(Francesco di Giorgio Martini, Trattati di architettura, 1482, Ausg. Maltese, 1967, I, S. 37)

MARSILIO FICINO (1433–1499)

Der weite Bereich der Proportionen und das angeborene menschliche Beurteilungsvermögen: I/24

»Omnis mens figuram laudat rotundam in rebus statim consideratam, et cur laudet, ignorat. In aedificiis quoque similiter talem, uel quadraturam aedium, uel parietum aequalitatem, lapidumue dispositionem, angulorum oppositionem, fenestrarum figuram atque occursum. Laudat insuper eodem pacto certam quandam siue membrorum humanorum proportionem, siue numerorum uocumque concordiam ... Si quaelibet mens haec omnia semper et ubique adsciscit illico, et quam ob causam adsciscat ignorat, neque potest non adsciscere, instinctu adsciscit necessario prorsus et naturali ... Sunt ergo rationes illorum similiumque ingenitae menti.«

»Jeder Geist lobt die runde Gestalt, sobald sie ihm zum ersten Male in Dingen begegnet, und weiß doch nicht, warum er sie lobt. Und so loben wir auch an Bauwerken die Ebenmäßigkeit der Wände, die Anordnung der Steine, die Gestalt der Fenster und Türen, und ebenso am menschlichen Leibe die Proportion der Glieder oder in einer Melodie den Zusammenhang der Töne ... Wenn jeder Geist dies alles gutheißt und wenn er es, ohne den Grund dieser Billigung zu kennen, gutheißen muß, so kann dies nur durch einen natürlichen und notwendigen Instinkt geschehen ... Die Gründe dieser Urteile sind also dem Geiste eingeboren.«
(Ficino, Theologia Platonica de immortalitate animorum, XI/5, Florenz 1482, Ausg. Sancipriano/Kristeller, 1959, I/1, S. 255; dt. Übers. b. Cassirer, 1927, S. 68)

Über Künstler und ihre Werke: I/25

»In picturis autem aedificijsque consilium et prudentia fulget artificis. Dispositio praeterea et quasi figura quaedam animi ipsius inspicitur. Ita enim se ipsum animus in operibus istis exprimit et figurat, ut uultus hominis intuentis in speculum, se ipsum figurat in speculo.«

»Die Weisheit und das Können der Künstler leuchten aus Gemälden und Bauwerken hervor. Wir können in ihnen aber auch die Haltung und das Bild ihres Geistes erkennen. Denn in diesen Werken drückt sich der Geist aus und spiegelt sich nicht anders wider als das Gesicht eines Menschen in dem Spiegel, in den er blickt.«

(Ficino, Theologia Platonica de immortalitate animorum, X/5, S. 229; dt. Übers. b. Wittkower, 1965, S. 90)

Das Beurteilungsvermögen hinsichtlich der Kunstwerke: I/26

»Ita neque indagaret ea quatuor animus neque aliquando inveniret, nisi haberet illorum, id est, veritatis, bonitatis, honestatis, utilitatis aliquam notionem, per quam illa quereret inventurus, ut, quotiens reperit que investigaverat, recognoscat atque ab eorum discernat contrariis... Quomodo rursus structure, musice, picture et artium ceterarum opera nec non inventa philosophorum, multi etiam in his artibus non versati probarent sepissime recte et reprobarent, nisi illarum rerum forma quedam esset et ratio illis a natura tributa?«

»Ebenso würde die Seele diese vier Qualitäten, nämlich die Wahrheit, die Güte, die Schönheit und die Ersprießlichkeit weder suchen noch sie jemals finden, wenn sie nicht irgend ein bestimmtes Merkmal in sich trüge, an der Hand dessen sie jene mit Erfolg suchen könnte, so daß sie sie wiedererkennt, wenn sie ihnen begegnet und sie von ihrem Gegenteil recht unterscheidet... Wie könnten gar so viele, welche in der Baukunst, der Musik, der Malerei und den übrigen Künsten dieser Art, ja auch in der Philosophie vollkommene Laien sind, häufig Werke aus den bezeichneten Gebieten in zutreffender Weise anerkennen oder verwerfen, wenn ihnen nicht von Natur eine Idee oder ein Begriff davon zu eigen wäre.«

(Ficino, Commentarium in Convivium Platonis de amore, VI/12, 1469, Ausg. Blum/Hasse, 1984, S. 262f.)

Über die Dichter: I/27

»Secundum, quod multa furentes canunt, et illa quidem mirabilia, quae paulo post deferuescente furore ipsimet non satis intelligunt, quasi non ipsi pronunciauerint, sed Deus per eos ceu tubas clamauerit.«

»Zweitens singen sie im Wahnsinn vieles Wunderbare, was sie kurz danach, wenn der Wahnsinn sich abkühlt, selbst nicht genau verstehen, als ob sie es nicht selbst ausgesprochen hätten, sondern Gott durch sie wie durch Trompeten hindurch gesprochen hätte.«

(Ficino, Theologia Platonica de immortalitate animorum, XIII/2, S. 287; dt. Übers. b. Kristeller, 1972, S. 292)

Menschliche und göttliche Musik: I/28

»... per aures uero concentus quosdam numerosque suauissimos animus haurit, hisque imaginibus admonetur, atque excitatur ad diuinam musicam, acriori quodam mentis et intimo sensu considerandam.«

»Durch die Ohren schöpft die Seele süße Harmonien und Rhythmen und wird durch diese Bilder ermahnt und erregt, durch eine heftigere und innerliche Wahrnehmung der Vernunft die göttliche Musik zu betrachten.«

(Ficino, De divino furore, Liber Epistolarum, I, Ausg. Sancipriano/Kristeller, 1959, I/2, S. 614; dt. Übers. b. Kristeller, 1972, S. 291)

GIROLAMO SAVONAROLA (1452–1498)

Über Kunst und Natur: I/29

»Ars tamen conatur imitari naturam. Et quia non potest eam aequare, dicimus ea proprie artis esse quae artifices operantur et non vere naturam imitantur. Unde vulgariter consuevimus dicere de pictore quod nimis artificiose vult procedere, quando scilicet nimis ostendit artem, quae non vere imitatur naturam.

Omnibus hominibus naturaliter magis placent opera simplicia quam artificialia ...

Et quamvis opera artis videantur placere hominibus, tamen ... eo magis placent quo magis naturam imitantur.«

»Die Kunst ist ein Versuch, die Natur nachzuahmen; da sie dies nicht zu erreichen vermag, so bezeichnen wir als das Eigenartige an einem Kunstwerke das, was der Künstler schafft, ohne sich genau an die Natur zu halten. Man sagt daher auch im gewöhnlichen Leben von einem Maler, wenn er nicht getreu der Natur folgt, sondern seine Kunst zu stark hervorkehrt, er verfahre gekünstelt.

Allen Menschen gefallen von Haus aus natürliche, d.h. einfache Werke besser als künstliche ...

Und obwohl auch die Kunstwerke gefallen, so gefallen sie dennoch mehr, je mehr sie die Natur nachahmen.«

(Savonarola, De simplicitate christianae vitae, Ausg. Rom, 1959, S. 62ff.; dt. Übers. v. Schnitzer, 1928, S. 247)

Über Luxus: I/30

»O frati miei, a voi dico: lasciate le superfluità e vostre dipinture e vostre frasche ... O voi, che avete le case vostre piene di vanità e di figure e cose disoneste e libri scellerati e el Morgante e altri versi contra la fede, portateli a me questi, per farne fuoco e uno sacrificio a Dio.«

»Ihr meine Bettelmönche! Auch euch rufe ich zu: laßt euren Überfluß, eure Gemälde und eure Nichtigkeiten! ... Ihr alle, die ihr die Häuser voller Eitelkeiten, schamloser Figuren und Dinge und schändlicher Bücher habt wie den Morgante* und andere Verse wider den Glauben, bringet sie mir, wir machen ein Feuer daraus und ein Opfer für Gott.«
(Savonarola, Prediche sopra Aggeo, Predica I, 1494, Ausg. Rom, 1965, S. 19f.; dt. Übers. v. Schnitzer, 1928, S. 93f.)

* Episches Gedicht von Luigi Pulci

LEONARDO DA VINCI (1452–1519)

Von Schönheiten und Häßlichkeiten: I/31

»Le bellezze con le brutezze paino piu potenti l'una per l'altra.«

»Schönheit und Hässlichkeit nebeneinander gestellt erscheinen wirkungskräftiger Eine durch die Andere.«
(Leonardo, Trattato della pittura, Ausg. Ludwig, ital. u. dt., 1882, I, Nr. 139)

Über die Rangordnung von Kunst und Wissenschaft und diejenige der Gegenstände: I/32

»tu, che dici la scientia esser tanto più nobile, quant'essa s'estende in più degno subietto, e per questo più uale una falsa immaginatione dell'essentia d'Iddio, che una immaginatione d'una cosa men degna, e per questo diremo, la pittura, la quale solo s'estende nell'opere d'Iddio, essere più degna della poesia, che solo s'estende in bugiadre fintioni de l'opere humane.«

»Du, der du sagst, eine Wissenschaft sei in dem Grade vornehmer, in dem der Gegenstand würdiger sei, auf den sie sich erstreckt, und es habe deshalb eine falsche Einbildung vom Wesen Gottes mehr Werth, als die Vorstellung einer Sache von minderer Würdigkeit, dir werden wir darum sagen: die Malerei, die sich einzig auf die Werke Gottes erstreckt, ist würdiger als die Poesie, die sich nur auf lügenhafte Erdichtungen menschlicher Werke ausdehnt.«
(Leonardo, Trattato della pittura, Nr. 27)

Die geistige Kunst der Malerei und ihre Gegenstände: I/33

»Se tu dirai le scientie non meccaniche sono le mentali, io diro che la pittura è mentale, e ch'ella, siccome la musica e Geometria considera le proportioni delle quantità continue, e l'Aritmetica delle discontinue, questa considera tutte le quan-

tità continue e le qualità delle proportioni d'ombre e lumi e distantie nella sua prospettiva.«

»Wirst du sagen, die reinen Geisteswissenschaften, das seien die nicht handwerksmässigen, so will ich dir erwiedern: Die Malerei ist geistig. Und wie die Musik und die Geometrie die Verhältnisse der stetigen Grössen in Betracht ziehen, und die Arithmetik die der unstetigen, so unterzieht sie, die Malerei, alle stetigen Grössen der Betrachtung, und dazu die Qualitäten von Verhältnissen, von Schatten und Lichtern und von Abständen, in ihrer Perspective.«
(Leonardo, Trattato della pittura, Nr. 31c)

Über Naturnachahmung und die Unzahl natürlicher Dinge: I/34

»Quello maestro, il quale si desse d'intendere, di potere risseruare in se tutte le forme e li effetti della Natura, certo mi parebbe che quello fussi ornato di molta ingnorantia; con ciosia cosa che detti effetti son'infiniti, e la memoria nostra non è di tanta capacità, che basti.«

»Ein Meister, der sich glauben machte, er könne alle Formen und Wirkungen der Natur in sich aufnehmen und bewahren, würde mir ganz sicher in grosser Unwissenheit zu prangen scheinen, denn der wirklichen Dinge sind unzählige, und unser Gedächtnis hat keine Fassungskraft, die dafür ausreicht.«
(Leonardo, Trattato della pittura, Nr. 76)

Über Maler, Natur und Naturverbesserung: I/35

»Quella pittura è piu laudabile, la quale ha piu conformita co'la cosa imitata. Questo propongo à confusione di quelli pittori, li quali uogliano raconciare le cose di natura ...«

»Die Malerei ist am lobenswerthesten, welche am meisten Uebereinstimmung mit dem nachgeahmten Gegenstand hat. Diesen Satz stelle ich auf zur Beschämung derjenigen Maler, welche die Werke der Natur ausbessern wollen ...«
(Leonardo, Trattato della pittura, Nr. 411)

Malerei als Nachahmung mit Hilfe des Spiegels: I/36

»Come la uera pittura stâ nella superfittie dello specchio piano. Lo specchio di piana superfittie contiene in se la uera pittura in essa superfittie; et la perfetta pittura, fatta nella superfittie di qualonche materia piana, è simile alla superfittie de lo specchio, et uoi, pittori, truate nella superfittie delli specchi piani il uostro maestro, il qual u'insegna il chiaro et l'oscuro et lo scorto di qualonche obbietto ...«

»Wie auf der Spiegeloberfläche wahre Malerei ist. Der Spiegel von ebener Oberfläche enthält in dieser seiner Fläche wahre Malerei, und eine vollkommene Malerei, auf einer ebenen Fläche, von welcherlei Material dieselbe auch sei, ausgeführt, gleicht der Spiegeloberfläche. Ihr Maler findet in dieser Planspiegelfläche euren Lehrmeister, der euch in dem Hell und Dunkel und in der Verkürzung eines jeglichen Gegenstandes unterweist.«

(Leonardo, Trattato della pittura, Nr. 410)

Über die Bedeutung der Vernunft für das Malen: I/37

»Il pittore che ritrae per pratica e giudizio d'occhio, sanza ragione, è come lo specchio, che in sè imita tutte le a sè contra poste cose, sanza cognizione d'esse.«

»Der Maler, der mittels seiner Übung und Urteil des Auges ohne Vernunft zeichnet, ist wie der Spiegel, der in sich alle ihm gegenübergestellten Sachen nachahmt, ohne Erkenntnis von ihnen.«

(Leonardo, Cod. Atlanticus fol. 76r, um 1487; dt. Übers. b. Herzfeld, 1911, S. 163)

Das Ziel des Malers: I/38

»La prima intentione del pittore è fare, ch'una superficie piana si dimostri corpo rileuato e spiccato da esso piano, e quello, ch'in tal'arte piu eccede gli altri, quello merita maggior laude, e questa tale inuestigattione, anzi corona di tale sciencia, nasce da l'ombre e lumi, o'uoi dire chiaro e scuro. Adonque chi fugie l'ombre, fuggie la gloria de l'arte apresso alli nobili ingegni, et l'acquista presso l'ignorante uulgo, li quali nulla desiderano nelle pitture altro che bellezza di colori, dimenticando altutto la bellezza e marauiglia del dimostrare di rileuo la cosa piana.«

»Die erste Absicht des Malers ist, zu machen, dass eine ebene Fläche sich als erhabener und von der Fläche losgelöster Körper darstelle, und wer in dieser Kunst den Anderen am weitesten voraus ist, der verdient das grösste Lob. Und selbiger Forschungszweig, oder vielmehr selbige Krone unserer Wissenschaft verdankt das Dasein dem Vorhandensein von Schatten und Lichtern, oder aber dem Hell und Dunkel. Demnach meidet, wer die Schatten meidet, den Ruhm der Kunst bei edlen Geistern und gewinnt sich Ruhm bei der unwissenden Menge, die in Bildern nach nichts Anderem verlangt als nach Schönheit der Farben, worüber sie gänzlich des Schönen und Wunderbaren vergisst, das darin liegt, Flaches körperlich erhaben erscheinen zu lassen.«

(Leonardo, Trattato della pittura, Nr. 412; vgl. ebda. Nr. 236)

Der Wirkungsbereich der Proportion: I/39

»La proportione no solamente nelli numeri emisure fia ritro uata ma etiam nelli suoni pesi p tempi essiti ecqualunche poten tia sisia –«

»Proportion ist nicht bloß in den Zahlen und Maßen aufzufinden, sondern auch in den Tönen, Gewichten, Zeiten und Orten und in welcher Kraft immer es sei.«

(Leonardo, Codice K, fol. 49r, um 1504, Ausg. Ravaisson-Mollien, 1888, III; dt. Übers. b. Herzfeld, 1911, S. 26)

Über Verhältnisse oder Proportionen in Musik und Malerei: I/40

»... e se tu dicessi la musica essere composta di proportione, ho io con questa medesima seguito la pittura ...«

»Und würdest du sagen, die Musik sei aus Verhältnismässigkeit zusammengefügt, so bin ich mit ganz eben solcher der Malerei nachgegangen ...«
(Leonardo, Trattato della pittura, Nr. 31)

Die Schönheit der Farben: I/41

»Il colore, che si troua infra la parte ombrosa e l'alluminata de corpi ombrosi, fia di minore bellezza che quello, che fia integramente aluminato. adonque la prima bellezza de'colori fia ne'principali lumi.«

»Die Farbe, die sich zwischen der Schatten- und Lichtseite der dunklen Körper befindet, sei von geringerer Schönheit, als die voll beleuchtete. Die höchste Schönheit der Farben sitze also in den Hauptlichtern.«
(Leonardo, Trattato della pittura, Nr. 242)

LUCA PACIOLI (um 1450–um 1520)

Die Bedeutung der mathematischen Wissenschaften: I/42

»Ancora el sarto e calzolaro vsano la geometria e non sanno che cosa sia. El si murari legnaoli fabri e ogni artefici vsano la mesura e la proportione e non sanno. Peroche commo altre volte e detto tutto consiste nel numero peso e mesura.«

»Auch der Schneider und der Schuster benutzen die Geometrie und wissen nicht, was sie sei; wie auch Maurer, Tischler, Handwerker und alle Künstler, die Maasse und Proportionen anwenden, ohne es zu wissen. Denn wie früher gesagt, besteht alles aus Zahl, Gewicht und Maass.«
(Pacioli, Divina proportione, Venedig 1509, Ausg. Winterberg, ital. u. dt., 1889, S. 254 u. S. 94; vgl. ebda. S. 190 u. S. 40)

Das Verhältnis von Natur und Kunst: I/43

»Peroche larte imita la natura quanto li sia possibile. E se aponto larteficio facesse quello che la natura ha facto non se chiamaria arte ma vnaltra natura totaliter ala prima simile che verebe a essere lamedesima. Questo dico acio non vi dobiate marauegliare se tutte cose aponto non respondano ale mani delopefice peroche non e possibile. E di qua nasci che li sauii dicano le scientie e discipline mathematici essere abstracte e mai actualiter non e possibile ponerle in esse visibile.«

»Denn die Kunst ahmt die Natur nach, soweit es ihr möglich ist, und wenn das Kunstwerk genau das, was die Natur gemacht, darstellte, so würde man es nicht Kunst, sondern eine andere, der ersten völlig gleiche Natur nennen, welche die nämliche sein würde. Dies sage ich, damit ihr euch nicht wundern sollt, wenn alle Dinge den Händen des Schöpfers nicht völlig gleichkommen, weil es nicht möglich ist. Und von daher stammt es, dass die Weisen sagen, die mathematischen Wissenschaften und Disciplinen seien abstract und es ist niemals in der Wirklichkeit möglich, sie an ihnen sichtbar darzustellen.«

(Pacioli, Divina proportione, S. 299 u. S. 133)

BALDASSARE CASTIGLIONE (1478–1529)

Schönheit und Nützlichkeit der Kunstwerke: I/44

»*Lassate la natura e venite all'arte. Qual cosa tanto è necessaria nelle navi, quanto la prora, i lati, le antenne, l'albero, le vele, il timone, i remi, l'ancore e le sarte? tutte queste cose però hanno tanto di venustà, che par a chi le mira che così siano trovate per piacere, come per utilità. Sostengon le colonne e gli architravi le alte logge e palazzi, né però son meno piacevoli agli occhi di chi le mira, che utili agli edifici. Quando prima cominciarono gli omini a edificare, posero nei tempii e nelle case quel colmo di mezzo, non perché avessero gli edifici più di grazia, ma acciò che dall'una parte e l'altra commodamente potessero discorrer l'acque; nientedimeno all'utile sùbito fu congiunta la venustà, talché se sotto a quel cielo ove non cade grandine o pioggia si fabricasse un tempio, non parrebbe che senza il colmo aver potesse dignità o bellezza alcuna.*«

»Verlassen wir die Natur und kommen wir zur Kunst! Was ist für Schiffe notwendiger als Bug, Spanten, Rahen, Mast, Segel, Steuer, Ruder, Anker und Taue? Alle diese Dinge besitzen jedoch so viel Schönheit, daß es dem Betrachter scheint, sie seien ebenso des Vergnügens halber wie wegen des Nutzens so erfunden worden. Wenn Säulen und Gebälk die hohen Galerien und Paläste tragen, so sind sie deswegen dem Auge nicht weniger gefällig als dem Gebäude nützlich. Als die Menschen zuerst zu bauen begannen, errichteten sie über Tempeln und Häusern Giebel, nicht, damit die Gebäude mehr Anmut hätten, sondern damit das Wasser bequemer zu beiden Seiten abfließen könnte; nichtsdestoweniger wurde mit dem Nützlichen sofort die Schönheit verbunden, so daß ein giebelloser Tempel auch unter einem Himmel ohne Hagel oder Regen nicht für würdig oder schön gehalten werden würde.«*

(B. Castiglione, Il Cortegiano, IV/58, Venedig 1528, Ausg. Maier, 1955, S. 524; dt. Übers. v. Baumgart, 1986, S. 394)

* Vgl. Cicero, De oratore III/178–181; Grassi, 1980, S. 266 f.

Das Vermeiden der Künstelei am Beispiel der Musik: I/45

»Allora il signor Magnifico, ›Questo ancor‹, disse, ›si verifica nella musica, nella quale è vicio grandissimo far due consonanzie perfette l'una dopo l'altra; tal che il medesimo sentimento dell'audito nostro l'aborrisce e spesso ama una seconda o settima, che in sé è dissonanzia aspera ad intollerabile; e ciò procede che quel continuare nelle perfette genera sazietà e dimostra una troppo affettata armonia; il che mescolando le imperfette si fugge, col far quasi un paragone, donde più le orecchie nostre stanno suspese e più avidamente attendono e gustano le perfette, e dilettansi talor di quella dissonanzia della seconda o settima, come di cosa sprezzata.‹«

»Dies bewährt sich auch, fiel der Signor Magnifico ein, in der Musik, bei der es ein großer Fehler ist, zwei vollkommene Konsonanzen hintereinander anzuwenden, da das Empfinden unseres Gehörs selbst es verabscheut und oft eine Sekonde oder Septime liebt, die an sich harte und unerträgliche Dissonanzen darstellen. Das rührt daher, daß das Fortfahren in vollkommenen Konsonanzen Übersättigung erzeugt und eine zu gekünstelte Harmonie beweist, was man durch Mischung mit unvollkommenen vermeidet. Denn man ermöglicht damit eine Art von Vergleich, wobei unsere Ohren im ungewissen bleiben und die vollkommenen begieriger erwarten und genießen und sich zuweilen an den Dissonanzen der Sekonde und Septime als an etwas Geringgeschätztem erfreuen.«

(B. Castiglione, Il Cortegiano, I/28, S. 127f.; dt. Übers. S. 56)

Das Können in der Kunst: I/46

»Medesimamente nel danzare un passo solo, un sol movimento della persona grazioso e non sforzato, sùbito manifesta il sapere de chi danza ... Spesso ancor nella pittura una linea sola non stentata, un sol colpo di penello tirato facilmente, di modo che paia che la mano, senza esser guidata da studio o arte alcuna, vada per se stessa al suo termine secondo la intenzion del pittore, scopre chiaramente la eccellenzia dell'artifice ...«

»Ebenso offenbart beim Tanzen ein einziger Schritt, eine einzige anmutige und nicht gezwungene Bewegung der Gestalt sofort das Können des Tänzers ... Eine einzige mühelose Linie, ein einziger leicht hingeworfener Pinselstrich, wobei die Hand, ohne von emsigem Fleiß oder irgendeiner Kunst geführt zu werden, aus sich selbst heraus auf ihr Ziel in den Absichten des Malers loszugehen scheint, enthüllen auch in der Malerei deutlich die Vortrefflichkeit des Künstlers ...«

(B. Castiglione, Il Cortegiano, I/28, S. 129; dt. Übers. S. 57f.)

Nutzen der Malerei: I/47

»... e quando mai altra utilità o piacer non se ne traesse, oltre che giovi a saper giudicar la eccellenzia delle statue antiche e moderne, di vasi, d'edifici, di medaglie,

di camei, d'entagli e tai cose, fa conoscere ancor la bellezza dei corpi vivi, non solamente nella delicatura de'volti, ma nella proporzion di tutto il resto, così degli omini come di ogni altro animale.«

»Und wenn man auch keinen anderen Nutzen oder Gefallen aus ihr ziehen könnte, so läßt sie doch, außer daß sie zur Beurteilung der Vortrefflichkeit antiker und moderner Statuen, Vasen, Gebäude, Medaillen, Kameen, Schnitzarbeiten und ähnlicher Dinge verhilft, auch die Schönheit lebendiger Körper erkennen, und zwar nicht allein in der Zartheit der Gesichter, sondern ebenso in allen Proportionen des Menschen wie jedes anderen Lebewesens.«

(B. Castiglione, Il Cortegiano, I/52, S. 179; dt. Übers. S. 94)

GIAN GIORGIO TRISSINO (1478–1550)

Über die richtige Farbgebung: I/48

»... et a questo fare, ne il Mantegna, ne il Vinci, ne Apelle, et Euphranore, se ci fussero, sarebbeno per aventura sufficienti; ma noi il nobilissimo di tutti e pictori Messer Francesco Petrarca chiameremo, o questa impresa a fare li daremo ...«

»Das auszuführen, würden jedoch weder Mantegna noch Leonardo, weder Apelles noch Euphranor genügen, wären sie zufällig hier. Vielmehr werden wir den edelsten aller Maler, Herrn Francesco Petrarca, berufen und ihm die Ausführung dieses Unternehmens übertragen.«

(Trissino, I Ritratti, Rom 1524, Ausg. Hirdt, ital. u. dt., 1981, S. 22 u. S. 32f.)

MICHELANGELO BUONARROTI (1475–1564)

Der künstlerische Vorgang innerhalb der Bildhauerei: I/49

»Non ha l'ottimo artista alcun concetto
c'un marmo solo in sé non circonscriva
col suo superchio, e solo a quello arrivo
la man che ubbidisce all'intelletto ...«

»Auch der tüchtigste Künstler trägt keine Idee in sich,
die nicht ein einziger Marmorblock mit seinem Überfluß in sich beschlösse;
doch nur diejenige Hand gelangt zu ihr hin,
die gehorsam dem Gedanken folgt ...«

(Michelangelo, Sonett an Vittoria Colonna, vor 1547, Ausg. Elwert, 1967, S. 64f.)

FRANCISCO DE HOLLANDA (*1517)

Lattanzio Tolomei und Michelangelo im Gespräch über die Rangordnung der Gegenstände in der Malerei: I/50

»– ›*Desejo de saber finalmente, esta pintura tão esmorecida e rara que ha de ter? Ou que cousa é? Se hão de ser justas pintadas, ou batalhas? Se reis e emperadores, cubertos de brocado? Se donzellas bem vestidas? Se paisagens e campos e cidades? Ou se porventura ha de ser algum anjo pintado ou algum sancto? E a mesma forma d'este mundo? Ou que cousa ha de ser? Se se quer com ouro feita, ou com prata, se com tintas muito finas, se com mais vivas?*‹

– ›*Nao é a pintura (começou de ensinar M. Angelo) tanta obra como é qualquer d'estas que tem ajuntado Vossa Senhoria; sómente a pintura, que eu tanto celebro e louvo, será emitar alguma só cousa das que o imortal Deos fez, com grande cuidado e sapiencia, e que elle inventou e pintou, semelhantes ao mestre, e d'aqui para baxo, seja ou as alimarias e as aves, despensando a perfeição, segundo o merece cada cousa.*

E por sentença minha, aquella é a excellente e divina pintura que mais se parece e melhor emita qualquer obra do imortal Deos... Cada uma d'estas cousas em sua specie perfeitamente emitar parece-me que nenhuma outra cousa é senão querer emitar com o officio do imortal Deos. E aquella cousa porém será a mais nobre e de primor nas obras da pintura que em si terladar cousa mais nobre e de mór delicadeza e sciencia.

E qual é o barbaro juizo que não alcança ser mais nobre o pé do homem que não o çapato? A sua pelle, que não a das ovelhas de que lhe fazem o vestido? E que d'aqui não vem achando o merecimento e o grao a cada cousa?

Porém não digo já que porque um gato ou um lobo seja vil, não tenha tanto merecimento o que os pintar discretamente como o que pinta um cavallo, ou o corpo do lião; que até (como acima digo) num simples talho d'um peixe stá o mesmo primor e a mesma descrição de compostura que tem a forma do homem, e quero dizer mesmo de todo o mundo com todas suas cidades.

Mas ha-se de ir dando o seu grao, segundo o trabalho e estudo que uma cousa mais pede que a outra, e de ensinar a alguns inorantes, que dixeram que alguns pintores pintavam bem rostos, mas que não pintavam o mais que preste. Outros dixeram que em Frandes pintavam roupas e arvoredos por stremo; e alguns afirmavam que todavia em Italia fazem melhor os desnudos e as simetrias ou medidas. E d'estas dizem outras cousas. Mas o meu parecer é que quem souber bem desenhar e sómente fazer um pé, ou uma mão, ou um pescoço, pintará todas as cousas criadas no mundo; e pintor haverá que pinta quantas cousas ha no mundo tão imperfeitamente e tão sem nome que seria melhor não fazê-lo.‹«

»›Ich begehre schließlich zu wissen, was denn eigentlich diese so heikle und schwierige Kunst sich für Vorwürfe wählen soll? Welche Dinge? Ist es recht, Kampfscenen und Schlachten, Könige und Kaiser in Brocatgewändern zu malen? Edelfräulein in prächtiger Gewandung, Landschaften, Felder und Städte? Oder soll man etwa Engel und Heilige darstellen? Abbilder dieser unserer Erde? Und wie soll das geschehen? Mit Gold oder Silber? Mit feinen oder kräftigen Farben?‹

– ›Der Malerei‹ – begann der Meister seine Unterweisung – ›obliegt es nicht, so Vielfältiges zu unternehmen, wie Ihr zusammengestellt habt. Die Malerei, die ich so sehr lobe und bewundere, besteht allein darin, (je) eines von den Geschöpfen nachzuahmen, welche der Allmächtige mit so viel Weisheit und Sorgfalt ins Dasein gerufen, geformt und gemalt hat – nach seinem Bilde, und auch von geringeren Wesen, es sei Gethier oder die Vogelwelt, jedes in seiner Vollkommenheit, je nach seiner Art.

Nach meinem Urtheil ist diejenige Malerei die vorzüglichste, und gleichsam göttlich, welche irgendein Werk des Ewigen ganz treu nachbildet ... Ein jedes dieser Dinge vollkommen in seiner Art nachzuschaffen, bedeutet in meinen Augen nichts Geringeres, als die Schöpferthätigkeit des unsterblichen Gottes nachzuahmen. Und dasjenige wird das vornehmste und beste Malwerk sein, welches das vornehmste, zarteste und kunstvollste Gebilde wiedergibt.

Wo aber ist ein Verstand so stumpfsinnig, dass er nicht begriffe, dass ein Menschenfuß edler ist als ein Schuh? Und die menschliche Haut schöner als ein Lammfell, mit dem man jene etwa bekleidet? Einer der dementsprechend nicht den Wert und die Rangordnung der Dinge herausfände?

Womit ich freilich nicht sagen will, weil eine Katze oder ein Wolf etwas Niederes sei, darum habe der, welcher sie verständnisvoll malt, ein geringeres Verdienst als der, welcher Pferd oder Löwe zum Gegenstande wählt: vielmehr kann man, wie ich bereits gesagt habe, in der einfachen Zeichnung eines Fisches gerade so viel Kunst und Verstand zeigen, wie an der menschlichen Gestalt oder sogar an der ganzen Erde mit all ihren Städten.

Dennoch muss man einen Unterschied oder eine Rangordnung machen, je nach der Arbeit und dem Studium, welches die eine Sache mehr als die andere erfordert. Das sollten sich einige Unverständige merken, die da behaupten, gewisse Künstler verständen sehr gut, Gesichter zu malen, alles Übrige aber nicht in hervorragender Weise. Andere versichern, in Flandern male man Gewänder und Bäume in vorzüglicher Güte; wieder andere sind der Ansicht, in Italien leiste man Hervorragendes im Nackten, in der Anordnung und in den Proportionen der Figuren. Und noch mehr ähnliche Meinungen kann man zu hören bekommen. Ich jedoch denke, dass, wer überhaupt gut zu zeichnen weiß und einen Fuß, eine Hand oder einen Hals mit Meisterschaft darstellt, alles Geschaffene zu malen vermag.‹«

(Francisco de Hollanda, Da Pintura Antiga, II/3, 1547/49, Ausg. Vasconcellos, portug. u. dt., 1899, S. 114ff.)

Lob der italienischen Kunst: I/51

»Sómente as obras que se fazem em Italia podemos chamar quasi verdadeira pintura, e por isso a boa chamamos italiana, que, quando noutra terra se assim fezesse,

d'aquella terra ou provincia lhe dariamos o nome. E a boa, d'esta não ha cousa mais nobre nem devota, porque a devoção, nos discretos nenhuma cousa a faz mais lembrar nem erguer que a deficuldade da perfeição que se vai unir e ajuntar a Deos. Porque a boa pintura não é outra cousa senão um terlado das perfeições de Deos e uma lembrança do seu pintar, finalmente uma musica e uma melodia que sómente o inteleito póde sentir, a grande deficuldade. E por isto é esta pintura tão rara que a não sabe ninguem fazer nem alcançar.«

»Einzig und allein die Werke, welche in Italien entstehen, verdienen wahre Kunstwerke genannt zu werden. Deshalb bezeichnen wir auch die wahre Malerei als italienische, geradeso, wie wir ihr den Namen nach einem anderen Lande geben würden, wenn sie ebenda so vollendet geschaffen würde. Etwas Edleres und Gottgefälligeres als diese echte Malerei gibt es hienieden nicht: in wahrhaft Gebildeten wird die Andacht durch nichts so sehr geweckt noch so veredelt wie durch diese mühsam errungene irdische Vollkommenheit, die der göttlichen nahesteht und fast gleichkommt. Ein gutes Gemälde ist nämlich nichts anderes als ein Abglanz der Vollkommenheit der Werke Gottes und eine Nachahmung seines Malens; eine Musik und eine Melodie schließlich, die nur ein vornehmer Geist und auch dieser nur mit Anstrengung auszudenken vermag. Darum ist ein solches Malen so selten, dass (fast) niemand es ausführen noch begreifen kann.«

(Francisco de Hollanda, Da Pintura Antiga, II/1, S. 30f.)

BENVENUTO CELLINI (1500–1571)

Malerei als bloße Nachahmung: I/52

»*La pittura non è altro che o albero o uomo o altra cosa che si specchi in un fonte.*«

»Die Malerei ist nicht anders als die Spiegelung eines Baumes oder Menschen oder irgend eines anderen Dinges in dem Wasser eines Brunnens.«

(Cellini, Brief an Benedetto Varchi, 1546, Ausg. Bottari/Ticozzi, 1822, I, S. 20; dt. Übers. b. Guhl, 1880, I, S. 244)

Über Michelangelo, seine Bildhauerkunst und die mit Farben betriebene Täuschung durch andere Maler: I/53

»*Oggi si vede Michelagnolo essere il maggior pittore che mai ci sia stato a notizia, nè in fra gli antichi, nè in fra i moderni, solo perchè tutto quello che fa di pittura, lo cava dagli studiatissimi modelli fatti di scultura ... Veggio gli altri immergersi infra fioralisi, e di vederli con molte composizioni di vari colori, i quali sono uno ingannacontadini.*«

»Nun sieht man aber heut zu Tage, dass Michelangelo der grösste Maler ist, der je zu unserer Kenntniss gelangt ist, sowohl von den Alten als von den Neuen; und zwar einzig und allein, weil er alles, was er an Malereien macht, aus den durchdachtesten Skulptur-Modellen herleitet ... Die anderen sehe ich in ein Farbenmeer untertauchen und in eine bunte Zusammenstellung verschiedener Farben, womit man Bauern täuscht.«
(Cellini, Brief an Benedetto Varchi, S. 17f.; dt. Übers. S. 243)

ANTONIO FRANCESCO DONI (1513–1574)

Die Bedeutung des zeichnerischen Entwurfs: I/54

»Il disegno non e altro che speculation diuna, che produce un'arte eccellentissima, talmente che tu non puoi operare cosa nessuna nella scoltura, et nella pittura senza la guida di questa speculatione et disegno.«

»Der zeichnerische Entwurf ist eine göttliche Betrachtung, welche die beste Kunst in der Weise hervorbringt, daß du keine Sache in der Bildhauerei und Malerei ohne die Führung durch eine solche Betrachtung und ohne den zeichnerischen Entwurf vollbringen kannst.«
(Doni, Il Disegno, Venedig 1549; zit. b. Albrecht, 1985, S. 93 Anm.)

MICHELANGELO BIONDO (1497–um 1570)

Definition der Kunst und der Malerei: I/55

»Aristotele nel 6 dell'Etica, ragionando de la diffinitione dell'arte, scrisse essere l'arte un habito di far le cose con uera raggione, essendo percioche l'habito del pengere quello che fenge l'imagini con uera raggione, per tanto io dico tal habito essere l'arte, imperoche cotesto habito se suppone a certe regole, et gli artissimi precetti, a benche il Pittore posseda libero arbitrio del pengere ... Dunque l'arte del pengere glie la raggione della figura a pinta, ouero glie la figura penta con la conueneuol raggione, essendo giuntaui la materia ...«

»Aristoteles erörtert im 6. Theil* seiner Ethica die Definition der Kunst, er schreibt, dass die Kunst in dem Gebrauch bestehe, die Dinge in wahrhafter Art darzustellen. Da es nun Brauch der Malerei ist, dass sie die Bilder in wahrhafter Weise erschafft, so urtheile ich, dass ein solcher Gebrauch Kunst sei. Denn ein solcher Gebrauch richtet sich nach gewissen Regeln und höchst kunstreichen Vorschriften, wenn gleich der Maler freien Willen im Werke besitzt ... Die Kunst des Malens ist daher die vernünftige Auffassung der bemalten Figur oder die bemalte Figur in der geziemenden Auffassung, wozu noch die Materie kommt ...«

(Biondo, Della nobilissima pittura, III, Venedig 1549; dt. Übers. v. Ilg, 1873, S. 11f.)

* Vgl. Aristoteles, Nik. Eth. VI/4, 1140a 9ff.

GIORGIO VASARI (1511–1574)

Die Geschichte der Künste: I/56

»... con ciò sia che nella prima e più antica si sia veduto queste tre arti essere state molto lontane da la loro perfezzione ... Nella seconda poi si veggono manifesto esser le cose migliorate assai e nell'invenzioni e nel condurle con più disegno e con miglior'maniere e con maggior diligenza ... Ma chi ardirà di dire in quel tempo essersi trovato uno in ogni cosa perfetto? ... Questa lode certo è tócca alla terza età, nella quale mi par potere dir sicuramente che l'arte abbia fatto quello che ad una imitatrice della natura è lecito poter fare, e che ella sia salita tanto alto, che più presto si abbia a temere del calare abasso che sperare oggimai più augumento.

Queste cose considerando io meco medesimo attentamente, giudico ch'e'sia una proprietà et una particolare natura di queste arti, le quali da uno umile principio vadino appoco appoco migliorando, e finalmente pervenghino al colmo della perfezzione ...«

»... In dem ersten und ältesten Zeitalter sahen wir die drei Künste noch sehr fern von ihrer Vollendung ... Im zweiten Zeitalter sodann sieht man, daß die Kunst offenbar sich sehr verbessert hat, sowohl in ihren Entwürfen, wie in deren Ausführung, die mit besserer Zeichnung und Manier und größerer Sorgfalt geschieht ... Aber wer möchte behaupten, daß es in jenem Zeitalter einen Künstler gegeben habe, der nach jeder Richtung vollkommen gewesen wäre ... Solches Lob kommt gewißlich nur dem dritten Zeitalter zu, in welchem man, meine ich, mit Bestimmtheit sagen kann, es habe die Kunst so viel erreicht, als überhaupt einer Nachahmerin der Natur zu erreichen möglich ist, und sie sei so hoch emporgestiegen, daß man eher einen Absturz zu befürchten, als einen noch höheren Aufstieg zu erhoffen hat.

Indem ich diese Dinge für mich aufmerksam betrachte, will es mir scheinen, als liege es in der Eigentümlichkeit und besonderen Natur der Künste, daß sie von einem niedrigen Anfang ausgehend sich mehr und mehr verbessern und schließlich zum Gipfel der Vollkommenheit gelangen.«

(Vasari, Le Vite ..., Proemio della seconda parte, 1. u. 2. Aufl., Florenz 1550/68, Ausg. Bettarini, 1971, III Testo, S. 6ff.; dt. Übers. b. Gottschewski u. a., 1916, I/1, S. XXXIIf.)

Die unverständige Hochschätzung der Farben: I/57

»*Dicesi che il Papa aveva ordinato un premio, il quale si aveva a dar a chi meglio in quelle pitture avesse a giudizio d'esso Pontefice operato. Finite dunque le storie, andò Sua Santità a vederle quando ciascuno de'pittori si era ingegnato di far sì che meritasse il detto premio e l'onore. Aveva Cosimo, sentendosi debole d'invenzione e di disegno, cercato di occultare il suo deffetto con far coperta all'opera di finissimi az(z)urri oltramarini e d'altri vivaci colori, e con molto oro illuminata la storia, onde né albero, né erba, né panno, né nuvolo vi era che lumeggiato non fusse, facendosi a credere che il Papa, come poco di quell'arte intendente, dovesse perciò dare a lui il premio della vittoria. Venuto il giorno che si dovevano l'opera di tutti scoprire, fu veduta anco la sua, e con molte risa e motti da tutti gl'altri artefici schernita e beffata, uccellandolo tutti in cambio d'avergli compassione. Ma gli scherniti finalmente furono essi, perciò che que'colori, sì come si era Cosimo imaginato, a un tratto così abbagliarono gl'occhi del Papa, che non molto s'intendeva di simili cose ancora che se ne dilettasse assai, che giudicò Cosimo avere molto meglio che tutti gl'altri operato. E così fattogli dare il premio, comandò agl'altri che tutti coprissero le loro pitture dei migliori az(z)urri che si trovassero e le toccassino d'oro, acciò che fussero simili a quelle di Cosimo nel colorito e nell'essere ricche. Laonde i poveri pittori disperati d'avere a sodisfare alla poca intelligenza del Padre Santo, si diedero a guastare quanto avevano fatto di buono ...*«

»Man erzählt, der Papst habe einen Preis ausgesetzt, den der Maler empfangen sollte, der nach dem Urteil des Papstes das beste bei diesen Bildern geleistet hätte. Als die Gemälde fertig waren, ging Se. Heiligkeit hin, um zu sehen, wie sich ein jeder von den Malern angestrengt habe, um Preis und Ehre zu erlangen. Cosimo hatte, da er sich in Erfindung und Zeichnung schwach fühlte, seinen Fehler dadurch zu verbergen gesucht, daß er bei seinen Bildern sehr viel feines Ultramarinblau und andere lebhafte Farben anwandte und sie reichlich mit Gold höhte, so daß es keinen Baum, keinen Strauch, kein Gewand und keine Wolke gab, die nicht geleuchtet hätte. Aus diesem Grunde glaubte er, müsse der Papst, er wenig kunstverständig war, ihm den Siegespreis reichen. Der Tag kam, an dem alle ihre Bilder enthüllen mußten, und auch die Cosimos wurden sichtbar. Da höhnten, verlachten und verspotteten ihn alle andern Künstler, anstatt ihn zu bemitleiden. Schließlich aber waren sie die Geprellten; denn die Farben blendeten, wie Cosimo es sich gedacht hatte, die Augen des Papstes, der nicht viel von Malerei verstand, obwohl er Freude daran hatte, dermaßen, daß er entschied, Cosimo habe etwas besseres als alle anderen geschaffen. Darum ließ er ihm den Preis reichen und befahl den andern Malern, sie sollten ihre Bilder mit dem schönsten Blau übergehen und Gold aufsetzen, damit sie die Leuchtkraft und Reichtum der Farben Cosimos erreichten. Die armen Maler waren in Verzweiflung, da sie dem geringen Verständnis des hl. Vaters willfahren mußten, und begannen zu verderben, was sie gut gemacht hatten.«

(Vasari, Le Vite ..., Vita di Cosimo Rosselli, 2. Aufl., Ausg. Bettarini, 1971, III Testo, S. 445f., dt. Übers. 1904, II, S. 146f.)

Theorie und Praxis, Wissenschaft und Kunst: I/58

»*Ma quando elle si abbattano per avventura a esser insieme, non è cosa che più si convenga alla vita nostra, sì perché l'arte col mezzo della scienza diventa molto più perfetta e più ricca, sì perché i consigli e gli scritti de'dotti artefici hanno in sé maggior efficacia e maggior credito che le parole o l'opere di coloro che non fanno altro che un semplice esercizio, o bene o male che se lo facciano.*«

»Wenn aber beide, Theorie und Praxis, durch eine glückliche Fügung zusammen sich finden, so gibt es in unserem Leben nichts Wünschenswerteres; und zwar deshalb, weil die Kunst mit Hilfe der Wissenschaft viel vollkommener und reicher wird, und auch deshalb, weil die Ratschläge und Schriften eines gelehrten Künstlers eine größere Wirksamkeit und größere Ueberzeugungskraft in sich tragen, als die Worte und Werke desjenigen, der nichts anderes versteht, als ein einfaches Gewerbe, das er schlecht und recht ausübt.«
(Vasari, Le Vite ..., Vita di Leon Battista Alberti, 1. u. 2. Aufl., Ausg. Bettarini, 1971, III Testo, S. 283f.; dt. Übers. 1906, III, S. 230)

Die Erfindungskraft: I/59

»*Sempre fu tenuta e sarà la invenzione madre verissima dell'architettura, della pittura e della poesia, anzi pure di tutte le migliori arti e di tutte le cose maravigliose che dagl'uomini si fanno, perciò che ella gradisce gl'artefici molto e di loro mostra i ghiribizzi e i capricci de'fantastichi cervelli che truovano la varietà delle cose ...*«

»Immer hat die Erfindungskraft als die eigentliche Mutter der Architektur, der Malerei und der Poesie gegolten, ja aller Künste und aller wunderbaren Dinge. Sie gilt noch heute dafür; denn sie liebt die Künstler, sie offenbart die launischen Umtriebe ihrer phantastischen Hirne, und läßt sie immer neue Dinge ausdenken ...«
(Vasari, Le Vite ..., Vita di Lippo, 1. u. 2. Aufl., Ausg. Bettarini, 1967, II Testo, S. 297; dt. Übers. 1916, I/2, S. 184)

Leonardo im Gespräch mit seinem fürstlichen Auftraggeber über das künstlerische Schaffen: I/60

»*... gli ragionò assai de l'arte, e lo fece capace che gl'ingegni elevati, talor che manco lavorano, più adoperano, cercando con la mente l'invenzioni e formandosi quelle perfette idee che poi esprimono e ritraggono le mani da quelle già concepute ne l'intelletto ...*«

»... er sprach viel von der Kunst, und machte ihm begreiflich, daß ein erlesener Geist manchmal am meisten schafft, wenn er am wenigsten arbeitet, weil er in seinem Innern erfindet und jene vollkommenen Vorstellungen ausbildet, welche die Hand hinterher, sind sie einmal vom Intellekt konzipiert, zum Ausdruck bringt und nachschafft.«

(Vasari, Le Vite ..., Vita di Leonardo da Vinci, 2. Aufl., Ausg. Bettarini, 1976, IV Testo, S. 26; dt. Übers. 1906, VI, S. 12)

Michelangelos Erfindungskraft und Kunstschaffen: I/61

»Ha avuto l'immaginativa tale e sì perfetta, che le cose propostosi nella idea sono state tali che con le mani, per non potere esprimere sì grandi e terribili concetti, ha spesso abandonato l'opere sue, anzi ne à guasto molte ...«

»Seine Einbildungskraft war so gewaltig, daß seine Hände es ihm manches Mal verwehrten, die ungeheuren Visionen seines Geistes darzustellen. Darum hat Michelagnolo so viele Werke nicht vollendet, ja sie sogar verdorben.«
(Vasari, Le Vite ..., Vita di Michelagnolo Buonarruoti, 2. Aufl., Ausg. Bettarini, 1987, VI Testo, S. 108; dt. Übers. 1927, VII/2, S. 450)

Michelangelos neuartiges, gegen Regeln verstoßendes Schaffen: I/62

»E perché egli la volse fare ad imitazione della Sagrestia vecchia che Filippo Brunelleschi aveva fatto, ma con un altro ordine di ornamenti, vi fece dentro un ornamento composito nel più vario e più nuovo modo che per tempo alcuno gli antichi e i moderni maestri abbino potuto operare: perché nella novità di sì belle cornici, capitegli e base, porte, tabernacoli e sepolture fece assai diverso da quello che di misura, ordine e regola facevano gli uomini secondo il comune uso e secondo Vitruvio e le antichità, per non volere a quello agiugnere. La quale licenzia ha dato grande animo, a quelli che ànno veduto il far suo, di mettersi a imitarlo, e nuovo fantasie si sono vedute poi, alla grottesca più tosto che a ragione o regola, a'loro ornamenti; onde gli artefici gli hanno infinito e perpetuo obligo, avendo egli rotti i lacci e le catene delle cose che per via d'una strada comune eglino di continuo operavano.«

»Michelagnolo wollte die alte Sakristei, die Filippo Bruneleschi erbaut hatte, in gewisser Weise nachahmen, doch sie mit anderen Ornamenten zieren. So schuf er die vielseitigste Vereinigung der verschiedensten Ordnungen, wie sie jemals nur die Alten und auch die Modernen erdenken konnten. Die schönen Gesimse, Kapitäle und Basen, die Türen, Tabernakel und Grabstätten schuf er nun ganz abweichend von dem, was allgemeiner Brauch, ja selbst von Vitruv als notwendig in Maß, Ordnung und Regel angegeben war – und gerade, weil er nichts Neues hatte hinzufügen wollen. Solche Kühnheit feuerte alle an, die seine Werke sahen. Sie versuchten ihm nachzueifern und seitdem hat man seltsame Phantasien sehen können, die mehr ins Groteske gehen, als daß sie sich den herkömmlichen Regeln und Ordnungen der Ornamentik anpassen. So sind die Künstler Michelagnolo unendlich und fortdauernd zu Dank verpflichtet. Denn er hat die Seile zerrissen und die Ketten gesprengt, die alle festhielten auf dem engen Weg des Herkömmlichen, auf dem ein jeglicher bis dahin gehen mußte.«
(Vasari, Le Vite ..., Vita di Michelagnolo Buonarruoti, 1. u. 2. Aufl., Ausg. Bettarini, 1987, VI Testo, S. 54f.; dt. Übers. 1927, VII/2, S. 352)

Die Unabhängigkeit des Künstlers: I/63

»Già non è niuno artefice abligato a lavorare se non quando e per chi gli pare ...«

»Denn schließlich ist kein Künstler verpflichtet zu arbeiten, außer wann und für wen es ihm gut scheint ...«

(Vasari, Le Vite ..., Vita di Jacopo di Puntormo, 2. Aufl., Ausg. Bettarini, 1984, V Testo, S. 328; dt. Übers. 1906, VI, S. 233)

Das Verhältnis von Kunst und Geldverdienst bei Giovanni Francesco Rustichi: I/64

»... il quale, perciò che, oltre all'essere di famiglia nobile, aveva da vivere onestamente, faceva l' arte più per suo diletto e desiderio d'onore che per guadagnare. E per dirne il vero, quegl'artifici che hanno per ultimo e principale fine il guadagno e l'utile, e non la gloria e l'onore, rade volte, ancorché sieno di bello e buono ingegno, riescono eccellentissimi; senzaché il lavorare per vivere, come fanno infiniti aggravati di povertà e di famiglia, et il fare non a capricci e quando a ciò sono vòlti gli animi e la volontà, ma per bisogno dalla mattina alla sera, è cosa non da uomini che abbiano per fine la gloria e l'onore, ma da opere, come si dice, e da manovali: perciò che l'opere buone non vengon fatte senza essere prima state lungamente considerate.«

»... dieser allerdings hatte, abgesehen davon, daß er adliger Herkunft war, genug um anständig zu leben, und betrieb daher die Kunst mehr zu seiner Ergötzung und aus Ehrbegierde, als um des Gewinnes willen. Und um die Wahrheit zu sagen, diejenigen Künstler, die als letzten und vornehmlichen Zweck den Gewinn und den Nutzen im Auge haben und nicht den Ruhm und die Ehre, werden selten, ob sie gleich schöne und gute Anlagen haben mögen, ganz hervorragend. Ohnehin ist das Arbeiten um des Lebensunterhaltes willen, wie es unendlich viele wegen Armut und Familienbeschwerde tun, und das Schaffen nicht nach Belieben und wenn Gemüt und Willen darauf gerichtet sind, sondern aus Not, vom Morgen bis zum Abend, nicht die Sache von Männern, die Ruhm und Ehre zum Ziele haben, sondern von Tagelöhnern, wie man sagt, und von Handlangern: denn treffliche Werke kommen nicht zustande, ohne vorher lange erwogen zu werden.«

(Vasari, Le Vite ..., Vita di Giovan Francesco Rustichi, 2. Aufl., Ausg. Bettarini, 1984, V Testo, S. 475; dt. Übers. 1910, VII/1, S. 366)

Die Künste und Florenz: I/65

»... che l'arti del disegno avevano in Toscana, anzi in Fiorenza propria, avuto il loro rinascimento ...«

»In Toskana, hauptsächlich in Florenz selbst, hatte die bildende Kunst ihre Wiedergeburt erlebt.«

(Vasari, Le Vite ..., Vita di Jacopo di Casentino, 2. Aufl., Ausg. Bettarini, 1967, II Testo, S. 274; dt. Übers. 1916, I/2, S. 160)

Über Antonio Pollaiuolo, seine Auftraggeber und die den Künsten günstigen Zeiten: I/66

»Ebbe nel tempo suo felicissima vita, trovando Pontefici ricchi e la sua città in colmo che si dilettava di virtù; per che molto fu stimato: dove se forse avesse avuto contrarî i tempi, non avrebbe fatto que'frutti che e'fece, essendo inimici molto i travagli alle scienze delle quali gli uomini fanno professione e prendono diletto.«

»Er hat ein sehr glückliches Leben geführt, da er reiche Päpste fand und seine Vaterstadt auf dem Gipfel ihrer Blüte stand, sodaß sie an seiner Tätigkeit Gefallen finden konnte. Er wurde auch darum sehr geehrt, während er bei ungünstigen Zeiten nicht solche Früchte geerntet haben würde; denn Kummer und Sorge sind den Wissenschaften feind, die die Menschen betreiben und an denen sie Ergötzen finden.«

(Vasari, Le Vite ..., Vita di Antonio e Piero Pollaiuoli, 1. u. 2. Aufl., Ausg. Bettarini, 1971, III Testo, S. 508; dt. Übers. 1904, II, S. 104f.)

Sittlichkeit von Maler und Malerei: I/67

»E che più si può o deve disiderare che acquistarsi vivendo santamente il regno celeste, e virtuosamente operando eterna fama nel mondo? E nel vero non poteva e non doveva discendere una somma e straordinaria virtù, come fu quella di fra'Giovanni, se non in uomo di santissima vita; perciò che devono coloro che in cose ecclesiastiche e sante s'adoperano, essere ecclesiastici e santi uomini, essendo che si vede, quando cotali cose sono operate da persone che poco credino e poco stimano la religione, che spesso fanno cadere in mente appetiti disonesti e voglie lascive; onde nasce il biasimo dell'opere nel disonesto e la lode ne l'artificio e nella virtù. Ma io non vorrei già che alcuno s'ingannasse interpretando il goffo et inetto, devoto, et il bello e buono, lascivo, come fanno alcuni, i quali vedendo figure o di femina o di giovane un poco più vaghe e più belle et adorne che l'ordinario, la pigliano sùbito e giudicano per lascive, non si avedendo che a gran torto dannano il buon giudizio del pittore, il quale tiene i Santi e Sante, che sono celesti, tanto più belli della natura mortale quanto avanza il cielo la terrena bellezza e l'opere nostre; e che è peggio, scuoprono l'animo loro infetto e corrotto, cavando male e voglie disoneste di quelle cose, delle quali, se e'fussino amatori dell'onesto come in quel loro zelo sciocco vogliono dimostrare, verrebbe loro disiderio del cielo e di farsi accetti al Creatore di tutte le cose, dal quale perfettissimo e bellissimo nasce ogni perfezzione e bellezza. Che farebbono o è da credere che facciano questi cotali, se dove fussero o sono bellezze vive accompagnate da lascivi costumi, da parole dolcissime, da movimenti pieni di grazia e da occhi che rapiscono i non ben saldi cuori, si ritrovassero o si ritruovano, poi che la sola immagine e quasi ombra del bello cotanto gli commove? Ma non perciò vorrei che alcuni credessero che da me fussero approvate quelle figure che nelle chiese sono dipinte poco meno che nude del tutto, perché in cotali si vede che il pittore non ha avuto quella considerazione che doveva

al luogo: perché, quando pure si ha da mostrare quanto altri sappia, si deve fare con le debite circostanze, et aver rispetto alle persone, a'tempi et ai luoghi.«

»Und was kann oder soll man mehr wünschen, als sich durch ein frommes Leben das Himmelreich und durch angestrengte Arbeit ewigen Ruhm auf Erden zu erringen? Denn eine so hohe und außerordentliche Fähigkeit wie die Fra Giovannis konnte sich nur in einem Manne von dem frömmsten Lebenswandel entwickeln, denn die Künstler, die kirchliche und heilige Werke schaffen wollen, müssen selbst kirchlich und fromm sein. Wenn aber solche Werke von Leuten geschaffen werden, die wenig Glauben und Achtung gegen die Religion hegen, so erwecken sie unziemliche Begierden und leichtfertige Gelüste. Daher tadelt man solche Werke wegen ihres Mangels an Sittsamkeit und lobt sie wegen ihrer Technik. Ich möchte deswegen aber nicht, daß jemand das Plumpe und Ungeschickte etwa fälschlicherweise für heilig und das Schöne und Gute für schlüpferig hält, wie es ja einige tun, die beim Anblick einer weiblichen oder jugendlichen Gestalt, die ein wenig lieblicher, schöner oder geschmückter ist als gewöhnlich, sie sofort für unsittlich halten. Diese Leute merken nämlich gar nicht, daß sie die gute Einsicht des Malers sehr zu Unrecht verdammen, denn dieser hält die Heiligen, die doch im Himmel sind, für schöner als alles Irdische, ebenso wie der Himmel die Schönheit der Erde und unsere Werke überstrahlt. Ja was noch schlimmer ist, solche Menschen zeigen die Verderbtheit ihres eigenen Herzens, da sie in Dingen übles finden und zu bösen Begierden gereizt werden, die, wenn sie wirklich das Gute so lieben würden, wie sie durch ihren blinden Eifer beweisen wollen, in ihnen das Verlangen nach dem Himmel und den Wunsch, sich in allen Dingen dem Schöpfer angenehm zu machen, steigern müßten. Denn gleich wie der Schöpfer das größte und vollkommenste Wesen ist, hat er auch alles in Vollkommenheit und Schönheit erschaffen. Wenn solche Leute schon durch das bloße Abbild oder den Schatten der Schönheit so erregt werden, was würden sie denn dann tun, wenn sie einer solchen Schönheit wirklich einmal im Leben begegneten, die dann durch leichtfertige Sitten, durch süße Schmeichelworte, anmutige Bewegungen und durch Blicke, die unbehütete Herzen hinzureißen vermögen, noch unwiderstehlicher wirkt? Doch möge niemand glauben, ich billige es, wenn man in Kirchen fast ganz nackte Gestalten malt; denn dies beweist, daß der Maler nicht die für den Ort nötige Ueberlegung gehabt hat. Ein jeder muß zeigen, was er kann, aber er muß auch den gegebenen Umständen Rechnung tragen und auf Personen, Zeit und Ort Rücksicht nehmen.«

(Vasari, Le Vite ..., Vita di Frate Giovanni da Fiesole, 2. Aufl., Ausg. Bettarini, 1971, III Testo, S. 273f.; dt. Übers. 1904, II, S. 28f.)

Michelangelos Bild einer Kreuzigung Petri und wegzulassendes Beiwerk: I/68

»... dove sono molte considerazioni notabili e belle. Ha Michelagnolo atteso solo, come s'è detto altrove, alla perfezzione dell'arte, perché ne'paesi vi sono, ne'alberi, ne'casamenti; ne'anche certe varietà e vaghezze dell'arte vi si veggono, perché non

vi attese mai, come quegli che forse non voleva abassare quel suo grande ingegno in simil'cose.«

»Viele und wertvolle Überlegungen spiegeln sich in diesem Bilde wieder. Wie schon gesagt wurde, hat Michelagnolo hier einzig die höchste Vollkommenheit in dem was er darstellte, angestrebt. So sieht man weder Landschaft noch Bäume oder gar Häuser, noch all das einschmeichelnde Beiwerk dieser Kunstart. Um dieses sorgte Michelagnolo sich niemals – gleichsam als wolle er seinen hohen Geist nicht auf so kleine Dinge richten.«

(Vasari, Le Vite ..., Vita di Michelagnolo Buonarruoti, 2. Aufl., Ausg. Bettarini, 1987, VI Testo, S. 76; dt. Übers. 1927, VII/2, S. 380f.)

Frauen als Künstlerinnen: I/69

»Ma certo in nessun'altra età s'è ciò meglio potuto conoscere che nella nostra, dove le donne hanno acquistato grandissima fama non solamente nello studio delle lettere, com'ha fatto la signora Vittoria del Vasto, la signora Veronica Gambara, la signora Caterina Anguisola, la Schioppa, la Nugarola, madonna Laura Battiferra, e cent'altre sì nella volgare come nella latina e nella greca lingua dottissime, ma eziandio in tutte l'altre facultà. Né si son vergognate, quasi per tòrci il vanto della superiorità, di mettersi con le tenere e bianchissime mani nelle cose mecaniche, e fra la ruvidezza de' marmi e l'asprezza del ferro, per conseguir il desiderio loro e riportarsene fama, come fece ne'nostri dì Properzia de'Rossi da Bologna, giovane virtuosa non solamente nelle cose di casa, come l'altre, ma in infinite scienze, che, nonché le donne, ma tutti gli uomini gl'ebbero invidia.«

»Sicherlich hat man aber in keinem anderen Zeitalter dies besser erkennen können, als in dem unseren, in welchem die Frauen sich größten Ruhm erworben haben, zunächst durch Beschäftigung mit der Literatur, wie es die Frauen Vittoria del Vasto, Veronica Gambara, Caterina Anguisola, Schioppa, Nugarola, Madonna Laura Battiferri und hundert andere getan haben, welche in der Vulgärsprache sowohl als im Lateinischen und Griechischen von großer Gelehrsamkeit waren; aber auch auf allen anderen Gebieten haben sie sich hervorgetan. Als ob sie uns den Ruhm der Überlegenheit nehmen wollten, haben sie sich keineswegs geschämt, mit ihren zarten und weißen Händen die mechanischen Gewerbe, den rauhen Marmor und das scharfe Eisen anzugreifen, um ihren Ehrgeiz zu befriedigen und Ruhm davonzutragen, so wie es in unseren Tagen Properzia de' Rossi aus Bologna tat, eine junge Frau von Tugend und Verstand nicht nur in den häuslichen Dingen, wie die anderen Frauen, sondern auch in zahlreichen Wissenschaften, so daß nicht nur die Frauen, sondern alle Männer gegen sie voller Neid waren.«

(Vasari, Le Vite ..., Vita di Madonna Properzia de' Rossi, 1. u. 2. Aufl., Ausg. Bettarini, 1976, IV Testo, S. 400f.; dt. Übers. 1910, VII/1, S. 170f.)

LODOVICO DOLCE (1508–1568)

Die Schönheit der Malerei und der Wert jeder künstlerischen Bearbeitung: I/70

»... aggiungo che non è cosa che tanto soglia tirare a sé e pascer gli occhi de'riguardanti, quanto fa la pittura; non le gemme, non l'oro istesso. Anzi, questo e quelle sono più stimati, se qualche intaglio o lavoro di mano di artificioso maestro in sé contengono ...«

»Dennoch will ich hinzusetzen, dass es kaum noch etwas gibt, was so anziehend ist, und das Auge so angenehm befriedigt, wie die Malerei; nicht einmal die Edelsteine oder das Gold. Beides gewinnt vielmehr an höherem Werth, sobald es irgend welche Gravirung, oder irgend welche Arbeit eines künstlerischen Meisters aufweist ...«

(Dolce, Dialogo della pittura, Venedig 1557, Ausg. Barocchi, 1960, I, S. 163; dt. Übers. v. Cerri, 1871, S. 36)

Malerei und Naturnachahmung: I/71

»Dico adunque la pittura, brevemente parlando, non essere altro che imitazione della natura; e colui che più nelle sue opere le si avicina, è più perfetto maestro.«

»Ich behaupte daher in Kürze, dass Malerei nichts Anderes, als Nachahmung der Natur ist, und dass Jener, welcher sich ihr in seinen Werken am meisten nähert, auch der vorzüglichste Meister sei.«

(Dolce, Dialogo della pittura, S. 152; dt. Übers. S. 20)

Über die Malereien von Raffael und deren Reiz und Grazie: I/72

»... percioché, oltre la invenzione, oltre al disegno, oltre alla varietà, oltre che le sue cose tutte movono sommamente, si trova in loro quella parte che avevano, come scrive Plinio, le figure di Apelle: e questa è la venustà, che è quel non so che, che tanto suole aggradire, così ne'pittori come ne'poeti, in guisa che empie l'animo altrui d'infinito diletto, non sapendo da qual parte esca quello che a noi tanto piace ...

Fab. Questa, che voi dite venustà, è detta da'Greci charis, che io esporrei sempre pergrazia.«

»Denn ausser der Erfindung, der Zeichnung, der Mannigfaltigkeit, und ausserdem, dass alle seine Arbeiten unendlich fesseln, ist denselben auch noch jener Vorzug eigen, den die Figuren des Apelles, wie Plinius schreibt*, hatten, nämlich Reiz; was ein gewisses Etwas ist, das bei Malern und Dichtern bezaubert, und den Geist mit unendlicher Lust erfüllt, ohne dass man selbst entdecken könne, von woher dieses Etwas, das uns so sehr erfreut, komme ...

Fab. Was ihr Reiz nennt, wird von den Griechen Charis bezeichnet, das ich immer mit ›Grazie‹ übersetzen würde.«
(Dolce, Dialogo della pittura, S. 195 f.; dt. Übers. S. 85)

* Plinius, Nat. hist. XXXV/79

Die Leichtigkeit in der Kunst am Beispiel von Raffael und Michelangelo: I/73

»So bene io che in Roma, mentre che Rafaello viveva, la maggior parte, sì de'letterati come de'periti dell'arte, lo anteponevano nella pittura a Michelagnolo. E quelli che inchinavano a Michelagnolo erano per lo più scultori, i quali si fermavano solamente sul disegno e su la terribilità delle sue figure, parendo loro che la maniera leggiadria e gentile di Rafaello fosse troppo facile, e per conseguente non di tanto artificio; non sapendo che la facilità è il principale argomento della eccellenza di qualunche arte e la più difficile a conseguire ...«

»Wohl weiss ich, dass in Rom, zur Zeit da Rafael lebte, die Mehrzahl der Literaten und der Kunstkenner ihn als Maler über Michel Angelo stellten, und dass Jene, welche für Letzteren eintraten, grösstentheils Bildhauer waren, die nur für dessen Zeichnung, und das Gewaltige seiner Figuren, einen Sinn hatten, und dabei sich einbildeten, dass die anmuthige und anziehende Manier allzuleicht, in Folge dessen auch weniger künstlerisch wäre; indem sie dabei übersahen, dass Leichtigkeit das Schönste in der Kunst, zugleich aber auch das am schwierigsten zu erreichende sei ...«
(Dolce, Dialogo della pittura, S. 149; dt. Übers. S. 13 f.)

Beziehungen zwischen Malerei und Dichtkunst und umgekehrt: I/74

»Et è cosa iscambievole che i pittori cavino spesso le loro invenzioni dai poeti, et i poeti dai pittori.«

»Es ist ohnehin eine gar oft wiederkehrende Thatsache, dass sich Maler ihre Erfindungen bei Poeten, und diese dafür die ihrigen bei Malern holen.«
(Dolce, Dialogo della pittura, S. 192; dt. Übers. S. 79)

KONZIL VON TRIENT (1563) I/75

»De invocatione, veneratione et reliquiis sanctorum, et sacris imaginibus.
... Imagines porro Christi, Deiparae Virginis et aliorum sanctorum, in templis praesertim habendas et retinendas, eisque debitum honorem et venerationem impertiendam, non quod credatur inesse aliqua in iis divinitas vel virtus, propter quam sint colendae, vel quod ab eis sit aliquid petendum, vel quod fiducia in imaginibus sit figenda, veluti olim fiebat a gentibus, quae in idolis spem suam collocabant:

sed quoniam honos, qui eis exhibetur, refertur ad prototypa, quae illae repraesentant: ita ut per imagines, quas osculamur et coram quibus caput aperimus et procumbimus, Christum adoremus, et sanctos, quorum illae similitudinem gerunt, veneremur. Id quod conciliorum, praesertim vero secundae Nicaenae synodi, decretis contra imaginum oppugnatores est sancitum.

Illud vero diligenter doceant episcopi, per historias mysteriorum nostrae redemptionis, picturis vel aliis similitudinibus expressas, erudiri et confirmari populum in articulis fidei commemorandis et assidue recolendis; tum vero ex omnibus sacris imaginibus magnum fructum percipi, non solum quia admonetur populus beneficiorum et munerum, quae a Christo sibi collata sunt, sed etiam, quia Dei per sanctos miracula et salutaria exempla oculis fidelium subiiciuntur, ut pro iis Deo gratias agant, ad sanctorumque imitationem vitam moresque suos componant, excitenturque ad adorandum ac diligendum Deum, et ad pietatem colendam. Si quis autem his decretis contraria docuerit aut senserit: anathema sit.

In has autem sanctas et salutares observationes si qui abusus irrepserint: eos prorsus aboleri sancta synodus vehementer cupit, ita ut nullae falsi dogmatis imagines et rudibus periculosi erroris occasionem praebentes statuantur. Quodsi aliquando historias et narrationes sacrae Scripturae, cum id indoctae plebi expediet, exprimi et figurari contigerit: doceatur populus, non propterea divinitatem figurari, quasi corporeis oculis conspici, vel coloribus aut figuris exprimi possit. Omnis porro superstitio in sanctorum invocatione, reliquiarum veneratione et imaginum sacro usu tollatur, omnis turpis quaestus eliminetur, omnis denique lascivia vitetur, ita ut procaci venustate imagines non pingantur nec ornentur; et sanctorum celebratione ac reliquiarum visitatione homines ad commessationes atque ebrietates non abutantur, quasi festi dies in honorem sanctorum per luxum ac lasciviam agantur. Postremo tanta circa haec diligentia et cura ab episcopis adhibeatur, ut nihil inordinatum, aut praepostere et tumultuarie accommodatum, nihil profanum nihilque inhonestum appareat, cum domum Dei deceat sanctitudo.

Haec ut fidelius observentur, statuit sancta synodus, nemini licere, ullo in loco vel ecclesia, etiam quomodolibet exempta, ullam insolitam ponere vel ponendam curare imaginem, nisi ab episcopo approbata fuerit.«

»Beschluß über die Anrufung und Verehrung von Reliquien der Heiligen und von heiligen Bildern.

... Bilder von Christus, von der jungfräulichen Mutter Gottes und anderen Heiligen sollen besonders in Kirchen aufgestellt, bewahrt und in angemessener Weise verehrt werden; nicht so, daß irgendeine Göttlichkeit und Tugend als in ihnen innewohnend angenommen wird, weswegen sie verehrt werden sollen, oder daß Gottvertrauen in Bildern ruhen soll, wie es in alten Zeiten die Heiden taten, die ihre Hoffnung auf Idole legten, sondern weil die Ehre, die ihnen erwiesen wird, sich auf die Urbilder, die diese Bilder darstellen, bezieht; so daß wir in den Bildern, die wir küssen und vor denen wir unsere Kopfbedeckung abnehmen und niederknien, Christus anbeten und die Heiligen verehren, deren Ebenbild sie zeigen; so wie es durch die Dekrete der Konzile und besonders der zweiten Synode von Nicäa gegen die Bilderfeinde bestimmt worden ist.

Und die Bischöfe sollen dies sorgfältig lehren: Daß mittels der Geschichten von den Mysterien unserer Erlösung, wie sie Gemälde oder andere Darstellungen abbilden, das Volk unterrichtet wird und in der Gewohnheit bestärkt, im Geiste die Glaubensartikel zu erinnern und beständig zu überlegen, so daß auch großer Gewinn aus allen heiligen Bildern gezogen wird, nicht nur weil dem Volk durch sie die Wohltaten und Gaben, die ihm durch Christus zuteil werden, gepredigt werden, sondern auch weil die Wunder, die Gott mittels der Heiligen und ihres heilsamen Beispiels vollbracht hat, den Gläubigen vor Augen gebracht werden; daß sie Gott für diese Dinge danken mögen, ihr eigenes Leben und ihre Lebensweise in der Nachahmung der Heiligen ordnen mögen, und daß sie dazu angehalten werden mögen, Gott anzubeten und zu lieben und Frömmigkeit zu pflegen. Wenn jemand etwas Gegenteiliges zu dieser Verlautbarung verkünden oder vertreten sollte, sei er zu verdammen.

Falls sich aber auch bei den heiligen und Erlösung bringenden Gottesdiensten irgendwelche Mißbräuche einstellen sollten, so besteht das heilige Konzil nachdrücklich darauf, daß diese ganz und gar beseitigt werden, so daß keine Bilder mit falscher Lehre aufgestellt werden und sie keine Gelegenheit zu rohen und gefährlichen Irrtümern geben. Es muß dem Volk verständlich gemacht werden, daß die Geschichten und Erzählungen aus den heiligen Schriften nicht aus dem Grund dargestellt und ausgestellt werden, weil das Göttliche sich im Bilde direkt ausdrücken ließe oder mit den Augen des Körpers wahrgenommen oder mit Hilfe von Farben und Figuren dargestellt werden könne. Darüber hinaus soll bei der Anrufung der Heiligen, der Verehrung von Reliquien und dem heiligen Gebrauch von Bildern jeglicher Aberglauben beseitigt, jede schmutzige Gewinnsucht ausgemerzt und alle Sinnlichkeit vermieden werden, so daß die Bilder nicht gemalt oder ausgestattet werden mit verführerischen Reizen, oder das Feiern von Festen zu Ehren der Heiligen und der Besuch von Reliquien von Seiten des Volkes nicht in Trubel und Trunkenheit abgleite, als ob die Feste zu Ehren der Heiligen im Rausche und ohne Sinn für Anstand zu zelebrieren seien. Schließlich soll eine solch große Sorgfalt und Sorge von den Bischöfen angewendet werden, daß nichts Ungeordnetes, nichts verkehrt oder überhastet Ausgeführtes, nichts Unheiliges oder Unehrenhaftes erscheint, weil nur die Heiligkeit dem Hause Gottes sich geziemt.

Damit diese Dinge getreulicher befolgt werden, beschließt die heilige Synode, daß niemand an irgendeiner Stelle ein unübliches Bild aufstellen oder aufstellen lassen darf, es sei denn, der Bischof hätte es gebilligt.«

(Konzil von Trient, 25. Sitzung, 3. Dez. 1563; in: Concilium Tridentinum, Freiburg 1924, Bd. 9, S. 1077ff.; dt. Übers. b. Blunt, 1984, S. 75f.; Burke, 1981, S. 233f.; Pochat, 1986, S. 292f.; engl. Übers. b. Holt, 1982, II, S. 63ff.)

ANDREA PALLADIO (1508–1580)

Über die Reste antiker Bauten: I/76

»... *et ritrouandole di molto maggiore osseruatione degne, ch'io non mi haueua prima pensato; cominciai à misurare minutissimamente con somma diligenza ciascuna parte loro: delle quali tanto diuenni sollecito inuestigatore, non vi sapendo conoscer cosa, che con ragione, et con bella proportione non fusse fatta* ...«

»Ich fand sie eingehenderer Betrachtung für würdiger, als ich zunächst angenommen hatte, und so begann ich mit größtem Fleiß, einen jeden Teil daran auf das genaueste zu vermessen, so daß ich recht bald zu einem Forscher wurde, der nichts vorfand, was nicht mit Verstand und in schönem Ebenmaß geschaffen worden war.«

(Palladio, I quattro libri dell'architettura, I Proem., Venedig 1570, Ausg. 1979; dt. Übers. b. Beyer/Schütte, 1986, S. 17)

Über die Schönheit der von Gott geschaffenen Welt und über die ihnen angemessenen Gottesbauten: I/77

»*Se in fabrica alcuna è da esser posta opera, et industria, accioche ella con bella misura, e proportione sia compartita, ciò senza alcun dubbio si deue fare nei Tempij, ne'quali esso Fattore, e Datore di tutte le cose DIO O.M. deue essere da noi adorato, et in quel modo, che le forze nostre patiscono, lodato, et ringratiato di tanti à noi continuamente fatti beneficij* ... *il quale essendo il sommo bene, e la somma perfettione; è molto conueneuole, che tutte le cose à lui dedicate in quella perfettione siano ridotte che per noi si possa maggiore. E ueramente considerando noi questa bella machina del Mondo di quanti merauigliosi ornamenti ella sia ripiena; et come i Cieli co'l continuo lor girare uadino in lei le stagioni secondo il natural bisogno cangiando, et con la soauissima armonia del temperato lor mouimento se stessi conseruino; non possiamo dubitare, che douendo esser simili i piccioli Tempij, che noi facciamo; à questo grandissimo dalla sua immensa bontà con una sua parola perfettamente compiuto, non siamo tenuti à fare in loro tutti quelli ornamenti, che per noi siano possibili; et in modo, e con tal proportione edificarli, che tutte le parti insieme una soaue armonia apportino à gli occhi de'riguardanti, et ciascuna da per se all'uso, alquale sarà destinata conueneuolmente serua.*«

»Muss man bei jedem Gebäude Arbeit und Fleiß in der Weise aufwenden, daß es schließlich mit schönen Maßen und in schöne Proportionen eingeteilt ist, so muß man dies ohne Zweifel auch bei den Tempeln so machen, in denen der Schöpfer und Gewährer aller Dinge – der höchste Gott – von uns zu verehren und – soweit unsere Kraft reicht – zu loben ist und in denen wir für die vielen Wohltaten zu danken haben, die er uns fortwährend gewährt ... Er ist das höchste und absolut gute Wesen und der Inbegriff höchster Vollkommenheit.

Es ist darum sehr angemessen, daß alles das, was ihm geweiht wird, mit aller Vollkommenheit ausgeführt wird, deren wir fähig sind. Es ist doch so, wenn wir dieses schöne Werk der Welt betrachten, wie reich an wunderbarem Schmuck ist sie; wenn wir die Himmel sehen, wie verändern sie mit ihrer andauernden Wiederkehr die Jahreszeiten jeweils so, wie es den Erfordernissen der Natur entspricht. Und wenn wir sehen, wie Himmel und Erde mit der lieblichen Harmonie ihrer maßvollen Bewegung sich selbst erhalten, so können wir nicht daran zweifeln, daß die kleinen Tempel, die wir errichten, ähnlich aussehen müssen. Sind wir deshalb nicht gehalten, entsprechend dieser höchsten Vollendung der Schöpfung, die Gott in seiner Güte durch sein Wort geschaffen hat, all jene Verzierungen anzubringen, die wir uns ausdenken können? Wir errichten die Tempel in solchen Proportionen, daß alle Teile zugleich dem Auge des Betrachters eine liebliche Harmonie darbieten und ein jeder Teil seinem Zweck dient, zu dem er nach Gebühr bestimmt ist.«

(Palladio, I quattro libri dell'architettura, IV Proem.; dt. Übers. S. 269)

FRANCESCO BOCCHI (1548–1618)

Mühseligkeit als zu verbergendes Hindernis des schönen Kunstwerks: I/78

»Ma egli si dee considerare che la Bellezza dell'artifizio non sia palese si fattamente che la troppa fatica duratavi non rechi piuttosto agli altrui animi dispiacere e tedio, che diletto e contento. Nessuna cosa è, che meno al nostro appetito sodisfaccia, come la troppa diligenza e i troppo inquisiti ornamenti, quando è sono in quelle opere collocati, che la natura senza più deono imitare.«

»Indessen ist darauf zu sehen, dass die Schönheit der Kunstfertigkeit sich nicht in der Art zeige, dass die dabei gehabte Mühe, offenliegend, in Anderen fast mehr Langeweile und Widerwillen, als Anregung und Vergnügen erzeuge; denn nichts entspricht so wenig unserem Geschmacke, als der allzu grosse Fleiss und die allzu gesuchten Ausschmückungen, wenn sie an Werken angebracht werden, welche weiter nichts als die Natur nachahmen sollten.«

(Bocchi, Sopra l'eccellenza del san Giorgio di Donatello, Florenz 1584, Ausg. Bottari/Ticozzi, 1822, IV, S. 353; dt. Übers. b. Semper, 1875, S. 222)

PAOLO VERONESE (1528–1588)

Über das Malen von Narren, Nackten und Ähnlichem in einem Bild mit dem Letzten Abendmahl, weswegen sich Veronese vor der Inquisition in Venedig verantworten mußte (Sacrum Tribunalum dicit, Paolo respondit): I/79

»Ei dictum: In questa Cena, che havete fatto in S. Gioanni Paulo, che significa la pittura di colui che li esse il sangue dal naso?

R. L'ho fatto per uno servo, che, per qualche accidente, li possa esser venuto il sangue del naso.

Ei dictum: Che significa quelli armati alla Thodesca vestiti con una lambarda per uno in mano?

R. El fa bisogno che dica qui vinti parole!

Ei dictum ch'el dica,

R. Nui pittori si pigliamo la licentia che si pigliano i poeti et i matti, et ho fatto quelli dui Alabardieri uno che beve, et l'altro che magna appresso una scala morta, i quali sono messi là, che possino far qualche officio parendomi conveniente che'l patron della Casa che era grande e richo, secondo che mi è stato detto, dovesse haver tal servitori.

Ei dictum: Quel vestito da buffon con il papagalo in pugno, a che effetto l'havete depento in quel telaro?

R. Per ornamento, come si fa.

Ei dictum: Alla tavola del Sig. r chi vi sono?

R. Li dodeci apostoli.

Ei dictum: Che effetto fa S. Piero, che è il primo?

R. El squarta l'agnelo per darlo all'altro Capo della tola.

Ei dictum: Che effetto fa l'altro che li è appresso?

R. L'ha un piato per ricever quel che gli darà S. Pietro.

Ei dictum: Dite l'effetto che fa l'altro che è appresso questo.

R. L'è uno, che ha un piron, che si cura i denti.

Ei dictum: Chi credete voi veramente che si trovasse in quella Cena?

R. Credo che si trovassero Cristo con li suoi Apostoli; ma se nel quadro li avanza spacio io l'adorno di figure, secondo le inventioni.

Ei dictum se da alcuna persona vi è stato commesso che voi dipengeste in quel quadro Thodeschi et buffoni et simil cose,

R. Sig.ri no. Ma la commission fu di ornar il quadro secondo mi paresse, il quale è grande et capace di molte figure, sì come a me pareva.

Ei dictum, se gli ornamenti che lui pittore è solito di fare dintorno le pitture o quadri, è solito di fare convenienti et proportionati alla materia et figure principali, o veramente a beneplacito, secondo che li viene in fantasia senza alcuna discrettione et giuditio,

R. Io fazzo le pitture con quella consideration che è conveniente, che'l mio intelletto può capire.

Interrogatus se li par conveniente, che alla Cena ultima del Signore si convenga dipingere buffoni, imbriachi, Thodeschi, nani et simili scurrilità,

R. Sig.ri no.

Interr.us: Non sapete voi, che in Alemagna et altri lochi infetti di heresia sogliono con le pitture diverse et piene di scurrilità et simili inventioni diligare (dilegiare), vituperar er far scherno delle cose della S.ta Chiesa Catholica per insegnar mala dottrina alle genti idiote et ignoranti,

R. Sig.r sí che l'è male; ma perchè tornerò anchora a quel che ho ditto, che ho obbligo di seguir quel che hanno fatto li miei maggiori.

Ei dictum: Che hanno fatto i vostri maggiori? Hanno fatto forse cosa simile?

R. Michel Agnolo in Roma, dentro la Capella Pontifical, vi è (à) depento il nostro Sig.r Jesu Cristo, la sua Madre et S. Zuane, S. Piero, et la Corte Celeste, le quali tutte sono fatte nude, dalla Vergine Maria in poi, con atti diversi, con poca reverentia.

Ei dictum: Non sapete voi che depengendo il giuditio universale, nel quale non si presume vestiti, o simil cose, non occorrea dipinger veste, et in quella figura (quelle figure) non vi è cosa se non de spirito, non vi sono buffoni, nè cani, nè arme, nè simili buffonerie? Et se li pare per questo o per qualunque altro essempio di haver fatto bene di haver dipinto questo quadro in quel modo che sta et se'l vol defendere chel quadro sta bene et condecentemente,

R. Sig.r Ill.mo, no che non lo voglio defender; ma pensava di far bene. Et che non ho considerato tante cose, pensando di non far disordine nisuno, tanto più che quelle figure di Buffoni sono di fuora del luogo dove è il nostro Signore.

Quibus habitis, Domini decreverunt supradictum Dominum Paulum teneri et obligandum esse ad corrigendum et emendandum picturam, de qua in constituto, arbitrio S.cti Tribunalis, infra terminum trium mensium connumerandorum a die praefixionis correttionis faciendae juxta arbitrium praedicti S.cti Tribunalis connumerandorum, suis expensis, cum comminatione sub poenis sacri Tribunalis imponendis. Et ita decreverunt omni meliori modo.«

»Das Tribunal fragt ihn: In diesem Abendmahl, das Ihr für das Kloster SS Giovanni e Paolo gemalt habt, – was bedeutet derjenige dort mit der blutenden Nase?

Paolo antwortet: Ich malte ihn als einen Diener, der wegen irgendeines Unfalls Nasenbluten hat.

Trib.: Was bedeuten diejenigen nach deutscher Art Bewaffneten, jeweils mit einer Helebarde in der Hand?

Paolo: Das erfordert, daß ich einige Worte machen muß.

Das Tribunal erlaubt ihm, daß er es sage.

P.: Wir Maler nehmen uns die Freiheit, so wie die Dichter und die Narren sie sich nehmen, und ich habe zwei Lanzenträger gemalt, von denen der eine trinkt und der andere bei den Stufen ißt. Und sie könnten dort die Aufgabe als Hausbeschützer erfüllen, passend zu dem mächtigen und reichen Hausherrn, der nach meinem Dafürhalten solche Diener gehabt haben müßte.

T.: Aus welchem Grund habt Ihr denjenigen mit der Kleidung eines Narren und mit dem Papagei auf der Faust in dem Bild gemalt?

P.: Zur Verschönerung, weil man's macht.

T.: Wer gehört zum Tisch Unseres Herrn?

P.: Die zwölf Apostel.

T.: Was tut der heilige Petrus, welcher der erste ist?

P.: Er zerlegt das Lamm, um es zum anderen Tischende zu geben.

T.: Was tut der andere Apostel neben ihm?

P.: Er hat einen Teller, um etwas zu bekommen, was der heilige Petrus ihm geben wird.

T.: Sagt uns, was der andere Apostel daneben tut!

P.: Er ist jemand, der einen Zahnstocher hat und sich die Zähne säubert.

T.: Wer befand sich nach Eurer wirklichen Auffassung beim Abendmahl?

P.: Ich glaube, daß Christus mit seinen Jüngern dort war, aber wenn auf einem Bild eine restliche Stelle frei ist, dann schmücke ich sie mit Figuren aus, gemäß den von mir ersonnenen Geschichten.

Das Tribunal fragt ihn, ob irgendeine Person ihn beauftragt habe, Deutsche, Narren oder ähnliche Sachen auf diesem Bild zu malen.

P.: Nein. Mein Auftrag bestand darin, das Bild nach meiner Ansicht zu schmücken, und es ist groß, und es schien mir groß genug für viele Figuren zu sein.

Das Tribunal sagt ihm, daß der Schmuck, welchen die Maler gewöhnlich auf Gemälden oder Tafeln hinzufügen, mit dem Thema und den wichtigen Figuren übereinstimmen und mit ihnen im Verhältnis stehen sollte, oder ob er wirklich nur für das Vergnügen da wäre, wie dasjenige, was ohne Urteil und ohne Verstand in die Einbildungskraft käme.

P.: Ich mache die Bilder mit der Überlegung, die dem Fassungsvermögen meines Verstandes angemessen ist.

Das Tribunal fragt, ob es angemessen ist, bei Jesus' Letztem Abendmahl Narren, Trinker, Deutsche, Zwerge und andere Albernheiten zu malen.

P.: Nein.

Das Tribunal fragt: Wißt Ihr nicht, daß in Deutschland und an anderen Orten, die von Ketzerei befallen sind, es gewöhnlich verschiedene Bilder gibt, die voll von Albernheiten und ähnlichen Gedanken sind und den Zweck haben, zu spotten, schmähen und Hohn mit den Dingen der heiligen katholischen Kirche zu treiben und um blödsinnigen und unwissenden Menschen schlechte Lehrsätze beizubringen?

P.: Ja das ist schlecht. Aber ich möchte noch einmal dazu zurückkehren, was ich gesagt habe, daß ich gezwungenermaßen demjenigen folgte, was Berühmtere als ich getan haben.

T.: Was haben diese berühmten Leute getan? Taten sie vielleicht Ähnliches?

P.: Michelangelo malte in Rom in der Sixtinischen Kapelle unseren Herrn Christus, seine Mutter, den heiligen Johannes, den heiligen Petrus und den himmlischen Hof, alle nackt, sogar die Jungfrau Maria, in verschiedenen Haltungen und mit wenig Ehrfurcht.

T.: Wißt ihr nicht, daß das Malen des Jüngsten Gerichts, bei dem man sich keine Kleider oder ähnliche Sachen vorstellt, es nicht erforderte, Kleider zu malen, und daß bei solchen Figuren keine einzige Sache ist, die nicht geistig ist und daß es dort keine Narren, keine Hunde, keine Waffen oder andere Tollheiten gibt? Glaubt Ihr, wegen dieses oder irgendeines anderen Beispiels es richtig gemacht zu haben, dieses Euer Bild in der Weise gemalt zu haben, in der es sich befindet, und wollt Ihr Euch damit verteidigen, daß es gut und anständig ist?

P.: Nein, ich will es nicht verteidigen, aber ich dachte, es gut zu machen. Und ich überlegte so viele Dinge nicht und dachte nicht daran, irgendeine Unordnung hervorzurufen, um so mehr, als diese Narrenfiguren an einem Platz unangebracht sind, wo Unser Herr Jesus ist.

Nachdem dies gesagt wurde, beschlossen die Richter, daß der oben genannte Paolo dazu verpflichtet würde, das Bild zu berichtigen und zu verbessern, und zwar in der Art und Weise, daß gemäß der Verfügung und des Urteilspruchs des Heiligen Tribunals innerhalb eines Zeitraums von drei Monaten, gerechnet vom Urteilstag an, die vorher festgelegten Verbesserungen auszuführen seien, auf seine eigene Kosten, mit der Androhung, ihn mit den Strafen des Heiligen Tribunals zu belegen. So wurde der Beschluß auf bestmögliche Weise gefaßt.«*

(Constitutus in Sancto Offitio coram Sacro Tribunali Dominus Paulus Caliarius Veronensis, 18. Juli 1573, Processi, 6,33, zit. b. Caliari, 1888, S. 103ff., engl. Übers. b. Holt, 1982, II, S. 68ff.)

* Veronese änderte bloß den bisherigen Titel des Bildes »Abendmahl Christi und seiner Jünger im Hause des Simeon« um in den neuen Titel »Das Gastmahl im Hause Levis« (vgl. Abb. 19).

FEDERICO ZUCCARI (1542/3–1609)

Die Unabhängigkeit der Malerei von der Mathematik: I/80

»... ma dico bene, e so che dico il vero, che l'arte della Pittura non piglia i suoi principi, ne ha necessità alcuna di riccorrere alle Mathematiche scienze, ad imparare regole, e modi alcuni per l'arte sua, ne ancho per poterne ragionare in speculatione: però non è di lei figliuola, ma bene si della Natura, e del Disegno.«

»... aber ich sage – und ich weiß, daß ich die Wahrheit sage –, daß die Malkunst ihre Grundsätze nicht entlehnt, daß sie es nicht nötig hat, auf die mathematischen Wissenschaften zurückzugreifen, um Regeln oder irgendwelche kunstfertige Art und Weise zu erlernen oder um vernünftig über die Theorie reden zu können: denn sie ist nicht Tochter der mathematischen Wissenschaften, sondern sie ist Tochter der Natur und des zeichnerischen Entwurfs.«

(Zuccari, L'idea de'pittori, scultori e architetti, II/6, Turin 1607, S. 29f., Ausg. Heikamp, 1961)

II Zur allgemeinen Schönheitslehre

LEON BATTISTA ALBERTI (1404–1472)

Schönheit als oberstes Ziel des Malers, noch über Naturnachahmung stehend: II/1

»Et di tutte le parti li piacerà non solo renderne similitudine, ma più adgiugniervi bellezza; però che nella pictura la vaghezza non meno è grata che richiesta. Ad Demetrio, antiquo pictore manchò ad acquistare l'ultima lode, che fu curioso di fare cose adsimilliate al naturale molto più che vaghe.

Per questo giovera pilliare da tutti i belli corpi ciascuna lodata parte et sempre ad imparare molta vaghezza si contenda con istudio et con industria, qual cosa bene che sia difficile perchè nonne in uno corpo solo si truova compiute bellezze, ma sono disperse et rare in più corpi; pure si debba ad investigarla et impararla porvi ogni faticha ...

Ma per non perdere studio et faticha, si vuole fuggire quella consuetudine d'alcuni sciocchi, i quali presuntuosi di suo ingegnio, senza avere essemplo alcuno dalla natura quale con occhi o mente seguano, studiano da se ad se acquistare lode di dipigniere. Questi non imparano dipigniere bene, ma assuefanno se a suoi errori. Fuggie l'ingegni non periti quella idea delle bellezze, quali i beni exercitatissimi appena discernono.

Zeuxis prestantissimo et fra li altri exercitatissimo pictore, per fare una tavola qual publico pose nel tempio di Lucina adpresso de'Crotoniati, non fidandosi pazza mentequanto oggi ciascuno pictore del suo ingenio, ma perchè pensava, non potere in uno solo corpo trovare quante bellezze elli ricercava, perchè dalla natura non erano ad uno solo date, pertanto di tutta la gioventu di quella terra elesse cinque fanciulle le più belle, per torre da queste qualunque bellezza lodata in una femmina. Savio pictore se conobbe che ad i pictori, ove loro sia niuno essemplo della natura, quale elli seguitino ma pure vogliono con suoi ingegni giugniere le lode della bellezza, ivi facile loro adverrà, che non quale cercano bellezza con tanta faticha troveranno, ma certo piglieranno sue pratiche non buone, quali poi ben volendo, mai patranno lassare; ma chi da essa natura s'ausera prendere qualunque facci cosa, costui renderà sua mano si exercitata, che sempre qualunque cosa farà, parrà tratta dal naturale.«

»Und es wird ihm nicht genügen, alle Theile blos ähnlich zu machen, sondern noch mehr wird ihm daran liegen, ihnen Schönheit zu geben, da in der Malerei die Schönheit nicht blos wohlgefällig, sondern auch gefordert ist. Der alte Maler Demetrius* vermochte nur desshalb nicht die höchste Anerkennung zu erwerben, weil er weit mehr darauf ausging, die Gegenstände naturtreu als schön zu bilden ...

Aus diesem Grunde wird es von Vortheil sein, von allen schönen Körpern jeden (besonders) gepriesenen Theil auszuwählen. – Und stets strebe man mit allem Eifer und Fleiss sich des Schönen in reichem Masse zu bemächtigen, wie schwierig dies auch sei, weil man eben nicht an einem Körper allein alle Schönheit vereinigt sieht, sondern sparsam vertheilt an verschiedenen Körpern; darum eben muss man alle Mühe daran wenden, sie aufzusuchen und sie sich zu geistigem Eigenthum zu machen ...

Um aber nicht Fleiss und Mühe zu verlieren, so fliehe man den Brauch einiger Thoren, die ganz eingenommen von ihrem Talent sich bemühen, ohne jegliches der Natur entnommenes Vorbild, das sie mit den Augen oder mit dem Verstande studirten, einzig aus sich selbst heraus sich Anerkennung in der Malerei zu erwerben. Diese lernen es niemals tüchtig zu malen, sondern sie gewöhnen sich an die eigenen Fehler. Es flieht den erfahrungslosen Geist jene Idee der Schönheit, welche kaum die Wohlerfahrensten zu erkennen vermögen.

Als Zeuxis, ein ausgezeichneter und alle Anderen an (künstlerischer) Erfahrung übertreffender Maler, ein Bild für den Tempel der Lucina zu Kroton anfertigen sollte**, vertraute er nicht thöricht, wie heute jeder Maler, einzig auf sein Talent, sondern bedenkend, dass er nicht alle Schönheiten, die er suchte, an einem einzigen Körper finden könnte, da sie von Natur nicht einem allein gegeben wurden, erwählte er aus der gesammten Jugend des Landes die fünf schönsten Mädchen, um von diesen das, was an Jeder als besonders schön gerühmt wurde, zu entlehnen. Dem klugen Meister war es wohl bewusst, dass jenen Malern, die sich keines der Natur entnommenen Vorbildes für ihr Werk bedienen, sondern einzig mit ihrem Talente den Ruhm der Schönheit erreichen wollen, es leicht widerfährt, dass sie jene mit so viel Mühe gesuchte Schönheit nicht finden, ja sicherlich in eine nicht gute Manier fallen werden, welche sie hernach, auch wenn es ihr Wille wäre, nicht mehr abzulegen vermöchten. – Wer sich aber gewöhnt haben wird, in Allem, was er thut, die Natur nachzuahmen, der wird seine Hand so geübt machen, dass stets, was immer er thue, dies der Natur entnommen scheinen wird.«

(Alberti, Della pittura, III, 1435/6, Ausg. Janitschek, ital. u. dt., 1877, S. 150 ff.)

* Quintilian, Inst. orat. XII/10,9
** Plinius, Nat. hist. XXXV/64; Cicero, De inv. II/1,1

Schönheitsdefinition und Schmuck: II/2

»Nos tamen brevitatis gratia sic diffiniemus: ut sit pulchritudo quidem certa cum ratione concinnitas universarum partium in eo, cuius sint, ita ut addi aut diminui aut immutari possit nihil, quin improbabilius reddatur. Magnum hoc et divinum, in quo perficiundo omnes vires artium et ingenii consumuntur; raroque, vel ipsi naturae, cuiquam concessum, ut in medium proferat, quod plane absolutum atque omni ex parte perfectum sit ... erit quidem ornamentum quasi subsidiaria quaedam lux pulchritudinis atque veluti complementum. Ex his patere arbitror, pulchritudinem quasi suum atque innatum toto esse perfusum corpore, quod pulchrum sit; ornamentum autem affícti et compacti naturam sapere magis quam innati.«

»Doch der Kürze halber möchte ich die Definition geben, daß die Schönheit eine bestimmte gesetzmäßige Übereinstimmung aller Teile, was immer für einer Sache, sei, die darin besteht, daß man weder etwas hinzufügen noch hinwegnehmen oder verändern könnte, ohne sie weniger gefällig zu machen. Das ist eine gewaltige und göttliche Sache, bei deren Ausführung es der Anspannung aller künstlerischen und geistigen Kräfte bedarf und sogar der Natur ist es selten vergönnt, etwas hervorzubringen, das absolut und in allen Teilen vollkommen ist ... so wird der Schmuck gleichsam ein die Schönheit unterstützender Schimmer und etwa deren Ergänzung sein. Daraus erhellt, meine ich, daß die Schönheit gleichsam dem schönen Körper eingeboren ist und ihn ganz durchdringt, der Schmuck aber mehr die Natur erdichteten Scheines und äußerer Zutat habe, als innerlicher Art sei.«

(Alberti, De re aedificatoria, VI/2, 1450/52, Florenz 1485, Ausg. Orlandi, 1966, S. 447 ff.; dt. Übers. v. Theuer, 1975, S. 293 f.)

Über Schönheit und ihre Eigenschaften: II/3

»Nunc, quod dicturos polliciti sumus, ad ea venio, ex quibus universa pulchritudinis ornamentorumque genera existant, vel quae potius expressa ex omni pulchritudinis ratione emanarint. Difficilis nimirum pervestigatio. Nam, quicquid unum illud, quod ex universo partium numero et natura exprimendum seligendumque sit aut singulis impartiundum ratione certa et coaequabili aut ita habendum, ut unam in congeriem et corpus plura iungat contineatque recta et stabili cohesione atque consensu, cui nos hic persimile quippiam quaerimus, profecto ipsum id eorum omnium vim et quasi succum sapiat necesse est, quibus aut coherescat aut immisceatur; alioquin discordia discidiisque pugnarent atque dissiparentur ...

Constat enim corpus omne partibus certis atque suis, ex quibus nimirum si quam ademeris aut maiorem minoremve redegeris aut locis transposueris non decentibus, fiet ut, quod isto in corpore ad formae decentiam congruebat, vitietur.

Ex quo statuisse possumus, ne caetera istiusmodi prolixius prosequar, praecipua esse tria haec, in quibus omnis, quam quaerimus, ratio consumetur: numerus, et quam nos finitionem nuncupabimus, et collocatio. Sed est amplius quippiam ex his omnibus compactis atque nexis, quo tota pulchritudinis facies mirifice collucescat: id apud nos concinnitas nuncupabitur, quam eandem profecto omnis esse gratiae atque decoris alumnam dicimus. Atqui est quidem concinnitatis munus et paratio partes, quae alioquin inter se natura distinctae sunt, perfecta quadam ratione constituere, ita ut mutuo ad speciem correspondeant. Hinc fit ut, cum seu visu sive auditu seu quavis ratione admoveantur ad animum, concinna confestim sentiantur. Natura enim optima concupiscimus et optimis cum voluptate adheremus. Neque in toto corpore aut partibus viget magis concinnitas quam in se ipsa atque natura; ut eam quidem esse animi rationisque consortem interpreter. Habetque campos latissimos, ubi exerceatur atque efflorescat. Totam complectitur hominis vitam et rationes, totamque pertractat naturam rerum. Quicquid enim in medium proferat natura, id omne ex concinnitatis lege moderatur. Neque studium est maius ullum naturae, quam ut quae produxerit, absolute perfecta sint. Quod ipsum amota concinnitate minime assequeretur: summus enim, qui optatur, consensus partium interisset. Sed de his hactenus.

Quae si satis constant, statuisse sic possumus: pulchritudinem esse quendam consensum et conspirationem partium in eo, cuius sunt, ad certum numerum finitio-

nem collocationemque habitam, ita uti concinnitas, hoc est absoluta primariaque ratio naturae, postularit ...«

»Nun komme ich dazu, das zu sagen, was ich versprochen habe: woraus nämlich jede Art von Schönheit und Schmuck besteht, oder, besser ausgedrückt, was aus jeder Art von Schönheit entspringe, eine allerdings schwierige Untersuchung. Denn, was allein aus der gesamten Zahl der Glieder und seiner Natur zufolge zu schildern und auszuwählen sei, oder was nach bestimmter und gleicher Weise in einzelne Teile zu zerlegen oder so zu behandeln sei, daß es mehreres zu einem Ganzen und einem Körper vereinige und in richtigem und beständigem Zusammenhange und Zusammenklange bleibe: etwas dem ganz Ähnliches ist es, was ich hier suche. Da ist es in der Tat nötig, die Wirkung alles dessen und gleichsam seine Natur zu kennen; zu wissen, womit etwas sich zusammenbringen und vereinigen läßt, sonst sich aber in Zwietracht und Trennung bekämpft und auseinanderstrebt ...

Hieraus können wir, ohne alles andere dergleichen weiter zu verfolgen, den Satz aufstellen, daß es vorwiegend drei Dinge sind, in denen das ganze Gesetz, welches wir suchen, enthalten ist: Die Zahl, dann das, was ich Beziehung nennen will, und die Anordnung. Doch außerdem gibt es noch etwas, das sich aus der Zusammenfassung und Vereinigung dieser aller ergibt, wodurch jede Erscheinung der Schönheit wunderbar verklärt wird. Dies soll bei uns das Ebenmaß heißen. Dieses selbst, behaupte ich, ist in der Tat das Kind alles Wohlgefallens und Schmuckes. Andererseits hat das Ebenmaß auch die Bestimmung und Aufgabe, Teile, welche sonst von Natur aus unter einander verschieden sind, nach einem gewissen durchdachten Plane so anzuordnen, daß sie durch ihre Wechselwirkung einen schönen Anblick gewähren. Daher kommt es, daß, wenn man, sei es durch das Auge oder durch das Ohr oder auf eine andere Art, im Innern bewegt wird, sofort das Ebenmäßige bemerkt. Denn wir verlangen von Natur nur das Beste und hängen mit Vergnügen am Besten. Und weder im ganzen Körper noch in seinen Teilen vermag das Ebenmaß mehr als durch sich selbst und durch die Natur, daß ich es als den Genossen von Seele und Vernunft bezeichnen möchte. Und es hat ein weites Feld, auf dem es sich betätigen und erblühen kann. Das ganze Leben und Denken des Menschen erfüllt es, und die ganze Natur durchzieht es. Denn alles, was die Natur hervorbringt, dies alles ist nach dem Gesetze der Ebenmäßigkeit geschaffen. Und es gibt kein größeres Streben der Natur, als daß alles, was sie zeugt, vollkommen vollendet sei. Dies selbst könnte sie ohne Ebenmaß keineswegs erreichen, denn die höchste Übereinstimmung der Glieder, die sie erreichen will, würde fehlen. Doch hievon genug.

Steht dies nun zur Genüge fest, so können wir folgenden Satz aufstellen: Die Schönheit ist eine Art Übereinstimmung und ein Zusammenklang der Teile zu einem Ganzen, das nach einer bestimmten Zahl, einer besonderen Beziehung und Anordnung ausgeführt wurde, wie es das Ebenmaß, das heißt das vollkommenste und oberste Naturgesetz fordert ...«

(Alberti, De re aedificatoria, IX/5, S. 811f.; dt. Übers. S. 489ff.)

Über Luxus: II/4

»Odi sumptuositatem. Delectant, quae ingenium ad venustatem et lepiditatem attulerit.«

»Besonderen Aufwand haße ich; Genuß bietet, was den Geist zur Schönheit und Kurzweil anregt.«
(Alberti, De re aedificatoria, IX/4, S. 803; dt. Übers. S. 485)

Albertis Bewunderung des Schönen, das durch den Menschen zustandekommt: II/5

»Quicquid ingenio esset hominum cum quadam effectum elegantia, id prope divinum dicebat ...«

»Alles das, was vom Menschen mit angeborenem Scharfsinn und mit einer gewissen feinen Schönheit verwirklicht würde, das hielt er beinahe für göttlich.«
(Alberti (?) oder Autore Anonimo, Vita di Leon Battista Alberti, Ausg. Bonucci, 1843, S. CXIV)

Ursachen für das Gefallen an Schönheit: II/6

»Quae in rebus pulcherrimis et ornatissimis placeant, ea quidem aut ex ingenii commento et rationibus aut ex artificis manu deveniunt, aut a natura rebus ipsis immissa sunt. Ingenii erit electio distributio collocatio et eiusmodi, quae operi afferant dignitatem; manus erit acervatio affictio amputatio circumcisio expolitio et generis eiusdem, quae operi afferant gratiam; rebus a natura ascita erunt gravitas levitas densitas puritas ...«

»Was uns an den schönsten und prächtigsten Sachen gefällt, das rührt entweder von einem vernünftigen Einfall des Geistes, oder von Künstlerhand her, oder es ist von Natur aus den Dingen angeboren. Sache des Geistes wird die Auswahl, Verteilung, Anordnung und dergleichen sein, was dem Werke Würde verleiht. Sache der Menschenhand wird die Anhäufung, Anfügung, Wegnahme, die Umgrenzung, die sorgfältige Ausarbeitung und dergleichen Sachen sein, was dem Werke Anmut verleiht. Von Natur wird den Sachen angehören die Schwere, die Leichtigkeit, Dichte und Reinheit.«
(Alberti, De re aedificatoria, VI/4, S. 459; dt. Übers. S. 299)

Albertis Schönheitssinn: II/7

»Praecipuam et singularem voluptatem capiebat spectandis rebus, in quibus aliquod esse specimen formae, ac decus.«

»Besonderes und außerordentliches Vergnügen ergriff ihn beim Anblick von Dingen, in denen irgendein Muster an Schönheit und Schmuck wäre.«
(Alberti (?) oder Autore Anonimo, Vita di Leon Battista Alberti, S. CXIV)

FRANCESCO DI GIORGIO MARTINI (1425–1506)

Über Harmonie und Symmetrie: II/8

»L'aurittima è venusta apparienza e modo dello aspetto de'membri in nelle composizioni, come che è l'altezza alla larghezza e la larghezza alla longhezza, e ogni cosa con ragione corrisponda. Similmente la simmetria è conveniente consenso e misura de'membri e rispondimento della proporzionata e venusta parte dell'apparienza di tutta la figura, come che interviene in nel corpo umano piè, palmo, dito e l'altre particule che in esso sono.«

»Die Harmonie ist schöne Erscheinung und eine Art und Weise, wie Teile von Werken aussehen, wie Höhe zur Breite und Breite zur Tiefe sich verhalten und daß jede Sache einer anderen mit Maß entspricht. Ähnlich ist die Symmetrie eine passende Übereinstimmung und ein Maß der Glieder und ein Verhältnis zwischen dem proportionierten und schönen Teil mit der Erscheinung der gesamten Gestalt, so wie es beim menschlichen Körper Fuß, Spanne, Finger und die anderen Teile gibt, die in ihm stecken.«

(Francesco di Giorgio Martini, Trattati di architettura, 1482, Ausg. Maltese, 1967, I, S. 39)

MARSILIO FICINO (1433–1499)

Bestimmung der Schönheit, ihrer Arten und der für sie zuständigen menschlichen Vermögen: II/9

»Cum amorem dicimus, pulchritudinis desiderium intelligite. Hec enim apud omnes philosophos amoris definitio est. Pulchritudo autem gratia quedam est, que ut plurimum in concinnitate plurium maxime nascitur. Ea triplex est. Siquidem ex plurium virtutum concinnitate in animis gratia est; ex plurium colorum linearumque concordia in corporibus gratia nascitur; gratia item in sonis maxima ex vocum plurium consonantia. Triplex igitur pulchritudo: animorum, corporum atque vocum. Animorum mente cognoscitur; corporum oculis, vocum auribus solis percipitur. Cum ergo mens, visus, auditus sint, quibus solis frui pulchritudine possumus, amor vero sit fruende pulchritudinis desiderium, amor semper mente, oculis, auribus est contentus. Quid olfactu? Quid gustu vel tactu opus est? Odores, sapores, calorem, frigus, mollitiem et duritiem horumque similia sensus isti percipiunt. Istorum nullum humana pulchritudo est, cum forme simplices sint; humani autem corporis pulchritudo membrorum requirat diversorum concordiam. Amor, tamquam eius finem, fruitionem respicit pulchritudinis. Ista ad mentem, visum, auditum pertinet solum. Amor ergo in tribus his terminatur; appetitio vero, que reliquos sequitur sensus, non amor sed libido rabiesque vocatur …

Igitur his tribus venabimur pulchritudinem, et per eam que in vocibus corporibusque elucet, tamquam per vestigia quedam animi decorem investigabimus. Illam laudabimus quidem; istum probabimus ac semper id servare conabimur, ut tantus amor sit quanta fuerit pulchritudo. Et ubi corpus quidem pulchrum, animus minime, tamquam umbratilem et fluxam imaginem pulchritudinis vix et leviter diligamus. Ubi solus animus pulcher, stabilem hunc decorem animi ardenter amemus. Ubi vero utraque pulchritudo concurrit, vehementius ammiremur. Atque ita ex platonica familia revera nos esse testabimur. Ea quippe nihil novit, nisi festum, letum, celeste, supernum.«

»Wenn wir von Liebe reden, müßt ihr darunter das Verlangen nach der Schönheit verstehen, weil nämlich bei allen Philosophen diese Begriffsbestimmung der Liebe feststeht.* Die Schönheit aber besteht in einem bestimmten Reiz, welcher hauptsächlich und zumeist auf einem harmonischen Zusammenstimmen mehrerer Eigenschaften beruht. Diese Harmonie stellt sich in dreifacher Hinsicht dar: nämlich der Liebreiz des Gemütes besteht in einem harmonischen Beisammensein mehrerer Tugenden; die körperliche Anmut beruht auf der Harmonie der Farben und Umrisse; ebenso der musikalische Wohlklang auf der Harmonie mehrerer Stimmen.** In dreifachem Sinne stellt sich also die Schönheit dar: im Gemüte, in der Gestalt und in den Tönen. Die Schönheit der Seele ist nur geistig erkennbar, die körperliche nur durch das Auge und die der Töne nur durch das Ohr wahrnehmbar. Da nun der Geist, das Gesicht und das Gehör die Mittel sind, durch die allein wir die Schönheit genießen können, und da die Liebe das Verlangen die Schönheit zu genießen ist, so findet sie stets durch den Geist, das Gesicht und das Gehör ihre Befriedigung. Wozu könnte ihr auch der Geruch, der Geschmack und der Tastsinn dienen, da diese Sinne ja nur Geruchs- und Geschmacksempfindungen, das Gefühl von Kälte und Wärme, Härte und Weichheit vermitteln? In nichts von alledem besteht die menschliche Schönheit; denn jene sind nur einfache Formen, die Schönheit des menschlichen Körpers hingegen erfordert das Ebenmaß der verschiedenen Gliedmaßen, und die Liebe erstrebt das Genießen der Schönheit als ihr eigentliches Ziel. Dieses aber kommt ausschließlich dem Geiste, dem Gesicht und Gehör zu; mithin ist die Liebe auf diese drei Vermögen beschränkt, während der Trieb, welcher von den übrigen Sinnen herrührt, vielmehr als Gelüste oder Raserei zu bezeichnen ist ...

Mittels jener drei Vermögen wollen wir also nach der Schönheit streben und wollen diese, sofern sie sich in den Körpern oder den Tönen darstellt, als die Leitspur und das geeignete Mittel ansehen, um zu der geistigen Schönheit aufzusteigen. Jene wollen wir preisen, diese betätigen, stets aber im Auge behalten, daß das Maß der Liebe dem Maße der Schönheit entspricht. Lieben wir daher, wo nicht der Geist, sondern nur der Leib schön ist, diesen als das flüchtige Schattenbild der Schönheit kühl und oberflächlich! Wo nur der Geist schön ist, laßt uns diese unvergängliche geistige Herrlichkeit inbrünstig lieben. Wo aber beide Arten der Schönheit vereint sind, da werden wir zur höchsten Bewunde-

rung hingerissen sein. So werden wir uns in Wahrheit als platonische Gemeinschaft bewähren, welche nur Heiteres, Erhabenes und Göttliches denkt.«
(Ficino, Commentarium in Convivium Platonis de amore, I/3, 1469, Ausg. Blum/Hasse, lat. u. dt., 1984, S. 26ff.)

* Vgl. Platon, Gastmahl 200; Phaidros 250ff.
** Vgl. Aristoteles, Poetik VII/1450b 36; Metaph. XIII/3, 1078b 1
Cicero, Tusc. 4/31
Alberti, Della pittura II, S. 108
Thomas, S. Theol. II–II 145,2c u. ad 3
Plotin I/6,1, 21–24; VI/7,30, 32–35

Sein und Schönheit: II/10

»... quod cadit ab omni pulchritudine, ab omni cadit essentia, et quod totam possidet pulchritudinem, totam habet essentiam, quia prima essentia et prima pulchritudo sunt idem.«

»Was von aller Schönheit entfernt ist, das ist auch von allem Sein entfernt, und was die ganze Schönheit besitzt, hat auch das ganze Sein, denn das erste Sein und die erste Schönheit sind dasselbe.«
(Ficino, Theologia Platonica de immortalitate animorum, XI/4, Florenz 1482, Ausg. Sancipriano/Kristeller, 1959, I/1, S. 252; dt. Übers. b. Kristeller, 1972, S. 152)

Gott als Grund jeglicher Schönheit: II/11

»Nihil enim deforme et imperfectum se ipsum ornare potest atque perficere. Quod autem unum est ab uno debet oriri. Quapropter una multorum corporum pulchritudo ab uno aliquo incorporali pendet artifice. Artifex unus omnium deus est, qui per angelos atque animas pulchram quotidie reddit omnem mundi materiam. Propterea veram illam pulchritudinis rationem in deo eiusque ministris potius quam in mundi corpore reperiri putandum.«

»Nichts Gestaltloses und Unvollkommenes vermag sich selbst zu gestalten und zur Vollkommenheit zu führen. Und doch muß, was eines ist, seinen Ursprung von Einem haben. Folglich hängt die eine Schönheit der vielen Körper von dem einen unkörperlichen Meister ab. Der eine Schöpfer der Welt ist Gott, welcher durch Vermittelung der Engel und der Seelen ohne Unterlaß die Materie der Welt verschönt. Daher ist der wahre Grund der Schönheit vielmehr in Gott und seinen Dienern zu suchen, als in den Körpern der Welt.«
(Ficino, Commentarium in Convivium Platonis de amore, VI/18, S. 290f.)

Beziehungen zwischen Gott und Welt und zwischen Schönheit, Liebe, Genuß: II/12

»Divina vero hec speties in omnibus amorem, hoc est, sui desiderium procreavit. Quoniam si deus ad se rapit mundum mundusque rapitur, unus quidam continuus astractus est a deo incipiens, transiens in mundum, in deum denique desinens, qui quasi circulo quodam in idem unde manavit iterum remeat. Circulus itaque unus et idem a deo in mundum, a mundo in deum, tribus nominibus nuncupatur. Prout in deo incipit et allicit, pulchritudo; prout in mundum transiens ipsum rapit, amor; prout in auctorem remeans ipsi suum opus coniungit, voluptas. Amor igitur in voluptatem a pulchritudine desinit.«

»Die göttliche Schönheit hat in allen Dingen die Liebe, d. i. das Verlangen nach ihr selbst, erzeugt. Da eben Gott die Welt zu sich hinzieht und die Welt zu ihm hingezogen wird, so besteht eine dauernde Anziehung zwischen Gott und der Welt, welche von Gott ausgeht, auf die Welt sich überträgt und in Gott zum Abschluß kommt, demnach sozusagen im Kreislauf zu ihrem Ausgangspunkt zurückkehrt. Ein und derselbe Kreislauf also, nämlich von Gott zur Welt und von der Welt zu Gott hin, wird auf dreifache Weise benannt. Insofern er in Gott entspringt und zu ihm hinzieht, heißt er Schönheit, insofern er auf die Welt sich erstreckt und sie an sich reißt, wird er Liebe genannt; insofern er, zum Urheber zurückkehrend, diesen mit seiner Schöpfung verbindet, heißt er Genuß. Die Liebe entspringt also aus der Schönheit und endet bei dem Genuß« (vgl. Abb. 5).

(Ficino, Commentarium in Convivium Platonis de amore, II/2, S. 38 f.)

Die Unkörperlichkeit der Schönheit und falsche Ansichten über die Schönheit: II/13

»Cum hec ita se habeant, necessarium est pulchritudinem esse aliquid virtuti, figure, vocibusque commune. Non enim quodlibet istorum trium pulchrum similiter vocaremus, nisi una iis tribus inesset pulchritudinis definitio. Quo fit ut ipsa pulchritudinis ratio corpus esse non possit, quoniam virtutibus animi que incorporee sunt pulchritudo, si esset corporea, minime conveniret. Atque tantum abest ut corpus sit pulchritudo, ut non modo que virtutibus animi sed ea etiam que corporibus et vocibus inest nequeat esse corporea. Quamvis enim corpora quedam spetiosa dicamus, non tamen sunt ex ipsa sui materia spetiosa … Ergo speties incorporea placet. Quod placet, id cuique gratum. Quod gratum, hoc denique pulchrum. Quo efficitur ut amor ad incorporeum aliquid referatur atque ipsa pulchritudo spiritale quoddam potius rei similacrum sit quam corporea speties.

Sunt autem nonnulli qui certam membrorum omnium positionem sive, ut eorum verbis utamur, commensurationem et proportionem cum quadam colorum suavitate esse pulchritudinem opinentur. Quorum nos opinionem proterea non admictimus quia, cum huiusmodi partium dispositio in solis sit rebus compositis, nulla essent simplicia spetiosa. Nunc autem puros colores, lumina, vocem unam, fulgorem auri et argenti candorem, scientiam, animam, que omnia simplicia sunt, pulchra vocamus nosque ita mirifice tamquam revera sint pulchra delectant. Accedit ad hec quod proportio illa cuncta includit corporis compositi membra neque est in singulis, sed in cunctis. Singula itaque membra per se pulchra non erunt. Ex singulis autem particulis totius compositi proportio nascitur. Unde non nihil sequitur absurdissimum ut que suapte natura spetiosa non sunt, pulchritudinem pariant ... Eadem nos ratio ammonet ne formam suspicemur esse colorum suavitatem ... Neque tamen audeat quispiam mixtionem quamdam ex figura coloribusque pulchritudinem affirmare. Sic enim neque scientie neque voces, que colore et figura carent, neque colores et lumina, que certam nullam figuram habent, amore digna iudicarentur.«

»Nach alledem muß die Schönheit mit der Tugend, den Gestalten und Tönen ihr Wesen gemein haben. Wir würden nicht alle drei als schön bezeichnen, gälte nicht für alle zusammen eine gemeinsame Bestimmung der Schönheit. Daraus geht hervor, daß das Wesen der Schönheit nicht in Körperlichem bestehen kann. Denn wäre dies der Fall, so würde sie nicht den Tugenden der Seele, welche unkörperlich sind, zukommen. Die Körperlichkeit ist sogar in dem Sinne von der Schönheit ausgeschlossen, daß nicht nur die den geistigen Vorzügen, sondern auch die den Körpern und den Tönen innewohnende Schönheit unkörperlich sein muß. Wenn wir auch etliche Körper als schön bezeichnen, so sind sie doch nicht ihres Stoffes wegen schön ... Die unkörperliche Form ist es also, welche Gefallen findet; was gefällt, ist liebenswert; das Liebenswerte ist schön. Daraus folgt, daß die Liebe sich auf etwas Unkörperliches bezieht, und daß die Schönheit vielmehr eine geistige Vorstellung eines Dinges, als eine körperliche Erscheinung ist.

Einige sind der Meinung, die Schönheit bestehe in einer bestimmten Anordnung oder in einem ebenmäßigen Verhältnis sämtlicher Glieder, gepaart mit zarter Abtönung der Farben. Dieser Ansicht pflichten wir deshalb nicht bei, weil eine derartige Anordnung der Teile nur bei zusammengesetzten Gegenständen möglich ist, und demnach nichts Einfaches schön sein könnte. Wir bemerken jedoch, daß die reinen Farben, die Lichtstrahlen, eine einzelne Stimme, das Funkeln des Goldes und der lichte Glanz des Silbers, die Wissenschaft, die Seele, der Geist und Gott, alles einfache Substanzen, schön sind, und wir erfreuen uns daran in hohem Maße als an etwas sehr Schönem. Ferner umfaßt jenes Ebenmaß alle Glieder des zusammengesetzten Körpers derart, daß es nicht in einem einzelnen Gliede für sich, sondern in ihrer Gesamtheit besteht. Den einzelnen Körperteilen für sich würde demnach die Schönheit nicht zukommen. Jedoch beruht das Ebenmaß der ganzen Zusammensetzung auf den Teilen. Hieraus ginge nun eine Ungereimtheit hervor, indem nämlich Dinge, welche an sich selbst nicht schön sind, die Schönheit zutage fördern sollten ... Der gleiche Beweisgrund lehrt uns, nicht zu mutmaßen, die Schönheit bestehe in der zarten Abtönung der Farben ... Daher vermesse sich niemand zu der Behauptung, die Schönheit bestehe in einer Vereinigung von Gestalt und Farbe! Denn dann wären weder die Wissenschaften noch die Töne, welche ja der Gestalt und der Farbe entbehren und ebensowenig die Farben und Lichtstrahlen, welchen die bestimmte Gestalt abgeht, liebenswert.«

(Ficino, Commentarium in Convivium Platonis de amore, V/3, S. 136ff.)

Schönheit als Licht und verschiedene Schönheitsstufen: II/14

»An tu esse aliud quam lucem pulchritudinem ducis? Porro corporum omnium pulchritudo lumen istud est Solis, quod vides tribus illis infectum, formarum multitudine, nam multis id aspicis figuris coloribusque depictum, loci spatio, temporali mutatione. Tolle sedem eius in materia, ut preter locum reliqua duo retineat: huiusmodi prorsus est animi pulchritudo. Tolle hinc temporis, si lubet, mutationem, mitte reliquum: lumen restat sine loco, sine motu clarissimum, sed omnibus insculptum rerum omnium rationibus. Id angelus est, id angeli pulchritudo. Tolle postremo diversarum illum numerum idearum, unam simplicem ac meram relinque lucem, instar lucis eius, que in globo Solis ipso permanet, per aerem non dispergitur: iam dei pulchritudinem quodammodo comprehendis. Que tantum saltem formas reliquas antecellit, quantum lux illa Solis in se ipsa, mera, una, inviolata, splendorem Solis per nubilosum aera disiectum, divisum, infectum, obscuratum exsuperat. Fons itaque totius pulchritudinis deus est. Fons ergo totius amoris est deus.

Lumen preterea Solis in aqua umbra quedam est ad clarius eiusdem lumen in aere. Splendor in aere, umbra similiter ad eiusdem in igne fulgorem, fulgor in igne, umbra ad lucem Solis eodem ipso in Sole fulgentem. Eadem etiam inter quatuor illas, corporis, animi, angeli, dei pulchritudines comparatio.«

»Ja, glaubst du denn, die Schönheit sei etwas anderes, als Lichtglanz? Die Schönheit aller Körper ist dieses Sonnenlicht, welches du durch jene drei Qualitäten getrübt erblickst, nämlich durch die Mannigfaltigkeit der Formen – du siehst es ja in einer Vielheit von Farben und Gestalten –, die räumliche Ausdehnung und die zeitliche Veränderung. Entziehe diesem Licht seine Stütze in der Materie, so daß ihm außer der räumlichen nur die beiden anderen Bestimmungen bleiben: gerade dies ist die Schönheit der Seele! Hebe nun noch die zeitliche Veränderung auf und laß das übrige bestehen! Es bleibt dir ein hellstrahlendes Licht ohne Räumlichkeit und ohne Bewegung, jedoch ausgestattet mit den Urbildern aller Dinge: das ist der Engel und seine Schönheit. Hebe endlich auch die Zahl der unterschiedlichen Ideen auf und laß nur das einfache reine Licht bestehen, ähnlich dem, welches sich in dem Sonnenball befindet und sich nicht nach außen zerstreut! Dann erhältst du einigermaßen einen Begriff von der Schönheit Gottes, welche alle übrige Schönheit mindestens um soviel übertrifft, als das in sich selbst reine, eine und ungetrübte Sonnenlicht das von ihm ausgehende, durch die trübe Luft hin zerstreute, geteilte, getrübte und verdunkelte Licht überstrahlt. Aller Schönheit Urquell also ist Gott. Gott ist auch der Urquell aller Liebe.

Das Sonnenlicht im Wasser ist nur ein Schatten neben dem helleren Lichte in der Luft, und dieses ist nur ein Schatten im Vergleich zu dem Lichte im Feuerelement. Dieses wiederum ist nur ein Schatten neben dem Licht der Sonne, welches in der Sonne selbst erstrahlt. Das gleiche Verhältnis besteht zwischen den vier Schönheiten: des Körpers, der Seele, des Engels und Gottes.«

(Ficino, Commentarium in Convivium Platonis de amore, VI/17, S. 283 ff.)

LORENZO DE' MEDICI (1449–1492)

Über die Schönheit, das Gute, die Wahrheit: II/15

»... ed essendo una medesima cosa somma bellezza e somma bontà e somma verità, secondo Platone, nella vera bellezza di necessità è la bontà e verità in modo annesse, che l'una con l'altra si converte. E intendendosi per li cuori gentili gli animi elevati, secondo che abbiamo detto, e perfetti, bisogna sia vero che ogni gentil cuore viva d'infinita bellezza, perchè il bello, buono e vero sono obietto e fine di ogni ragionevole desiderio, dando vita a quegli che gli appetiscono; perchè chi si parte dal bello, dal buono e dal vero, si può dire non vivere, perchè fuora di queste perfezioni non si dice esser cosa alcuna. Adunque, come il sole co'raggi suoi fa risplendere le stelle sanza diminuzione della sua luce, così questa somma bellezza infonde come raggi ne'gentili cuori della sua grazia, cioè un lume spirituale, per lo quale vivono e speritualmente relucono ...«

»Die höchste Schönheit, das höchste Gute und die höchste Wahrheit sind gemäß Platon dasselbe; in wahrer Schönheit sind notwendigerweise das Gute und die Wahrheit in solcher Weise verbunden, daß das eine sich ins andere verwandelt. Wenn das, wie wir gesagt haben, von den edlen Herzen und den erhabenen und vollkommenen Seelen verstanden wird, dann muß es wahr sein, daß jedes edle Herz in unendlicher Schönheit lebt, während derjenige, der sich vom Schönen, vom Guten und vom Wahren entfernt, nicht lebend genannt werden kann, weil außerhalb dieser Vollkommenheiten, wie man sagt, nichts sein kann. Wie also die Sonne mit ihren Strahlen das Leuchten der Sterne verursacht, ohne Verringerung ihres eigenen Lichts, so beeinflußt die Schönheit edle Herzen mit ihrer Grazie, es ist ein geistiges Licht, durch welches sie leben und geistig leuchten ...«

(Lorenzo de' Medici, Comento sopra alcuni de'suoi sonetti, Ausg. Cavalli, 1969, S. 463f.)

GIOVANNI PICO DELLA MIRANDOLA (1463–1494)

Liebe und Schönheit: II/16

»Escludendo dunque questi e tutti gli altri significati, noi aremo a intendere quel solo che è desiderio di possedere quello che o è o a noi pare essere bello; e così nel Convivio da Platone è diffinitio amore: desiderio di bellezza.«

»Wenn wir also diese und alle anderen Bedeutungen ausschließen, müssen wir unseren Blick allein auf diejenige richten, welche der Wunsch nach dem Besitz des Schönen oder uns als schön Erscheinenden ist. So bestimmt Platon im ›Gastmahl‹ die Liebe: Wunsch nach Schönheit.«

(Pico della Mirandola, Commento suo una canzona de amore, II/2, 1486, Ausg. Garin, 1942, S. 486f.)

Schönheit und Vielteiligkeit: II/17

»*Della bellezza in comune.*

Questo vocabulo bellezza si può pigliare secondo una larga e comune significazione; e puossi pigliare propriamente secondo el primo modo ogni volta che più cose diverse concorrono a constituzione d'una terza, la quale nasce dalla debita mistione e temperamento fatto di quelle varie cose; ille decor che resulta di quella proporzionata commistione si chiama bellezza. Et cum sit che ogni cosa creata sia composta ..., puossi ... chiamarsi ogni cosa creata bella ...; e secondo questa ragione niuna cosa semplice può essere bella. Di che segue che in Dio non sia bellezza perchè la bellezza include in sè qualche imperfezione, cioè lo essere composto in qualche modo ... Dopo Lui comincia la bellezza, perchè comincia la contrarietà, sanza la quale non può essere cosa alcuna creata, ma sarebbe solo esse Dio; nè basta questa contrarietà e discordia di diverse nature a constituire la creatura, se per debito temperamento non diventa e la contrarietà unita e la discordia concorde, il che si può per vera deffinizione assignare di essa bellezza, cioè che non sia altro che una amica inimicizia e una concorde discordia ... però è detto da'poeti che Venere ama Marte, perchè quella bellezza la quale si chiama Venere, come noi di sotto diremo, non sta sanza quella contrarietà; e che Venere doma e mitiga Marte perchè quel temperamento restrigne e retunde la pugna e l'odio che è fra quelle nature contrarie.«

»Über Schönheit im allgemeinen.

Dieses Wort ›Schönheit‹ kann man in einer weitläufigen und gewöhnlichen Bedeutung auffassen; es kann jedesmal richtig in der Hauptsache aufgefaßt werden, daß nämlich mehrere verschiedene Dinge zur Bildung eines Dritten zusammenkommen, welches auf einer rechten Mischung und auf einem Verhältnis dieser verschiedenen Dinge beruht. Dieser Schmuck, der aus dieser Proportion und Mischung sich ergibt, wird Schönheit genannt. Und weil dies so ist, daß jedes geschaffene Ding zusammengesetzt ist ..., kann jedes geschaffene Ding schön genannt werden ...; und aus diesem Grund kann kein einfaches Ding schön sein. Daraus folgt, daß es keine Schönheit in Gott gibt, denn Schönheit enthält in sich eine gewisse Unvollkommenheit, d. h. sie muß auf bestimmte Weise zusammengesetzt sein ... Doch unterhalb von Gott beginnt Schönheit, weil dort Gegensätzlichkeit beginnt, ohne die es nur Gott und keine Schöpfung gäbe. Auch genügt es zur Bildung einer Kreatur nicht, daß Gegensätzlichkeit und Zwietracht zwischen verschiedenen Elementen herrschen, sondern erst, wenn sie zueinander ins rechte Verhältnis treten, vereinigen sich die Gegensätze und wird Zwietracht zur Eintracht ... Aus diesem Grund heißt es bei den Dichtern, daß Venus Mars liebt, da Schönheit, die wir Venus nennen, nicht ohne Gegensätzlichkeit bestehen kann, und daß Venus Mars zähmt und besänftigt, da die mäßigende Kraft zur Bändigung und Überwindung von Streit und Haß führt, die zwischen den gegensätzlichen Elementen herrschen.«

(Pico della Mirandola, Commento suo una canzona de amore, II/8, S. 494 ff.; vgl. dt. Übers. b. Wind, 1981, S. 107 f.)

LEONARDO DA VINCI (1452–1519)

Die Schönheit, die einem Blindgeborenen verborgen bleibt: II/18

»... *perchè mai vide nessuna cosa, di che si compone la bellezza del mondo, cioè luce, tenebre, colore, corpo, figura, sito, remozione, propinquità, moto e quiete, le quali son dieci ornamenti della natura.*«

»Denn dieser sah ja niemals eines von den Dingen, aus denen sich die Schönheit der Welt zusammenfügt, nämlich Licht, Finsterniss, Farbe, Körper, Figur, Ort und Lage, Entfernung, Nähe, Bewegung und Ruhe, welche der Natur ein zehnfacher Schmuck sind.«

(Leonardo, Trattato della pittura, Ausg. Ludwig, ital. u. dt., 1882, I, Nr. 20)

LEONE EBREO (um 1465–um 1535)

Über Liebe, Schönheit und Gott: II/19

»*Questo rettamente lui diffinisce che è desiderio di bellezza. Tale amore dice che non si truova in Dio, però che quel che desia bellezza non l'ha né è bello, e a Dio, che è sommo bello, non gli manca bellezza né la può desiare, onde non può avere amore, cioè di tal sorte.*«

»Platon definiert diese Liebe richtig als den Wunsch nach Schönheit. Er sagt, daß diese Liebe nicht in Gott gefunden werden kann, weil das, was nach Schönheit strebt und sie nicht hat, nicht schön ist, und Gott, der die höchste Schönheit ist, ermangelt es nicht der Schönheit, noch kann er sie begehren, so daß er eine solche Art der Liebe nicht haben kann.«

(Ebreo, Dialoghi d'amore, III, 1501/02, Ausg. Caramella, 1929, S. 218)

Die Schönheit der von Gott geschaffenen Welt: II/20

»*E cosí nel mondo sono tre gradi ne la bellezza: l'attore di quella, quella, il participante di quella, cioè bello bellificante, bellezza e bello bellificato; il bello bellificante, padre della bellezza, è il sommo Dio, e la bellezza è la somma sapienzia e primo intelletto ideale; il bello bellificato, figliuolo di essa bellezza, è l'universo prodotto.*«

»Und so sind in der Welt drei Grade der Schönheit: ihr Urheber, sie selber, und was an ihr teilhat, nämlich das schönende Schöne, die Schönheit und das geschönte Schöne; das schönende Schöne, Vater der Schönheit, ist Gott, der Höchste; die Schönheit ist die höchste Weisheit und der erste ideale Intellekt; das geschönte Schöne, Sohn der Schönheit, ist das geschaffene Universum.«
(Ebreo, Dialoghi d'amore, III, S. 349; dt. Übers. b. Pflaum, 1926, S. 136)

Über unkörperliche und körperliche Schönheit: II/21

»... e se de le cose incorporee si dice, è perché a similitudine del corpo hanno parti de le quali sono composte proporzionalmente per ordine, come è l'armonia, concordanza e l'ordinata orazione: però si chiamano belli a similitudine del composto e proporzionato corpo ...«

»Wenn von unkörperlichen Dingen gesagt wird, sie seien schön, so darum, weil ihre Teile, ähnlich wie bei einem Körper, nach einer bestimmten Ordnung proportional zusammengesetzt sind. Dies gilt für die Harmonie, den Einklang und die wohlgeordnete Rede: sie werden in Analogie zu einem zusammengesetzten und wohlproportionierten Körper schön genannt.«
(Ebreo, Dialoghi d'amore, III, S. 317; dt. Übers. b. Tatarkiewicz, 1987, S. 144)

Über die Kenner der unkörperlichen Schönheit: II/22

»... conoscono che quella bellezza che si truova ne'corpi è bassi, piccola e superficiale a rispetto di quella che si truova ne l'incorporei; anzi conoscono che la bellezza corporea è ombra e immagine de la spirituale, e participata da quella, e non è altro che il risplender che il mondo spirituale dá al mondo corporeo ...«

»... sie erkennen, daß die Schönheit, die in Körpern gefunden wird, niedrig, gering und oberflächlich ist im Vergleich mit der unkörperlichen Schönheit. Überdies erkennen sie, daß die körperliche Schönheit ein Schatten und ein Bild der geistigen Schönheit ist, daß jene an dieser teilhat und nichts anderes ist als der Glanz, welcher die geistige der körperlichen Welt verleiht ...«
(Ebreo, Dialoghi d'amore, III, S. 318)

Die höchste Schönheit und ihre Erkenntnis durch den Verstand: II/23

»Ma la suprema cognizione de l'uomo consiste ne la mente astratta, qual, contemplando ne la scienzia di Dio e de le cose astratte da materia, si diletta e innamora de la somma grazia e bellezza che è nel creatore e fattore di tutte le cose, per la quale arriva a sua ultima felicitá.«

»Aber die höchste Kenntnis des Menschen besteht im abstrakten Geist, welcher Betrachtungen in der Wissenschaft von Gott und von den vom Stoff abstrahierten Dingen anstellt und sich erfreut und sich in die höchste Grazie und Schönheit verliebt, die im Schöpfer und Bildner aller Dinge ist, wodurch der Mensch seine höchste Glückseligkeit erreicht.«
(Ebreo, Dialoghi d'amore, III, S. 227 f.)

Schönheit in der Idee und in ausgeführten Kunstwerken: II/24

»Ben conoscerai, o Sofia, quanto piú bella debbe essere l'idea de l'artifizio unita ne la mente de l'artifice che quando si truova nel corpo distribuita e smembrata, però che ogni bellezza e perfezione cresce l'unione e la divisione la sminuisce, e le parti de la bellezza de la statua di Venere nel legno sono divise ciascuna per sé, onde fanno lenta e debile la sua bellezza in respetto di quella che è ne l'anima de l'artefice, però che in lei consiste l'idea de l'arte, con tutte le sue parti complicate insieme in modo che l'una favorisce l'altra e la fa crescere in bellezza e la bellezza di tutti insieme sta in ognuna e quella di ciascuno in tutti, senza alcuna divisione o discrepanzia; di maniera che, chi vedessi l'una e l'altra, conosceria che senza comparazione è piú bella l'arte che l'artifiziata ...«

»Wohl kannst Du erkennen, o Sophia, wieviel schöner die Idee des Kunstwerks sein muß, solange sie im Geiste des Künstlers vereinigt ist, als wenn sie sich im Körper verteilt und zergliedert findet; denn jede Schönheit und Vollkommenheit wächst durch Einheit und mindert sich durch Teilung, und die Schönheitsteile einer Venusstatue sind in Holz eine jede geschieden in sich; daher wird ihre Schönheit langsam und schwach, im Vergleich zu der, die im Geiste des Künstlers ist; denn in ihm besteht die künstlerische Idee mit allen ihren Teilen in eins verschmolzen, so daß ein Teil dem andern dient und ihn an Schönheit wachsen macht, und die Schönheit ihrer aller zusammen ruht in jedem, und die Schönheit eines jeden in allen ohne alle Scheidung noch Unterschied solcherart, daß, wer die eine (die Schönheit im Geiste des Künstlers) und die andere (die im Kunstwerk) sähe, erkennen müßte, daß die Kunst unvergleichlich schöner ist als das Kunstwerk.«

(Ebreo, Dialoghi d'amore, III, S. 324f.; dt. Übers. b. Pflaum, 1926, S. 130f.)

Die Idee der Schönheit in Kunst und Natur: II/25

»... e cosí come levando per considerazione del bello artifiziato la corporenzia non resta altro che l'idea, la quale è in mente de l'artifice, cosí levando la materia de'belli naturali restano solamente le forme ideali preesistenti ne l'intelletto primo, e da lui ne l'anima del mondo.«

»Und ebenso, wie wenn man in Gedanken von einem schönen Kunstwerk die Körperlichkeit wegnimmt, nichts außer der Idee im Geiste des Künstlers übrigbleibt, so bleiben auch, wenn man die Materie von schönen Naturgegenständen wegnimmt, einzig die idealen Formen bestehen, die im ursprünglichen göttlichen Verstand und von ihm her in der Seele der Welt im voraus existieren.«

(Ebreo, Dialoghi d'amore, III, S. 324; dt. Übers. b. Tatarkiewicz, 1987, S. 144)

FRANCESCO CATTANI DA DIACCETO (1466–1522)

Was Schönheit ist: II/26

»Est itaque pulchritudo non per se ens, non per se uita, non per se numerus, non per se ordo, non per se proportio sed gratia quaedam splendorque ac flos boni.«

»Und deshalb ist Schönheit nicht an sich Sein, nicht an sich Leben, nicht an sich Zahl, nicht an sich Ordnung, nicht an sich Proportion, sondern eine gewisse Anmut, ein Glanz und eine Blüte des Guten.«

(Cattani, De pulchro, I/9, 1496/99–1514, Ausg. Matton, 1986, S. 75)

Liebe und Schönheit: II/27

»Ogni appetito, et ogni desiderio si puo chiamare amore in un certo modo benche pigliando propriamente l'amore sia solamente desiderio di bellezza ...«

»Jedes Streben, jeder Wunsch kann in gewisser Weise Liebe genannt werden, obwohl genau genommen Liebe nur das Streben nach Schönheit ist ...«

(Cattani, Tre libri d'amore, I/7, 1508, zit. b. Nelson, 1958, S. 110)

RAFFAEL (1483–1520)

Über die schöne Frau, das Auswahlverfahren und die künstlerische Idee: II/28

»Della Galatea mi terrei un gran maestro se vi fossero la metà delle tante cose che V.S. mi scrive; ... e le dico che per dipingere una bella, mi bisogneria veder più belle, con questa condizione che V.S. si trovasse meco a fare scelta del meglio. Ma essendo carestia e di buoni giudicj, e di belle donne, io mi servo di certa idea che mi viene nella mente. Se questa ha in se alcuna eccellenza d'arte, io non so; ben m'affatico d'averla.«

»Wegen der Galatea würde ich mich für einen grossen Meister halten, wenn nur die Hälfte der grossen Dinge daran wäre, die Ew. Herrl. mir schreibt ... Uebrigens muss ich Euch sagen, dass ich, um eine Schöne zu malen, deren mehrere sehen müsste; und zwar unter der Bedingung, dass Ew. Herrl. sich bei mir befände, um eine Auswahl des Allerschönsten zu treffen. Da nun aber immer Mangel an richtigem Urtheil wie an schönen Frauen ist, bediene ich mich einer gewissen Idee, die in meinem Geist entsteht. Ob diese nun einige künstlerische Vortrefflichkeit in sich trägt, weiss ich nicht; wohl aber bemühe ich mich, sie zu erreichen.«

(Raffael, Brief an Baldassare Castiglione, 1516, Ausg. Passavant, 1839, I, S. 533; dt. Übers. b. Guhl, 1880, I, S. 95; die ital. Fassg. b. Bottari/Ticozzi, I, S. 117, ist verstümmelt; vgl. Abb. 13)

MARIO EQUICOLA (um 1470–1525)

Über Liebe, Schönheit und Genuß: II/29

»Dicemo dunque amor esser cupidita di animo che procede da sensi con pensieri di consequire il desiderato et fruire la opinata bellezza di quello: fruir al presente intendemo hauer la cosa desiderata a tuo piacere, in tua potesta et arbitrio.«

»Wir sagen also, daß Liebe ein Wunsch der Seele ist, der aus den Sinnen mit dem Gedanken erwächst, das Ersehnte zu erreichen und die erdachte Schönheit zu genießen. Mit ›Genießen‹ meinen wir hier, das Ziel deiner Wünsche zu deiner Freude, in deiner Macht und zu deiner Verfügung zu haben.«
(Equicola, Libro de natura de amore, Venedig 1525, fol. 78 v)

Über ›schön‹ und ›gut‹: II/30

»Concludamo breuissimamente amor essere desiderio de hauere et usar et fruire quel che ne credemo bello: mutamo quel bello et in suo loco dicamo buono: forsi in grandissima parte seria diffinitione anchor del diuino amore perche buono et bello se conuerteno ...«

»Wir fassen in Kürze zusammen, daß Liebe das Streben nach Besitz, Gebrauch und Genuß dessen ist, was wir für schön halten. Wir verändern ›schön‹ und sagen stattdessen ›gut‹: vielleicht folgt daraus zum größten Teil die Definition der göttlichen Liebe, weil gut und schön ineinander übergehen ...«
(Equicola, Libro de natura de amore, fol. 79 r und v)

BALDASSARE CASTIGLIONE (1478–1529)

Liebe, Erkenntnisvermögen und Schönheit: II/31

»Dico adunque che, secondo che dagli antichi savi è diffinito, amor non è altro che un certo desiderio di fruir la bellezza; e perché il desiderio non appetisce se non le cose conosciute, bisogna sempre che la cognizion preceda il desiderio; il quale per sua natura vuole il bene, ma da sé è cieco e non lo conosce. Però ha così ordinato la natura che ad ogni virtù conoscente sia congiunta una virtù appetitiva; e perché nell'anima nostra son tre modi di conoscere, cioè per lo senso, per la ragione e per l'intelletto, dal senso nasce l'appetito, il qual a noi è commune con gli animali bruti; dalla ragione nasce la elezione, che è propria dell'omo; dall'intelletto, per lo quale l'uom po communicar con gli angeli, nasce la voluntà ... Di questi modi adunque si po desiderar la bellezza; il nome universal della quale si conviene a tutte le cose o naturali o artificiali che son composte con bona proporzione e debito temperamento, quanto comporta la lor natura.«

»Ich sage also, daß die Liebe gemäß der Bestimmung der alten Weisen nichts anderes als ein gewisses Verlangen ist, die Schönheit zu genießen; und weil es das Verlangen nur nach Bekanntem gelüstet, muß die Erkenntnis stets dem Verlangen vorausgehen, das seiner Natur nach das Gute will, an sich aber blind ist und es nicht erkennt. Deshalb hat es die Natur so eingerichtet, daß jeder erkennenden Tugend eine begehrende beigefügt ist; da es aber in unserer Seele drei Arten des Erkennens gibt, nämlich durch die Sinne, die Vernunft und den Verstand, entspringt aus den Sinnen die Begierde, die uns mit den Tieren gemeinsam ist, aus der Vernunft die Wahl, die nur dem Menschen eigen ist, und aus dem Verstand, durch den der Mensch mit den Engeln in Verbindung treten kann, der Wille ... Auf diese Arten also kann man nach der Schönheit verlangen, deren Name allgemein allen natürlichen oder künstlichen Dingen zukommt, die nach ihrer Natur in guten Verhältnissen und richtigem Maße gebildet sind.«

(Castiglione, Il Cortegiano, IV/51, Venedig 1528, Ausg. Maier, 1955, S. 514 f.; dt. Übers. v. Baumgart, 1986, S. 385)

AGOSTINO NIFO (1473–1538/45)

Liebe und die Existenz des Schönen: II/32

»Amorem esse amantes omnes confitentur: at cum amor, ut definit Plato, nihil aliud sit, quàm desiderium fruendi pulchrum, fit ut etiam ipsum pulchrum sit, quo frui amantes desiderant.«

»Alle Liebenden gestehen zu, daß es Liebe gibt; aber da ja nach Platons Definition Liebe nichts anderes als der Wunsch nach dem Genuß des Schönen ist, so kommt es, daß es auch das Schöne selbst gibt, wodurch die Liebenden genießen wollen.«

(Nifo, De pulchro et de amore, I/4, Lugduni 1549)

Verschiedene Meinungen über die Schönheit: II/33

»Quomodo de pulchro differant Peripatetici à Platonicis.

Quoniam verò pulchrum (ut Socrates dixit) gratia quaedam est, quae animam mouet ad sui fruitionem, fit ut pulchri genus duplex sit secundum Platonicos: alterum quidem intellectuale, alterum (ut ita dixerim) animale. Est pulchrum intellectuale, quod per mentem animam mouet ad frui fruitionem intellectualem, et hoc pulchri genere Deus, Angeli, et Animae pulchrae sunt. Est pulchrum animale, quod per uisum, uel auditum, uel utrumque animam mouet ad sui fruitionem animalem: hoc pulchri genere coelum, aedificia, orationes, carmina, officia, disciplinae, ceteraq́ue id genus pulchra sunt: mouent enim animam nostram per uisum, uel auditum ad sui fruitionem, quae uisione, uel auditione, uel utraque perficitur. Hoc quaque genere honestae puellae, quarum animi pulchritudo est morum con-

cinnitas, mouent animam ad sui ipsarum fruitionem animalem, quae completur uisu, auditu, alloquijs, ac mutuo conuictu. Peripatetici uerò addiderunt tertium genus, uidelicet pulchrum corporeum, quod mouet animam per omnes, uel plures sensus ad sui corpoream fruitionem, quae amplexu, ac tactu perficitur: cum enim pulchri species (ut diximus) à tactilibus, gustatilibus, olfactilibus, uisilibus, et auditilibus deduci possit ad animam per uisum, uel auditum, uel olfactum, uel tactum, aut gustum, aut per omnes, uel plures huiusmodi sensus, fit ut per hos omnes, aut plures, aut unum animam moueat ad sui fruitionem. quae cum corporea sit, perfecta esse non potest, nisi amplexu, ac tactu expleatur. Tale autem pulchrum corporeum solum in humano genere Peripatetici collocarunt. Nam quae in genere intellectuali pulchra dicuntur, non pulchra, sed potius bona sunt censenda.«

»Auf welche Weise Aristoteliker und Platoniker unterschiedlicher Auffassung vom Schönen sind.

Weil aber nach Sokrates das Schöne eine gewisse Anmut ist, welche die Seele zu seinem Genuß bewegt, so kommt es, daß gemäß den Platonikern die Art des Schönen zweifach ist: die eine nämlich ist intellektual, geistig, die andere ist, wie ich es ausdrückte, animal, sinnlich. Das Schöne ist geistig, weil es durch den Geist die Seele dazu bewegt, sich an dem geistigen Genuß zu erfreuen; auf diese Weise sind Gott, die Engel, die Seelen schön. Das Schöne ist sinnlich, weil es durch Gesicht oder Gehör oder beides die Seele zu seinem sinnlichen Genuß bewegt; auf diese Weise sind der Himmel, Gebäude, Reden, Lieder, Ämter, Wissenschaften und alles derartige schön; denn sie bewegen unsere Seele durch das Gesicht oder Gehör zu seinem Genuß, der durch das Sehen oder Hören oder durch beides zustande kommt. Auf diese Weise bewegen ehrenhafte Mädchen, deren Schönheit der Seele in der Harmonie ihres Charakters besteht, die Seele zum sinnlichen Genuß ihrer Schönheit, ein Genuß, der durch Gesicht, Gehör, mittels Gespräche und geselligem Beieinander ausgeführt wird. Die Aristoteliker aber fügten eine dritte Art hinzu, offenbar das körperliche Schöne, welches die Seele durch alle oder mehrere Sinne zu seinem körperlichen Genuß bewegt, der durch Umarmung und Tastsinn ausgeführt wird. Denn weil, wie wir es ausdrückten, der Begriff des Schönen vom Fühlbaren, Geschmacklichen, Riech-, Sicht- und Hörbaren durch das Gesicht, das Gehör, den Geruchs-, den Tastsinn, den Geschmack oder durch alle oder mehrere derartige Sinne zur Seele hingeleitet werden kann, geschieht es, daß das Schöne durch all diese oder mehrere oder einen einzigen Sinn die Seele zu seinem Genuß bewegt. Dieser, weil er körperlich ist, kann nicht anders als durch Umarmung und Gefühl ausgeführt und vollendet werden. Allein solch körperlich Schönes veranschlagen die Aristoteliker bei den Menschen. Denn was in geistiger Weise schön genannt wird, ist nicht als schön, sondern als gut einzuschätzen.«

(Nifo, De pulchro et de amore, I/41)

Tadel an Ficinos Auffassung von der Unkörperlichkeit der Schönheit: II/34

»Pulchritudinem non esse speciem incorpoream, quae à re, quae placet, multiplicatur in anima amantis.

Ficinus uir doctissimus, non discernens inter id, quo (ut ita loquar) et id quod, speciem rei quae à re proficiscitur ad ipsam animam, asserit esse pulchritudinem. Quod quidem falsum est, quoniam pulchritudo non esset realis (ut philosophorum uerbis utar) sed intentionalis. At intentionale simulacrum non placet, sed est, quo placet animae id, cuius est simulacrum. Praeterea species rei pulchrae repraesentat animae aliquid, aut pulchritudinem, et ita circa speciem pulchri intentionalem est in re pulchra pulchritudo ipsa realis, et hanc quaerunt uiri doctissimi: aut repraesentat turpitudinem, quod nequaquam est dicendum: non enim imago ei responderet, cuius est imago.«

»Daß die Schönheit keine unkörperliche Erscheinung ist, die vom gefälligen Gegenstand in der Seele des Liebenden vervielfältigt wird.

Ficino, ein sehr gelehrter Mensch, der nicht, wie ich es ausdrücke, zwischen dem ›Wodurch‹ und dem ›Was‹ unterscheidet, stellt fest, daß die Schönheit die Erscheinung eines Dinges ist, die von dem Ding zur Seele selbst ausgeht.* Das aber ist unrichtig, weil ja dann die Schönheit nicht real, wirklich (um in der philosophischen Sprache zu bleiben), sondern intentional, geistig wäre. Aber ein geistiges Bild gefällt nicht, sondern es ist das, wodurch der Seele jenes, wovon es Abbild ist, gefällt. Weiterhin vergegenwärtigt die Erscheinung einer schönen Sache der Seele irgendetwas, entweder Schönheit, und so ist bei der geistigen Erscheinung des Schönen in der schönen Sache die Schönheit selbst real und wirklich – und diese suchen die gelehrtesten Menschen –, oder Häßlichkeit, was verneint werden muß, denn dann würde das Abbild nicht mit demjenigen übereinstimmen, wovon es Abbild ist.«

(Nifo, De pulchro et de amore, I/17)

* Vgl. Ficino, Commentarium in Convivium Platonis de amore, V/3, »Pulchritudo est aliquid incorporeum« und V/5, »... quodve pulchritudo est incorporea« (Text-Dok. II/13).

MICHELANGELO BUONARROTI (1475–1564)

Die Schönheit in der Kunst: II/35

»Per fido esemplo alla mia vocazione
Nel parto mi fu data la bellezza,
Che d'ambo l'arti m'è lucerna e specchio.
S'altro si pensa, è falsa opinione.
Questo sol l'occhio porta a quella altezza
Ch'a pingere e scolpir qui m'apparecchio.

S'e giudizii tiran la beltà, che muove
Al senso tiran la beltà, che muove
E porta al cielo ogni intelletto sano;
Dal mortale al divin non vanno gli occhi
Infermi, e fermi sempre pur là dove
Ascender senza grazia è pensier vano.«

»Mir ward für mein zwiefältig Künstlerstreben
Als treues Vorbild Schönheit hingestellt
Von Kind auf, daß sie Spiegel sei und Leuchte.
Wer anders denkt, der muß im Irrthum leben!
Nur Sie hebt meinen Blick zur hehren Welt,
Die gern in Farb' und Stein ich Hier erreichte!

Wenn unbesonnen-thörichtes Bedünken
Zur Sinnlichkeit die Schönheit zieht, die lenkt
Und hebt zum Himmel doch den starken Geist,
So muß ein schwaches Auge niedersinken;
Beharrlich bleibt's in Irdisches versenkt,
Von wo nur Gott es zu den Sternen weist.«

(Michelangelo, Gedicht an Vittoria Colonna, um 1541/44; Ausg. Roberttornow, 1896, S. 294f.)

Verschiedene Arten von Schönheit: II/36

»Passa pergli occhi al core in un momento
Qualunque obbietto de beltà lor sia
E per si larga e si capace via,
Ch'a mille non si chiude, non ch'a cento,

D'ogni età, d'ogni sesso; ond'io paventa,
Carco d'affanni e piu di gelosia,
Nè fra si vari volti so qual sia
Ch'anzi morte mi dia 'ntero contento.

S'un ardente desir mortal bellezza
Ferma del tutto, non discese insieme
Dal ciel con l'alma; è dunque umana voglia.

Ma se pass'oltre, Amor, tuo nome sprezza,
Ch'altro die cerca; e di quel piu non teme
Ch'a lato vien contra si bassa spoglia.«

»Die Augen nehmen in Empfang gar schnelle,
Als Herzens Pförtner, was rings schön erscheint,
Der offne Weg ins Innre, er vereint
Wohl vieles und noch mehr auf einer Stelle

Von jeder Art. Erschrocken von der Welle
Hab' ich voll Sorg' und Eifersucht vermeint,
Ob ein Gesicht mehr als nur Irdisches meint,
Daß es des Sehnens letzten Wunsch erhelle.

Wenn glühendes Verlangen sich begnügt
Mit äußrer Schönheit Reiz, so kam es nicht
Vom Himmel zu uns auf der Seele Schwingen.

Doch schwebt es auf, dann Amor, dann genügt
Dein Name kaum, dann fürcht' ich wahrlich nicht,
Daß irdische Gelüste mich bezwingen.«

(Michelangelo, Sonett, um 1547/50; Ausg. Redslob, 1964, S. 196f.)

AGNOLO FIRENZUOLA (1493–1548/9)

Verschiedene Definitionen der Schönheit: II/37

»Orsù dunque, vegnamo alla diffinizione della bellezza, ed alla sua più vera e principal cognizione.

Dice Cicerone nelle sue ›Tusculane‹, che la bellezza è un'atta figura de'membri, con certa soavità di colore. Altri han detto, che fu uno Aristotile, che ella è una certa proporzione conveniente, che ridonda da uno accozzamento delle membra diverse le une dall'altre. Il platonico Ficino, sopra il ›Convivio‹, nella seconda orazione, dice che la bellezza è una certa grazia, la quale nasce dalla concinità di più membri: e dice concinità, perciocché quel vocabolo importa un certo ordine, dolce e pieno di garbo, e quasi vuol dire uno attillato aggregamento. Dante nella sua ›Collezione‹, la quale, a comparazione del ›Convito‹ di Platone, a fatica è bere un tratto, dice che la bellezza è un'armonia. Noi non per dir meglio di costoro, ma perciocché, parlando con donne, ci è necessario spianare le cose un poco meglio, non diffinendo propriamente, ma piuttosto dichiarando, diciamo che la bellezza non è altro che una ordinata concordia, e quasi un'armonia occultamente risultante dalla composizione, unione, e commissione di più membri diversi, e diversamente da sé, e in sé, e secondo la propria qualità e bisogno, bene proporzionati, e'n un certo modo belli; i quali, prima che alla formazione d'un corpo si uniscano, sono tra loro differenti e discrepanti. Dico concordia, e quasi armonia, come per similitudine: perciocché come la concordia fatta dall'arte della musica, dell'acuto e del grave e degli altri diversi tuoni, genera la bellezza dell'armonia vocale; così un membro grosso, un sottile, un bianco, un nero, un retto, un circonflesso, un picciolo, un grande, composti e uniti insieme dalla natura, con una incomprensibil proporzione, fanno quella grata unione, quel decoro, quella temperanza che noi chiamiamo bellezza. Dico occultamento, perciocché noi non sappiamo render ragione, perché quel mento bianco, quelle labbra rosse, quelli occhi neri, quel fianco grosso, quel piè picciolo creino, ovvero eccitino, o risultino in questa bellezza ...«

»Wohlan denn, wir beginnen mit der Erklärung der Schönheit und mit ihrer wahren und hauptsächlichen Erkenntnis.

Cicero sagt in seinen Tusculanen, die Schönheit bestehe in einer zweckgemäßen Gestalt der Glieder, verbunden mit einer gewissen Lieblichkeit der Farbe.

Andere, unter ihnen Aristoteles, haben gesagt, daß sie in einem gewissen ziemlichen Verhältnis besteht, das aus der Verbindung der verschiedenen Glieder mit einander folgt. Der Platoniker Ficino sagt in der II. Rede zum Gastmahl, daß die Schönheit eine gewisse Anmut sei, die aus der Concinnität mehrerer Glieder entspringe, und er wählt den Ausdruck Concinnität, weil er eine gewisse süße und anmutsvolle Ordnung bedingt und ungefähr so viel besagen will wie eine wohltuende Vereinigung. Dante sagt in seinem Frühstück, bei dem man im Vergleiche zu dem Gastmahl Platos kaum einen ordentlichen Schluck tun kann, daß die Schönheit eine Harmonie sei.* Es fällt uns nicht ein, diese Männer verbessern zu wollen; weil es aber, wenn man zu Frauen spricht, notwendig ist, die Sachen ein bißchen deutlicher zu machen, nicht durch eine eigentliche Definition, sondern mehr durch Erklärungen, so wollen wir sagen, daß die Schönheit nichts andres ist als ein geordneter Wohlklang und eine Art von Harmonie, die geheimnisvoll aus der Verbindung, Vereinigung und Aneinanderfügung der verschiedenen Körperteile entspringt, welche, verschieden in sich und an sich nach der eigenen Wesenheit und Bestimmung, in richtigem Verhältnis gebildet und in gewissem Sinne schön zu nennen, einander unähnlich und gegensätzlich sind, bevor sie sich zur Gestaltung des Körpers einen. Wohlklang und Art von Harmonie sage ich des Vergleiches halber: denn wie der durch die Musik erzeugte Wohlklang aus hohen und tiefen und allen anderlei Tönen die Schönheit der Harmonie der Stimmen erzeugt, so bilden ein voller Körperteil, ein schlanker, ein weißer, ein schwarzer, ein gerader, ein gebogener, ein kleiner und ein großer, von der Natur einander in unfaßbarem Verhältnis vereint, diese angenehme Verbindung, diese Pracht und diese Abgemessenheit, die wir Schönheit nennen. Geheimnisvoll sage ich, weil wir keinen Grund angeben können, warum dieses weiße Kinn, diese roten Lippen, diese schwarzen Augen, diese starke Hüfte und dieser kleine Fuß diese Schönheit erzeugen ...«

(Firenzuola, Celso-Dialogo delle bellezze delle donne, I, Florenz 1548, Ausg. Seroni, 1958, S. 538f.; dt. Übers. v. Wesselski, 1910, S. 228f.)

* vgl. Cicero, Tusc. 4/31
Ficino, Commentarium in Convivium Platonis de amore
Aristoteles, Poetik VII/1450b 36; Metaph. XIII/3, 1078b 1
Dante, Il convito I/5

GIUSEPPE BETUSSI (um 1515–um 1573)

Grade der Schönheit und die göttliche Dreieinigkeit: II/38

»E ci sono tre gradi di bellezza: l'autore, quella e il partecipante; e chiamasi ›bello bellificante‹, ›bellezza‹ e ›bello bellificato‹. Bello bellificante è il Padre, cioè il

sommo Iddio, autore e produttore di quella ed esso tutto, dal quale ella deriva. Èvvi la bellezza, la quale sua bellezza è la sua somma sapienza, constituita e figurata per il Figliuolo, e pure in sé, ché sono due in uno. Bello bellificato è tutto il mondo applicato allo spirito; le quali tre cose sono tre ed una sola. E questo bello bellificato è Amore, cioè pur lo Spirito santo.«

»Es gibt drei Grade der Schönheit: der Schöpfer, die Schönheit selbst und der Teilhaber. Sie werden ›verschönernde Schönheit‹, ›Schönheit‹ und ›verschönerte Schönheit‹ genannt. Die verschönernde Schönheit ist der Vater, also der höchste Gott, der Schöpfer und Erzeuger der Schönheit und von allem, aus dem sie entsteht. Da gibt es die Schönheit, die seine Schönheit und seine größte Weisheit ist, eingesetzt und verkörpert durch den Sohn, und auch in sich selbst, weil beide eins sind. Die verschönerte Schönheit ist die ganze Welt, angewendet auf den Geist. Diese drei Dinge sind dreieinig. Und diese verschönerte Schönheit ist Liebe, das ist auch der Heilige Geist.«

(Betussi, Il Raverta, Venedig 1544, Ausg. Zonta, 1912, S. 40)

TULLIA D'ARAGONA (1508–1556)

Liebe und das Schöne: II/39

»Amore … non è altro che un desiderio di goder con unione quello o che è bello veramente o che par bello allo amante.«

»Liebe … ist nichts anderes als ein Wunsch, gemeinsam das zu genießen, was wirklich schön ist oder dem Liebenden schön erscheint.«

(Tullia d'Aragona, Della infinità di amore, Venedig 1547, Ausg. Zonta, 1912, S. 202)

BENEDETTO VARCHI (1503–65)

Bestimmung der Schönheit: II/40

»Ha la bellezza, la quale non è altro che un raggio dello splendore della luce e bontà di Dio …«

»Die Schönheit ist nichts anderes als ein Strahl vom Lichtglanz und der Güte Gottes.«

(Varchi, Lezioni sopra alcune quistioni d'Amore, 1554, Ausg. Triest, 1859, II, S. 533)

Der Unterschied zwischen Grazie und Schönheit; verschiedene Auffassungen über die Schönheit: II/41

»*La contraddizione è, che io ho detto che la bellezza non può essere senza la grazia, il che è verissimo; ma che la grazia può bene stare senza la bellezza, il che par falso ed impossibile, come vede ciascuno da sè, essendo la bellezza una certa grazia la quale muove e diletta l'animo di chi l'intende; onde dovunque è detta grazia, è bellezza ancora, e così per l'opposito. Dovemo dunque sapere, che la bellezza si piglia in due modi, uno secondo Aristotile e gli altri, che vogliono ch'ella consista nella proporzione de'membri, e questa si chiama ed è bellezza corporale, la quale sola conosce e per conseguente ama il volgo con gli uomini plebei: e come si conosce con tutti cinque i sensi, così ancora con tutti cinque i sensi si gode; e quelli che principalmente amano questa bellezza, sono poco, o niente differenti dagli animali bruti. L'altra bellezza consiste nelle virtù e costumi dell'anima, onde nasce la grazia di che ragioniamo, e questa è e si chiama bellezza spiritale, la quale è conosciuta e conseguentemente amata dagli uomini buoni e speculativi solamente; e però diceva Plotino, il gran Platonico, intendendo di questa bellezza, che niuno bello era cattivo ... Onde quando io dico, che la bellezza non può stare senza grazia, intendo della bellezza spiritale e platonica; ma quando dico che la grazia può stare senza le bellezza, intendo della bellezza corporale ed aristotelica, perchè altramente tanto è grazia, quanto vera bellezza, e non si può trovare l'una senza l'altra mai.*«

»Der Widerspruch besteht darin, daß ich gesagt habe, die Schönheit könne nicht ohne Grazie sein, was sicherlich wahr ist, aber die Grazie könne durchaus ohne die Schönheit auskommen, was unrichtig und unmöglich zu sein scheint. Wie jeder bei sich selber sieht, ist Schönheit mit einer gewissen Grazie verbunden, welche die Seele desjenigen bewegt und erfreut, der danach verlangt. Wodurch und wo auch immer von Grazie gesprochen wird, ist auch Schönheit, und so auch im Gegenteil. Wir müssen also wissen, daß die Schönheit sich in zwei Arten teilt; eine gemäß Aristoteles und den anderen, welche wollen, daß Schönheit in der Proportion der Glieder besteht. Sie wird auch körperliche Schönheit genannt, welche das Volk und der Pöbel als einzige kennen und folglich lieben; und wie man mit allen fünf Sinnen erkennt, so erfreut man sich noch mit allen fünf Sinnen. Diejenigen Menschen, die grundsätzlich diese Schönheit lieben, sind gering oder nicht von den wilden Tieren unterschieden. Die andere Schönheit besteht in der Tugend und Sittsamkeit der Seele, woraus die Grazie, die wir vernünftig erörtern, entsteht. Sie wird geistige Schönheit genannt, die einzig von den guten und nachdenklichen Menschen gekannt und deshalb geliebt wird. Deswegen sagt Plotin, der große Platoniker, indem er auf diese Schönheit abzielt, daß niemand, der schön ist, schlecht sei ... Wenn ich sage, daß die Schönheit nicht ohne Grazie sein kann, meine ich die geistige und platonische Schönheit, aber wenn ich sage, daß die Grazie ohne Schönheit sein kann, meine ich die körperliche und aristotelische Schönheit, weil sonst so viel Grazie wie Schönheit ist und niemals die eine ohne die andere gefunden werden kann.«

(Varchi, Discorso della bellezza e della grazia, Ausg. Triest, 1859, II, S. 735)

PAOLO PINO (16. Jh.)

Über Schönheit, Farben und Proportionen: II/42

»... *e dicovi che la vaghezza è il condimento dell'opere nostre. Non però intendo vaghezza l'azzurro oltramarino da sessanta scudi l'onzia o la bella laca, perch'i colori sono anco belli nelle scatole da sé stessi, né è lodabil il pittor come vago per far a tutte le figure le guancie rosate e'capegli biondi, l'aria serena, la terra tutta vestita d'un bel verde; ma la vera vaghezza non è altro che venustà o grazia, la qual si genera da una conzione over giusta proporzione delle cose* ...«

»... und ich sagte, daß die Schönheit die Würze unserer Werke ist. Ich meine aber nicht die Schönheit des ultramarinen Blau von sechzig Skudi pro Unze oder den schönen Lack, weil die Farben von sich selbst aus, sogar in Schachteln, schön sind; und nicht lobenswert ist der Maler, der, um alle Figuren schön zu machen, ihnen rosige Wangen, blonde Haare und eine heitere Miene verleiht, während der Erdboden mit frischem Grün bekleidet ist. Sondern die wahre Schönheit ist nichts anderes als Lieblichkeit oder Anmut, die aus einer bestimmten Anlage und richtigen Proportion der Dinge entsteht ...«

Pino, Dialogo di pittura, Venedig 1548, Ausg. Barocchi, 1960, I, S. 118; vgl. dt. Übers. b. Tatarkiewicz, 1987, S. 240)

MICHELANGELO BIONDO (1497–um 1570)

Natur und Kunst: II/43

»... *per tanto io possoomai dirui apertamente, che la istessa natura non ha fatto tanta eccellenza ne le cose create quanta gli fa hauere la bella pittura, percioche ella acompagna le cose bellissime et fa gli parere molto piu preciose che ui sono, imperoche debbo dire de le sozze, uoi potete considerare da uoi stessi, perche la pittura accompagnata alle belle parti, alle gratiose parti, alle candide membra, per certo gli fa parere molto piu belle e piu gratiose, per tanto chiaramente si uede, che quando l'auolio, o alabastro, anzi le gemme preciose come rubini giacinti, smiraldi, toppatij et safiri con le perne orientali, et tutte le altre cose rare et preciose passano per le mani del perfetto pittore, le fa parere molto piu marauigliose che non sono, inuero produtte da la natura* ...«

»... Deshalb darf ich offen sagen, dass die Natur selbst nicht so Ausgezeichnetes in ihren Geschöpfen hervorgebracht hat, als es die schöne Malerei vermag, weil diese sich an die schönsten Dinge hält, sie aber viel köstlicher erscheinen lässt, als sie sind. Darum muss ich auch von dem Hässlichen sagen, dass ihr an euch selber die Beobachtung machen könnt, wie denn die Malerei sich an die schönen

Theile, an die zierlichen Theile, an die blendend weissen Gliedmassen macht, sie aber ohne Zweifel um Vieles schöner und zierlicher erscheinen lässt, was man auch klar ersieht, indem das Elfenbein oder der Alabaster, auch die kostbaren Edelsteine, wie Rubine, Hyacinthe, Smaragde, Topase und Saphire sammt den orientalischen Perlen und all'den übrigen seltenen und kostbaren Dingen, wenn sie durch die Hände eines vollkommenen Malers gehen, viel bewundernswerther erscheinen, als sie sind, nämlich als Natur-Producte.«

(Biondo, Della nobilissima pittura, Kap. 5, Venedig 1549; dt. Übers. v. Ilg, 1873, S. 17)

ASCANIO CONDIVI (1524–74)

Michelangelos Verhältnis zur Schönheit: II/44

»Ha eziando amata la bellezza del corpo, come quello che ottimamente la conosce; e di tal guisa amata, che appo certi uomini carnali, e che non sanno intendere amor di bellezza se non lascivo e disonesto, ha pôrto cagione di pensare e di dir male di lui; come se Alcibiade, giovane formosissimo, non fosse stato da Socrate castissimamente amato; dal cui lato, quando seco si posava, soleva dire non altrimenti levarsi, che dal lato del suo padre. Io più volte ho sentito Michelagnolo ragionare e discorrere sopra l'amore; e udito poi da quelli che si trovaron presenti, lui non altrimenti dell'amor parlare, di quel che appresso di Platone scritto si legge. Io per me non so quel che Platone sopra ciò si dica; so bene che avendolo io così lungamente ed intrinsecamente praticato, non senti'mai uscir di quella bocca se non parole onestissime, e che avevan forza di estinguere nella gioventù ogn'incomposto e sfrenato desiderio che in lei potesse cadere. E che in lui non nascesser laidi pensieri, si può da questo anco cognoscere, ch'egli non solamente ha amata la bellezza umana, ma universalmente ogni cosa bella, un bel cavallo, un bel cane, un bel paese, una bella pianta, una bella montagna, una bella selva, ed ogni sito e cosa bella e rara nel suo genere, ammirandole con maraviglioso affetto; così il bello della natura scegliendo, come l'api raccolgono il mêl da'fiori, servendosene poi nelle loro opere: il che sempre han fatto tutti quelli che nella pittura hanno avuto qualche grido. Quell'antico maestro, per fare una Venere, non si contentò di vedere una sola vergine, anzichè ne volle contemplar molte; e prendendo da ciascuna la più bella e più compita parte, servirsene nella sua Venere. Ed in vero chi si pensa senza questa via (colla quale si può acquistar quella vera teorica) pervenire in quest'arte a qualche grado, di gran lunga s'inganna.«

»Auch die Schönheit des Körpers hat er geliebt, als Einer, der sie auf das Beste kennt, und dermassen hat er sie geliebt, dass dies gewissen fleischlich gesinnten Menschen, die keine andere Liebe zur Schönheit begreifen, als eine lüsterne und schandbare, Ursache gegeben hat, von ihm Uebles zu denken und zu sprechen, als ob Alkibiades, ein sehr schöner Jüngling, nicht wäre vom Sokrates auf das Keuscheste geliebt worden, so dass er zu sagen pflegte, er erhebe sich von seiner Seite, wenn er sich neben ihn gelegt hatte, nicht anders, als von der Seite seines Vaters. Ich habe den Michel Angelo zu öftern Malen selber über die Liebe sprechen und sich unterreden hören, und habe dann auch von Jenen gehört, die anwesend waren, dass er von der Liebe nicht anders gesprochen, als davon im Platon geschrieben steht. Ich meinestheils weiss nicht, was Platon darüber sagt, aber ich weiss wohl, dass, nachdem ich so lange und innig mit ihm verkehrt habe, ich aus seinem Munde nichts als die ehrbarsten Reden habe hervorgehen gehört, welche wohl die Kraft hatten, in der Jugend jede wüste und zügellose Begierde auszulöschen, die in derselben entstehen mochte. Und dass in ihm keine hässlichen Gedanken auftauchten, kann man auch daraus erkennen, dass er nicht allein die menschliche Schönheit geliebt hat, sondern überhaupt jedes schöne Ding, ein schönes Pferd, einen schönen Hund, eine schöne Gegend, eine schöne Pflanze, einen schönen Berg, einen schönen Wald und jegliches Ding, das in seiner Art schön und ausgezeichnet war, was er dann mit wunderbarer Erregung bewunderte, wobei er das Schöne der Natur gleichermassen auswählte, wie die Bienen die Süssigkeit der Blumen einsammeln, um sich ihrer dann zu ihrem Werke zu bedienen, was auch stets alle Jene gethan haben, die in der Malerei einigen Ruf gehabt. Jener alte Meister, als er eine Venus machen wollte, begnügte er sich nicht damit, eine einzige Jungfrau zu sehen, sondern wollte viele derselben betrachten, und sie zu seiner Venus benützen, indem er von jeder den schönsten und vollendetsten Theil nahm. Und in der That, wer da glaubt, er könne ausserhalb dieses Weges (auf dem man allein zu der wahren Theorie gelangen kann) in dieser Kunst es zu irgend etwas bringen, der irrt sich gar sehr.«

(Condivi, Vita di Michel Angelo Buonarroti, Kap. 65, Rom 1553, Ausg. Turin, 1925, S. 117f.; dt. Übers. v. Valdek, 1874, S. 88f.)

LODOVICO DOLCE (1508–68)

Über Natur, Naturnachahmung, Kunst und das Auswahlverfahren: II/45

»Deve adunque il pittore procacciar non solo d'imitar, ma di superar la natura. Dico superar la natura in una parte; ché nel resto è miracoloso, non pur se vi arriva, ma quando vi si avicina. Questo è in dimostrar col mezzo dell'arte in un corpo solo tutta quella perfezzion di bellezza che la natura non suol dimostrare a pena in mille; perché non si trova un corpo umano così perfettamente bello, che non gli manchi alcuna parte.«

»Es muss somit der Maler bestrebt sein, nicht blos die Natur nachzuahmen, sondern dieselbe auch theilweise zu übertreffen, denn im Uebrigen ist es schon ein Wunder, wenn es gelingt, sie auch nur annäherungsweise nachzuahmen. Der Sinn meines Satzes geht dahin, dass man mittelst der Kunst in einem einzelnen Körper all' die Vollkommenheiten der Schönheit zu vereinigen wisse, welche sonst die Natur unter Tausenden von Körpern zu vertheilen pflegt. Denn es gibt keine einzelne Menschengestalt von so vollendeter Schönheit, dass sie alles Schöne in sich vereinige.«

(Dolce, Dialogo della pittura, Venedig 1557, Ausg. Barocchi, 1960, I, S. 172; dt. Übers. v. Cerri, 1871, S. 51)

GIULIO CESARE SCALIGER (1484–1558)

Schönheit und ihre Arten: II/46

»κάλλος duobus verbis item expressit: Venustas et pulchritudo est, omnium quibus oratio conficitur, conventia quaedam et modus, quacum succus quidam et qualitas, tanquam color orationis elucet. Venustas tamen alia est à pulchritudine: tametsi absque illa esse non potest. est enim Venustas, quam Graeci χάριτα vocant: pulchritudinis perfectio. quare Venustatem mulieribus attribuit Cicero. Pulcher athleta erit, venustus non erit. proinde qui ambas poneret, genus debuit anteponere. Praeterea quum pulchritudo sit sua cuiusque partis primùm, deinde partium commissarum temperamento oriens qualitas: mutilè Convenentiam appellavit. Ad hec convenientia illa est, quam Greci συμμετρίαν vocant, Vitruvius commensum. at ea nequaquam pulchritudo est, sed qualitas ex illa. quem ad modum aptitudo navis ad portandum et vehendum, ex commensu partium, non autem ipsa convenientia. etenim quia conveniunt partes, corpus pulchrum est: igitur pulchritudinis causa convenientia ... sic igitur dicemos nos, Pulchritudo partium est ex modo, figura, colore conflata species delectabilis. Pulchritudo totius, est species excitata ex partium modo, figura, situ, numero, colore.«

»Ebenso wurde ›Kállos‹ mit zwei Worten wiedergegeben: Anmut und Schönheit, Grundlage jeder Rede, bestehen in einer gewissen Zusammenstimmung und in der Art, wodurch die Kraft und vorzügliche Beschaffenheit wie die Farbe der Rede in die Augen fallen. Dennoch ist Anmut, ›Venustas‹, etwas anderes als Schönheit, ›Pulchritudo‹, obgleich Anmut nicht ohne Schönheit bestehen kann. Denn Anmut, ›Venustas‹, ist dasjenige, was die Griechen ›Charitas‹ nennen: die Vollkommenheit der Schönheit. Aus diesem Grund teilte Cicero die Anmut den Frauen zu. Es wird einen schönen Wettkämpfer geben, aber er wird nicht anmutig sein. Wer demzufolge auf beide Arten etwas begründen wollte, der mußte das Geschlecht vorher bestimmen. Weil außerdem Schönheit zunächst die Schönheit eines jeden Teils ist, entsteht daraufhin durch richtige Mischung der aneinandergefügten Teile eine Eigenschaft, die kurz Zusammenstimmung, ›Convenentia‹, genannt wurde. Diese Zusammenstimmung ist diejenige, welche die Griechen ›Symmetria‹ und Vitruv ›Commensus‹ nennen. Aber diese Zusammenstimmung ist nicht die Schönheit, sondern die Ursache dafür. So entsteht z. B. die Fähigkeit des Schiffes zum Fahren und Schwimmen aus dem Zusammenstimmen der Teile, sie ist aber nicht die Zusammenstimmung selbst. Denn weil die Teile übereinstimmen, ist der Körper schön: also ist das Zusammenstimmen die Ursache für die Schönheit ... So wollen wir also sagen: die Schönheit der Teile besteht in dem erfreulichen Aussehen, das sich aus Art, Gestalt, Farbe entwickelt. Die Schönheit des Ganzen besteht in dem Aussehen, das durch die Art, Gestalt, Lage, Anzahl, Farbe der Teile hervorgerufen wird.«

(Scaliger, Poetices libri septem, IV/1, S. 177, Lyon 1561, Ausg. Stuttgart u. a., 1964)

ANDREA PALLADIO (1508–1580)

Die Schönheit von Bauten: II/47

»La bellezza risulterà dalla bella forma, e dalla corrispondenza del tutto alle parti, delle parti fra loro, e di quelle al tutto: conciosiache gli edificij habbiano da parere vno intiero, e ben finito corpo: nel quale l'vn membro all'altro convenga, et tutte le membra siano necessarie à quello, che si vuol fare.«

»Schönheit entspringt der schönen Form und der Entsprechung des Ganzen mit den Einzelteilen, wie der Entsprechung der Teile untereinander und dieser wieder zum Ganzen, so daß das Gebäude wie ein einheitlicher und vollkommener Körper erscheint. Entspricht doch ein Teil dem anderen, und sind doch alle Teile unabdingbar notwendig, um das zu erreichen, was man gewollt hat.«

(Palladio, I quattro libri dell'architettura, I/1, Venedig 1570, Ausg. 1979; dt. Übers. b. Beyer/Schütte, 1986, S. 20)

FRANCESCO DE'VIERI (1524–91)

Zwei Arten der Schönheit und die Beziehung zur Liebe: II/48

»Da poi dunque che sono di due maniere di bellezza et così di due sorte principali di piacimento et di desiderio, a qual desiderio o vero piacimento di bellezza conviene primieramente questa voce ›amore‹? A questo dubbio io rispondo che secondo l'ordine di natura et dell'eccellenza, si conviene primieramente al piacimento della bellezza intelligibile et divina et di poi per simiglianza al piacimento della bellezza

sensibile et mortale. Ma secondo l'ordine del nostro conoscere et dello accendersi in noi, ›l'amore‹ conviene primieramente al piacimento et desiderio della bellezza (sensibile).«

»Deshalb also gibt es zwei Arten von Schönheit und ebenfalls zwei grundsätzliche Arten des Gefallens und des Wunsches. Welcher Wunsch oder aber welches Gefallen paßt zuerst auf dieses Wort ›Liebe‹? Auf diese Frage antworte ich, daß es gemäß der Ordnung der Natur und der Vollkommenheit zunächst zum Gefallen an der rein geistigen und göttlichen Schönheit und erst danach wegen der Ähnlichkeit damit zum Gefallen an der sinnlichen und vergänglichen Schönheit paßt. Aber gemäß der Ordnung unseres Erkennens und des Entflammens in uns paßt ›die Liebe‹ zunächst zum Gefallen und Wunsch nach sinnlicher Schönheit.«

(Francesco de'Vieri, Lezzioni d'Amore, 1580, Ausg. München, 1973, S. 100f.)

FRANCESCO BOCCHI (1548–1618)

Unterscheidung zwischen schöner Kunstfertigkeit und schönem Gegenstand: II/49

»E cosa chiara ad ogni uomo, per quello che si è detto, che altro è la Bellezza dall'artifizio procedente, e altro è quella che solamente al soggetto ha riguardo, e altro quella che dall'uno e dall'altro è composta e unita. Perlochè se l'artifice non la trova nel corpo umano, non gli è però quella dell'artifizio negata, siccome tra le opere antiche e tra le moderne, ad ogni ora molte ne veggiamo. Ma se egli solamente di quella del soggetto è fornito senza l'artifizio singolare, non è gran fatto apprezzato, nè molto commendato.«

»Es wird indessen, nach dem bisher Erörterten, Jedem einleuchten, dass Etwas Anderes die Schönheit ist, welche von der Kunstfertigkeit, Etwas Anderes jene, welche nur vom Gegenstande selbst, und Etwas Anderes wieder jene, welche von Beiden zusammengenommen herrührt. Findet der Künstler die Schönheit auch nicht im menschlichen Körper vor, so ist ihm doch jene, welche sich durch die Hilfsmittel der Kunst schaffen lässt, nicht versagt, wie wir das an sehr vielen Werken der alten und der neuen Kunst erblicken; während, wenn er nur die Schönheit des Gegenstandes vor Augen hat, aber über die Hilfsmittel der Kunst nicht verfügt, sein Werk weder sehr geschätzt, noch sehr gelobt werden wird.«

(Bocchi, Sopra l'eccellenza del san Giorgio di Donatello, Florenz 1584, Ausg. Bottari/Ticozzi, 1822, IV, S. 348; dt. Übers. b. Semper, 1875, S. 219f.)

Bestimmung der Schönheit als harmonische Einheit: II/50

»E che altra cagione pensiamo noi che sia, che non già sovente, ma di rado alcuna volta gli artefici e gli scrittori ancora, riescano perfetti, e di questa bellezza forniti, se non la gran difficoltà, la quale si trova nel congiugnere e nell'unire tutte le sue parti misuratamente?«

»Was anderes könnte die Ursache sein, dass es nicht oft, sondern im Gegentheile nur selten Künstlern und Schriftstellern gelingt, vollkommen Schönes zu bieten, als eben die grosse Schwierigkeit, alle ihre Bestandtheile harmonisch in Eins zu vereinigen und zu verbinden?«
(Bocchi, Sopra l'eccellenza del san Giorgio di Donatello, S. 323; dt. Übers. S. 211)

GIORDANO BRUNO (1548–1600)

Genuß an der schönen Einheit: II/51

»Il sommo bene, il sommo appetibile, la somma perfettione, la somma beatitudine, consiste nell'unitá che complica il tutto. Noi ne delettamo nel colore, ma non in uno esplicato qualumque sia, ma massime in uno che complica tutti colori: Ne delettamo nella uoce, non in uno singulare; ma in una complicante che resulta da l'armonia di molte. Ne delettamo in vno sensibile: ma massime in quello che comprende in se tutti sensibili, in vno cognoscibile, che comprenda ogni cognoscibile; in uno apprensibile; che abbraccia tutto che si può comprendere; in uno ente, che complette tutto, massime in quello uno che é il tutto istesso ... Lodati sieno gli dei, et magnificata da tutti uiuenti la infinita semplicissima, unissima, altissima, et absolutissima causa, principio, et uno.«

»Das höchste Gut, der höchste Gegenstand des Begehrens, die höchste Vollkommenheit besteht in der Einheit, welche alles in sich schließt. Wir ergötzen uns an der Farbe, aber nicht so sehr an einer entfalteten, welcher Art sie auch sei, sondern am meisten an einer solchen, welche alle Farben in sich schließt. Wir erfreuen uns an dem Klang, nicht an einem besonderen, sondern an einem inhaltsvollen, welcher aus der Harmonie vieler Töne sich ergibt. Wir freuen uns an einem sinnlich Wahrnehmbaren, aber zumeist an dem, welches alles sinnlich Wahrnehmbare in sich faßt; an einem Begreiflichen, welches alles Begreifliche umfaßt, an einem Wesen, welches alles umschließt, am meisten an dem einen, welches das All selber ist ... Gelobt seien die Götter, und gepriesen von allem was da lebt, sei das Unendliche, das Einfachste, Einheitlichste, Erhabenste und Absoluteste: Ursache, Prinzip und Eines!«
(Bruno, De la causa, principio, et uno, V, Venedig 1584, Ausg. Lagarde, 1888, I, S. 289f.; dt. Übers. b. Otto, 1984, S. 330f.)

FRANCESCO PATRIZI (1529–1597)

Das Licht, seine Eigenschaften und seine Schönheit: II/52

»A luce igitur, et lumine, quae nos maxime admiramur, exordium sumamus. A luce inquam, quae Dei ipsius, eiusque bonitatis est imago. Quae omnem supramundanam, illustrat regionem. Quae se se per omnia extendit. Per omnia se fundit. Per omnia permeat. Omnia permeando format, et efficit. Omnia vivificat. Omnia continet. Omnia sustinet. Omnia congregat. Omnia unit. Omnia disgregat. Omnia quae vel sunt, vel illuminantur, vel calescunt, vel vivunt, vel gignuntur, vel nutriuntur, vel augescunt, vel perficiuntur, vel moventur, ad se convertit. Conversa purgat. Omnia perficit. Omnia renovat. Omnia conservat: et ne in nihilum abeant efficit. Omnium rerum est, et numerus et mensura. Lux rerum omnium purissima. Inalterata, inalterabilis: Impermista, impermiscibilis: Indomita, indomabilis. Nullius indiga. Dives omnium. Ab omnibus optata. Omnibus optabilis. Coelorum ornamentum. Ornamentum corporum omnium. Mundi decor: Mundi pulchritudo: Mundi gaudium. Mundi risus. Qua, aspectui nihil iucundius. Nihil animo laetius. Nihil vitae commodius. Nihil cognitu praestantius. Nihil ad agendum utilius. Sine qua, iacerent in tenebris, inertia sibi ipsis omnia, nobisque incognita.«

»Vom Licht also und vom Leuchten, das wir am meisten bewundern, nehmen wir den Anfang. Vom Licht, sage ich, das ein Bild Gottes selbst und seiner Güte ist. Es erleuchtet den ganzen überweltlichen Bereich. Es ergießt sich in alles, es erstreckt sich in alles, es durchdringt alles. Alles durchdringend formt und bildet es. Es belebt alles, es verbindet alles, es bewahrt alles, es versammelt alles, es vereinigt alles, es unterscheidet alles. Es wendet alles zu sich, alles, das entweder existiert oder erleuchtet oder warm oder lebendig ist oder erzeugt oder ernährt wird oder wächst oder vollendet oder bewegt wird. All dies reinigt es. Es vervollkommnet alles, es erneuert alles, es bewahrt alles: und es bewirkt, daß dies alles nicht ins Nichts verschwindet. Es ist sowohl Zahl als auch Maß aller Dinge. Das Licht ist von allen Dingen das reinste, unverändert und unveränderlich, unvermischt und nicht zu vermischen, ungebändigt und unbezwingbar, nicht bedürftig, reich an allem, von allen erwünscht, für alle wünschenswert; Schmuck der Himmel, Schmuck aller Körper, Zierde der Welt, Schönheit der Welt, Freude der Welt, Lachen der Welt. Nichts ist dem Anblick angenehmer, nichts stimmt die Seele froher, nichts ist dem Leben dienlicher, nichts wichtiger für die Erkenntnis, nichts nützlicher für das Handeln. Ohne das Licht würden die Dinge in Dunkelheit gestürzt, alles für sich selbst untätig und uns unbekannt.«

(Patrizi, Nova de universis philosophia, I, Ferrara 1591, Ausg. Cella, 1965, S. 118ff.)

III Zur Schönheit des Menschen

FRANCESCO PETRARCA (1304–1374)

Über die aristotelisch gesinnten Wissenschaftler: III/1

»*Multa ille igitur de beluis deque auibus ac piscibus ...; que denique, quamuis uera essent, nichil penitus ad beatam uitam. Nam quid, oro, naturas beluarum et uolucrum et piscium et serpentum nosse profuerit, et naturam hominum, ad quod nati sumus, unde et quo pregimus, uel nescire uel spernere?*«

»Da wissen sie nun viele Dinge über Tiere, Vögel und Fische ... Und wenn es auch schließlich wahr wäre, so würde es doch nichts zu einem seligen Leben vermögen. Denn ich bitte dich, was nützt es, die Natur der Tiere, Vögel, Fische und Schlangen zu kennen und dafür die Natur des Menschen, seinen Zweck, seine Herkunft und sein Endziel nicht zu kennen oder gar zu mißachten?«

(Petrarca, De sui ipsius et multorum ignorantia, II, Ausg. Capelli, 1906, S. 24f.; dt. Übers. b. Vorländer, 1965, S. 147)

Die Vergänglichkeit der körperlichen Schönheit: III/2

»*Ora potrai facilmente intendere quanto sieno piccole cose quelle per le quali ti pigli superbia, ti fidi nell'ingegno e nell'aver letti molti libri, ti glorii della eloquenza, ti diletti della bellezza del mortal corpo ... tu ti glorii per li beni di questo corpo, e non vedi li pericoli che ti stanno d'intorno. Ma, dimmi un poco, che ti piace in questo tuo corpo? la forza, ovvero la prospera sanità? Ma, certamente, di te nessuna cosa è piú fragile. La fatica segretamente entrante per lievi cagioni, li vari insulti de'morbi, li morsi de'vermicelli, ovvero un lievissimo fiato, e molte altre cose t'infermano o indeboliscono. Sei forse ingannato dallo splendore della bellezza? e risguardando il colore, e le proporzioni del proprio volto, hai tu quello che ardentemente puoi desiderare? hai di che maravigliarti? hai che ti porga vaghezza? hai che ti diletti? E non ti ha dato terrore la favola di Narciso, né la vile considerazione di questo corporeo fetore t'ha ammonito e dimostrato chi tu sei nelle parti interne? Cosí, contento per lo aspetto della pelle di fuore, li occhi della mente non porgi piú dentro; e quanto questo fiore di bellezza sia caduco e veloce, benché li altri innumerevoli argomenti cessassero, esso inquieto corso dell'età, esso tempo di dí in di minuendo di quella, piú chiaro della luce te'l doveva mostrare. E se per caso (la qual cosa non ardirai di dire) ti pare esser forte e indomito verso la età e verso i morbi e li altri mali che variano la forma del corpo, almeno non dovresti dimenticare quello orrendo estremo, che sovverte tutte le cose, e dovévati star fisso nella profonda mente quel detto del Satiro: Solamente la morte ci dimostra quanto sieno vili li corpicciuoli delli uomini.*«

»Nun ist es aber sehr leicht, einzusehen, wie ärmlich die Dinge sind, die dich stolz machen. Du vertraust auf dein Talent, rühmst dich der Lektüre vieler Bücher und erfreust dich deiner Beredsamkeit und der Schönheit deines sterblichen Körpers ... Die Vorzüge deines Leibes machen dich stolz. Siehst du die

Gefahren nicht, die ihn umgeben? Und was gefällt dir denn an deinem Körper? Kraft? Gesundheit? Nichts Unzuverlässigeres, nichts Schwächeres gibt es. Das lehrt dich die Müdigkeit, die dich nach geringen Anstrengungen befällt, das lehren dich die unzähligen Krankheiten, das kann dich der Biß einer Schlange, ein leichter Zugwind und tausend ähnliche Kleinigkeiten lehren. Oder blendet dich vielleicht der Glanz der Schönheit? Wenn du die Farbe deines Gesichtes und seine Linien betrachtest, hast du dann großen Grund, dich zu bewundern und zu bestaunen, dir zu schmeicheln und dich zu ergötzen? Schreckt dich nicht des Narcissus Geschichte? Kündet dir nicht eine ernste Betrachtung deiner körperlichen Häßlichkeit dein Inneres? Bist du zufrieden mit dem Anblick der äußeren Hülle? Willst du die Augen deines Geistes nicht tiefer dringen lassen? Daß dieser äußere Blütenflor nur allzu rasch vergehen wird, das hätte dich doch, wenn zahllose andere Gründe erfolglos waren, der ruhelose Lauf der Jahre, der Tag für Tag davon abpflückt, klarer als Sonnenlicht beweisen sollen. Und wenn du auch, was du nicht zu sagen wagen wirst, glauben solltest, gefeit zu sein gegen Alter, Krankheit und die andern Dinge, die der Körper Aussehen ändern, so hättest du doch jenes Letzten, der alles zu Grabe trägt, nicht vergessen dürfen, und tief im Geiste hättest du dir einprägen sollen das Wort des Satirikers: ›... der Tod nur, der zeigt dir, wie klein und erbärmlich der Menschen Körperchen sind.‹«*

(Petrarca, Il secreto, Ausg. Solerti, 1904, S. 71ff., vgl. ebda. S. 58f.; dt. Übers. v. Hefele, 1925, S. 43ff., vgl. ebda. S. 32f.)

* Juvenal, Satiren X/173

BENVENUTO RAMBALDI DA IMOLA (1336/40–1387/8)

Giottos Malkunst und die Schönheit seiner Kinder: III/3

»Giotto dipingeva in Padova, ancora giovane di età, una cappella, in luogo dove un dì fu un teatro od arena, e Dante lo visitò. Il pittore fece a Dante le più onorate accoglienze e lo menò in sua casa, e gli mostrò i figli suoi che veramente erano brutti, anzi deformi. – Egregio maestro, atlora Dante gli disse, ho ben ragione di maravigliarmi delle tante pitture tue eccellenti per faccie belle e divine, se le proprie fai tanto brutte e deformi! Cui Giotto sorridendo – dipingo di giorno e fingo di notte. – Piacque la riposta a Dante, non perchè nuova e che leggesi in Macrobio, ma come nata istantaneamente dal vivace ingegno del pittore.«

»Zur Zeit als Giotto, in noch ziemlich jungen Jahren, in Padua eine Kapelle ausmalte, an dem Platz, wo ehemals das Theater oder die Arena stand, kam auch Dante in diese Stadt. Giotto empfing ihn ehrenvoll und führte ihn in sein Haus.

Da sah Dante mehrere kleine Kinder des Malers, die von sehr häßlicher Gestalt und, um es gleich zu sagen, dem Vater nur allzu ähnlich waren, und sagte: ›Trefflicher Meister, es heißt doch, Ihr habet in der Malerei nicht Eures gleichen, da wundert's mich sehr, weshalb Ihr fremde Figuren so schön macht, Eure eigenen aber so mißgestaltet.‹ Aber Giotto war lächelnd sogleich mit der Antwort bereit: ›Ich male tagsüber und nachts gestalte ich.‹ Diese Antwort gefiel Dante gar sehr, nicht als ein an sich neuer Gedanke, da man dasselbe schon in den Saturnalien des Macrobius lesen kann, sondern weil sie dem Geiste dieses Mannes unmittelbar entsprungen zu sein schien.«

(Benvenuto Rambaldi, Commento sulla Divina Commedia di Dante Allighieri, um 1380, Ausg. Imola, 1856, II, S. 232; dt. Übers. b. Vasari, Ausg. Gottschewski u. a., 1916, I/1, S. 200 f. Anm.)

CENNINO CENNINI (um 1370–um 1440)

Über die menschlichen Proportionen: III/4

»Le misure che dee avere il corpo dell'uomo fatto perfettamente.

Nota che, innanzi più oltre vada, ti voglio dare a littera le misure dell'uomo. Quelle della femmina lascio stare, perchè non ha nessuna perfetta misura ... Tant' è lungo l'uomo quanto per traverso, o ver le braccia distenda ... È tutto l'uomo lungo otto visi e due delle tre misure. Ha l' uomo, men che la donna, una costola del petto dal lato manco ... Degli animali irrazionali non ti conterò, perchè non apparai mai nessuna misura. Ritrane, e disegna più che puoi dal naturale, e poverai. E a ciò ha buona pratica.«

»Die Masse, welche der vollkommen gemachte Körper des Menschen haben soll.

Merke, dass, ehe ich weiter gehe, ich dir die Masse eines Mannes aufschreiben will; die der Frau lasse ich bei Seite, weil sie keine ebenmässigen hat ... Der Mensch ist so hoch als er, oder vielmehr seine Arme, der Quere nach betragen ... Und es hat der ganze Mensch acht Gesichtslängen und zwei der drei Masse. Der Mann hat eine Brustrippe weniger auf der linken Seite als die Frau ... Von den unvernünftigen Thieren werde ich dir nichts sagen, weil sie mir keine rechten Verhältnisse zu haben scheinen; entwirf und zeichne sie nach der Natur, soviel du kannst und versuche es. Und es bedarf guter Uebung hiezu.«

(Cennini, Trattato della pittura, Kap. 70, um 1390/1400, Ausg. Tambroni, 1821; dt. Übers. v. Ilg, 1888, S. 49 f.)

LORENZO VALLA (1406–1457)

Die Schönheit des Gesichtes: III/5

»Nam quid suavius, quid delectabilius, quid amabilius venustas facie? Adeo vix ipse in celum intuitus iocundior esse videatur.«

»Denn was ist süßer, was erfreulicher, was liebenswerter als die Schönheit des Gesichts? Selbst der Blick in den Himmel scheint kaum angenehmer zu sein.«
(Valla, De voluptate, I/20, 1431, Ausg. Hieatt, 1977, S. 96)

Die Schönheit von Mann und Frau: III/6

»Et negabit aliquis mares feminasque ideo conspicuos nasci presertim in mutuam benivolentiam proclives nisi ut videndo, una contubernium habendo ac simul vitam traducendo oblectentur? Mehercule, si omnes viri et femine deformes essent ..., in solitudinem fugerem et conspectum hominum quasi serpentum devitarem. Quid plura? Qui pulchritudinem non laudat hic aut animo aut corpore cecus est et si oculos habet, illis orbandus quos se habere non sentit. Hec de aspectu quidem et tactu dixerit, idque tantum de uno genere.«

»Und will irgendjemand verneinen, daß Männer und Frauen ansehnlich und besonders dem gegenseitigen Wohlwollen zugeneigt geboren sind, damit sie sich durch Ansehen, durch das Beieinanderwohnen, durch eine gemeinsame Lebensführung erfreuen? Bei Herkules, wenn alle Männer und Frauen häßlich wären ..., würde ich in die Einsamkeit fliehen und den Anblick der Menschen wie denjenigen von Schlangen meiden. Sonst noch etwas? Derjenige, der die Schönheit nicht lobt, ist entweder an der Seele oder am Körper blind, und wenn er Augen besitzt, sollten sie ihm geraubt werden, so daß er sie nicht zu besitzen meint. Dies habe ich über das Sehen und Fühlen gesagt, über bloß eine einzige Art der Schönheit.«
(Valla, De voluptate, I/20, S. 98)

LEON BATTISTA ALBERTI (1404–1472)

Die Vollkommenheit von Lebewesen: III/7

»Dicono, come tu sai, e'litterati che la natura in tutte le cose molto sé adopera quanto sia dovuto e conveniente produrle compiute di membra e potenza, sanza mancamento o vizio ...«

»Die Gelehrten sagen, wie dir wohl bekannt ist, daß die Natur bei allen Wesen sehr bemüht ist, sie, soviel als nötig und passend ist, vollendet an Gliedern und zu ihrer Wirksamkeit fähig hervorzubringen, ohne Mängel und Fehler ...«
(Alberti, Della famiglia, I, 1434/41, Ausg. Grayson, 1960, S. 62; dt. Übers. v. Kraus, 1986, S. 77)

Über die jeweilige Schönheit verschiedener Menschen: III/8

»Di qui si dice che nel tôr moglie si cerchi bellezze, parentado e richezze. Le bellezze d'un uomo essercitato nell'armi paiono a me, quando egli arà presenza di fiero, membra di forte e atti di destro a tutte le fatiche. Le bellezze d'uno vecchio stimerò siano nella prudenza, amorevolezza e ragione delle sue parole e consigli; e qualunque altra si reputi bellezza in uno vecchio certo sarà molto dissimile a quella d'un giovane cavaliere. Così stimo le bellezze in una femmina si possono giudicare non pure ne'vezzi e gentilezza del viso, ma più nella persona formosa e atta a portare e produrti in copia bellissimi figliuoli. E sono tra le bellezze a una donna in prima richiesti i buon costumi ...«

»Deshalb sagt man, daß man bei der Wahl eines Weibes Schönheit, Verwandtschaft und Reichtum suche. Die Schönheit eines in den Waffen geübten Mannes liegt meines Erachtens in seiner stolzen Erscheinung, der Kraft seiner Glieder, seiner gewandten Haltung allen Beschwerlichkeiten gegenüber. Die Schönheit eines alten Mannes, möchte ich meinen, liegt in der Klugheit, Liebenswürdigkeit und Vernunft seiner Worte, seiner Ratschläge; und was man sonst an einem Alten als Schönheit ansehen kann, wird gewiß ganz anderer Art sein als die eines jungen Ritters. So meine ich, auch die Schönheit eines Weibes kann man nicht bloß nach dem Reiz und Adel ihres Gesichtes beurteilen, sondern vielmehr nach der wohlgebildeten Gestalt, die imstande ist, die schönsten Kinder in Fülle zu tragen und zur Welt zu bringen. Und zu der Schönheit einer Frau gehört vor allem die gute Sitte ...«
(Alberti, Della famiglia, II, S. 110; dt. Übers. S. 139)

Das künstlerische Auswahlverfahren und die erlangten Maße: III/9

»Sic nos plurima quae apud peritos pulcherrima haberentur corpora, delegimus et a quibusque suas desumpsimus dimensiones, quas, postea cum alteras alteris comparassemus, spretis extremorum excessibus, si qua excederent aut excederentur, eas excepimus mediocritates, quas plurium exempedarum consensus comprobasset.«

»So haben auch wir eine grössere Zahl von menschlichen Leibern, die nach dem Urtheil von Erfahrenen von grosser Schönheit waren, ausgewählt und von diesen die Massverhältnisse genommen. Diese verglichen wir dann untereinander, und indem wir dabei alle verwarfen, welche unter einer bestimmten Grenze blieben oder über dieselbe hinausgingen, behielten wir nur jene Masse, welche das übereinstimmende Resultat vieler Exempeden* als mittlere ergab.«
(Alberti, Della statua, 1464, Ausg. Janitschek, lat. u. dt., 1877, S. 198ff.)

* Exempeda = Holzlineal von der Länge des zu messenden Körpers

Die Komposition der Körperteile: III/10

»Conviensi inprima dare opera che tutti i membri bene convengano. Converrano quando et di grandezza et d'offitio et di spetie et di colore et d'altre simili cose corresponderanno ad una bellezza.«

»Hier hat man sich in erster Linie Mühe zu geben, dass die einzelnen Körpertheile (Glieder) einander wohl entsprechen. Dies wird der Fall sein, wenn sie nach Grösse, Charakter (der dargestellten Erscheinung), Bestimmung, Farbe und anderen ähnlichen Dingen zu einer Schönheit zusammenstimmen.«

(Alberti, Della pittura, II, 1435/6, Ausg. Janitschek, ital. u. dt., 1877, S. 110f.)

Schönheit des Gesichtes im Bild: III/11

»Nasce della compositione della superficie quella gratia ne'corpi quale dicono bellezza. Vedesi uno viso il quale abbia sue superficie chi grandi et chi piccole, quivi ben rilevate et qui ben drento riposto simile al viso delle vecchierelle, questo essere in aspetto bructissimo. Ma quelli visi saranno le superficie giunte in modo che piglino ombre et lumi ameni et suavi nè abbino asperitate alcuna di rilevati canti, certo diremo questi essere formosi et delicati visi. Adunque in questa compositione di superficie molto si cerca la gratia et bellezza delle cose ...«

»Die Zusammenstimmung der Flächen bewirkt es, dass Körper jene Anmuth besitzen, welche Schönheit genannt wird. Sieht man ein Gesicht, welches hier grosse, dort kleine, hier zu stark erhobene, dort zu sehr eingesunkene Flächen zeigt, wie dies an dem Gesichte alter Weiber der Fall ist, so gewährt dies einen ganz hässlichen Anblick. Jene Gesichter dagegen, deren Flächen in der Weise verbunden sind, dass sie ein anmuthiges Ineinanderweben von Lichtern und Schatten zeigen, und aller harten Kanten und Ecken ermangeln, wird man sicherlich schön und lieblich nennen. In der Composition der Flächen suche man also in erster Linie die Anmuth und Schönheit der Dinge ...«

(Alberti, Della pittura, II, S. 108ff.)

Das Malen von nackten Figuren: III/12

»Le parti brutte a vedere del corpo et l'altre simili quali porgono poca gratia, si cuoprano col panno, con qualche fronde et con la mano.«

»Unanständige Theile des Körpers und jene, welche von geringer Wohlgefälligkeit, bedecke man mit der Gewandung oder mit Laubwerk, oder mit der Hand.«

(Alberti, Della pittura, II, S. 118f.)

LORENZO GHIBERTI (1377–1455)

Schönheit und Proportionalität am Beispiel des Gesichts: III/13

»Et similmente l'amplitudine della faccia quando essa fosse proportionale alla quantità delli membri colla forma, sarà bella colla faccia purchè la faccia non sia molto larghissima e.lli membri della faccia siano proportionali alla quantità di tutta la faccia fusse di membri larga, sarà bella purch'ella non sia molto larghissima, e membri siano proportionali alla quantità di tutta. Quando la faccia fosse larga di grandissima largheza, li membri che sono in essa sarebbono piccoli et non proportionali alla quantità d'essa et non sare(bbe) bella, auenga che la quantità degli membri siano proportionali et la figura d'essa sia bella. Et similmente quando fusse piccola faccia et stretta e.lle membra d'esse fossono grandi cioè le membra della faccia, sarà la faccia brutta. Et quando le membra fossono proportionali alla quantità della largheza et della faccia, sarà la forma bella auenga che.lli membri per se non sieno belli. Ma la proportionalità solamente fa pulcritudine ... Similmente la scrittura non sarebbe bella se non quando le lettere sue proportionali in figura et in quantità et in sito et in ordine et in tutti i modi de'uisibili colle quali si congregano con esse tutti le parti diuerse.«

»Und in ähnlicher Weise wird die Größe des Gesichts, falls es proportional zur Größe der Gesichtsteile ist, schön sein, wenn nur das Gesicht nicht übermäßig groß ist und die Gesichtsteile proportional zur Größe des Ganzen sind. Sind die Teile des Gesichts groß, wird es schön sein, wenn es nicht übermäßig groß ist und die Gesichtsteile proportional zur Größe des Ganzen sind. Wenn das Gesicht besonders groß ist, werden die darin befindlichen Teile klein und zur Größe des Ganzen unproportional sein, und es wird nicht schön sein, auch wenn die Größe der einzelnen Teile schön ist. Und wenn in ähnlicher Weise das Gesicht klein und schmal ist und seine Teile groß sind, so wird das Gesicht häßlich sein. Wenn die Teile zur Größe und Breite des Gesichts proportional sind, so wird das Gesicht schön sein, auch wenn die Teile für sich nicht schön sein sollten. Denn die Verhältnismäßigkeit, die Proportionalität, allein macht Schönheit aus ... Ähnlich wäre die Schrift nicht schön, wenn die Buchstaben unproportional zur Gestalt, Größe, Lage, Ordnung und zu allen Erscheinungsweisen wären, wodurch sie mit allen verschiedenen Teilen verbunden sind.«
(Ghiberti, I commentarii, III, um 1447/53, Ausg. Schlosser, 1912, I, S. 105)

Die menschlichen Maße: III/14

»La testa porremo diuisa in tre parti, cominciando l'ime et radice de'capelli per insino al cominciare della ciglia, è una, et per la prima parte. La seconda parte è il naso et la terca è il mento et questa è la fine della testa et è partita in noue parti et meco secondo gli antichi statuarij. Molti sono che pongono dieci et molte se ne truouano di noue et meco et questa è certamente la perfetta misura; sono teste 9½.«

»Laßt uns den Kopf in drei Teile teilen, beginnend zuoberst mit dem Haaransatz bis zu den Augenbrauen, was der erste Teil ist. Der zweite Teil ist die Nase und der dritte das Kinn, was das Ende des Kopfes ist, und er wird auf neun Teile verteilt, gemäß den antiken Bildhauern. Es gibt viele, die wählen zehn Gesichtslängen, und viele, wenn sie nicht neun Gesichtslängen finden, wählen wie auch ich, was sicherlich das vollkommene Maß ist, nämlich neuneinhalb Gesichtslängen für die gesamte Körperlänge.«
(Ghiberti, I commentarii, III, S. 228)

Das Anfertigen einer Statue und die Erfordernisse an den Bildhauer: III/15

»Et cominceremo a dare forma alla statua uirile con quella arte et diffinitioni et proportioni et simetrie che usarono e nobilissimi statuarij et pictori antichi et porremo la figura del circulo come per loro fu trouata antichamente colle gismetrie et misure . . .«

»Laßt uns beginnen, mit Kunstfertigkeit die Gestalt einer männlichen Statue, deren Definitionen, Proportionen und Symmetrie zu entwickeln, welche die edelsten antiken Bildhauer und Maler verwendeten, und laßt uns einen Kreisbogen ziehen, wie er durch sie in alter Zeit mit Geometrie und Maß gefunden wurde . . .«
(Ghiberti, I commentarii, III, S. 227)

ANTONIO AVERLINO DETTO FILARETE (1400–1470)

Gute und schlechte Proportionen des Menschen: III/16

»Quando l'huomo è bene formato e che corrisponda bene l'uno membro coll'altro, allora si dice essere bene proportionato. Ben sai, che quando auesse spalle bistorte e membra contrafatte, allora è male proportionato.«

»Wenn der Mensch wohlgestaltet ist und ein Glied dem anderen gut entspricht, so wird er wohlproportioniert genannt. Du weißt richtig, falls er krumme Schultern und falsche Glieder hätte, so ist er schlecht proportioniert.«
(Filarete, Trattato d'architettura, 1457/64, Ausg. Oettingen, 1896, S. 688)

Maß und Proportion des Menschen: III/17

». . . ancora imparate pure a fare la figura, perchè in essa contiene ogni misura e proportione di colonne et anche d'altre cose . . .«

». . . lernt nur auch die (menschliche) Figur machen, denn sie enthält jedes Mass und Verhältnis der Säulen und der anderen Dinge . . .«
(Filarete, Trattato d'architettura, S. 250f.)

GUGLIELMO EBREO (*um 1420/5–nach 1480)

Die Vollkommenheiten der Tanzkunst und die dafür geeigneten Menschen: III/18

»Le qua' cose sono molto più facile e suave a chi dal sommo cielo ha la sua natura e complessione gientile a ciò disposta e ben proporzionata, colla sua persona libera, sana e spedita sanza alcuno mancamento di suo' membri; ma giovane, formoso, destro, leggiere e di grazia ben dotato, in cui tutte le predette parti si possano con più lunga dilettazione liberamente, esercitando, dimostrare. Imperò che in persona di suo' membri difettive non possono avere luogo, come sono zoppi, gobbi, storpiati e simile gienti, perchè queste tali parti vogliono e consistono nello esercizio e movimento corporale.«

»Diese Dinge fallen demjenigen leicht und sind demjenigen angenehm, der vom hohen Himmel eine edle Natur und einen edlen, außerdem wohl angeordneten und proportionierten Körperbau erhalten hat, als ein freier Mensch, gesund, gewandt und ohne irgendeinen Mangel an seinen Gliedern. Bei einem jungen Menschen aber, wohlgestaltet, geschickt, lässig und mit Anmut reichlich versehen, wirken sich alle vorher genannten Bestandteile des Tanzens freiheraus mit noch größerer Freude während des Übens und Darstellens aus. Bei einem Menschen jedoch, dessen Glieder mangelhaft sind, z.B. bei lahmen, buckeligen, verkrüppelten und ähnlichen Menschen, kommen sie nicht zum Zuge, weil diese Bestandteile des Tanzens Übung und körperliche Bewegung erfordern und sich auf sie gründen.«

(Guglielmo Ebreo, Trattato dell'arte del ballo, um 1460, Ausg. Bologna, 1968, S. 20f.)

FRANCESCO DI GIORGIO MARTINI (1425–1506)

Die Maße menschlicher Körper und von Bauten: III/19

»Adunque è da considerare, come el corpo ha tutte le partizioni e membri con perfetta misura e conferenzie, el medesimo in nelle città e altri difizi osservar si debba.«

»Endlich ist zu erwägen, daß der Körper alle Einteilungen und Glieder mit vollkommenem Maß und Beziehungen besitzt und daß dasselbe in der Stadt und bei anderen Gebäuden beachtet werden muß.«

(Francesco di Giorgio Martini, Trattati di architettura ingegneria e arte militare, 1482, Ausg. Maltese, 1967, I, S. 20)

MARSILIO FICINO (1433–1499)

Die Schönheit des Körpers: III/20

»Quid tandem est corporis pulchritudo? Actus, vivacitas et gratia quedam idee sue influxu in ipso refulgens. Fulgor huiusmodi in materiam non prius quam aptissime sit preparata descendit. His vero tribus, ordine, modo, spetie, constat viventis corporis preparatio . . .«

»Worin besteht nun, mit einem Wort, die Schönheit des Körpers? In einer bestimmten Aktualität, Lebhaftigkeit und Anmut, welche im Körper unter dem Einflusse seiner Idee erstrahlt. Dieser Lichtglanz steigt nicht zu der Materie hinab, bevor sie nicht in angemessener Weise zugerichtet ist. Diese Zubereitung vollzieht sich durch drei Faktoren: die Anordnung, das Maß und die Gestaltung . . .«

(Ficino, Commentarium in Convivium Platonis de amore, V/6, 1469, Ausg. Blum/Hasse, 1984, S. 154ff.)

Die körperliche Schönheit: III/21

»Pulchritudo corporis non in umbra materiae, sed in luce et gratia formae, non in tenebrosa mole, sed in lucida quadam proportione, non in pigro ineptoque pondere, sed in conuenienti numero et mensura, consistit.«

»Die Schönheit des Körpers besteht nicht in einem Schatten der Materie, sondern im Licht und der Anmut der Gestalt, nicht in der finsteren Masse, sondern in einer gewissen lichtvollen Proportion, nicht in der trägen und untauglichen Masse, sondern in einer zusammenstimmenden Zahl und im Maß.«

(Ficino, Brief an Giovanni Cavalcanti, Liber Epistolarum, I, Ausg. Sancipriano/Kristeller, 1959, I/2, S. 631f.)

Gefallen oder Mißfallen gegenüber der äußeren Erscheinung des Menschen: III/22

»Unde hominis exterioris imago per sensus accepta transiensque in animum, si hominis figure quam possidet animus, dissonat, e vestigio displicet et odio tamquam deformis habetur. Si consonat, illico placet et tamquam formosa diligitur.«

»Daher wird die äußere Erscheinung des Menschen, sowie sie, durch die Sinne wahrgenommen, in die Seele eingeht, sogleich mißfallen und Abneigung erregen, wenn sie mit dem Bilde, das die Seele von Anbeginn in sich trägt, nicht übereinstimmt. Entspricht sie aber demselben, so erweckt sie Wohlgefallen und, weil sie schön ist, Liebe.«

(Ficino, Commentarium in Convivium Platonis de amore, V/5, S. 150f.)

Körperliche Schönheit: III/23

»Si oculos tibi linceos natura dedisset, mi Socrates, ut aspectu quelibet occurentia penetrares, formosissimum illud extrinsecus Alcibiadis tui corpus tibi turpissimum videretur. Quantum est quod amas, o amice? Superficies duntaxat, immo color, te rapit, immo quedam reflexio luminum et umbra levissima. Seu te vana imaginatio decipit, ita quod somnias potius quam quod videas amas.«

»Wenn dir, mein Sokrates, die Natur schärfere Augen als dem Luchse verliehen hätte, so daß du die Körper, welchen du begegnest, nicht nur von außen, sondern auch von innen sehen könntest, so würde dir der Leib deines Alkibiades, welcher auswendig schön aussieht, ganz gewiß sehr häßlich erscheinen. Was also, mein Freund, liebst du überhaupt? Eine äußere Oberfläche, ja nur ein wenig Farbe, ein geringfügiger Widerschein von Licht und Schatten reißt dich hin. Dich täuscht wohl eine bloße Einbildung, so daß du vielmehr den liebst, welchen du im Traume, als den du wirklich siehst.«

(Ficino, Commentarium in Convivium Platonis de amore, VI/18, S. 290f.)

GIROLAMO SAVONAROLA (1452–1498)

Der Mensch und seine Erbsünde: III/24

»Ecce enim in iniquitatibus conceptus sum et in peccatis concepit me mater mea. Mater, inquam, carnalis ex concupiscentia me concepit et in ea peccatum originale contraxi. Quid autem est peccatum originale nisi privatio iustitiae originalis et rectitudinis totius hominis? Ideo homo, conceptus et natus in huiusmodi peccato, totus obliquus est, totus curvus: caro concupiscit adversus spiritum; ratio debilis est, voluntas infirma; homo fragilis et similis vanitati: sensus decipiunt eum, imaginatio fallit, ignorantia ducit eum per invium ...«

»Denn siehe, in Schuld bin ich empfangen, und in Sünden empfing mich meine Mutter ... Meine leibliche Mutter empfing mich in Begierlichkeit, und dadurch zog ich mir die Erbsünde zu, die ja nichts ist als der Verlust der ursprünglichen Gerechtigkeit und Vollkommenheit des ganzen Menschen. Und weil der Mensch in solcher Sünde empfangen und geboren ist, so ist er ganz krumm und verkrüppelt. Das Fleisch hegt Begierden wider den Geist, die Vernunft ist schwach, der Wille krank, der Mensch gebrechlich und hinfällig, die Sinne trügen ihn, die Einbildungskraft narrt ihn, die Unwissenheit lenkt ihn vom rechten Pfade ab ...«

(Savonarola, Expositio in psalmum Miserere mei, Deus, 1496, Ausg. Rom, 1976, S. 206; dt. Übers. v. Schnitzer, 1928, S. 294f.)

LEONARDO DA VINCI (1452–1519)

Vorschrift an Maler bezüglich mißgestalteter Menschen: III/25

»... piacemi bene, che tu fuggi le cose mostruose, com'è'l di gambe lunghe e busti corti, e petti stretti e braccia lunghe ...«

»Es gefällt mir wohl, wenn du das Missgestaltete meidest, wie z. B. Figuren mit langen Beinen und kurzem Oberleib, oder enger Brust und langen Armen.«
(Leonardo, Trattato della pittura, Ausg. Ludwig, ital. u. dt., 1882, I, Nr. 270)

Menschliche Proportionen: III/26

»... e per questo l'huomo, che ha finito sua grandezza, il quale sia ben proportionato, è dieci de suoi uolti ...«

»Daher hat ein ausgewachsener und wohlproportionirter Mensch im Ganzen zehn Gesichtslängen ...«
(Leonardo, Trattato della pittura, Nr. 264)

Über Proportionen: III/27

»Ch'ogni membro per se sia proportionato à tutto 'l suo corpo.
Fa, ch'ongni parte d'un tutto sia proporzionata al suo tutto, come se un'huomo è di figura grossa e corta, ch'il medesimo sia in se ogni suo membro, cioè braccia corte et grosse, mani larghe, gross'e corte dita co'le sue gionture nel sopradetto modo, et cosi 'l rimanente.
e'l medesimo intendo haur detto degli uniuersi animali et piante, cosi nel diminuire le proportionalità delle grossezze, come del'ingrossarle.«

»Dass jedes Glied für sich dem Ganzen seines Körpers proportionirt sei.
Mache, dass jeder Theil eines Ganzen dem Ganzen selbst proportionirt sei. So sei ein Mensch von dicker und kurzer Gestalt ebenso an allen seinen Gliedern beschaffen, d. h. kurz und dick sei der Arm, breit die Hände, dick und kurz die Finger und deren Gelenke in der eben bezeichneten Weise, und so sei auch alles Uebrige.
Und das Gleiche will ich von allen Thieren insgesammt und auch von den Pflanzen gesagt haben, sowohl was das Ab- als Zunehmen der Dickeverhältnisse anlangt.«
(Leonardo, Trattato della pittura, Nr. 375)

Die Beurteilungsfähigkeit hinsichtlich körperlicher Mängel: III/28

»... peroche noi conosciamo chiaro, che l'omo, benche non sia pittore, hauera nottitia della forma del'altro homo e ben giudicherà, s'egli è gobbo, o's'egli ha una spalla alta o'bassa, o's'egli la gran bocca, o'naso, od'altri manchamenti.«

»Denn wir wissen klar, dass ein Mensch, auch wenn er nicht Maler ist, doch mit der Form eines anderen Menschen bekannt ist, und recht wohl beurtheilen werde, ob dieser buckelig sei, ob er eine hohe oder eine niedrige Schulter habe, oder einen zu grossen Mund, Nase, oder sonstige Mängel.«

(Leonardo, Trattato della pittura, Nr. 75)

Die Vollkommenheit des Körpers und die Unwürdigkeit einiger Menschen: III/29

»Non mi pare che li omini grossi e di tristi costumi e di poco discorso meritino sì bello strumento, né tante varietà di macchinamenti, quanto li omini speculativi e di gran discorsi, ma solo un sacco, dove si riceva il cibo e donde esso esca, ché invero altro che un transito di cibo non son da essere giudicati, perché niente mi pare che essi participino di spezie umana altro che la voce e la figura, e tutto el resto è assai manco che bestia.«

»Ich meine, Menschen mit gemeinen Seelen und verächtlichen Leidenschaften sind des schönen kunstvollen Körpers nicht würdig, den auch Menschen von hohem Verstand und großer Anschauungskraft haben. Ein Sack mit zwei Öffnungen – einer zur Aufnahme, einer zur Ausscheidung der Speisen – würde für sie genügen, denn in Wahrheit sind sie nicht mehr als ein Schlauch für den Nahrungsdurchgang, die Abortgruben füllen. Nur in Gestalt und Stimme gleichen sie Menschen; in allem übrigen stehen sie tiefer als das Vieh.«

(Leonardo, Anatomia B, fol. 21v, 1490/93, Ausg. Marinoni, 1952, S. 74; dt. Übers. b. Mereschkowski, 1973, S. 416)

»Della ellettione de belle uisi. III/30

Parmi non piccolla gratia quella di quel pittore, il quale fa bone arie alle sue figure. la qual gratia chi non l'a per natura, la pò pigliare per accidentale studio in questa forma: guarda à torre le parti bone di molti uisi belli, le quali belle parti sieno conforme più per publica fama, che per tuo giuditio; perche ti potresti inganare, togliendo uisi, ch'auessino conformità col tuo; perche spesso pare, che simil conformità ci piaccino, e se tu fussi brutto, eleggieresti uisi non belli e faresti brutti uisi, come molti pittori, che spesso le figure somigliano al maestro. siche piglia le bellezze, come ti dico, e quelle metti in mente.«

»Von der Auswahl schöner Gesichter.

Nicht geringe Anmuth scheint es mir bei einem Maler zu sein, wenn er seinen Figuren schöne Gesichter macht. Diese Anmuth kann, wer sie nicht von Natur besitzt, durch Hinzutritt von Studium erlangen, in folgender Weise. Siehe zu, dass du von vielen schönen Gesichtern die Theile, die gut sind, entnimmst, und zwar solche, die mehr nach dem allgemeinen Urtheil zu einander stimmen, als nach dem deinigen. Denn du könntest dich täuschen und Gesichter entnehmen, die mit dem deinigen übereinstimmen. Denn oft scheint es, dass uns gerade solche Uebereinstimmung gefalle, und wärest du dann hässlich, so würdest du unschöne Gesichter auswählen und hässliche malen, wie viele Maler, da die Figuren häufig ihrem Meister gleichen. So entnimm also die Schönheit, wie ich dir es sage, und die lerne auswendig.«

(Leonardo, Trattato della pittura, Nr. 137)

Die Allseitigkeit der Maler und die Mannigfaltigkeit menschlicher Figuren: III/31

»Della uarietà delle figure.

Il pittore debbe cerchare d'esser'uniuersale; perche manchagli assai dignità far'una cosa bene e l'altra male, come molti, che solo studiano nello nudo misurato e proportionato, e no'ricercano la sua varietà; perche pò uno homo essere proportionato et essere grosso e corto, o'longo e sottile, o'mediocre, e chi di questa uarieta' no'tiene conto, fa sempre le figure sue in istampa, che paiono, che sieno tutte sorelle. la qual cosa merita grande riprensione.«

»Von der Mannigfaltigkeit der Figuren.

Der Maler soll suchen allseitig zu sein, denn es geht ihm ein grosser Theil seiner Würdigkeit ab, wenn er eine Sache gut, eine andere aber schlecht macht, wie Viele, die nur ein mit bestimmtem Maass gemessenes und proportionirtes Nackte studiren und die Mannigfaltigkeit desselben nicht aufsuchen. Denn es kann ein Mensch proporitonirt sein, dabei aber ebensowohl dick und kurz, als auch lang und dünn oder mittel, und wer dieser Verschiedenheit nicht Rechnung trägt, der macht seine Figuren stets nach Schablone, so dass sie alle wie Geschwister aussehen. Das verdient grossen Tadel.«

(Leonardo, Trattato della pittura, Nr. 78, vgl. ebda. Nr. 140)

LUCA PACIOLI (um 1450–um 1520)

Die Schönheit der menschlichen Gestalt im Kunstwerk: III/32

»Oime chie quello che vedendo vna ligiadra figura con suoi debiti liniamenti ben disposta. a cui solo el fiato par che manchi. non la giudichi cosa piu presto diuina che humana?«

»Wer möchte nicht beim Anblick einer schönen Gestalt mit ihren regelrechten wohlgeordneten Liniamenten, welcher nur der Athem zu fehlen scheint, dieselbe eher fast für etwas Göttliches als für etwas Menschliches halten.«

(Pacioli, Divina Proportione, Venedig 1509, Ausg. Winterberg, ital. u. dt., 1889, S. 41 u. S. 190f.)

Die Proportionen des Menschen: III/33

»E pero diciamo conli antichi maxime nostro Victruuio la larghezza tutta del homo ... Esser comunamente dieci tanto che dalmento ala sumita dela fronte ...«

»Und daher sagen wir mit den Alten, besonders unserm Vitruv*, die ganze Länge des Menschen ... sei gewöhnlich zehnmal so gross, wie vom Kinn zum höchsten Theile der Stirn ...«
(Pacioli, Divina Proportione, S. 135 u. S. 302)

* Vitruv, De arch. III/2,1

Menschliche Proportionen in antiker Kunst: III/34

»Reliqua quoque membra suos habent commensus proportionis quibus etiam antiqui pictores et statuarii nobiles vsi magnas et infinitas laudes sunt assecuti.«

»Auch die übrigen Glieder haben ein Ebenmass der Proportion, welches auch die alten Maler und edlen Bildhauer angewandt, und dadurch grosses, unendliches Lob errungen haben.«
(Pacioli, Divina proportione, S. 136f. u. S. 304)

Menschliche Proportionen, ihr Verhältnis zur Baukunst und einfache mathematische Formen: III/35

»E pero la natura ministra della diuinita formando lomo dispose el suo capo con tutte debite proportioni. correspondenti a tutte laltre parti del suo corpo. E per questo li antichi considerata la debita dispositione del corpo humano tutta le loro opere maxime li templi sacri a la sua pro portione le disponiuano. Peroche in quello trouauano le doi principalissime figure senza le quali non e possibile alcuna cosa operare cioe la circular perfectissima ... Laltra laquadrata equilatera ...«

»Und darum ordnete die Natur, die Dienerin der Gottheit, als sie den Menschen bildete, sein Haupt mit allen nothwendigen, allen andern Theilen seines Körpers entsprechenden Verhältnissen an. Und aus diesem Grunde richteten die Alten, nachdem sie die angemessene Anordnung des menschlichen Körpers erwogen, alle ihre Werke, insbesondere die heiligen Tempel nach seinem Verhältniss. Denn in ihm fanden sie die zwei hauptsächlichsten Figuren, ohne die es nicht möglich, irgend etwas zu bewerkstelligen, nämlich die höchst vollkommene Kreislinie ... Die andere ist die gleichseitige quadratische ...«
(Pacioli, Divina proportione, S. 131 u. S. 296f.)

POMPONIUS GAURICUS (1482–um 1530)

Die menschliche Gestalt: III/36

»Constabit igitur humanae Staturae longitudo, Portionibus ut dictum est nouem, Quamquam alii octo, Alii, quod rarius est, Est enim tanquam in Musice dissonum ferme septem, Alii quod et rarum etiam est, decem fecerint, Nos medium et quod in plerisque omnibus mortalibus frequentius erat, secuti sumus, Ac de Adulto loquimur uiro ... Nonne summa stulticia est, hominem Terrasque tractusque maris coelumque profundum dimetiri, et suam mensuram ignorare?«

»Die Länge der menschlichen Gestalt wird also, wie gesagt, aus neun Theilen bestehen. Obschon manche acht Theile machen, andere, was jedoch seltener und fast wie in der Musik eine Dissonanz ist, sieben, andere, was auch selten vorkommt, zehn. Wir sind dem Mittel gefolgt, das auch bei den allermeisten Sterblichen das häufigste ist. Und wir sprechen vom erwachsenen Manne ... Ist es denn nicht die höchste Torheit, dass der Mensch sowohl die Länder als auch die Weiten des Meeres und die Höhe des Himmels ausmisst* und sein eigenes Maass nicht kennt?«

(Gauricus, De sculptura, Florenz 1504, Ausg. Brockhaus, lat. u. dt., 1886, S. 132f.; vgl. Dürer, Ausg. Rupprich, 1966, II, S. 155f.)

* Platon, Theät. XXIV/173e–174a; Pindar, Nem. X/87f.

Die mathematische und philosophische Einteilung des Gesichts: III/37

»Possem ego totum hunc aestiuum quantus est, diem consumere demostrando uti isti arridiorem ex triangulo, pleniorem ex quadrangulo faciem constare doceant, uti intra horum fines, reliquum omne corpus, Sic, intercludi oportere disputent, Recte quidem ut qui Platonis Timaeum perdidicerint ...«

»Ich könnte den ganzen heutigen Sommertag, so lang er ist, damit zubringen, zu zeigen, wie man lehrt, dass ein dürres Gesicht aus einem Dreieck, ein volles Gesicht aus einem Viereck besteht, und wie die genauen Kenner des ›Timäus‹ Plato's finden, dass der übrige ganze Körper, so hier sich in Dreiecke und Vierecke einschliessen lassen müsse.«

(Gauricus, De sculptura, S. 152f.)

Analogien oder Proportionen des Körpers: III/38

»Consideranda uero et ipsa inter se partium ἀναλογία quam alibi Proportionem heic ni fallor proprie commensum dixerimus, Quanta est longitudo ab interciliis ad summas nares, tanta erit productio Menti ab iugulo, Quantaque est ab summis naribus ad mentum, tanta ab iugulo ad imam gulam ...«

»Zu beachten ist aber auch die ›Analogie‹ der Theile untereinander, die wir anderswo ›Proportion‹, hier, wenn ich nicht irre, eigentlich ›Commensus‹ nennen möchten. So gross die Entfernung von den Intercilien* bis zur Nasenspitze ist, so weit steht das Kinn von der Gurgel ab. Und so weit es von der Nasenspitze zum Kinn ist, so weit ist es von der Gurgel zum untern Ende der Kehle ...«

(Gauricus, De sculptura, S. 134f.)

* Bereich zwischen den Augen

Maß und Symmetrie des menschlichen Körpers: III/39

»Mensuram igitur, hoc enim nomine Symmetriam Intelligamus, cum in caeteris omnibus quas natura progenuit rebus, Tum uero in homine ipso admirabilissimam et contemplari et amare debebimus, Ita enim undique exactissime dimetatis partibus compositum est nostrum hoc corpus, ut nihil plane aliud quam Harmonicum quoddam omnibus absolutissimum numeris instrumentum esse uideatur.«

»Das Maass also, was wir ja unter dem Namen Symmetrie zu verstehen haben, werden wir bei den Naturgegenständen insgesammt, vor allem aber beim Menschen voller Bewunderung betrachten und lieben müssen. Denn unser Körper ist aus so genau nach allen Seiten hin abgemessenen Theilen zusammengesetzt, dass er gar nichts anderes zu sein scheint, als ein harmonisches, in allen seinen Bestandtheilen ganz vollendetes Werkzeug.«
(Gauricus, De sculptura, S. 130f.)

PIETRO BEMBO (1470–1547)

Bestimmung der Schönheit: III/40

»La qual bellezza ... non è altro che una grazia che di proporzione e di convenenza nasce e d'armonia nelle cose, la quale quanto è più perfetta ne'suoi suggetti, tanto più amabili essere ce gli fa e più vaghi, et è accidente negli uomini non meno dell'anima che del corpo. Perciò che sì come è bello quel corpo, le cui membra tengono proporzione tra loro, così è bello quell'animo, le cui virtù fanno tra sè armonia ...«

»Die Schönheit ... ist nichts anderes als eine Grazie, die aus der Proportion, Angemessenheit und Harmonie in Dingen entsteht. Je vollkommener sie in ihren Gegenständen ist, desto liebenswerter und lieblicher erscheinen sie uns, und sie ist eine Eigenschaft in den Seelen der Menschen wie auch in ihren Körpern. Und so wie derjenige Körper schön ist, dessen Glieder untereinander die Proportion enthalten, so ist auch diejenige Seele schön, deren Tugenden untereinander eine Harmonie bilden ...«
(Bembo, I Asolani, Venedig 1505, Ausg. Dionisotti-Casalone, 1932, S. 129)

NICCOLÒ MACHIAVELLI (1469–1527)

Über die Häßlichkeit einer mit ihm verkuppelten Frau: III/41

»Omè! fu'per cadere in terra morto, tanta era bructa quella femina. E'se le vedeva prima un ciuffo di capelli fra bianchi e neri, cioè canuticci, e benché l'avessi el

cocuzolo del capo calvo, per la cui calvitie ad lo scoperto si vedeva passegiare qualche pidochio, nondimeno e'pochi capelli e rari le aggiugnevono con le barbe loro fino in su le ciglia; e nel mezzo della testa piccola e grinzosa haveva una margine di fuoco, che la pareva bollata ad la colonna di Mercato; in ogni puncta delle ciglia di verso li ochi haveva un mazetto di peli pieni di lendini; li ochi haveva uno basso et uno alto, et uno era maggiore che l'altro, piene le lagrimatoie di cispa et e'nipitelli dipillicciati; il naso li era conficto sotto la testa aricciato in su, e l'una delle nari tagliata, piene di mocci; la bocca somigliava quella di Lorenzo de'Medici, ma era torta da uno lato e da quello n'usciva un poco di bava, ché per non havere denti non poteva ritenere la sciliva; nel labbro di sopra haveva la barba lunghetta, ma rara; el mento haveva lungo aguzato, torto un poco in su, dal quale pendeva un poco di pelle che le adgiugneva infino ad la facella della gola ... e come prima aperse la bocca, n'uscí un fiato sí puzzolente ...«

»Oje, diese Frau war so häßlich, daß ich tot auf die Erde hätte fallen können. Das erste, was ich sah, war ein Büschel Haare, halb weiß, halb schwarz, also gescheckt, und obwohl der Scheitel des Kopfes kahl geworden war, konnte man gerade wegen der Kahlköpfigkeit die Entdeckung einer umherwandernden Laus machen. Nichtsdestoweniger kamen einige spärliche Haare zu den Barthaaren hinzu, bis ins Gesicht hinein. Auf ihrem kleinen runzeligen Kopf hatte sie den Rand einer Brandblase, als ob sie auf dem Markt gebrandmarkt worden sei. An jeder Stelle der Augenbrauen hatte sie Haarbüschel voll von Läuseeiern. Von den Augen blickte eines nach unten, das andere nach oben, und eines war größer als das andere. Die Augensäcke waren voll von Flüssigkeit und die Augenlider haarlos. Ihre Nase war ins Gesicht hineingedreht, und das eine Nasenloch war verkürzt und voll von Schleim. Der Mund ähnelte demjenigen von Lorenzo de' Medici, aber er war gewunden und breit und es trat etwas Speichel heraus, da wegen der fehlenden Zähne der Speichel nicht zurückgehalten werden konnte. Oberhalb der Lippen hatte sie einen ziemlich langen, aber dünnen Bart. Das Kinn war eine lange Spitze, ein bißchen in sich verzogen, wovon ein wenig Haut bis zur Kehle hinabhing ... und als sie erstmals ihren Mund öffnete, entkam ihm ein stinkender Atem ...«

(Machiavelli, Brief an Luigi Guicciardini, 1509, Ausg. Gaeta, 1961, VI, S. 205 f.; vgl. dt. Übers. b. Hausmann, 1987, S. 133 f.)

BALDASSARE CASTIGLIONE (1478–1529)

Bestimmung der Schönheit: III/42

»Ma parlando della bellezza che noi intendemo, che è quella solamente che appar nei corpi e massimamente nei volti umani e move questo ardente desiderio che noi chiamiamo amore, diremo che è un influsso della bontà divina ...«

»Wenn wir aber von der Schönheit sprechen, die wir meinen, nämlich nur von der, die an den menschlichen Körpern und vorzüglich an den Gesichtern in Erscheinung tritt und jenes glühende Verlangen erzeugt, das wir Liebe nennen, so müssen wir sagen, daß sie ein Widerschein der göttlichen Güte ist ...«

(Castiglione, Il Cortegiano, IV/52, Venedig 1528, Ausg. Maier, 1955, S. 515f.; dt. Übers. v. Baumgart, 1986, S. 385f.)

Lässigkeit oder *sprezzatura:* III/43

»Ma avendo io già più volte pensato meco onde nasca questa grazia, lasciando quelli che dalle stelle l'hanno, trovo una regola universalissima, la qual mi par valer circa questo in tutte le cose umane che si facciano o dicano più che alcuna altra, e ciò è fuggir quanto più si po, e come un asperissimo e pericoloso scoglio, la affettazione; e, per dir forse una nova parola, usar in ogni cosa una certa sprezzatura, che nasconda l'arte e dimostri ciò che si fa e dice venir fatto senza fatica e quasi senza pensarvi. Da questo credo io che derivi assai la grazia ... Però si po dir quella esser vera arte che non pare esser arte; né più in altro si ha da poner studio, che nel nasconderla ...«

»Da ich aber schon häufig bei mir bedacht habe, woraus die Anmut entsteht, bin ich immer, wenn ich diejenigen beiseite lasse, die sie von den Sternen haben, auf eine allgemeine Regel gestoßen, die mir in dieser Hinsicht bei allen menschlichen Angelegenheiten, die man tut oder sagt, mehr als irgendeine andere zu gelten scheint: nämlich so sehr man es vermag, die Künstelei als eine rauhe und gefährliche Klippe zu vermeiden und bei allem, um vielleicht ein neues Wort zu gebrauchen, eine gewisse Art von Lässigkeit anzuwenden, die die Kunst verbirgt und bezeigt, daß das, was man tut oder sagt, anscheinend mühelos und fast ohne Nachdenken zustandegekommen ist. Davon rührt, glaube ich, großenteils die Anmut her ... Man kann daher sagen, daß wahre Kunst ist, was keine Kunst zu sein scheint; und man hat seinen Fleiß in nichts anderes zu setzen, als sie zu verbergen.«

(Castiglione, Il Cortegiano, I/26, S. 124; dt. Übers. S. 53f.)

Über den kranken Herzog Guidobaldo da Montefeltro: III/44

»Ma la fortuna, invidiosa di tanta virtù, con ogni sua forza s'oppose a così glorioso pricipio, talmente che, non essendo ancor il duca Guido giunto alli vanti anni, s' infermò di podagre, le quali con atrocissimi dolori procedendo, in poco spazio di tempo talmente tutti i membri gli impedirono, che né stare in piedi né moversi potea; e così restò un dei più belli e disposti corpi del mondo deformato e guasto nella sua verde età.«

»Das Schicksal indessen, neidisch auf so viel Tugend, widersetzte sich mit aller Macht einem derart ruhmvollen Anfang, indem Herzog Guido, noch ehe er das

Alter von zwanzig Jahren erreicht hatte, an Gicht erkrankte, die unter gräßlichsten Schmerzen fortschreitend in kurzer Zeit alle Glieder dermaßen behinderte, daß er weder auf seinen Füßen stehen noch sich bewegen konnte; und so blieb einer der schönsten und wohlangelegtesten Körper der Welt im Blütenalter entstellt und verdorben.«
(Castiglione, Il Cortegiano, I/3, S. 83; dt. Übers. S. 17)

Über die Nachahmung von Gutem und das Reagieren auf körperliche Fehler: III/45

»*Deesi ancor fuggir in questa imitazione d'esser troppo mordace nel riprendere, massimamente le deformità del volto o della persona; ché sì come i vicii del corpo danno spesso bella materia di ridere a chi discretamente se ne vale, così l'usar questo modo troppo acerbamente è cosa non sol da buffone, ma ancor da inimico.*«

»Man soll auch bei dieser Nachahmung vermeiden, vornehmlich im Verspotten der Mißbildungen von Gesicht oder Körper, allzu bissig zu werden; denn wie die körperlichen Fehler dem, der sich ihrer zurückhaltend bedient, oft einen schönen Gegenstand zum Lachen abgeben, so ist ihre allzu bittere Verwendung nicht nur Sache des Possenreißers, sondern eher eines Feindes.«
(Castiglione, Il Cortegiano, II/50, S. 268; dt. Übers. S. 178)

Über die von der Natur gegebene Häßlichkeit des Menschen: III/46

»*... perché non è vergogna il non saper quello in che non s'ha posto studio, ma bene par biasimo non aver quello di che da natura devemo esser ornati. Però ognuno si sforza di nascondere i deffetti naturali, così dell'animo come ancora del corpo; il che si vede dei ciechi, zoppi, torti ed altri stroppiati o brutti; ché, benché questi mancamenti si possano imputare alla natura, pur ad ognuno dispiace sentirgli in se stesso, perché pare che per testimonio della medesima natura l'uomo abbia quel diffetto, quasi per un sigillo e segno della sua malicia.*«

»Denn es ist keine Schande, das nicht zu wissen, was man nicht gelernt hat, wohl aber scheint es ein Schimpf zu sein, das nicht zu haben, womit wir von Natur aus geschmückt sein sollen. Jeder bemüht sich daher, die natürlichen Fehler, sowohl des Herzens als auch des Körpers, zu verbergen, was man bei Blinden, Lahmen, Krummen und anderen Krüppeln und Häßlichen sieht; denn obgleich man die Schuld an diesem Gebrechen der Natur zumessen kann, mißfällt es doch jedem, sie an sich zu verspüren, weil es scheint, daß der Mensch gleichsam als Zeuge der Natur selbst diesen Fehler wie ein Spiegel oder Zeichen ihrer Bosheit trage.«
(Castiglione, Il Cortegiano, IV/11, S. 459; dt. Übers. S. 342)

GIAN GIORGIO TRISSINO (1478–1550)

Verschiedene Arten der Schönheit: III/47

»Meco medesimo mi meravigliava de la divina belleza d'una donna; la quale, non è molto, ch'io vidi; per cui poco vi mancò, che anchor io, come coloro, che videro anticamente Medusa, non mi sia converso in sasso. Meravigliosa cosa, disse il Bembo, veramente ci narrate, che beltà di donna v'habbia così fieramente commosso; perciò che adorneza di cose mortali apò voi non soleva essere in molto pregio, si come persona intenta a la Philosophia, et a la belleza de le cose immutabili, et eterne . . .«

»Ich war in Staunen über die göttliche Schönheit einer Frau versunken, welche ich vor kurzem erblickte. Dadurch wäre beinahe auch ich, wie einst jene beim Anblick der Medusa, zu Stein verwandelt worden. In der Tat, versetzte nun Bembo, berichtet Ihr uns da etwas Ungewöhnliches, daß nämlich weibliche Schönheit Euch so stark bewegt habe. Pflegte doch die Schönheit vergänglicher Dinge bei Euch als jemand, dessen Sinn auf die Philosophie und auf die Schönheit des Unwandelbaren und Ewigen gerichtet ist, nicht so hoch im Wert zu stehen.«

(Trissino, I Ritratti, Rom 1524, Ausg. Hirdt, ital. u. dt., 1981, S. 20 u. S. 30)

Tugendhafter Schmuck der Schönheit: III/48

»E però la belleza da persè non vale, s'ella non è da i debiti ornamenti accompagnata; non dico, ne da gemme, ne da oro, ne da pretiosissime veste; ma essere vuole da Temperantia, da Mansuetudine, e da le altre virtù, e da i lodevoli costumi, che da queste ne nascono, adornata.«

»Die Schönheit allein gilt nämlich nichts, so ihr der gebührende Schmuck fehlt. Damit meine ich weder Edelsteine noch Gold oder recht kostbare Gewänder. Gemeint ist vielmehr der Schmuck, den Besonnenheit und Milde sowie die anderen Tugenden und jene löblichen Sitten verleihen, welche aus diesen hervorgehen.«

(Trissino, I Ritratti, S. 24 u. S. 34)

FRANCESCO GIORGIO VENETO (um 1460–um 1540)

Welt, Mensch und Proportion: III/49

»Homo perfectissimum simulacrum mundi existens, illa omnia quae in magno mundo glomerantur, eodem proportione continet.«

»Der Mensch zeichnet sich als vollkommenstes Bild der Welt aus; alles, was in der großen Welt angesammelt ist, enthält er mit Proportion.«

(Francesco Giorgio, De harmonia mundi cantica tria, fol. 89 r–91 v, Venedig 1525, zit. b. Vasoli, 1974, S. 263 Anm.)

AGOSTINO NIFO (1473–1538/45) III/50

»Quòd nihil praeter hominem sit pulchrum.

... quando enim in homine partes sunt perplures. distinctae, figuris difformes, naturis dissimiles, inter se, et ad totum proportionis rationem habentes, eius corpus pulchrum natura est, atque formosum: cum uerò inter se, et ad totum proportionis rationem non habent, natura deforme existimatur: hinc fit, ut nulla res partis expers pulchra sit, et sic nec Deus, nec angeli pulchri, sed boni, atque perfecti sunt: quippe qui iucundi uoluntati sunt. Coelum uero non est pulchrum, licet iucundum, sculptum, et ornatum sit: nam licet partes habeat, distinctae tamen non sunt, nec figuris, nec naturis dissimilares, omnes enim sunt sphaericae ... Mundus etiam nequaquam ... Res minerales uegeta ipsa anima non sunt pulchrae ... Muta etiam animalia pulchra non sunt ..., ut aquatilia ..., ut insecta, et genus anulosorum ..., ut uolatilia, et progressiua, uerum partes ad totum proportionis ratione carent: non enim ex cuiusuis membri quantitate totius quantitas reddi potest. Quare fit ut in solis ipsis hominibus formosi, ac deformis ratio reperta sit.«

»Inwiefern nichts außer dem Menschen schön ist.

... Weil es nämlich im Menschen mehrere Teile gibt, getrennte, unterschiedlich in Gestalt und Beschaffenheit, welche das richtige Verhältnis unter sich und zum Ganzen haben, so ist dieser Körper vom Wesen her schön und wohlgebildet; wenn die Teile aber unter sich und zum Ganzen nicht das rechte Verhältnis haben, wird der Körper als häßlich beurteilt. Daher kommt es, daß keine Sache ohne Teile schön ist, und so sind weder Gott noch die Engel schön, sondern gut und vollkommen, zumal weil sie für den Willen erfreulich sind. Der Himmel aber ist nicht schön, mag er auch erfreulich, wohlgeformt und geschmückt sein, denn, mag er auch Teile haben, so sind diese dennoch nicht voneinander getrennt, nicht unterschiedlich in Gestalt und Beschaffenheit, weil sie alle kugelförmig sind ... Auch die Welt ist keineswegs schön ... Auch die belebten und beseelten Mineralien sind nicht schön ... Auch die stummen Lebewesen sind nicht schön ..., wie auch die Wassertiere ..., wie die Insekten und die Art der Würmer ..., wie auch fliegende und vorwärtsziehende Tiere, welche kein rechtes Verhältnis der Teile zum Ganzen haben, denn die Größe des Ganzen kann aus der Größe eines jeden beliebigen Teiles nicht gebildet werden. Aus diesem Grund kommt es, daß allein in den Menschen das Maß des Schönen und Häßlichen gefunden wird.«

(Nifo, De pulchro et de amore, I/37, Lugduni 1549)

AGNOLO FIRENZUOLA (1493–1548/49)

Liebe und Schönheit: III/51

»Io voglio riuscir a questo, che desiderando ognuno di noi per un naturale istinto e appetito di rappiccicarsi e rappiastrarsi con la sua metà per ritornare intero, che egli è forza ch'ella ci paia bella, e parendoci bella, è forza che noi l'amiamo; perciocché il vero amore, secondo che afferma tutta la scuola di Platone, non è altro che desiderio di bellezza ...«

»Ich will daraus hinaus, daß jeder von uns vermöge eines natürlichen Instinktes und Triebes ein Verlangen empfindet, mit seiner Hälfte sich wieder unauflöslich zu vereinigen, indem wir für immer zu ihr zurückkehren, daß es Kraft ist, die wir für schön halten und lieben, weil die wahre Liebe nach der einstimmigen Ansicht der ganzen platonischen Schule nichts anderes ist, als die Sehnsucht nach der Schönheit.«

(Firenzuola, Celso-Dialogo delle bellezze delle donne, I, Florenz 1548, Ausg. Seroni, 1958, S. 544f.; dt. Übers. v. Seliger, 1907, S. 27)

Schönheit des Körpers und der Seele: III/52

»Lo'ngegno, e le altre doti e virtù dell'animo non ci fanno mestieri, perciocché aviamo tentato di dipignere la bellezza del corpo e non quella dell'animo; alla finzion della quale bisogna miglior dipintor di me, miglior colori, e miglior pennello che non è quello del mio debole ingegno; sebben l'esempio di voi altre non è manco sufficiente in questa bellezza, che si sia nell'altra.«

»... den Verstand sowie die übrigen Gaben und Vorzüge des Geistes brauchen wir nicht so nötig, da wir es unternommen haben, die Schönheit des Körpers und nicht die der Seele zu schildern, zu deren Darstellung ein besserer Maler als ich, bessere Farben und ein besserer Pinsel gehören als der meiner schwachen Begabung, wenn auch das Vorbild, das Ihr gebt, für die ideale Schönheit ebenso genügt wie für die wirkliche.«

(Firenzuola, Celso-Dialogo delle bellezze delle donne, II, S. 596; dt. Übers. S. 125f.)

Anmut oder *leggiadrìa:* III/53

»La leggiadrìa non è altro, come vogliono alcuni, e secondo che mostra la forza del vocabolo, che una osservanza d'una tacita legge, data e promulgata dalla natura a voi donne, nel muovere, portare e adoperare così tutta la persona insieme, come le membra particolari, con grazia, con modestia, con gentilezza, con misura, con garbo, in guisa che nessun movimento, nessuna azione sia senza regola, senza modo, senza misura o senza disegno: ma, come ci sforza questa tacita legge, assettata, composta, regolata, graziosa; la quale, perciocché non è scritta altrove che in un certo giudizio naturale che di sé né sa né può render ragione, se non così vuol

natura, ho voluto tacita nominare; la quale legge non di meno, perciocché né i libri la posson insegnare, né la consuetudine la sa mostrare, non è osservata comunemente da tutte le belle ...«

»Die Anmut ist nach der Ansicht einiger Gelehrter nichts anderes als die Beobachtung eines schweigenden Gesetzes, das von der Natur für euch Frauen gegeben worden ist, daß die Bewegung, Haltung, Tätigkeit sowohl eures ganzen Körpers wie der einzelnen Glieder mit Grazie, mit Zurückhaltung, mit Lieblichkeit, mit Maß, mit Anstand verbunden seien, so daß keine Bewegung, keine Handlung ohne Bedacht, ohne Manier, ohne Maß oder Absicht erfolgt. Dieses schweigend festgesetzte, angeordnete, gegebene Gesetz der Anmut, von dem ich, da es nur in einem gewissen natürlichen Instinkte besteht, keine andere Erklärung zu geben vermag, als daß es die Natur einmal so gewollt hat, habe ich ein schweigendes genannt, weil es weder aus Büchern gelernt noch durch Gewöhnung eingeprägt werden kann und deswegen nicht von allen Schönen beobachtet wird ...«

(Firenzuola, Celso-Dialogo delle bellezze delle donne, I, S. 561; dt. Übers. S. 57 f.)

Bestimmung der Grazie: III/54

»... con ciò sia che la nostra openione è, che la grazia non sia altro che uno splendore, il quale si ecciti per occulta via da una certa particolare unione di alcuni membri che noi non sappiam dire: ›e'son questi, e'son quelli‹, insieme con ogni consumata bellezza, ovvero perfezione, accozzati e ristretti e accomodati insieme ... però siam forzati a credere che questo splendor nasca da una occulta proporzione, e da una misura che non è ne'nostri libri, la quale noi non conosciamo, anzi non pure imaginiamo, ed è, come si dice delle cose che noi non sappiamo esprimere, ›un non so che‹. Il dire che ella è un raggio di amore, e altre quintessenzie, sebben son dotte, sottili e ingeniose, non di meno elle non reggono alla verità. E chiamasi grazia, perciocché la fa grata, cioè cara, colei in cui risplende questo raggio, questa occulta proporzion si diffonde: come fanno eziandio le rendute grazie de'benefici ricevuti, le quali fanno grato e caro colui che le rende.«

»... denn unsere Ansicht geht dahin, daß die Grazie nichts andres ist als ein Leuchten, das auf verborgenem Wege von einer gewissen teilweisen Vereinigung einiger Körperteile erzeugt wird, die wir nicht zu benennen wissen, die aber, ob sie nun die oder die sind, unter einander durch eine in sich gesättigte oder vollkommene Schönheit verbunden, verkettet und einander angepaßt sind ... deshalb sind wir genötigt, anzunehmen, daß dieses Leuchten einem geheimnisvollen Ebenmaße und Verhältnis entspricht, das nicht in unsern Büchern verzeichnet ist, das wir nicht kennen, geschweige denn uns vorzustellen vermögen, und das wir, wie man bei Dingen tut, die zu beschreiben unmöglich ist, nur mit dem Ausdruck bezeichnen können: Ich weiß nicht was. Das Auskunftsmittel, es einen Strahl der Liebe zu nennen, und andere Tifteleien, mögen sie noch so tiefsinnig und geistreich sein, kommen der Wahrheit nicht nahe. Man nennt es Grazie, weil es die, aus der sich dieses Leuchten und diese geheimnisvolle Ebenmäßigkeit verbreiten, angenehm und liebenswürdig macht, wie es auch der für Wohltaten abgestattete Dank tut, der den, der ihn abstattet, angenehm und liebenswürdig macht.«

(Firenzuola, Celso-Dialogo delle bellezze delle donne, I, S. 562f.; dt. Übers. v. Wesselski, 1910, S. 272ff.)

Aus der Proportionslehre: III/55

»Risolvesi la statura ovvero forma dello uomo in un quadro ... Altri in perfetto circulo l'hanno risoluta ...«

»Die Gestalt oder Figur des Menschen läßt sich auf ein Quadrat zurückführen ... Andere haben sie auf einen vollständigen Kreis zurückgeführt ...«

(Firenzuola, Celso-Dialogo delle bellezze delle donne, I, S. 549; dt. Übers., 1907, S. 35)

Proportionslehre und Frauen: III/56

»E quello che dello uomo si dice, sempre intendiamo della donna, e in questa e in ogni altra misura. Sono stati non di meno molti dotti e valenti uomini, i quali hanno lasciato scritto, che le donne, per lo più, non passano sette teste: altri, che a voler essere di proporzionata grandezza, non deveno passare sette e mezzo; alla cui openione mi pare che faccia gran piede il commune uso della natura.«

»Und was vom Manne gesagt wird, das verstehn wir stets als auch für die Frau giltig, bei diesem Maße so wie bei jedem andern. Immerhin gibt es Schriften von gelehrten und tüchtigen Männern, wonach die Frauen höchstens sieben Kopflängen haben sollten, während andere die richtige Größe der Frauen mit sieben und einer halben Kopflänge angeben; diese Ansicht scheint mir aber die gemeine Gepflogenheit der Natur hinfällig zu machen.«

(Firenzuola, Celso-Dialogo delle bellezze delle donne, I, S. 550f.; dt. Übers., 1910, S. 251)

Die Schönheit der Frauen: III/57

»... la vostra bellezza è un'arra delle cose celesté, una imagine e un simulacro de'beni del Paradiso.«

»... eure Schönheit sei ein Hinweis auf die himmlischen Dinge, ein Abbild und Gleichnis der Freuden des Paradieses.«

(Firenzuola, Celso-Dialogo delle bellezze delle donne, I, S. 546; dt. Übers., 1907, S. 29)

Die vorzügliche Schönheit der Frauen: III/58

»... non di meno, perciocché una più dilicata e particolare bellezza alberga più in voi, più si dilata in voi e in voi più si considera, conciò sia che la complession

vostra sia molto più dilicata e più molle che non è la nostra, e come è vera opinion di molti savi, fatta dalla natura così gentile, così soave, così dolce, così amabile, così desiderabile, così riguardevole e dilettevole così, perciocché la fusse un riposo, un ristauro, anzi un porto e una meta e un rifugio del corso di tutte le umane fatiche . . .«

»Nichtsdestoweniger wohnt euch eine zartere und eigenartigere Schönheit inne, sie durchdringt euch tiefer und erstrahlt bei euch heller; euer ganzes Wesen ist viel sanfter und milder als das unsrige, und es ist ein wahrer Ausspruch vieler weiser Männer, daß ihr von der Natur so anmutig, so sanft, so milde, so liebenswürdig, so begehrenswert, so vortrefflich und so reizend geschaffen seid, damit ihr einen Ruhepunkt, eine Erholung, einen Hafen, eine Ergänzung und eine Zuflucht in dem Ansturme aller menschlichen Leiden gewährtet.«

(Firenzuola, Celso-Dialogo delle bellezze delle donne, I, S. 545; dt. Übers., 1907, S. 28)

PIETRO ARETINO (1492–1556)

Die nackten Figuren im »Jüngsten Gericht« Michelangelos: III/59

». . . et voi nel suggetto di sì alta historia mostrate gli angeli e i santi, questi senza veruna terrena honestà, e quegli privi d'ogni celeste ornamento. Ecco i gentili ne lo iscolpire non dico Diana vestita, ma nel formare Venere ignuda, le fanno ricoprire con la mano le parti, che non si scoprono: et chi pur è Christiano, per più stimare l'arte che la fede, tiene per reale ispettacolo tanto il decoro non osservato ne i martiri e ne le vergini, quanto il gesto del rapito per i membri genitali, che ancho serrarebbe gli occhi il postribolo per non mirarlo. In un bagno delitioso, non in un choro supremo si conveniva il far vostro.«

»Und Ihr, bei einem so erhabenen Thema, laßt die Engel ohne ihre himmlische Pracht und die Heiligen ohne eine Spur irdischer Scham erscheinen! Haben doch sogar die Heiden die Diana in Gewänder gehüllt und, wenn sie eine nackte Venus meißelten, sie durch Stellung und Handbewegung fast als bekleidet erscheinen lassen. Und Ihr, der Ihr ein Christ seid, ordnet den Glauben so sehr der Kunst unter, daß Ihr bei den Märtyrern und heiligen Jungfrauen die Verletzung der Schamhaftigkeit zu einem Schauspiel gruppiert, das man in übelberüchtigten Häusern nur mit halb abgewandten Blicken zu betrachten wagte! In ein üppiges Badezimmer, nicht in den Chor der ehrwürdigen Kapelle dürfte dergleichen gemalt werden.«

(Aretino, Brief an Michelangelo, 1545, Ausg. Gaye, 1840, II, S. 333; dt. Übers. b. Pfister, 1950, S. 132; vgl. Abb. 14)

NICCOLÒ MARTELLI (1498–1555)

Michelangelos verschönernde Porträts: III/60

»Michelangelo ... nella libreria di S. Lorenzo, havendo ... à scolpire i Signori illustri della felicissima casa de Medici, non tolse dal Duca Lorenzo, nè dal Sig. Giuliano il modello apunto come la natura gli avea effigiati e composti, ma diede loro una grandezza, una proportione, un decoro, una gratia, uno splendore qual gli parea che più lodi loro arrecassero, dicendo che di qui à mille anni nessuno non ne potea dar cognitione che fossero altrimenti ...«

»Als Michelangelo ... in der Kapelle von San Lorenzo die edlen Herren aus dem glückhaften Hause der Medici zu modellieren hatte, hat er weder den Herzog Lorenzo noch den Herrn Giuliano genau so abgebildet, wie die Natur sie geschaffen und gebildet hatte, sondern er hat ihnen eine Größe, eine Proportion, eine Ausstattung, eine Anmut, einen Glanz verliehen, die, wie er annahm, ihnen am meisten Lobpreisungen eintragen könnten, da, wie er sagte, von jetzt bis in tausend Jahren niemand wissen würde, daß sie anders ausgesehen haben.«

(Martelli, Brief an Rugasso, 1544, zit. b. Tolnay, ital. u. dt., 1949, S. 97)

BENEDETTO VARCHI (1503–1565)

Von der menschlichen zur göttlichen Schönheit: III/61

»... dovremmo, mediante l'amore di queste bellezze mortali, le quali amare senza amaro non si possono; a quelle divine sollevarci, nelle quali ... non solo non si trova dolore nessuno di nessuna maniera, ma tutte le gioie compitamente. E se alcuno mi domandasse se io credo che senza queste bellezze mortali, ciò è non amando nè uomini nè donne, si potessero conoscere le bellezze immortali e salire all'amore divino; gli risponderei, che come cristiano non ho dubbio nessuno di sì ... Ma come filosofo direi, che ... niuna via può nè più agevolmente, nè meglio introdurci alla cognizione e fruizione delle bellezze invisibili ed incorporee, che la cognizione e l'amore di queste corporee e visibili ...«

»Durch die Liebe dieser sterblichen Schönheiten, die nicht ohne Bitterkeit geliebt werden können, sollten wir uns zu den göttlichen Schönheiten erheben, in denen ... nicht nur keine irgendwie geartete Trauer, sondern alle Freuden vollständig gefunden werden. Und wenn jemand mich fragte, ob ich daran glaube, daß wir die unsterblichen Schönheiten kennenlernen und uns zur göttlichen Liebe ohne diese sterblichen Schönheiten, d. h. ohne Mann oder Frau zu lieben, erheben, so werde ich antworten, daß ich als Christ daran nicht zweifle ... Aber als Philosoph würde ich sagen, daß ... kein Weg uns besser oder einfacher zu der Kenntnis und dem Genuß der unsichtbaren und unkörperlichen Schönheiten leitet als die Erkenntnis und die Liebe dieser körperlichen und sichtbaren Schönheiten.«

(Varchi, Lezioni sopra alcune quistioni d'Amore, 1554, Ausg. Triest, 1859, II, S. 543)

GIORGIO VASARI (1511–1574)

Über Leonardo da Vinci: III/62

»Grandissimi doni si veggono piovere dagli influssi celesti ne'corpi umani, molte volte naturalmente, e sopranaturali talvolta; strabocchevolmente accozzarsi in un corpo solo bellezza, grazia e virtù, in una maniera che, dovunque si volge quel tale, ciascuna sua azzione è tanto divina, che lasciandosi dietro tutti gl'altri uomini, manifestamente si fa conoscere per cosa, come ella è, largita da Dio e non acquistata per arte umana. Questo lo videro gli uomini in Lionardo da Vinci, nel quale oltra la bellezza del corpo, non lodata mai abastanza, era la grazia più che infinita in qualunque sua azzione; e tanta e sì fatta poi la virtù, che dovunque l'animo volse nelle cose difficili, con facilità le rendeva assolute. La forza in lui fu molta, e congiunta con la destrezza, l'animo e'l valore sempre regio e magnanimo; e la fama del suo nome tanto s'allargò, che non solo nel suo tempo fu tenuto in pregio, ma pervenne ancora molto più ne'posteri dopo la morte sua.«

»Die größten Gaben sieht man durch des Himmels Einfluß auf Menschenwesen herniederströmen, vielfach auf natürliche Art, manches Mal übernatürlich; in solchem Ueberfluß sich in einem Wesen Schönheit, Anmut und Begabung paaren, daß, wohin sich ein solcher Mensch auch immer wendet, jede seiner Handlungen göttlich ist, und alle anderen Menschen überflügelnd, sich als etwas offenbart, das von Gott verliehen und nicht durch Menschenkunst erworben wurde. Das hat die Welt an Leonardo da Vinci gesehen. Denn von seiner nie genug gepriesenen körperlichen Schönheit abgesehen, erfüllte vollkommenste Anmut all sein Tun. Seine Begabung war so groß und so beschaffen, daß ihm die schwierigsten Dinge, mit denen er sich befaßte, mit Leichtigkeit und vollkommen gelangen. Seine Kraft war groß und verband sich mit Geschicklichkeit; Gesinnung und Wert allzeit königlich und stolz; und der Ruf seines Namens verbreitete sich so weit, daß er nicht allein in seiner Zeit gepriesen, sondern nach seinem Tod von der Nachwelt noch höher geschätzt ward.«

(Vasari, Le Vite ..., Vita di Leonardo da Vinci, 1. u. 2. Aufl., Florenz 1550/68, Ausg. Bettarini, 1976, IV Testo, S. 15; dt. Übers. b. Gottschewski u. a., 1906, VI, S. 1)

Körperliche Häßlichkeit und geistige Schönheit: III/63

»Molti sono creati dalla natura piccoli di persona e di fattezze, che hanno l'animo pieno di tanta grandezza et il cuore di sì smisurata terribilità, che se non cominciano cose difficili e quasi impossibili, e quelle non rendono finite con maraviglia di chi le vede, mai non dànno requie alla vita loro; e tante cose quante l'occasione mette nelle mani di questi, per vili e basse che elle si siano, le fanno essi divenire in pregio et altezza. Laonde mai non si doverebbe torcere il muso quando s'incontra in persone che in aspetto non hanno quella prima grazia o venustà che dovrebbe dare la natura nel venire al mondo a chi opera in qualche virtù, perché non è dubbio che sotto le zolle della terra si ascondono le vene dell'oro. E molte volte nasce in questi che sono di sparutissime forme tanta generosità d'animo e tanta sincerità di cuore, che sendo mescolata la nobiltà con esse, non può sperarsi da loro se non grandissime maraviglie; perciò che e'si sforzano di abbellire la brutez(z)a del corpo con la virtù dell'ingegno, come apertamente si vide in Filippo di Ser Brunellesco ...«

»Viele, die die Natur klein von Gestalt und Gesichtsbildung geschaffen hat, tragen eine solche Größe in ihrem Sinne und so ungemessene Gewaltigkeit im Herzen, daß sie ihrem Leben nur Rast gönnen, wenn sie schwierige und fast unmögliche Dinge beginnen und zum Ende führen, zur Verwunderung derer, die es sehen; und was auch immer die Gelegenheit in ihre Hände gibt, mag es so wertlos und gering sein als es will, sie bringen es zu Schätzung und Ansehen. Darum sollte man nie die Nase rümpfen, wenn man Personen begegnet, die in ihrem Aeußeren nicht jene erste Anmut und Feinheit besitzen, welche die Natur, wenn sie zur Welt kommen, denen geben sollte, die durch ein Talent sich auszeichnen: denn es ist kein Zweifel, daß unter den Schollen der Erde die Adern von Gold verborgen liegen. Und oft genug erwächst in Menschen mit den elendesten Formen solche Seelengröße und solche Herzenswahrhaftigkeit, daß man von ihnen, zumal wenn Vornehmheit ihnen beigegeben ist, nur Großes und Ueberraschendes erwarten kann: und das darum, weil sie sich Mühe geben, die Häßlichkeit des Körpers durch die Vollkommenheit des Geistes zu verschönen, wie man es klar und deutlich bei Filippo di Ser Brunellesco sieht ...«

(Vasari, Le Vite ..., Vita di Filippo Brunelleschi, 2. Aufl., Ausg. Bettarini, 1971, III Testo, S. 137; dt. Übers. 1906, III, S. 75 f.)

Lorenzo Ghiberti und seine Figuren von Adam und Eva an der dritten Baptisteriumstür in Florenz: III/64

»... vedendosi che Lorenzo ha fatto che sieno di membra più begli che egli ha possuto, volendo mostrare che, come quelli di mano di Dio furono le più belle figure che mai fussero fatte, così questi di suo avessino a passare tutte l'altre ch'erano state fatte da lui ne l'altre opere sue: avertenza certo grandissima.«

»Man sieht, daß es in Lorenzos Absicht lag, ihre Glieder so schön zu machen, als es in seinem Vermögen stand, indem er zeigen wollte, daß ebenso wie jene von der Hand Gottes geschaffenen Gestalten die schönsten waren, die je zum Leben kamen, so auch diese von seiner Hand alle anderen überragen sollten, die er in seinen früheren Werken gemacht hatte: gewiß ein großartiger Einfall.«

(Vasari, Le Vite ..., Vita di Lorenzo Ghiberti, 2. Aufl., Ausg. Bettarini, 1971, III Testo, S. 94f.; dt. Übers. 1906, III, S. 63)

Die Proportionen der von Michelangelo gemalten Figuren: III/65

»... imperò egli usò le sue figure farle di 9 e di 10 e di 12 teste, non cercando altro che, col metterle tutte insieme, ci fussi una certa concordanza di grazia nel tutto che non lo fa il naturale, dicendo che bisognava avere le seste negli occhi e non in mano, perché le mani operano e l'occhio giudica ...«

»Er pflegte seinen Gestalten neun, zehn, ja zwölf Kopflängen zu geben, einzig um bei der Gruppierung eine Anmut und einen Zusammenklang zu erreichen, wie ihn die Natur nur selten gewährt. Er pflegte dabei zu sagen, man müsse den Zirkel in den Augen, nicht in den Händen haben. Denn die Hände führen nur aus, was das Auge erkennt und fordert.«

(Vasari, Le Vite ..., Vita di Michelagnolo Buonarruoti, 2. Aufl., Ausg. Bettarini, 1987, VI Testo, S. 109; dt. Übers. 1927, VII/2, S. 450)

Über Michelangelo, seine Figurenmalerei und die Bedeutung der Zeichnung bzw. Farbgebung: III/66

»... e finalmente ha aperto la via alla facilità di questa arte nel principale suo intento, che è il corpo umano, et attendendo a questo fin solo, ha lassato da parte le vaghezze de'colori, i capricci e le nuove fantasie di certe minuzie e delicatezze, che da molti altri pittori non sono interamente, e forse non senza qualche ragione, state neglette. Onde qualcuno, non tanto fondato nel disegno, ha cerco con la varietà di tinte et ombre di colori, e con bizzarre, varie e nuove invenzioni, et insomma con questa altra via, farsi luogo fra i primi maestri. Ma Michelagnolo, stando saldo sempre nella profondità dell'arte ...«

»Hier hat er den Weg zur Beherrschung dieser Kunstrichtung gewiesen. Er hat gezeigt, daß sein tiefstes Bestreben war, den menschlichen Körper zu erfassen und da er nur diesem einen Ziele nachging, ließ er sich nicht verleiten von der Anmut der Farben und gewissen reizvollen neuen Erfindungen und zarten Schönheiten, die andere Meister und vielleicht mit einer gewissen Berechtigung, weniger vernachlässigt haben. Denn wenn Jemand weniger sicher in der Zeichnung ist, sucht er mit der Vielartigkeit der Farben und Abtönungen, mit Licht und Dämmer, mit all den reizvollen neuen Erfindungen, kurz auf diese andere Weise, einen Platz unter den ersten Meistern zu erringen. Aber Michelagnolo stand fest und unerschütterlich in der ganzen Tiefe der Kenntnis seiner Kunst ...«

(Vasari, Le Vite ..., Vita di Michelagnolo Buonarruoti, Ausg. Bettarini, 1987, VI Testo, S. 69; dt. Übers. 1927, VII/2, S. 373f.)

Michelangelos Abbilden schöner Menschen: III/67

»... et infinitamente amò più di tutti messer Tommaso de'Cavalieri, gentiluomo romano ... Ritrasse Michelagnolo messer Tommaso in un cartone grande, di naturale, che né prima né poi di nessuno fece il ritratto, perché aboriva il fare somigliare il vivo, se non era d'infinita bellezza.«

»... mit der größten Zärtlichkeit war Michelagnolo dem römischen Edelmann Herrn Tommaso de' Cavalieri zugetan ... Michelagnolo machte auch ein Bild Herrn Tommasos in Lebensgröße auf einem Karton. Es ist das einzige Porträt, das der Künstler geschaffen hat. Denn er verabscheute es, die wirkliche Erscheinung nachzubilden, wenn diese nicht von vollendeter Schönheit war.«
(Vasari, Le Vite ..., Vita di Michelagnolo Buonarruoti, 2. Aufl., Ausg. Bettarini, 1987, VI Testo, S. 109f.; dt. Übers. 1927, VII/2, S. 452)

Über Michelangelo und sein Abbilden häßlicher Menschen: III/68

»Nella sua gioventù, sendo con gli amici sua pittori, giucorno una cena a chi faceva una figura che non avessi niente di disegno, che fussi goffa, simile a que'fantocci che fanno coloro che non sanno et imbrattano le mura. Qui si valse della memoria, perché ricordatosi aver visto in un muro una di queste gofferie, la fece come se l'avessi avuta dinanzi di tutto punto, e superò tutti que'pittori: cosa dificile in uno uomo tanto pieno di disegno, avvezzo a cose scelte, che ne potessi uscir netto.«

»Einmal als er in seiner Jugend mit befreundeten Malern zum Abendbrot zusammengekommen war, wurde scherzhaft verlangt, man solle eine Gestalt vorstellen, die ohne jede zeichnerische Schönheit nur tölpelhaft wirkte, gleich jenen Dämlingen, die gerade noch die Mauer besudeln können. Hier kam dem Künstler sein Gedächtnis zu Hilfe. Gleich entsann er sich solchen Kerl an einer Mauer beobachtet zu haben. Er ahmte ihn nach, als ob er vor ihm stände, und stellte durch diese Leistung alle anderen Maler in Schatten. Denn das wollte wirklich etwas bedeuten, wenn jemand, der nur die erlesenste Schönheit in Allem suchte, hier so das gerade Gegenteil zum Ausdruck brachte.«
(Vasari, Le Vite ..., Vita di Michelagnolo Buonarruoti, 2. Aufl., Ausg. Bettarini, 1987, VI Testo, S. 115; dt. Übers. 1927, VII/2, S. 460)

Über ein Bild mit der heiligen Magdalena, gemalt von Tizian: III/69

»... onde muove questa pittura, chiunche la guarda, estremamente; e, che è più, ancorché sia bellissima, non muove a lascivia, ma a comiserazione.«

»Daher bewegt dieses Bild jedweden Besucher aufs tiefste; und was mehr ist, sie weckt nicht die Sinnlichkeit, sondern das Mitleid, ob sie gleich wunderschön ist.«
(Vasari, Le Vite ..., Vita di Tiziano, 2. Aufl., Ausg. Bettarini, 1987, VI Testo, S. 167; dt. Übers. 1908, V, S. 178)

Der schöne Mensch im Bild: III/70

»Raccontando una volta Giuliano al Bronzino d'avere veduta una bellissima donna, poi che l'ebbe infinitamente lodata, disse il Bronzino: ›Conoscetela voi?‹. ›Non, – rispose – ma è bellissima; fate conto ch'ella sia una pittura di mia mano, e basta.‹«

»Einst erzählte Guiliano dem Bronzino, er habe eine sehr schöne Frau gesehen; und nachdem er sie über die Maßen gelobt hatte, sagte Bronzino: ›Kennt Ihr sie?‹ ›Nein‹, erwiderte er, ›aber sie ist sehr schön; stellt Euch vor, sie sei ein Bild von mir; das genügt.‹«
(Vasari, Le Vite ..., Vita di Giuliano Bugiardini, 2. Aufl., Ausg. Bettarini, 1984, V Testo, S. 283, dt. Übers. 1906, VI, S. 163)

Fra Bartolommeo und ein von ihm gemalter San Sebastian: III/71

»Dicesi che stando in chiesa per mostra questa figura, avevano trovato i frati nelle confessioni donne che nel guardarlo avevano peccato per la leggiadria e lasciva imitazione del vivo datagli dalla virtù di fra'Bartolomeo: per il che levatolo di chiesa, lo misero nel capitolo ...«

»Es heißt, daß, während jene Figur in der Kirche öffentlich zu sehen war, den Mönchen Frauen in der Beichte bekannten, sie hätten bei ihrem Anblick gesündigt, so reizvoll und sinnlich war die Nachahmung des Lebens, die Fra Bartolomeos Talent hier erreicht hatte; deshalb entfernten sie das Bild aus der Kirche und brachten es in den Kapitelraum ...«
(Vasari, Le Vite ..., Vita di Bartolomeo di San Marco, 1. u. 2. Aufl., Ausg. Bettarini, 1976, IV Testo, S. 97; dt. Übers. 1906, VI, S. 37)

Andrea del Sarto und die Darstellung eines Zwerges: III/72

»Fece anco in su quelle scalèe a sedere un nano che tiene in una scatola il camaleonte, tanto ben fatto che non si può immaginare nella disformità della stranissima forma sua la più bella proporzione di quella ch'e'gli diede.«

»Auch stellte er auf der Treppe sitzend einen Zwerg dar, der in einem Kasten ein Chamäleon hat, so gut gemalt, daß man sich in der Mißgestalt dieser seiner höchst eigentümlichen Form keine schönere Proportion, als er sie ihm gab, ausdenken kann.«
(Vasari, Le Vite ..., Vita di Andrea del Sarto, 1. u. 2. Aufl., Ausg. Bettarini, 1976, IV Testo, S. 373; dt. Übers. 1906, VI, S. 87)

Bildnis eines Zwerges: III/73

»Ritrasse poi Bronzino, al duca Cosimo, Morgante nano, ignudo, tutto intero, et in due modi, cioè da un lato del quadro il dinanzi e dall'altro il didietro, con quella stravaganza di membra mostruose che ha quel nano: la qual pittura in quel genere è bella e maravigliosa.«

»Dann porträtierte Bronzino für den Herzog Cosimo den Zwerg Morgante völlig nackt und zwar zwiefach, das heißt auf der einen Seite des Bildes von vorn, und auf der anderen von hinten, mit all der Seltsamkeit der entstellten Gliedmaßen dieses Zwerges; in diesem Genre ist es ein schönes und bewundernswertes Bild.«
(Vasari, Le Vite ..., Vita degli Accademici, 2. Aufl., Ausg. Bettarini, 1987, VI Testo, S. 235; dt. Übers. 1906, VI, S. 320; vgl. Abb. 7)

Zwergstatuen von Valerio Cioli da Settignano: III/74

»... la quale è tanto bella e così simile al vero riuscita, che forse non è mai stato veduto altro mostro così ben fatto né condotto con tanto diligenza simile al naturale e proprio; e parimente gl'ha fatto condurre la statua die Pietro detto Barbino, nano ingegnoso, letterato e molto gentile, favorito dal Duca nostro.«

»... sie ist sehr schön und ähnlich und durchaus gelungen, daß vielleicht niemals eine Mißgeburt so gut nachgebildet, mit so viel Sorgfalt durchaus ähnlich und naturgetreu geschildert ward. Ebenso hat er die Statue des Pietro genannt Barbino gemacht, eines klugen, belesenen und liebenswürdigen Zwerges, der auch der Liebling unseres Herzogs war.«
(Vasari, Le Vite ..., Vita degli Accademici, 2. Aufl., Ausg. Bettarini, 1987, VI Testo, S. 254; dt. Übers. 1927, VII/2, S. 279)

Die Wichtigkeit des Malens von Köpfen: III/75

»E nel vero la maniera delle teste in queste nostri arti importa assai, et il farle che abbiano bell'aria e buona grazia ha molti maestri scampati dal biasimo che arebbono avuto per lo restante dell'opera.«

»Die Art, wie man die Köpfe macht, bedeutet wirklich in diesen unsern Künsten sehr viel; und die Fähigkeit, sie mit schönem Ausdruck und anmutig zu bilden, hat viele Meister vor dem Tadel bewahrt, den sie für den Rest ihres Werkes erhalten hätten.«
(Vasari, Le Vite ..., Vita di Domenico Beccafumi, 2. Aufl., Ausg. Bettarini, 1984, V Testo, S. 176; dt. Übers. 1910, IV, S. 130)

BENVENUTO CELLINI (1500–1571)

Der Mensch als Gegenstand von Bildhauer-, Mal- und Baukunst: III/76

»Voi, principi e signori, che di tali arti vi dilettate, e voi, artisti eccellenti, e voi, giovani, che apprendere le volete, per certo dovete sapere che'l più bello animale che mai abbia fatto la umana natura si è stato l'uomo; e la più bella parte che

abbia l'uomo si è la testa; e la più bella e maravigliosa cosa che sia nella testa si sono gli occhi...«

»Ihr Fürsten und Herren, die ihr euch an solchen Künsten vergnügt, ihr vortrefflichen Meister und ihr Jünglinge, die ihr euch noch erst unterrichten wollt, wisset für gewiß: daß das schönste Tier, das die Natur hervorgebracht, der Mensch sei, daß das Haupt sein schönster Teil und der schönste und wundersamste Teil des Hauptes das Auge sei.«

(Cellini, Sopra i principi e'l modo d'imparare l'arte del disegno, Ausg. Cordié, 1960, S. 1116; dt. Übers. b. Goethe, 1963, Tl. 2, S. 205)

Schöne Menschen und das Verhältnis von Natur und Kunst: III/77

»... di poi la cominciai a far di terra e, fatta che io l'ebbi di terra, io la cossi. Ero solo con certi fattoruzzi, in fra i quali ce ne era uno molto bello ... Servivomi di questo fanciullo per ritrarlo, perché noi non abbiamo altri libri che ci insegnin l'arte altro che il naturale.«

»Dann verfertigte ich die Statuen von Ton, und brannte sie, allein mit einigen Knaben, unter denen einer von großer Schönheit war ... Ich hatte mich dieses Knabens zum Modell bedient, denn wir finden keine anderen Bücher, die Kunst zu lernen, als die Natur.«

(Cellini, La Vita, 1558/66, Ausg. Cordié, 1960, S. 868; dt. Übers. 1963, Tl. 2, S. 87)

LODOVICO DOLCE (1508–1568)

Über körperliche Schönheit, Proportion und das menschliche Beurteilungsvermögen hinsichtlich des wirklichen und abgebildeten Menschen: III/78

»E dico che nell'uomo nasce generalmente il giudicio dalla pratica e dalla esperienza delle cose. E non essendo alcuna cosa più famigliare e domestica all'uomo, di quello ch'è l'uomo, ne seguita che ciascun uomo sia atto a far giudicio di quello che egli vede ogni giorno, cioè della bellezza e della bruttezza di qualunque uomo; percioché, non procedendo la bellezza da altro, che da una convenevole proporzione che comunemente ha il corpo umano, e particolarmente tra sé ogni membro, et il contrario derivando da sproporzione: essendo il giudicio sottoposto all'occhio, chi è colui che non conosca il bello dal brutto? Niuno per certo, se non è in tutto privo d'occhi e d'intelletto. Onde, avendo l'uomo, come ha, questa cognizione intorno alla forma vera, che è questo individuo, cioè l'uomo vivo; perché non la dee aver molto più intorno alla finta, che è la morta pittura?«

»Zunächst behaupte ich, dass im Menschen die Urtheilskraft im Allgemeinen aus der Erfahrung und dem Vertrautwerden mit den Dingen entsteht. Da nun dem Menschen nichts vertrauter und zugänglicher als der Mensch ist, so folgt daraus, dass Jedermann im Stande ist, über das, was er täglich sieht, d. h. über die Schönheit und Hässlichkeit von irgend welchem Menschen sich ein Urtheil zu bilden. Denn die Schönheit ist nichts Anderes als das Resultat der richtigen Proportionen, welche gewöhnlich dem menschlichen Körper sowohl im Ganzen, als auch den einzelnen seiner Glieder untereinander eigen sind, während die Hässlichkeit aus dem Gegentheile entsteht. Da nun die Beurtheilung dieses Ebenmaasses dem Auge anheimfällt, so frag' ich: wer sollte da nicht das Schöne vom Hässlichen unterscheiden? Gewiss Niemand, sobald ihm nicht Augenlicht und Verstand vollständig abgehen. Hat aber der Mensch, wie er sie auch thatsächlich hat, eine solche Kenntniss der wirklichen Form, die unser Individuum, d. h. die der lebende Mensch aufweisen soll; warum soll er sie nicht auch in noch höherem Grade von der nachgeahmten und todten Form, was eben die Malerei ist, haben?«

(Dolce, Dialogo della pittura, Venedig 1557, Ausg. Barocchi, 1960, I, S. 155; dt. Übers. v. Cerri, 1871, S. 25)

Michelangelos gewaltige und schreckliche Figuren: III/79

»Di qui, quantunque egli sia più difficile assai l'avere a dipingere uomini terribili, e di statura di gigante, che non è il farne de'mansueti e comuni, non ne segue però che il dipintore, il cui oggetto dee essere d'imitar la natura, o non mai, o di rado, suol producere ... Non dee adunque il dipintore, che è imitatore ed emulo della natura, riputar più belli nell'uomo quella forma che è più sprezzata da essa natura. Anzi, siccome tra le bellissime opere di lei la più cara, e la più aggradevole all'occhio è la varietà, così dee procacciare il dipintore d'esser vario nelle cose sue; e non essendo, non può dilettar compiutamente. Ora vedete se questa parte, cotanto necessaria, si ritrova nell'opere di Michel Agnolo, che tutte le figure, ch'egli fa, sono grandi, terribili e spaventose ...«

»Obwohl es nun viel kunstreicher ist, gewaltige Menschen oder solche vom Körperbau der Riesen zu malen als sanfte und gewöhnlich beschaffene, so folgt daraus doch nicht, dass der Maler, dessen Bestimmung es ist, die Natur nachzuahmen, fortwährend dasjenige darstellte, was die Natur entweder niemals oder doch selten hervorzubringen pflegt ...

Dennoch soll der Maler, als Nachahmer und Nebenbuhler der Natur, diejenigen Formen, welche die Natur selbst verachtet, nicht für die schöneren am Menschen halten. Und sowie dem Auge unter den allerschönsten Werken das wertheste und annehmlichste die Mannigfaltigkeit ist, so muss der Maler sich bestreben, in seinen Arbeiten abwechselnd zu sein; ist er das nicht, so vermag er nicht vollends zu erfreuen. Sehet nun, ob dieser Umstand, so nothwendig er ist, sich in den Schöpfungen Michel Angelo's findet, bei welchem alle Figuren, die er macht, gross, schrecklich und ungeheuerlich sind.«

(Dolce, Brief an Gaspero Ballini, Venedig 1559, Ausg. Bottari/Ticozzi, 1822, V, S. 167f.; dt. Übers. b. Cerri, 1871, S. 111)

BARTOLOMMEO AMMANNATI (1511–1592)

Über die Nacktheit, die menschliche Natur und künstlerische Schwierigkeiten: III/80

»Il far dunque statue ignude, satiri, fauni, e cose simili, scoprendo quelle parti che si deono ricoprire, e che veder non si possono se non con vergogna; e che ragione ed arte ricoprir e'insegna, è grandissimo e gravissimo errore ... Però, fratelli accademici miei carissimi, siavi grato questo avvertimento ch'io con tutto l'affetto dell'animo mio vi porgo, di non far mai opera vostra in alcun luogo disonesta o lasciva, parlo figure ignude del tutto, nè cosa altra che possa muovere uomo o donna, di che età si voglia, a cattivi pensieri, essendo che pur troppo questa nostra corrotta natura, sia pronta per sè stessa al movimento, senza ch'altri l'inviti ... E so bene che molti di voi sanno che non è minor difficultà, nè minor arte punto, il saper fare un bel panno dintorno ad una statua, che con grazia sia accomodato e posto, che si sia farla tutta ignuda e scoperta.«

»Denn es ist ein sehr grosser und ernster Fehler, nackte Statuen, Faune, Satyrn und ähnliche zu machen, indem man diejenigen Theile entblösst, die man nur mit Scham sehen kann, und welche Vernunft und Kunst uns zu verhüllen gebieten ... Deshalb also, meine theuren akademischen Brüder, möge Euch diese Mahnung genehm sein, die ich mit der ganzen Liebe meines Gemüthes zu Euch ausgesprochen habe, niemals ein Werk zu machen, das in irgend einer Beziehung unehrbar oder lüstern sei, ich meine ganz nackte Figuren, noch irgend etwas anderes, das einen Mann oder ein Weib, von welchem Alter sie auch seien, zu bösen Gedanken anreizen könne; denn unsere verderbte Natur ist schon von selbst nur allzu geneigt zu solcher Erregung, ohne dass etwas anderes sie dazu auffordert ... Und ich weiss sehr wohl, dass Viele von Euch wissen, dass es eine nicht geringere Schwierigkeit noch eine geringere Kunst sei, ein schönes Gewand um eine Statue zu machen, das mit Anmuth gelegt und angeordnet sei, als dieselbe vollständig nackt und entkleidet darzustellen.«

(Ammannati, Lettera scritta agli Accademici del Disegno, Florenz 1582, Ausg. Bottari/Ticozzi, 1822, III, S. 533f.; dt. Übers. b. Guhl, 1880, I, S. 311f.)

Die Nacktheit von dargestellten Menschen: III/81

»È ito in questo secolo intorno quell'abuso nella scoltura et pittura, che per tutto si vede, di pingere et scolpire persone ignude, et per questo mezo sotto colore et mostra dell'arte, fare vivere la memoria di cose sporche, o di svegliare una tacita adoratione di quegli idoli, per togliere i quali tenevano per bene impiegata la vita e'l sangue i martiri et altri santi amici di Dio ...«

»Es ist in unserem Jahrhundert der Missbrauch entstanden, in der Skulptur und Malerei, wie man überall sehen kann, nackte Figuren zu malen oder zu meisseln und auf diese Weise unter der Farbe und dem Aushängeschilde der Kunst die Erinnerung schmutziger Dinge lebendig zu erhalten oder eine stille Verehrung jener Götzen zu erwecken, zu deren Vernichtung die Märtyrer und die anderen heiligen Freunde Gottes ihr Leben und ihr Blut freudig zum Opfer brachten ...«

(Ammannati, Brief an Hg. Ferdinand I., um 1590, Ausg. Gaye, 1840, III, S. 578f; dt. Übers. b. Guhl, 1880, I, S. 315)

FRANCESCO PATRIZI (1529–97)

Die Schönheit des weiblichen Gesichts: III/82

»O bellezza raggio vivo di Dio; dono sopra tutti gli altri divini doni divinissimi; o bellezza verace testimonio della incomprensibile luce del fattore dell'universo, chiara e vivace imagine delle forme esemplari di là suso; o bellezza che sola de le idee divine a noi discendi perspicua et ammirabile; o bellezza che la stessa bontà vie più efficace, la quale da tutte le anime e da tutti i corpi desiderata, porta il suo desio quasi oscuro e tranquillo!«

»O Schönheit, lebendiger Strahl Gottes, Geschenk über allen anderen göttlichsten Geschenken; o Schönheit, wahrhaftes Zeugnis des unbegreiflichen Lichtes des Schöpfers der Welt, klares und lebhaftes Ebenbild der mustergültigen Formen in ihr; o Schönheit, die allein deutlich und bewundernswert uns die göttlichen Ideen lehrt; o Schönheit, die weit mehr als selbst das Gute bewirkt, die von allen Seelen und allen Körpern erwünscht wird, gleichsam die dunkle und ruhige Sehnsucht bringt.«

(Patrizi, L'amorosa filosofia, I, Modena 1577, Ausg. Nelson, 1963, S. 31)

FRANCESCO BOCCHI (1548–1618)

Verschiedenartige Schönheit bei Männern und Frauen: III/83

»Ma molto in ciò è da considerare, che la bellezza degli uomini e delle donne non pare che sia una cosa medesima. Perocchè in ciascuna età degli uomini egli apparisce una certa grazia e una certa leggiadria, e quello finalmente che non alcuna ragione si puote chiamar Bellezza. Ma non così delle donne addiviene, le quali dalla natura di un così fatto e nobile privilegio dotate non sono. E per questa cagione non soffera la nostra favella, che come di un uomo si dice: Quegli è un bel vecchio: così di una donna parimente si dica: Quella è una bella vecchia;

perchè la Bellezza consiste in atto, e in un vecchio, con la prudenza operante, molto si conosce; ma in una donna, stanca da molti anni, e divenuta languida e frale, a cui è dicevole il silenzio e la modestia, non pare che ella in modo alcuno abbia luogo.«

»Dabei muss bemerkt werden, dass die Schönheit bei Männern und Frauen nicht eine und dieselbe Sache zu sein scheint. In jedem Alter der Männer kommt nämlich eine gewisse Anmuth, eine gewisse Lieblichkeit, kurz Dasjenige zum Vorschein, was man mit einigem Rechte Schönheit nennen kann. Nicht so bei den Frauen; diese sind von der Natur mit einem so edlen Vorzuge nicht ausgestattet worden. Daher duldet es auch unsere Sprache nicht, dass, so wie man von einem Manne sagt: Jener ist ein schöner Greis, so auch von einer Frau gesagt werde: Jene ist eine schöne Greisin. Denn Schönheit ist etwas Actives, und das lässt sich an der wirkenden Klugheit eines Greises vielfach erkennen; in keiner Weise aber offenbar an einem durch hohes Alter müde, schwach und gebrechlich gewordenen Weibe, welchem nur Schweigsamkeit und Bescheidenheit zukommen.«

(Bocchi, Sopra l'eccellenza del san Giorgio di Donatello, Florenz 1584, Ausg. Bottari/Ticozzi, 1822, IV, S. 343f.; dt. Übers. b. Semper, 1875, S. 217f.)

GIORDANO BRUNO (1548–1600)

Die Stufen der Schönheit: III/84

»La bellezza che si vede ne gli corpi e una cosa accidentale et umbratile ... La raggion dumque apprende il piu vero bello per conversione á quello che fá la beltade nel corpo, et viene á formarlo bello, e questa é l'anima che l'há talmente fabricato et infigurato: Appresso l'intelletto s'inalza piu, et apprende bene che l'anima é incomparabilmente bella sopra la bellezza che possa esser ne gli corpi ... Bisogna dumque alzarsi á quello intelletto superiore il quale da per se é bello, et da per se é buono.«

»Die Schönheit, die man in Körpern sieht, ist zufällig und schattenhaft ... Der Verstand begreift eine wahrere Schönheit, indem er sich demjenigen zuwendet, was dem Körper Schönheit verleiht und ihn schön gestaltet. Das ist die Seele, die es derart bewerkstelligt und gebildet hat. Als nächstes steigt die Vernunft hinauf und begreift klar, daß die Seele unvergleichlich schöner als diejenige Schönheit ist, die ein Körper haben kann ... Es ist also notwendig, hinaufzugehen zur höheren Vernunft, die in sich selbst schön und gut ist.«

(Bruno, De gl'heroici furori, I/5, Paris 1585, Ausg. Lagarde, 1888, II, S. 672f.)

Ursache für Zuneigung zur körperlichen Schönheit: III/85

»Anzi quello che n'innamora del corpo é una certa spiritualitá che veggiamo in esso, la qual si chiama bellezza, la qual non consiste nelle dimensioni maggiori ò minori, non nelli determinati colori, ó forme; ma in certa armonia, et consonanza de membri et colori. Questa mostra certa sensibile affinitá col spirito á gli sensi piu acuti et penetrativi ...«

»In der Tat, dasjenige, was mich in einen Körper verliebt macht, ist eine gewisse Geistigkeit, die wir daran sehen und die wir Schönheit nennen und die nicht in größeren oder kleineren Ausmaßen, in besonderen Farben oder Formen, sondern in einer gewissen Harmonie und Zusammenklang von Teilen und Farben besteht. Diese Harmonie zeigt den genauesten und durchdringendsten Sinnen eine gewisse wahrnehmbare Verwandtschaft zum Geist ...«

(Bruno, De gl'heroici furori, I/3, S. 643 f.)

IV Zur Schönheit der Landschaft

FRANCESCO PETRARCA (1304–1374)

Über Vaucluse bei Avignon: IV/1

»Preso dalla dolcezza del luogo, mi trasferii in quello, e con meco i miei libricciuoli.«

»Von der Schönheit des Ortes eingenommen, zog ich mich mit meinen Büchern dorthin zurück.«

(Petrarca, Lettera ai posteri o autobiografia, Ausg. Solerti, 1904, S. 15; dt. Übers. v. Hefele, 1925, S. 7)

Über die mit seinem Bruder unternommene Besteigung des Mont Ventoux in der Nähe von Avignon: IV/2

»Altissimum regionis huius montem, quem non immerito Ventosum vocant, hodierno die, sola videndi insignem loci altitudinem cupiditate ductus, ascendi …

Primum omnium spiritu quodam aeris insolito, et spectaculo liberiore permotus, stupenti similis steti … admonitus, et velut expergefactus, verto me in tergum ad occidentem respiciens. Limes ille Galliarum et Hispaniae, Pyrenaeus vertex inde non cernitur; nullius quem sciam obicis interventu, sed sola fragilitate mortalis visus. Lugdunensis autem provinciae montes ad dexteram, ad laevam vero Massiliae fretum, et quod Aquas Mortuas verberat, aliquot dierum spatio distantia praeclarissime videbantur. Rhodanus ipse sub oculis nostris erat. Quae dum mirarer singula, et nunc terrenum aliquid saperem, nunc exemplo corporis animum ad altiora subveherem, visum est mihi Confessionum Augustini librum, charitatis tuae munus, inspicere, quem et conditoris et donatoris in memoriam servo, habeoque semper in manibus. Pugillare opusculum perexigui voluminis, sed infinitae dulcedinis aperio, lecturus quidquid occurreret. Quid enim nisi pium et devotum posset occurrere? Forte autem decimus illius operis liber oblatus est. Frater, expectans per os meum ab Augustino aliquid audire, intentis auribus stabat. Deum testor, ipsumque qui aderat, quod ubi primum defixi oculos scriptum erat: ›Et eunt homines admirari alta montium, et ingentes fluctus maris, et latissimos lapsus fluminum, et oceani ambitum, et gyros siderum, et relinquunt se ipsos‹. Obstupui, fateor, audiendique avidum fratrem rogans ne mihi molestus esset, librum clausi, iratus mihimet quod nunc etiam terrestria mirarer, qui iampridem ab ipsis gentium philosophis discere debuissem, nihil praeter animum esse mirabile, cui magno nihil est magnum. Tunc vero montem satis vidisse contentus, in me ipsum interiores oculos reflexi; et ex illa hora non fuit qui me loquentem audiret, donec ad ima pervenimus.«

»Den höchsten Berg dieser Gegend, den man nicht unverdientermaßen Ventosus, den Windigen nennt, habe ich am heutigen Tage bestiegen. Dabei trieb mich einzig die Begierde, die ungewöhnliche Höhe dieses Flecks Erde durch Augenschein kennenzulernen …

Zuerst stand ich, durch einen ungewohnten Hauch der Luft und durch einen ganz freien Rundblick bewegt, einem Betäubten gleich ... und nun wandte ich mich, gleichsam erwacht, um und blickte zurück gen Westen. Der Grenzwall der gallischen Lande und Hispaniens, der Grat des Pyrenäengebirges, ist von dort nicht zu sehen, nicht daß meines Wissens irgendein Hindernis dazwischen träte – nein, nur infolge der Gebrechlichkeit des menschlichen Sehvermögens. Hingegen sah ich sehr klar zur Rechten die Gebirge der Provinz von Lyon, zur Linken sogar den Golf von Marseille, und den, der gegen Aigues-Mortes brandet, wo doch all dies einige Tagesreisen entfernt ist. Die Rhone lag mir geradezu vor Augen. Dieweil ich dieses eins ums andere bestaunte und jetzt Irdisches genoß, dann nach dem Beispiel des Leibes auch die Seele zum Höheren erhob, schien mir gut, in das Buch der Bekenntnisse des Augustin hineinzusehen, eine Gabe, die ich deiner Liebe verdanke und die ich bewahre, zum Gedenken an den Urheber wie an den Geber, und die ich stets in Händen habe. Das faustfüllende Bändchen allerwinzigsten Formats, aber unbegrenzter Süße voll, öffne ich, um zu lesen, was mir entgegentreten würde. Was anderes als Frommes und Demütiges konnte mir wohl entgegentreten? Zufällig aber bot sich mir das zehnte Buch dieses Werkes dar. Mein Bruder stand in der Erwartung, aus meinem Munde etwas von Augustin zu hören, mit weit geöffneten Ohren da. Ich rufe Gott zu Zeugen an und ihn eben, der dabei war, daß dort, wo ich die Augen zuerst hinheftete, geschrieben stand:

›Und es gehen die Menschen, zu bestaunen die Gipfel der Berge und die ungeheuren Fluten des Meeres und die weit dahinfließenden Ströme und den Saum des Ozeans und die Kreisbahnen der Gestirne, und haben nicht acht ihrer selbst.‹*

Ich war wie betäubt, ich gestehe es, und ich bat meinen Bruder, der weiter zu hören begierig war, mir nicht lästig zu fallen, und schloß das Buch im Zorne mit mir selber darüber, daß ich noch jetzt Irdisches bewunderte. Hätte ich doch schon zuvor – selbst von den Philosophen der Heiden – lernen müssen, daß nichts bewundernswert ist außer der Seele: Neben ihrer Größe ist nichts groß. Da beschied ich mich, genug von dem Berge gesehen zu haben, und wandte das innere Auge auf mich selbst, und von Stund an hat niemand mich reden hören, bis wir unten ankamen.«

(Petrarca, Brief an Francesco Dionigi da Borgo San Sepolcro in Paris, Malaucène, dat. auf den 26. 4. 1336, in: Epistulae de Rebus Familiaribus, IV/1, Ausg. Florenz 1859, I, S. 193ff.; dt. Übers. b. Nachod/Stern, 1931, S. 40ff.)

* Augustin, Conf. X/8,15

Der Nutzen des Wissens: IV/3

»E il sapere molte cose che vi rileva, se quando avete imparato il circuito del cielo e della terra, lo spazio del mare, li corsi delle stelle, le virtú delle erbe e delle piante, li secreti della natura, siete a voi medesimi incogniti!«

»Und was nützt es, vieles zu wissen? Des Himmels und der Erde Maß freilich, den Raum des Meeres und den Lauf der Sterne, die Eigenschaften von Kräutern und Steinen und alle Geheimnisse der Natur kennt ihr, euch selbst aber seid ihr unbekannt.«

(Petrarca, Il secreto, Ausg. Solerti, 1904, S. 71; dt. Übers. v. Hefele, 1925, S. 43)

GIOVANNI BOCCACCIO (1313–1375)

Die Gruppe von jungen Menschen im ›Tal der Frauen‹: IV/4

»*... né guari più d'un miglio furono andate, che alle Valle delle Donne pervennero. Dento dalla quale per una via assai stretta, dall'una delle parti della qual è un chiarissimo fiumicello, entrarono, e viderla tanto bella e tanto dilettevole, e spezialmente in quel tempo che era il caldo grande, quanto più si potesse divisare. E secondo che alcuna di loro poi mi ridisse, il piano, che nella valle era, così era ritondo come se a sesta fosse stato fatto, quantunque artificio della natura e non manual paresse: e era di giro poco più che un mezzo miglio, intorniato di sei montagnette di non troppa altezza, e in su la sommità di ciascuna si vedeva un palagio quasi in forma fatto d'un bel castelletto.*

Le piagge delle quali montagnette così digradando giuso verso il pian discendevano, come ne'teatri veggiano dalla lor sommità i gradi infino all'infimo venire successivamente ordinati, sempre restrignendo il cerchio loro. E erano queste piagge, quante alla piaga del mezzogiorno ne riguardavano, tutte di vigne, d'ulivi, di mandorli, di ciriegi, di fichi e d'altre maniere assai d'albori fruttiferi piene senza spanna perdersene. Quelle le quali il carro di tramontana guardava, tutte eran boschetti di querciuoli, di frassini e d'altri arberi verdissimi e ritti quanto più esser poteano. Il piano appresso, senza aver più entrate che quella donde le donne venute v'erano, era pieno d'abeti, di cipressi, d'allori e d'alcun pini sì ben composti e sì bene ordinati, come se qualunque è di ciò il migliore artefice gli avesse piantati: e fra essi poco sole o niente, allora che egli era alto, entrava infino al suolo, il quale era tutto un prato d'erba minutissima e piena di fiori proporini e d'altri.

E oltre a questo, quel che non meno di diletto che altro porgeva, era un fiumicello il quale d'una delle valli, che due di quelle montagnette dividea, cadeva giù per balzi di pietra viva, e cadendo faceva un romore a udire assai dilettevole ...«

»Nachdem sie kaum mehr als eine Meile gewandert waren, langten sie im Frauental an, in welches sich ein enger Fußweg hineinschlängelte, an dessen Seite ein kristallklarer Bach dahinplätscherte. Der Anblick des Tales aber war um diese Stunde des Tages, wo die Hitze noch groß war, ganz besonders schön und anziehend. Wie mir später eine der Damen berichtete, war die Sohle des

Tales so rund, als wäre sie mit dem Zirkel abgemessen, wenngleich sofort ersichtlich war, daß hier ein Meisterwerk der Natur und keins von Menschenhand vorlag. Das Tal hatte eine Ausdehnung von etwa einer Meile und war von sechs kleinen Bergen von geringer Höhe umschlossen, auf deren Gipfel sich Landhäuser erhoben, die fast wie kleine Burgen anmuteten. Die Abhänge der Berge fielen in Terrassen zum Tal hernieder, wie man wohl in Amphitheatern die Sitze von der höchsten bis zur tiefsten Reihe wohlgeordnet sich senken sieht, ihren Ring immer mehr und mehr verengend. Die Abhänge, die nach Süden zu herabfielen, waren von Weinstöcken, Oliven- und Mandelbäumchen, Kirschen, Feigen und vielen anderen Obstbäumchen so eng bestanden, daß kein Fleckchen Boden ungenutzt geblieben war. Jene Abhänge aber, die auf den Wagen des Nordens blickten, waren dicht mit kleinen Eichenwäldern und Eschenhainen und mit vielen leuchtendgrünen Bäumen bedeckt. Das Tal aber, das nur den einen Eingang besaß, durch den die Damen gekommen waren, war mit Tannen, Zypressen, Lorbeerbäumen und Pinien so reizvoll bewachsen, daß es den Eindruck machte, als habe der größte Gartenkünstler hier bedachtsam die Bäume gepflanzt. Selbst wenn die Sonne hoch am Himmel stand, vermochten nur wenige oder gar keine Strahlen das Grün zu durchdringen und den Boden zu erreichen, den eine einzige Wiese von zartestem Gras überspannte, auf der purpurrote und andre vielfarbige Blumen leuchteten. Nicht weniger Entzücken als alles dies erregte ein kleiner Fluß, der aus einem Seitental, welches zwei Berge voneinander trennte, über nackte Felsenvorsprünge herunterstürzte und im Fallen ein angenehmes Rauschen hervorrief ...«

(Boccaccio, Il Decamerone, VI/Concl., 1348/53, Ausg. Branca, 1976, S. 438 f.; dt. Übers. v. Macchi, 1984, S. 494 f.)

Über die Erde: IV/5

»*Questa nella sua superfice ora da'marroni, ora da'bomeri e ora dalle vanghe è rivolta, cavata e rotta e d'una parte in un'altra gittata; questa da'templi mirabili, dagli edifici eccelsi delle città grandissime è oppressa, caricata e premuta; questa dagli animali, da'carri e da ponderosissimi strascinii è attrita e scalpitata; questa dal mare, da'fiumi e da'torrenti è rosa, estenuata e transportata; questa dalle selve, dall'erbe e dalle semente continue è poppata, sugata e munta; questa è dagli incendi evaporanti arsa, dalle folgori celestiali percossa e da'tremuoti subterranei dicrollata; questa è dai diluvi dilavata, da'raggi solari essusta e da'ghiacci ristretta. Chi potrebbe assai pienamente racontare le molestie, dalle quali ella è senza alcuna intermessione offesa e malmenata? Né per tutte le racontate ingiurie, né per molte altre, leggiamo o veggiamo che essa alcuna volta ramaricata si sia o si ramarichi; tanta è la sua umiltà constante e paziente.*

Per la qual cosa forse creder si potrebbe esser più tosto piaciuto al nostro Creatore d'aver di quella il corpo dell'uom composto che d'altro elemento o d'altra materia, acciò che la natura di questa, della qual fu composto, seguitando, fosse paziente, e con toleranzia fermissima sostenesse i casi per qualunque cagione emergenti.«

»Die Erde wird an ihrer Oberfläche von Hacken, Pflugscharen und Schaufeln umgegraben, ausgehoben und zerkleinert und von einer Seite auf die andere geworfen; sie wird durch prächtige Tempel und üppige Bauwerke der großen Städte bedrückt, beladen und gepreßt; sie wird von Tieren, Wegen und schwersten Lasten zerrieben und zerstampft; sie wird vom Meer, von Flüssen und Wildbächen angenagt, abgetragen und mitgerissen; sie wird durch Wälder und Gras und fortgesetzte Aussaaten ausgesaugt, ausgemergelt und ausgemolken, sie wird von aufflammenden Bränden verbrannt, von himmlischen Blitzen geschlagen und von unterirdischen Beben erschüttert; sie wird von Überschwemmungen ausgewaschen, von Sonnenstrahlen ausgelöscht und durch Gletscher beengt. Wer könnte all die Belästigungen aufzählen, die sie unaufhörlich quälen und verletzen? Doch lesen wir nirgends, daß sie sich nur ein einziges Mal über all diese berichteten Kränkungen beklagt hätte, noch erleben wir selbst es, daß sie sich nur ein einziges Mal beklagt: so groß ist ihre anhaltende geduldige Demut. Man könnte glauben, daß es unserem Schöpfer gefallen hat, den Leib des Menschen aus Erde zu machen und nicht aus anderem Element oder anderer Materie, daß er geduldig sei und mit Festigkeit alle Zufälle ertrage ...«

(Boccaccio, Esposizioni sopra la comedia di Dante, um 1373, Ausg. Padoan, 1965, S. 432f.; dt. Übers. b. Pleister, 1983, S. 39f.)

CENNINO CENNINI (um 1370–um 1440)

»Il modo del ritrarre una montagna del naturale. IV/6

Se vuoi pigliare buona maniera di montagne, e che pajno naturali, togli di pietre grandi che sieno scogliose, e non polite; e ritrane del naturale, dando i lumi e scuro, secondo che la ragione t'acconsente.«

»Die Art, ein Gebirge nach der Natur zu entwerfen.

Wenn du Gebirge in einer guten Weise entwerfen willst, welche natürlich scheinen, so nimm grosse Steine, rauh und unpolirt. Und zeichne sie nach der Natur, indem du ihnen Licht und Schatten verleihst, je nachdem es dir die Einsicht erlaubt.«

(Cennini, Trattato della pittura, Kap. 88, um 1390/1400, Ausg. Tambroni, 1821; dt. Übers. v. Ilg, 1888, S. 59)

»Bel modo di colorire una montagna in fresco o in secco. IV/7

Se vuoi fare montagne in fresco e in secco, fa un colore verdaccio ... Digrada i colori ... e dà loro quella ragione, che dai a una figura di scuro e di rilievo. E quando hai a fare le montagne, che pajano più a lungi, più fai scuri i tuoi colori; e le fai dimostrare più appresso, fa i colori più chiari.«

»Von der Art wie ein Gebirge in Fresco oder in Secco zu malen ist.

Wenn du Gebirge in Fresco und in Secco darstellen willst, so mache eine Farbe, eine Art Verdaccio ... Stufe die Farben ab ... Und theile sie in Licht und Dunkel als du bei einer Figur geben würdest. Und wenn du Berge zu malen hast, die entfernter zu sein scheinen, so nimm mehr dunkle Töne, willst du sie mehr genähert zeigen, hellere.«

(Cennini, Trattato della pittura, Kap. 85; dt. Übers. S. 58)

Das Malen von Bäumen: IV/8

»... o volessi lavorare alcuno albore che paresse degli albori di paradiso, togli i pezzi dell'oro fine ... e se fai foglie d'albori, mescola con questo oro un poco di verde, ben sottile macinato, per le foglie scure. E per questo modo, mescolando con altri colori, puoi fare cangianti a tuo senno.«

»... oder wenn du irgend einen Baum machen willst, dass er den Bäumen im Paradiese gleich sehen soll, so nimm Stücke feines Gold ... Und wenn du Baumblätter machst, so mische zu diesem Golde ein wenig Grün, sehr fein gerieben, für das dunkle Laub: Und durch Mischungen mit anderen Farben, kannst du sie nach deinem Geschmacke schillernd machen.«

(Cennini, Trattato della pittura, Kap. 160; dt. Übers. S. 106f.)

Über die Art und den Fundort vom Ocker: IV/9

»Giallo è un color naturale, il quale si chiama ocria. Questo color si trova in terra di montagna, là ove si trovano certe vene, come di zolfore; e là, ov'è queste vene, vi si trova della sinopia, del verde terra, e di altre maniere di colori. Vi trovai questo, essendo guidato un dì per Andrea Cennini mio padre, menandomi per lo terreno di Colle di Valdelsa ... E pervegnendo in un vallicello, in una grotta molta salvatica, e raschiando la grotta con una zappa, io vidi di più ragioni vene colori: cioè ocria, sinopia scura e chiara, azzurro, e bianco, che'l tenni il maggior miracolo del mondo, che bianco possa essere di vena terrigna; ricordandoti che io ne feci la prova di questo bianco, e trovàlo grasso, che non è da incarnazione. Ancora in nel detto luogo era vena di color negro: e dimostravansi i predetti colori per questo terreno, siccome si dimostra una margine nel viso di uno uomo, o di donna.«

»Gelb ist eine Naturfarbe, welche Ocker heisst. Diese Farbe findet sich in der Erde der Gebirge, dort, wo gewisse Schwefeladern vorkommen, und wo es solche Adern gibt, erscheint auch Sinopia, Verdeterra und andere Gattungen Farben. Ich habe sie einmal gefunden, als mich mein Vater Andrea Cennini durch die Gegend von Colle di Valdelsa führte ... Und als wir in einem Thälchen zu einer waldumgebenen Grotte gelangt, dieselbe mit einem Karste aufgegraben hatten, erblickte ich Adern von verschiedenen Farbenarten, als Ocker, dunkle und helle Sinopia, Azur und Weiss, und was ich für's grösste Wunder der Welt erachtete, war, dass ich mit diesem Weiss eine Probe anstellte und es fett fand, was zu Fleischtönen nicht taugt. Auch war ferner an jenem Orte eine

schwarze Ader. Und es stellten sich die genannten Farben an diesem Orte dar, wie eine Narbe im Antlitz eines Mannes oder einer Frau.«
(Cennini, Trattato della pittura, Kap. 45; dt. Übers. S. 29f.)

LORENZO VALLA (1406–1457)

Das Vergnügen an Natur, Steinen, Landschaften, Tieren: IV/10

»Infinita possent alia enumerari. Quo enim natura produxit aurum, argentum, gemmas, preciosa lanificia preciosaque marmora nisi ad nostram exornationem? ... An parvi facienda est illa agrorum vinetorum, hortorumque festivitas qua non solos agricolas sed primarios etiam viros ac reges, ut Laertem et Cyrum, summopere delectatos accepimus? Quid referam equos canesque ad nostram factos oblectationem?«

»Unendlich viele andere Arten an Schönheit können aufgezählt werden. Denn wofür bringt die Natur Gold, Silber, Edelsteine, wertvolle Wolle und wertvollen Marmor hervor, wenn nicht zu unserer Ausschmückung? ... Oder ist jene Vergnüglichkeit der Äcker, Weinfelder und Gärten gering zu schätzen, die nicht nur Bauern, sondern auch führende Männer und Könige, wie Laertes und Kyros, so wie wir es hören, auf höchste Weise erfreuten? Was soll ich über Pferde und Hunde berichten, die zu unserer Freude geschaffen sind?«
(Valla, De voluptate, I/21, 1431, Ausg. Hieatt, 1977, S. 98ff.)

LEON BATTISTA ALBERTI (1404–1472)

Die Verehrung der göttlichen Natur durch den Menschen: IV/11

»Ma sopra tutte lodo quella verissima e probatissima sentenza di coloro, e'quali dicono l'uomo essere per creato per piacere a Dio ...; per ancora lodare Iddio insieme con tutta l'universa natura, vedendo tante e sì differenziate e sì consonante armonie di voci, versi e canti in ciascuno animante concinni e soavi ...; per ancora temere e onorare Iddio udendo, vedendo, conoscendo el sole, le stelle, el corso de'cieli, e'tuoni e saette, le quali tutte cose non può non confessar l'uomo essere ordinate, fatte e dateci solo da esso Iddio.«

»Über alle aber lobe ich jene höchst wahre und billigenswerte Ansicht derjenigen, die sagen, der Mensch sei geschaffen, um Gott zu gefallen ...; dazu, um Gott zu preisen zusammen mit der gesamten Natur, wenn er so viele, so unterschiedene und so zusammenklingende Harmonien vernimmt, von Stimmen, Gesängen und Liedern, die in jedem Lebewesen wohnen, anmutig und süß ...;

dazu Gott zu fürchten und zu ehren, wenn er hört, schaut, erkennt: die Sonne, die Sterne, die Bewegung der Himmel, den Donner, den Blitz, all die Dinge, von denen der Mensch nicht umhin kann zu bekennen, daß sie geordnet, geschaffen und uns gegeben sind allein von Gott.«

(Alberti, Della famiglia, II, 1434/41, Ausg. Grayson, 1960, S. 132f.; dt. Übers. v. Kraus, 1986, S. 169)

Über die Schönheit der göttlichen Natur: IV/12

»Deos certe spectato caelo et mirificis eorum operibus miramur magis, quod pulchra illa quidem videmus, quam quod esse utillima sentiamus. Aut quid ista prosequar? Ipsa rerum natura, quod passim videre licet, nimia pulchritudinum voluptate sublascivire in dies non desistit, omitto caetera, et pingendis floribus.«

»Die Götter bewundern wir beim Anblick des Himmels und ihrer wunderbaren Schöpfungen sicher deshalb mehr, weil wir eher deren Schönheit als deren Nutzen merken. Oder soll ich mich darüber verbreiten, daß die Natur selbst, wie man allenthalben sehen kann, sich infolge der Freude an der Schönheit tagtäglich zu überbieten nicht aufhört. Z. B. um alles andere außer acht zu lassen, in der Färbung der Blumen.«

(Alberti, De re aedificatoria, VI/2, 1450/52, Florenz 1485, Ausg. Orlandi, 1966, S. 445; dt. Übers. v. Theuer, 1975, S. 292)

Über den Landbesitz: IV/13

»Alle primavera la villa ti dona infiniti sollazzi, verzure, fiori, odori, canti; sforzasi in più modi farti lieto, tutta ti ride e ti promette grandissima ricolta, émpieti di buona speranza e di piaceri assai. Poi e quanto la truovi tu teco alla state cortese! Ella ti manda a casa ora uno, ora un altro frutto, mai ti lascia la casa vòta di qualche sua liberalità. Eccoti poi presso l'autunno. Qui rende la villa alle tue fatiche e a'tuoi meriti smisurato premio e copiosissime mercé, e quanto volentieri e quanto abundante, e con quanta fede! Per uno dodici, per uno piccole sudore più e più botti di vino. E quello che tu aresti vecchio e tarmato in casa, la villa con grandissima usura te lo rende nuovo, stagionato, netto e buono. Ancora ti dona le passule e l'altre uve da pendere e da seccare, e ancora a questo agiugne che ti riempie la casa per tutto il verno di noci, pere e pomi odoriferi e bellissimi. Ancora non resta la villa di dì in dì mandarti de'frutti suoi più serotini. Poi neanche il verno si dimentica teco essere la villa liberale; ella ti manda la legna, l'olio, ginepri e lauri per, quando ti conduca in casa dalle nevi e dal vento, farti qualche fiamma lieta e redolentissima. E, se ti degni starti seco, la villa ti fa parte del suo splendissimo sole, e porgeti la leprettina, il capro, il cervo, che tu gli corra drieto, avendone piacere e vincendone il freddo e la forza del verno. Non dico de'polli, del cavretto, delle giuncate e delle altre delizie, quali tutto l'anno la villa t'alieva e serba. Al tutto così è: la villa si sforza a te in casa manchi nulla, cerca che nell'animo tuo stia niuna malinconia, émpieti di piacere e d'utile. E se la villa da te richiede opera alcuna, non vuole come gli altri essercizii tu ivi te atristi, né vi ti carchi di pensieri,

né punto vi ti vuole affannato e lasso, ma piace alla villa la tua opera ed essercizio pieno di diletto, il quale sia non meno alla sanità tua che alla cultura utilissimo.«

»Im Frühling gewährt er dir unzählige Freuden: das Grün, die Blumen, die Düfte, die Gesänge der Vögel; er ist auf vielfache Weise bemüht, dich fröhlich zu machen, er lacht dich an und verspricht dir die reichste Ernte, erfüllt dich mit schöner Hoffnung und mancher Freude. Und wie freigebig findest du ihn dann im Sommer! Bald diese, bald jene Frucht schickt er dir ins Haus, niemals bleibt es leer, irgend etwas hat er immer zu spenden. Nun naht der Herbst: da vergilt dein Landbesitz deine Mühen und Verdienste mit übermäßigem Preis, mit reichlichstem Lohn; wie gern, wie überströmend, mit welcher Treue! Zwölf für eins, für ein wenig Schweiß Fässer um Fässer Wein. Was du alt und wurmzerfressen im Hause gehabt hast, das gibt dir der Landbesitz neu und zeitig, sauber und gut wieder. Zudem schenkt er dir die Rosinen und die anderen Trauben zum Aufhängen und Trocknen, und dazu mußt du noch rechnen, daß er dir das Haus für den ganzen Winter mit den schönsten duftenden Äpfeln, Birnen und Nüssen füllt. Und noch läßt dein Besitz nicht ab, dir alle Tage etwas von seinen späteren Früchten zu schicken. Ja nicht einmal im Winter vergißt er, sich dir gegenüber freigebig zu bezeigen: er schickt Brennholz, Öl, Wacholder und Lorbeer, auf daß du, sobald du vor Schnee und Wind ins Haus flüchtest, dir dein Herdfeuer angenehm und duftend machen kannst. Und wenn du dich entschließen kannst, bei ihm auszuharren, so läßt er dich teilnehmen an dem Glanz seiner Sonne und gewährt dir Häschen, Rehböcke, Hirsche, daß du sie jagen magst und deine Lust dran haben und so die Macht der Winterkälte brechen. Ich spreche nicht von den Hühnern, den Ziegenböcklein, dem Rahmkäse und anderen Leckerbissen, die dein Landbesitz dir das ganze Jahr heranzieht und hegt. Alles in allem ist es so: der Landbesitz sorgt dafür, daß dir im Hause nichts mangle, er trachtet danach, daß in deinem Herzen keine Trübsal Wurzel fasse, er überschüttet dich mit Freude und Nutzen, und wenn er von dir irgendeine Arbeit verlangt, so will er doch nicht wie die übrigen Betätigungen, daß du dich dabei betrübst, dir schwere Gedanken machst, ja er will dich überhaupt nicht bekümmert und erschöpft; deinem Landbesitz genügt eine Arbeit und Betätigung voller Behagen die deiner Gesundheit nicht minder als der Wirtschaft förderlich ist.«

(Alberti, Della famiglia, III, S. 199; dt. Übers. S. 256f.)

Die paradiesische Seite des Landlebens: IV/14

»LIONARDO. E anche vi godete in villa quelli giorni aerosi e puri, aperti e lietissimi; avete leggiadrissimo spettacolo rimirando que'colletti fronditi, e que'piani verzosi, e quelli fonti e rivoli chiari, che seguono saltellando e perdendosi fra quelle chiome dell'erba.

GIANNOZZO. Sì, Dio, uno proprio paradiso.«

»Lionardo. Und dazu genießt man auf dem Lande die luftigen, reinen, heiteren und schönen Tage; man hat die lieblichste Augenweide, wenn man die belaubten Hügel betrachtet, die grünen Flächen, die klaren Quellen und Bäche, die hüpfend dahinfließen und sich im hohen Gras verlieren.

Giannozzo. Ja, bei Gott, ein wahres Paradies!«

(Alberti, Della famiglia, III, S. 200; dt. Übers. S. 258)

Entscheidung zwischen Stadt- und Landleben: IV/15

»LIONARDO. Lodate voi abitare in villa più che in mezzo alla città?

GIANNOZZO. Quanto io, a vivere con manco vizio, con meno maninconie, con minore spesa, con più sanità, maggiore suavità del vivere mio, sì bene, figliuoli, miei, che io lodo la villa.«

»Lionardo. Findet Ihr es besser, auf dem Lande zu wohnen als inmitten der Stadt?

Giannozzo. Was mich betrifft – um freier von Lastern, mit geringerem Kummer, weniger Aufwand, mehr Gesundheit und Annehmlichkeit des Daseins zu leben, ja gewiß, liebe Kinder, finde ich das Land besser!«

(Alberti, Della famiglia, III, S. 201; dt. Übers. S. 259)

Die Bedeutung von Landhaus und Länderei: IV/16

»Alla possessione se manca la casa, meno gli manca che se alla casa mancano e'terreni.«

»Wenn dem Besitz das Landhaus fehlt, dann fehlt weniger, als wenn dem Haus die Ländereien fehlen.«

(Alberti, Villa, Ausg. Grayson, 1960, S. 359)

Über das üble Landvolk: IV/17

»... cosa da nolla credere, quanto in questi aratori cresciuti fra le zolle sia malvagità. Ogni loro studio sempre sta per ingannarti ...«

»... Denn es ist nicht zu glauben, wieviel Schlechtigkeit in diesen zwischen den Schollen aufgewachsenen Pflügern steckt. Ihr ganzes Bestreben ist immer, dich zu betrügen ...«

(Alberti, Della famiglia, III, S. 196; dt. Übers. S. 252)

Das Naturgefühl Albertis: IV/18

»Vere novo cum rura et colles efflorescentes intueretur, arbustaque, et plantas omnes maximam prae se fructuum spem ferre animadverteret, vehementer tristis animus reddebatur, hisque sese castigabat dictis: nunc te quoque, o Baptista tuis de studiis quidpiam fructum polliceri oportet. – Cum autem agros messibus graves et in arboribus vim pomorum per autumnum pendere conspicaretur, ita afficiebatur moerore, ut sint, qui illum viderint pare animi dolore interdum collacrymasse, ejusque immurmurantis verba exaudierint: en Leo, ut undique testes, atque accusa-

tores nostre inertiae circumstant! Et quid nam uspiam est, quod integro in anno multam de se mortalibus utilitatem non attulerit? At tu et quidnam habes, quod in medium tuo pro officio abs te perfectum efferas? ... Gemmis, floribus, ac locis praesertim amoenis visendis, nonnumquam ab aegritudine in bonam valetudinem rediit.«

»Wenn er im Frühling Ländereien und blühende Hügel betrachtete und achtgab auf Baumpflanzungen und alle Pflanzungen, in der sehr großen Hoffnung, daß sie fruchtreich sein mögen, dann bändigte er sich selbst mit den Worten: ›Nun ist es notwendig, daß auch du, Battista, irgendetwas Fruchtbares bei deinen Bemühungen darbringst.‹ Als er die von Ernteerträgen schweren Ackerfelder und in den Bäumen eine Menge Äpfel während des Herbst hängen sah, da wurde er von Traurigkeit befallen, so daß es Menschen gab, die sahen, wie er vor Schwermut inzwischen in Tränen ausgebrochen war, und die ihn folgende Worte murmeln hörten: ›Sieh da, Leon, wie auf allen Seiten Zeugen und Ankläger unserer Untätigkeit herumstehen! Und wo nämlich ist etwas, was den Menschen nicht großen Nutzen gebracht hätte? Aber hast auch du etwas gemacht, was du vollkommen für das Gemeinwohl gemäß deiner Pflicht getan hast?‹ ... Beim Anblick von Blütenknospen, Blumen und besonders von angenehmen Orten kehrte er bisweilen vom Unwohlsein zur starken Gesundheit zurück.«

(Alberti (?) oder Autore Anonimo, Vita di Leon Battista Alberti, Ausg. Bonucci, 1843, S. CXIV ff.)

Anpflanzungen in Beachtung geometrischer Formen: IV/19

»Praeterea et cicli et emicicli, et quae descriptiones in areis aedificiorum probentur, ex lauro ex citro ex iunipero deflexis ac sese mutuo complectentibus ramis concludentur ... Arborum ordines ad lineam et intervallis comparibus et angulis correspondentibus ponentur ...«

»Außerdem werden Kreise und Halbkreise und jene Figuren, welche man bei den Grundflächen der Gebäude gutheißt, aus Lorbeer-, Zitronen-, oder Wacholderbäumen mit abgebogenen und sich gegenseitig verschlingenden Zweigen geschlossen werden ... Die Baumreihen werden in einer Linie, in gleichen Zwischenräumen, und einander entsprechenden Winkeln gesetzt ...«

(Alberti, De re aedificatoria, IX/4, S. 807; dt. Übers. S. 487)

Das Verhältnis des Architekten zur Natur: IV/20

»... neve quid suscipias, quod cum rerum natura protinus depugnaturum sit.«

»Auch sollst Du nichts unternehmen, was von vornherein der Natur der Dinge widerstreitet.«

(Alberti, De re aedificatoria, II/2, S. 101; dt. Übers. S. 71)

Das Verhältnis der Architekten zur Natur und Landschaft: IV/21

»Quam multa istiusmodi excogitarunt, quae ad bonam valitudinem faciant, gestationes natationes thermas et huiusmodi!... Quid aquarum copias ex intimis reconditisque productas usibusque tam variis tanque expetitis expositas?... Quid demum, quod abscissis rupibus, perfossis montibus, completis convallibus, coercitis lacu marique, expurgata palude, coaedificatis navibus, directis fluminibus, expeditis hostiis, constitutis pontibus portuque non solum temporariis hominum commodis pro vidit, verum et aditus ad omnes orbis provincias patefecit?«

»Wie vieles dieser Art ersannen andere, was zur Erhaltung der Gesundheit beiträgt, wie Fahrbahnen, Schwimmbäder, Thermen und dergleichen!... Was die Wassermassen, die man aus dem verborgensten Innern der Erde erschließt und der verschiedensten und unbeschränktesten Verwendung zuführt? ... Wozu soll ich endlich erwähnen, daß er durch Abtragen von Felsen, Durchstechen von Bergen, Ausfüllung von Tälern, durch Trockenlegung von Sümpfen mittels Ableitung derselben in einen See oder ins Meer, Erbauung von Schiffen, Regulierung von Flüssen, Freilegung von Zugängen, Errichtung von Brücken und Häfen nicht nur für den zeitweiligen Bedarf der Menschen vorsorgte. Ja sogar den Zugang zu allen Ländern der Erde hat er erschlossen.«

(Alberti, De re aedificatoria, Prologo, S. 9ff.; dt. Übers. S. 10f.)

Über die geeigneten Themen und den geeigneten Ort der Landschaftsmalerei: IV/22

»Cumque pictura ut poetica varia sit – alia quae maximorum gesta principum dignissima memoratu, alia quae privatorum civium mores, alia quae aratoriam vitam exprimat –, prima illa, quae maiestatem habet, publicis et praestantissimorum operibus adhibebitur; secunda vero privatorum civium parietibus, ornamento ut sit, appingetur; ultima ortis maxime conveniet, quod omnium sit ea quidem iocundissima. Hilarescimus maiorem in modum animis, cum pictas videmus amoenitates regionum et portus et piscationes et venationes et natationes et agrestium ludos et florida et frondosa.«

»Und weil es verschiedenartige Malerei- wie Dichtwerke gibt, – die einen stellen die berühmtesten Taten der bedeutendsten Fürsten dar, andere die Sitten der privaten Bürger und wiederum andere das Landleben –, so wird die erste Art, welche Hoheit besitzt, bei den öffentlichen Bauten und denjenigen der hervorragendsten Menschen angewendet; die zweite aber wird um des Schmuckes willen auf den Wänden der privaten Bürger hinzugemalt; die letzte wird am besten zu den Gärten passen, da sie von allen die heiterste ist. Wir erfreuen das Gemüt besonders dadurch, daß wir Annehmlichkeiten der Gegenden gemalt sehen, Häfen, Fischfang, Jagden, Schwimmende, ländliche Spiele, Blüten und Laub.«

(Alberti, De re aedificatoria, IX/4, S. 805; vgl. dt. Übers. S. 486; Gombrich, 1985, S. 193; Mühlmann, 1981, S. 119f.)

Gesundheitsfördernde Bilder: IV/23

»*Aquarum spectare fontes pictos et rivulos maiorem in modum febricitantibus conferet. Experiri hoc licet: si quando per noctem somnus cubantem frustrabitur, tunc limpidissimas, quas uspiam videris, aquas fontium rivorum aut lacus ubi mente repetere institeris, illico vigiliarum illa siccitas humectatur irrepitque sopor, quoad dulcissime obdormiscas.*«

»Quellendes Wasser und Bächlein gemalt zu sehen, ist den Fiebernden besonders zuträglich. Man kann folgenden Versuch anstellen: wenn uns einmal in der Nacht der Schlaf flieht, dann versuche man, sich im Geiste das klarste Wasser der Quellen, der Bäche, oder eines Sees, das man je gesehen, vorzustellen. Alsbald wird die Trockenheit des Wachens feucht, es beschleicht uns der Schlaf, und bald sind wir süß entschlummert.«

(Alberti, De re aedificatoria, IX/4, S. 805ff.; dt. Übers. S. 486)

LORENZO GHIBERTI (1377–1455)

Beschreibung eines Bildes Lorenzettis innerhalb des Klosters San Francesco in Siena: IV/24

»*... et dicapitati e detti frati si muoue una turbazione di tempo scuro con molta grandine saette tuoni tremuoti, pare a uederla dipinta pericoli el cielo e.lla terra, pare tutti cerchino di ricoprirsi con grande tremore, uenghossi gli huomini et le donne arrouesciarsi e panni in capo e gli armati porsi in capo e paluesi, essere la grandine folta in su e paluesi, pare ueramente che.lla grandine balçi in su paluesi con uenti marauiglosi. Vedesi piegare gli alberi insino in terra et quale speççarsi et ciascheduno pare che fugga, ognuno si uede fuggente. Vedesi el giustitiere cadergli sotto el cauallo et ucciderlo, per questo si batteçò moltissima gente. Per una storia picta mi pare una marauiglosa cosa.*«

»... und als die Brüder enthauptet sind, erhebt sich ein finsterer Gewittersturm, mit vielem Hagel, Blitz, Donner und Erdbeben; alle suchen sich unter grosser Angst zu decken, Männer und Weiber ziehen ihre Gewänder über den Kopf und die Gewappneten halten ihre Schilde über den Häuptern, und der Hagel fällt dicht darauf. Man meint wahrhaftig zu spüren, wie er mit Windesgewalt herabprasselt. Man sieht die Bäume sich bis zur Erde biegen und manchen von ihnen zersplittern und alles Volk scheint eiligst zu fliehen. Und der Henker fällt unter das Pferd und wird getötet; vieles Volk nimmt die Taufe an. Fürwahr es scheint mir eine wunderbare Sache für ein Gemälde.«

(Ghiberti, I commentarii, I, 1447/53, Ausg. Schlosser, 1912, I, S. 40f.; dt. Übers. b. Schlosser, 1920, S. 63; vgl. Feldges, 1980, S. 52; Kirschstein, 1923, S. 159f.)

BARTHOLOMAEUS FACIUS (1400–1457)

Über ein Bild von Jan van Eyck: IV/25

»Eius est mundi comprehensio orbiculari forma, quam philippo belgarum principi pinxit. quo nullum consumatius opus nostra aetate factum putatur. in quo non solum loca situsque regionum. sed etiam locorum distantiam metiendo dignoscas.«

»Von ihm gibt es eine Darstellung der kreisförmigen Welt, welche er für Philipp von Flandern malte, und sie wird für das vollkommenste Werk in unserer Zeit gehalten. Darauf erkennst du nicht nur Orte und die Lage von Gegenden, sondern auch durch Messung die Entfernung zwischen den Orten.«
(Facius, De viris illustribus, 1456, zit. b. Baxandall, 1964, S. 103)

Über ein Bild von Gentile da Fabriano in Venedig: IV/26

»Pinxit item in eadem urbe turbinem arbores. caeteraque id genus radicitus euertentem. cuius est ea facies ut uel prospicientibus horrorem as metum incutiat.«

»Ebenso malte er in derselben Stadt einen Wirbelwind, der Bäume und dergleichen entwurzelnd umstürzt, und dessen Anblick ist so, daß er den Beschauern Schrecken und Furcht einflößt.«
(Facius, De viris illustribus, zit. b. Baxandall, S. 101)

Über eine von Jan van Eyck gemalte Badeszene: IV/27

»In eadem tabula est in balneo lucerna ardenti simillima et anus quae sudare uideatur. catulus aquam lambens. et item equi hominesque perbrevi statura. montes. nemora. pagi. castella tanto artificio elaborata ut alia ab aliis quinquaginta milibus passuum distare credas.«

»Auf demselben Bild gibt es eine Laterne im Badezimmer, so als ob sie brenne, und eine alte Frau, die zu schwitzen scheint, einen jungen Hund, der Wasser aufleckt, und ebenso Pferde und kleine Menschengestalten, Berge, Haine, ländliche Bezirke und Schlösser mit solcher Kunstfertigkeit ausgearbeitet, daß du glaubst, das eine sei vom anderen fünfzigtausend Schritte entfernt.«
(Facius, De viris illustribus, zit. b. Baxandall, S. 103)

ENEA SILVIO PICCOLOMINI, PIUS II. (1405–1464)

Über eine Papstreise und das Verhältnis von Natur und Kunst: IV/28

»Appia via profectus, que adhuc strata cernitur, formosior in plerisque locis quam Romanorum florente imperio fuerit, nucis Avellane ramis frondentibus atque

admodum mense Majo virentibus circum supraque tecta. iter natura gratissimum prebuit quavis arte superior. antique ruine ad sinistram in monte mansere ...«

»Er zog auf der Via Appia dahin, die man noch heute als Straße erkennen kann und die an manchen Stellen schöner ist als zur Zeit des römischen Imperiums, da sie von grünenden Haselstauden, die nun, im Monat Mai, eben blühten, eingehegt und überdeckt war. Die Natur, die jeder Kunst überlegen ist, hat den Weg höchst reizvoll gestaltet. Antike Ruinen sind linkerhand auf einem Berge stehen geblieben ...«

(Enea Silvio Piccolomini, Pius II., Commentarii rerum memorabilium, XI, 1458/64, Ausg. Widmer, lat. u. dt., 1960, S. 320f.)

Über den Gipfel des Monte Amiata und die Geeignetheit eines solchen Ortes für Dichter: IV/29

»castanee, que fago succedunt, admodum procere sunt et in celum tendunt. robora multa invenias, que vix quattour homines complectantur; quedam concava quinque et viginti pecudibus stabula prebuerunt. graminei campi sub castaneis patent, numquam non umbrosi, nisi post autumni frigora, cum folia ceciderunt, per arborum ramos solis radius ingrediatur. si ullo unquam loco et umbre suaves et argentei fontes et virides herbe et ridentia prata poetas alliciunt, hic per estatem manebunt.«

»Die Kastanien, die unterhalb der Buchen stehen, sind sehr hoch gewachsen und ragen bis in den Himmel hinauf. Man findet hier viele Baumstämme, die kaum von vier Männern umspannt werden können. Einige waren ausgehöhlt und vermochten fünfundzwanzig Schafen einen Unterschlupf zu gewähren. Unter den Kastanien breitet sich Weidland aus, das nirgends des Schattens entbehrt; nur nach dem Kälteeinbruch im Herbst, wenn die Blätter gefallen sind, dringt durch die Zweige der Bäume der Sonnenstrahl ein. Wenn irgendwo einmal köstliche Schatten, silberhelle Quellen, grünendes Gras und lachende Matten die Dichter anlocken: hier werden sie den Sommer über bleiben!«

(Eneo Silvio Piccolomini, Pius II., Commentarii rerum memorabilium, IX, S. 344f.)

ANTONIO MANETTI (1423–1497)

Perspektive und Landschaft: IV/30

»... quello ch'e dipintori oggi dicono prospettiva, perché ella è una parte di quella scienza, che è in effetto porre bene e con ragione le diminuzioni ed acrescimenti che appaiono agli occhi degli uomini delle cose di lungi e da presso: casamenti, piani e montagne e paesi d'ogni ragione, ed in ogni luogo le figure e l'altre cose ...«

»Was die Maler heute Perspektive nennen, ist ein Teil der Wissenschaft der Perspektive, und sie bewirkt gute und angemessene Verkleinerungen und Vergrößerungen, so wie sie den menschlichen Augen bei fernen oder nahen Dingen erscheinen: bei Häusern, Ebenen, Gebirgen, Landschaften jeglicher Art, Figuren an jedem Ort und bei anderen Sachen ...«

(Manetti, Vita di Filippo Brunelleschi, 1482/88, Ausg. Robertis, 1976, S. 55)

MARSILIO FICINO (1433–1499)

Veranschaulichung des Unterschiedes zwischen innerer und äußerer Vollkommenheit, zwischen Güte und Schönheit, am Beispiel der Natur: IV/31

»Nempe in lapillis, ut Physici volunt, temperatissima quatuor elementorum permixtio quedam interior nitorem parit exteriorem. Herbas preterea et arbores innata radicibus medullisque fecunditas florum et foliorum gratissima vestit varietate. In animalibus autem salubris humorum complexio iocundam lineamentorum et colorum spetiem procreat. Virtus etiam animi decorem quemdam pre se ferre videtur in verbis, gestibus, operibus honestissimum. Celos quoque sublimis eorum substantia clarissimo lumine circumfundit. In his omnibus interna perfectio producit externam. Illam bonitatem, hanc pulchritudinem possumus apellare. Quocirca bonitatis florem quemdam esse pulchritudinem volumus, cuius floris illecebris quasi esca quadam latens interius bonitas allicit intuentes. Quoniam vero nostre mentis cognitio a sensibus ducit originem, bonitatem ipsam rerum penetralibus insitam nec intelligeremus umquam neque appeteremus, nisi ad eam spetiei exterioris inditiis manifestis proveheremur. Qua in re mirabilis admodum forme huius comitisque ipsius amoris apparet utilitas.«

»So erzeugt nach der Ansicht der Naturkundigen in den Edelsteinen die wohlabgestimmte innere Mischung der vier Elemente den angenehmen äußeren Glanz. Auch den Kräutern und Bäumen verleiht die den Wurzeln und dem Mark innewohnende Fruchtbarkeit die mannigfaltige Pracht der Blüten und Blätter. Bei den Lebewesen bringt die gesunde Beschaffenheit der Säfte die ansprechende Erscheinung der Färbung und der Züge hervor. Die treffliche Veranlagung des Geistes äußert sich am herrlichsten in der Schönheit der Rede, der Gebärden und Handlungen. Auch die Himmelssphären umstrahlt ihre erhabene Substanz mit hellstem Lichte. Bei allen diesen Dingen bringt die innere Vollkommenheit die äußere hervor, und zwar bezeichnen wir jene als Güte, diese als Schönheit. Eben darum gilt uns die Schönheit als der Blütenschmuck der Güte. Durch den Reiz dieser Blütenpracht lockt die innen verborgene Güte gleichsam als durch einen Köder die Beschauer. Weil nun unsere Vernunfterkenntnis mit den Sinnen beginnt, würden wir niemals die in den Dingen verborgene Güte wahrnehmen und erstreben, wenn wir nicht durch die Merkmale der äußeren Schönheit zu ihr hingeleitet würden. Darin eben zeigt sich die wunderbare Ersprießlichkeit der Schönheit und des Eros, ihres Begleiters.«

(Ficino, Commentarium in Convivium Platonis de amore, V/1, 1469, Ausg. Blum/Hasse, lat. u. dt., 1984, S. 124ff.)

LORENZO DE'MEDICI (1449–1492)

Was das ›Paradies‹ ist: IV/32

»Perché ›paradiso‹, chiunque rettamente vuole diffinire, non vuol dir altro che un giardino amenissimo, abbondante di tutte le cose piacevoli e dilettevoli, d'arbori, di pomi, di fiori, acque vive e correnti, canti d'uccelli, ed in effetto di tutte le amenità che può pensare il cuore dell'uomo ...«

»Weil ›Paradies‹, wer es richtig bestimmen will, nichts anderes sagen will als ein sehr angenehmer Garten, voll von allen gefälligen und erfreulichen Dingen, von Bäumen, Äpfeln, Blumen, bewegtem und fließendem Wasser, Vogelgesang und in der Tat von allen Annehmlichkeiten, welche das menschliche Herz sich ausdenken kann ...«

(Lorenzo de' Medici, Comento sopra alcuni de'suoi sonetti, nach 1480, Ausg. Cavalli, 1969, S. 368)

FRANCESCO COLONNA (um 1432–um 1527)

Über eine schöne Gegend, die in Colonnas Roman geschildert wird: IV/33

»Io reguardai una non rata montagnia cum moderato acclivo, tutta di verdissime et lente fronde arborosa, di glandifere roburi, di fagi, di querci, iligni, cerri, esculi, suberi et le due ilice, smilace la una overo aquifolia overo acilon ... Sotto dil quale anticho, solido et egregio ponte scaturiva una larga vena di chiarissima aqua viva, la quale dividentese faceva dui correnti fluenticuli, uno alla dextra et alla sinistra l'altro: discorrevano per gli fresi et derosi alvei et per arrose et incile ripe susurranti frigidissimi, coperte le saxee et umbrate ripe d'arbori ... Per la quale cosa, considerando il loco tanto amoeno et commodissima statione et grato reducto di pastori, loco invitabondo certamente a cantare buccolice camoene ...«

»Ich erblickte eine Berglandschaft mit mässigen Hügeln, voll Grün und sanftem Gebüsche mit eicheltragenden Steineichen, Buchen, gewöhnlichen Eichen, Stech- und Bucheiche, die kleinen und Korkeichen, beide Gattungen von der

Stecheiche, eine Art der Smilaceen oder Aquifolia, oder eigentlich Aquilon ... Unter einer antiken, herrlichen Brücke rieselte eine breite Ader eines überaus klaren, lebendigen Gewässers, das sich in zwei Strömungen zur Rechten und Linken theilte. Es lief durch bethaute und von Rosen umsäumte Gestade mit Gemurmel in frischer Kühle dahin, die felsigen, schattenreichen Ufer bedeckten Bäume ... Deshalb schien mir ein so lieblicher und angenehmer Ort die schöne Zufluchtsstelle des Hirten zu sein, eine wahrlich einladende Gegend, um buccolische Gesänge zu erheben ...«

(Francesco Colonna, Hypnerotomachia Poliphili, I/7, Venedig 1499, Ausg. Pozzi/Ciapponi, 1980, I, S. 60ff.; dt. Übers. b. Ilg, 1872, S. 38f.)

LEONARDO DA VINCI (1452–1519)

Über das Auge: IV/34

»*Questo è finestra dell'humano corpo, per la quale l'anima specula e fruisce la bellezza del mondo ... Questo ha ornato la natura coll'agricoltura e diletteuoli giardini.*«

»Es ist das Fenster des menschlichen Leibes, durch welches hin die Seele nach der Schönheit der Welt ausschaut und sie genießt ... Das Auge ist's, das die Natur mit Ackerbau und ergötzlichen Gärten geziert hat.«

(Leonardo, Trattato della pittura, Ausg. Ludwig, 1882, I, Nr. 28; dt. Übers. v. Herzfeld, 1909, S. 29)

Vergleich der Wasserbewegungen in der Erde mit den Blutbahnen in lebendigen Körpern: IV/35

»*Raggiransi l'acque con continvo moto dall'infime profondità de'mari alle altissime sommità de'monti, non osseruando la natura delle cose graui, e in questo caso fanno come il sangue delli animali che sempre si moue dal mare del core e scorre alla sommità delle loro teste, e che quiui romponsi le uene; come si uede una vena rotta nel naso, che tutto il sangue da basso si leua alla altezza della rotta vena ...*«

»Es kreisen die Wasser in unablässiger Bewegung von den untersten Tiefen der Meere zu den höchsten Spitzen der Berge, nicht beobachtend die Natur der schweren Dinge, und in diesem machen sie es wie das Blut der Tiere, das immerfort sich aus dem Meere des Herzens bewegt und zur Spitze ihrer Häupter läuft und daß hier, bersten die Adern, wie man an einer gerissenen Vene in der Nase sieht, alles Blut von der Tiefe sich zur Höhe der gesprungenen Ader hebt ...«

(Leonardo, Codice dei Leicester, fol. 21v, um 1490, Ausg. Richter, 1970, § 849; dt. Übers. b. Herzfeld, 1911, S. 116f.; vgl. Abb. 9)

Die Erde und die Ackerbauer: IV/36

»Molti fien quegli che scorticando la madre li arrovesceranno la sua pelle addosso. I lavoratori della terra.«

»Zahlreich werden jene sein, die ihre Mutter schinden und ihr die Haut umdrehen. – Die Ackerbauer.«

(Leonardo da Vinci, Codice J, fol. 64r, um 1497/99, Ausg. Marinoni, 1952, S. 114; dt. Übers. b. Herzfeld, 1911, S. 279)

Dichter und Maler und erfreuende Landschaften: IV/37

»Pittore, che disputa col poeta.

Qual poeta con parole ti mettera innanzi, o amate, la uera effiggie della tua idea con tanta uerità, qual farà il pittore? qual fia quello, che ti dimostrera siti de'fiumi, boschi, ualli e campagne, doue si rappresenti li tuoi passati piaceri con più uerità del pittore?«

»Maler, der mit dem Dichter disputiert.

Welcher Dichter wird, o Liebender, mit Worten das wahrhaftige Bildnis deines Ideals mit soviel Wirklichkeit vor dich hinstellen, wie es der Maler tun mag? Welcher wird dir die Plätze an Flüssen, die Gebüsche, Täler und Gefilde, wo sich dir deine vergangenen Freuden wieder vor Augen stellen, mit mehr Wahrheit zeigen als der Maler?«

(Leonardo, Trattato della pittura, Nr. 18; dt. Übers. 1909, S. 16)

Der Maler als Erzeuger gefälliger und schauerlicher Natur: IV/38

»La deità, ch'a la scientia del pittore, fa che la mente del pittore si trasmutta in una similitudine di mente diuina, imperoche con libera potesta discorre alla generatione di diuerse essentie di uarij animali, piante, frutti, paesi, campagne, ruine di monti, loghi paurosi e spauenteuoli, che danno terrore alli loro risguardatori, et anchora lochi piacceuoli, suaui et diletteuoli di fioriti prati con uarij colori, piegati da suaue onde dalli suaui moti di uenti, riguardando dietro al uento, che da loro si fugie; fiumi discendenti co'li empitti de gran diluuij dalli alti monti, che si cacciono inanti le deradicate piante miste co'sassi, radici, terra e schiuma, cacciandossi in anzi cio che si contrapone alla sua ruina; et il mare con le sue procelle contende e fa zuffa co'li uenti, che con quella conbatteno, leuandosi in alto co'le superbe onde, e cade, e di quelle ruinando sopra del uento, che percotte le sue basse; e loro richiudendo e incarcerando sotto di se, quello stracia e diuide, misciandolo con le sue turbide schiume, co'quella sfoga l'arabbiata sua ira; et alcuna uolta superato da i uenti si fuggie dal mare, scorrendo per l'alte ripe delli uicini promontorij, doue superate le cime de monti, discende nelle opposite ualli; e parte se ne miscia misciua predata dal furore de uenti; e parte ne fuggie dalli uenti, richadendo in pioggia sopra del mare; e parte ne discende ruinosamente delli alti promontorij, cacciandosi inanzi cio che s'oppone alla sua ruina; e spesso si scontra nella sopra

uegnente onda, e con quella urtandosi, si leu'al cielo, empiendo l'aria di confusa e schiumosa nebbia, la quale ripercossa da i uenti nelle sponde de'promontorij genera oscuri nuuoli, li quali si fan preda del uento suo uincitore.«

»Die Göttlichkeit, die der Wissenschaft des Malers innewohnt, bewirkt, daß sich der Geist des Malers zur Ähnlichkeit mit dem göttlichen Geiste emporschwingt; denn er ergeht sich mit freier Macht in der Hervorbringung verschiedenartiger Wesenschaft mannigfaltiger Tiere, Pflanzen, Früchte, Landschaften, Gefilde, Bergstürze, angstvoller und schauriger Orte, die den Schauenden mit Schrecken erfüllen, und ebenso gefälliger Gegenden, anmutig und ergötzlich durch buntfarbig blühende Wiesen, die ein linder Windhauch zu sanften Wellen beugt, die dem entfliehenden Luftstrome nachschauen; Flüsse, die mit vollen, von Regenflut hoch angeschwollenen Gewässern vom hohen Gebirge herniederkommen, entwurzelte Bäume vor sich herwälzend, mit Steinblöcken, Wurzeln, Erde und Schaum untermischt, und alles, was sich ihrem Sturz entgegenstemmt, mit sich fortreißen. Und das Meer mit seinen Wetterwogen ringt und zerzaust sich mit den Winden im Streite, den diese bieten. Hoch hebt es seine stolzen Wellen und stürzt sie im Falle nieder auf den Sturm, der ihre Basis peitscht. Sie schließen ihn ein und nehmen ihn unter sich in Haft; er reißt sie zu Fetzen auseinander, er mischt sich mit ihrem trüben Schaum und läßt an diesem seine rasende Wut aus. Vor der Winde Übermacht entweicht der Gischt von der See; eilig durchirrt er ragende Klippen naher Vorgebirge, hierhin und dorthin, bis er, die Gipfel überfliegend, ins jenseitige Tal niederfällt. Ein anderer Teil wird dem Sturm zur Beute, sich gänzlich mit ihm mischend; ein Teil aber entgeht und fällt wie Regen wieder zum Meere nieder, und noch ein Teil stürzt von den hohen Felsufern zurück und wälzt alles vor sich her, was seinem Sturz sich widersetzt; oft begegnet er sich dann mit der kommenden Welle, und im Anprall spritzt er zum Himmel auf, die Luft mit dunstigem Schaumnebel erfüllend, der, vom Sturme zu der Vorberge Rand hingepeitscht, dunkles Gewölk erzeugt, das dem Sieger Wind zur Beute wird.«

(Leonardo, Trattato della pittura, Nr. 68; dt. Übers. 1909, S. 129f.)

Vergleich zwischen gemalten und erdichteten Naturschilderungen: IV/39

»Che ti moue, o homo, ad abbandonare le proprie tue abitationi della città e lasciare li parenti et amici, et andare in lochi campestri per monti e ualli, se non la naturale bellezza del mondo, la quale, se ben consideri, sol col senso del uedere fruisci? e se il poeta uole in tal caso chiamarsi anco lui pittore, perchè non pigliaui tali siti descritti dal poeta e startene in casa senza sentire il superchio callore del sole? o non t'era questo più utile e men fatica, perchè si fa al fresco e senza moto e pericolo di malattia? ma l'anima non potea fruire il benefitio de li occhj, finestre delle sue abitazioni, e non potea ricevere le spetie de li allegri siti, non potea vedere l'ombrose valli rigate dallo scherzare delli serpeggianti fiumi, non potea vedere li varj fiori, che con loro colori fanno armonia all'occhio, e cosi tutte le altre cose, che ad esso occhio rappresentare si possono. ma se il pittore nelli freddi e rigidi tempi

dell'inverno ti pone innanti li medesimi paesi dipinti ed altri, ne'quali tu abbi ricevuto li tuoi piaceri appresso a qualche fonte, tu possi rivedere te, amante, con la tua amata nelli fioriti prati, sotto le dolci ombre delle verdeggianti piante, non riceverai tu altro piacere, che à udire tale effetto descritto dal poeta?«

»Was bewegt dich, o Mensch, deine eigene Stadtwohnung zu meiden, Verwandte und Freunde dahinten zu lassen und durch Berg und Tal ländlichen Örtern zuzuwandern, wenn es nicht die Naturschönheit der Welt ist, die du, überlegst du's dir recht, nur mit dem Gesichtssinn genießest? Und will sich der Dichter im gleichen Fall auch Maler nennen, warum nahmst du nie des Dichters Beschreibung solcher Örter zur Hand und bliebst zu Hause, ohne die übermäßige Sonnenhitze zu fühlen? Oder war dir dies nicht dienlicher und geringere Müh; denn es ließ dich ja im Kühlen und ohne, daß du dich zu bewegen brauchtest und Krankheitsgefahr liefest, ausführen. Allein die Seele konnte der Wohltat der Augen nicht genießen, welche die Fenster ihrer Wohnung sind; sie konnte die Scheinbilder der heiteren Gegend nicht bekommen, die schattigen Talgründe nicht sehen, die vom spielenden Schlängellauf der Bäche durchfurcht sind. Sie konnte der mancherlei Blumen nicht ansichtig werden, die dem Auge mit ihren Farben Harmonie verursachen, und so all der Dinge nicht, die sich sonst noch dem Auge darstellen können. Wenn aber der Maler zu kalter und rauher Winterzeit die nämlichen Landschaften gemalt vor dich hinstellt, und noch andere, wo dir deine Freuden zuteil wurden, etwa bei einem Quell, und du kannst dich selbst da erblicken, Liebender, samt deiner Geliebten, in blumigen Wiesen, unterm sanften Schatten grünender Bäume, wirst du da nicht ganz anderes Wohlgefallen empfangen, als wenn du diese Wirklichkeit vom Dichter beschrieben hörtest?«

(Leonardo, Trattato della pittura, Nr. 23; dt. Übers. 1909, S. 24)

Erfindung und Ausführung der Landschaftsmalerei und Tadel an Botticellis Malerei: IV/40

»Quello no'fia uniuersale, che non ama equalmente tutte le cose, che si contengeno nella pittura; come, se uno no li piace li paesi, esso stima quelli essere cosa di brieue e semplice inuestigatione, come disse il nostro boticella, che tale studio era uano, perche col solo gittare d'una spunga piena di diuersi colori in un muro esso lasciaua in esso muro una machia, doue si uedeua un bel paese. egliè ben uero, che in tale machia si uedono uarie inuentioni, dico, che l'hom'uole cercare in quella, cioè teste d'homini diuersi animali, battaglie, scogli, mari, nuuoli e boschi et altri simili cose, e fa, com'il sono della campane, nelle quali si po intendere quelle dire quel, ch'à te pare. m'anchora ch'esse machie ti dieno inuentione, esse no't'insegnano finire nessuno particulare, e queste tal pittore fece tristissime paesi.«

»Der ist nicht allseitig, der nicht zu allen Dingen, die in der Malerei enthalten sind, gleichmäßig Lust hat; wie z.B., wenn einen die Landschaft nicht freut, so hält er dafür, dieselbe sei eine Sache, zu der es nur kurzen und einfachen Studiums bedürfe. So sagte unser Botticelli, dies Studium sei eitel; denn wenn man nur einen Schwamm voll verschiedenerlei Farben gegen die Wand werfe, so hinterlasse dieser einen Fleck auf der Mauer, in dem man eine schöne Landschaft erblicke. Es ist wohl wahr, daß man in einem solchen Fleck mancherlei Erfindungen sieht - d. h. ich sage, wenn sie einer darin suchen will - nämlich menschliche Köpfe, verschiedene Tiere, Schlachten, Klippen, Meer, Wolken oder Wälder und andere derlei Dinge, und es ist gerade, wie beim Klang der Glocken; in den kannst du auch Worte hineinlegen, wie es dir gefällt. Aber obschon dir solche Flecken Erfindungen geben, so lehren sie dich doch nicht irgendeinen besonderen Teil zu vollenden. Und jener Maler malte sehr traurige Landschaften.«

(Leonardo, Trattato della pittura, Nr. 60; dt. Übers. 1909, S. 63f.)

»De Alberi Elloro Lume IV/41

Iluero modi da pratico nel figurare le canpagnie e p ovodire paesi colle sua piante sie dello elegiere che al cielo sia ochupato ilsole acco cheesse canpagnie ricevino lume vniversale enon il particulare delsole ilquale fa lonbre tagliate eassai diferenti dalli lumi –«

»Landschaft und Licht

Die wahre Manier des Praktikers, eine Campagna oder, will ich sagen: Landschaft mit ihren Pflanzen darzustellen, ist die, zu wählen, daß am Himmel die Sonne bedeckt sei, damit selbige Campagna das allgemeine Licht empfange und nicht das besondere der Sonne, das die Schatten abgeschnitten macht und sehr abstechend von den Lichtern.«

(Leonardo, Codice G, fol. 11v, um 1510/16, Ausg. Ravaisson-Mollien, 1890, V; dt. Übers. b. Herzfeld, 1911, S. 177)

»Dell'ombre et trasparentie delle foglie. IV/42

... Tutte l'herbe e foglie dell'albero interposte infra l'occhio et il sole sono uedute per trasparentia aiutata dal lume del sole, la qual trasparentia è in suo sommo grado di bellezza di uerde, et è piu per uirtu de razi solari, che da l'opposita parte l'alumina, che per suo naturale colore.«

»Von den Schatten und der Transparenz des Laubs.

... Alle Kräuter und Baumblätter, die zwischen dem Auge und der Sonne stehen, werden in einer Transparenz gesehen, der das Sonnenlicht hilft, und diese Transparenz stellt den höchsten Grad von Schönheit ihres Grüns dar. - Es ist dies mehr aus Verdienst der Sonnenstrahlen so, die sie von der (dem Auge) gegenüberstehenden Seite her beleuchten, als vermöge ihrer eigenen natürlichen Farbe.«

(Leonardo da Vinci, Trattato della pittura, Nr. 890; dt. Übers. 1909, S. 415)

Darstellung von Blättern und das Licht: IV/43

»Non finger mai foglie transparenti alsole perche son confuse ecquessto ac chade perche sopra latrassparentia duna foglia visistanpira lonbra dunanl tra foglia chelle

sta disopra la qua le onbra editermini spediti editi rminata oscurita ealcuna vol ta emezza oterza parte dessa foglia che aonbra ecosi tale ra mificatione econfusa ede dafu gire lasua imitatione –«

»Nur niemals durchscheinende Blätter in der Sonne darstellen, weil sie wirr sind, und das passiert, weil über der Transparenz des einen Blattes der Schatten eines anderen Blattes sich eindrücken wird, das darüber steht, welcher Schatten von bestimmten Grenzen und entschiedener Dunkelheit ist, und manchmal ist es der halbe oder dritte Teil dieses Blattes, welcher Schatten hat, und auf diese Art ist solche Verästelung wirr und ihre Nachahmung zu fliehen.«

(Leonardo, Codice G, fol. 4v; dt. Übers. 1911, S. 177f.)

JACOPO SANNAZARO (1458–1530)

Klage über das Vergangensein Arkadiens: IV/44

»... le selve son tutte mutole: le valli e i monti per doglia son divenuti sordi: non si trovano più Nimfe o Satiri per li boschi: i pastori han perduto il cantare ...«

»... die Wälder sind völlig stumm, die Täler und Berge sind von Schmerzen taub geworden. Keine Nymphen und Satyrn finden sich mehr in den Wäldern. Die Hirten haben das Singen verlernt ...«

(Sannazaro, Arcadia, Alla Sampogna, Neapel 1504, Ausg. Carrara, 1925, S. 218; dt. Übers. b. Blume, 1985/86, S. 188)

Über wilde und kunstvolle Natur: IV/45

»Sogliono il più de le volte gli alti e spaziosi alberi negli orridi monti da la natura produtti, più che le coltivate piante, da dotte mani espurgate negli adorni giardini, a'riguardanti aggradare; e molto più per i soli boschi i selvatichi ucelli sovra i verdi rami cantando, a chi gli ascolta piacere, che per le piene cittadi dentro le vezzose et ornate gabbie non piacciono gli ammaestrati. Per la qual cosa ancora, sì come io stimo, addiviene, che le silvestre canzoni vergate ne li ruvidi cortecci de'faggi dilettino non meno a chi le legge, che li colti versi scritti ne le rase carte degli indorati libri; e le incerate canne de'pastori porgano per le fiorite valli forse più piacevole suono, che li tersi e pregiati bossi de'musici per le pompose camere non fanno. E chi dubita, che più non sia a le umane menti aggradevole una fontana, che naturalmente esca da le vive pietre, attorniata di verdi erbette, che tutte le altre ad arte fatte di bianchissimi marmi, risplendenti per molto oro? Certo, che io creda, niuno.«

»Hohe und ausladende Bäume, die die Natur in furchterregenden Gebirgen hervorgebracht hat, gefallen denen, die sie betrachten, gemeinhin besser als sorgfältig gestutzte und gepflegte Pflanzen in zierlichen Gärten. Und viel mehr gefallen gewöhnlich in den einsamen Wäldern die wilden, auf den grünen Zweigen singenden Vögel denjenigen, die ihnen zuhören, als in den vollen Städten die abgerichteten Vögel innerhalb der lieblichen und geschmückten Käfige es tun. Dadurch, so wie ich es einschätze, kommt es noch, daß die Waldeslieder, geschrieben auf den rauhen Rinden der Buchen, nicht weniger dem Lesenden gefallen als die gebildeten Verse, geschrieben auf dem glatten Papier der vergoldeten Bücher. Und die Flöten der Hirten bieten sich in den blühenden Tälern dem Gehör vielleicht klangvoller an als die reinen und geschätzten Flöten der Musiker in den prunkhaften Räumen. Und wer zweifelt daran, daß eine Quelle, die, umgeben von grünen Pflanzen, aus dem gewachsenen Fels hervortritt, dem Geist des Menschen mehr gefällt als all die anderen Springbrunnen, Werke der Kunst, die, aus dem weißesten Marmor gefertigt, in vielem Gold erglänzen? Sicherlich, wie ich glaube, niemand.«

(Sannazaro, Arcadia, Proem., S. 49f.; vgl. dt. Übers. b. Burke, 1985, S. 131)

Bildbeschreibung innerhalb von Sannazaros Dichtung: IV/46

»... *vedemmo in su la porta dipinte alcune selve e colli bellissimi, e copiosi di alberi fronzuti, e di mille varietà di fiori; tra i quali si vedeano molti armenti, che andavano pascendo e spaziandosi per li verdi prati, con forse dieci cani d'intorno, che li guardavano; le pedate dei quali in su la polvere naturalissime si discernevano. De'pastori alcuni mungevano, alcuni tondavano lane, altri sonavano sampogne, e tali vi erano, che pareva, che cantando si ingegnasseno di accordarsi col suono di quelle. Ma quel che più intentamente mi piacque di mirare, erano certe Nimfe ignude, le quali dietro un tronco di castagno stavano quasi mezze nascose, ridendo di un montone, che per intendere a rodere una ghirlanda di quercia, che dinanzi agli occhi gli pendea, non si ricordava di pascere le erbe, che d'intorno gli stavano. In questo venivano quattro Satiri con le corna in testa e i piedi caprini, per una macchia di lentischi pian piano, per prenderle dopo le spalle* ...«

»Wir fanden über dem Eingangstor Wälder und Hügel von hinreißender Schönheit gemalt, mit laubreichen Bäumen und tausenderlei Arten von Blumen, zwischen denen viele weidende Herden mit Behagen durch die grünen Gefilde ziehen, und zehn Hunden an der Zahl als ihren Wächtern, deren Fußstapfen im Staub sich dem Auge höchst natürlich darboten. Von den Schäfern melkten die einen, die anderen schoren und wieder andere bliesen die Flöte, und ein paar waren da, die zu singen schienen, bemüht, mit ihnen in Takt zu bleiben. Was aber meine Aufmerksamkeit am stärksten anzog, war eine Gruppe nackter Nymphen, die halbverborgen hinter einem Kastanienbaum lehnten und über einen Widder lachten, der in seinem Eifer, einen vor seinen Augen hängenden Eichenzweig abzunagen, das Gras rundum abzuweiden vergaß. Gleichzeitig stahlen sich vier Satyrn mit gehörnten Köpfen und Geißfüßen leise, leise durch ein Mastixgebüsch, um die Mädchen zu überrumpeln.«

(Sannazaro, Arcadia, Prosa 3, S. 69; dt. Übers. b. Clark, 1962, S. 53)

ISABELLA D'ESTE (1474–1539)

Über die Gegend von Camerino: IV/47

»Stetti ferma la domenica per vedere la terra, quale, per cità de monte, è ricca et ben populata. El lune me condusse al Piorico loco tanto ameno quanto la natura havesse potuto fare, per havere prima, presso a due milia, uno parchetto pieno de salvatichi animali: poi, fra due altissimi monti, due laghetti separati et una pischera cum due isosolette in mezzo de tanta recreacione ogni cosa che più non se poteria immaginare, et chi non li vedesse non crederia mai che fra dui asperimi monti la natura havesse insito loco tanto ameno. Disnai lì et gli stetti tutto el giorno cum gran piacere.«

»Ich blieb dort den Sonntag über, um das Land zu sehen, das wegen der Stadt am Berg reich und stark bevölkert ist. Der Mond führte mich nach Pioraco, einem solch angenehmen Ort, wie ihn nur die Natur gemacht haben konnte. Dort gibt es, beinahe zwei Meilen lang, einen kleinen Park, voll von Waldtieren. Dann, zwischen zwei sehr hohen Bergen, gibt es zwei kleine getrennte Seen und einen Fischteich mit zwei Inselchen in der Mitte, eine solche Freude für jeden Menschen, wie es nicht vorstellbar ist; und wer dies nicht gesehen hat, wird es nicht glauben, daß zwischen rauhen Bergen die Natur einen solch angenehmen Ort angelegt hat. Ich aß dort zu Mittag und blieb den ganzen Tag über mit großem Vergnügen.«

(Isabella d'Este, Brief an ihren Gatten Francesco Gonzaga, 1494, Ausg. Feliciangeli, 1912, S. 17f.)

Über ihren Besitz in Asolo, Lonato, Peschiera: IV/48

»... che mai vidi loco dil più bello aspetto di quello, et presi grandissimo spasso et recreatione a Farmi nominare le terre infienite che se uedono ... Per il dire di tutti questi mei l'aere e perfectissimo ... Uscita di Rocha andai per la porta de la Citadella verso la Chiesa di S.to Zeno, et uoltandomi alla saraiola di Molini uidi quella bella aqua, et quelli belli vignali, et quelli belli terreni che pareno tutti giardini tanto son ben coltivati.«

»... niemals sah ich eine schönere Gegend; es machte mir das größte Vergnügen, mir alle Ortschaften, die man dort sieht, nennen zu lassen ... Nach aller Aussagen ist die Luft dort hervorragend ... Von der Rocca aus ging ich durch die Porta della Citadella in Richtung auf San Zeno, dann wandte ich mich gegen Molini und sah da den schönen See, die herrlichen Weinberge und Ländereien, die alle wie Gärten aussehen, so gut sind sie gepflegt ...«

(Isabella d'Este, Brief an ihren Gatten Francesco Gonzaga, 1514, Ausg. Pedrazzoli, 1890, S. 871; dt. Übers. b. Lauts, 1952, S. 292)

Antwort an Trissino und seine wohlwollende Beschreibung in den »Ritratti«: IV/49

»*Magnifice Amice nr hon. La Littera uersi et opereta vostra non ci potriano essere stati presentati in loco piu conueniente alla professione uostra quanto sono essendo questa riuera di Garda, oue hora ni trouiamo tutta disposta a poesia et speculatione ...*«

»Erlauchter hochverehrter Freund. Brief, Verse und Euer Werk hätte man Uns an keinem Orte überreichen können, der Eurer Profession angemessener gewesen wäre als diese Ufer des Gardasees, wo Wir uns jetzt befinden, ganz der Poesie und Betrachtung aufgeschlossen.«

(Isabella d'Este, Brief an Trissino, 1514, Ausg. Pedrazzoli, 1890, S. 875f.; dt. Übers. b. Lauts, 1952, S. 321)

Bildvorschrift an den Maler Perugino: IV/50

»*La poetica nostra inventione, la quale grandemente desidero da voi essere dipinta, è una batagla di Castità contro di Lascivia, cioè Pallada e Diana combattere virilmente contro Venere e Amore ... Ma per magior vaghezza li vorrebbe uno acomodato lontano, cioè uno fiume overo mare dove si vedessero passare in sochorso d'Amore, fauni satiri e altri amori, e chi di loro notando passasse el fiume e chi volando, e chi sopra bianchi cigni cavalcando, se ne venissero a tanta amorosa impresa ... Le quali cose tutte ve le mando in un picholo disegno, acciochè fra le parole e il disegno consideriate in questa parte qual sarebbe el desiderio mio. Ma parendo forse a voi che queste figure fussero troppe per uno quadro, a voi stia di diminuire quanto vi parerà, purchè poi non li sia rimosso el fondamento principale, che è quelle quatro prime, Pallade, Diana, Venere, et Amore: Non accadendo incomodo mi chiamerò satisfatta sempre: a sminuirli sia in libertà vostra, ma non agiugnierli cosa alcuna altra. Vi piaccia contentarmene.*«

»Unsere dichterische Erfindung, die ich sehnlichst von Euch gemalt zu sehen wünsche, ist ein Kampf der Keuschheit gegen die Üppigkeit, das heißt: Pallas und Diana kämpfen wie Männer gegen Venus und Amor ... Aber zu größerer Schönheit des Ganzen braucht es noch einen angemessenen Fernblick, einen Fluß oder das Meer, auf dem Faune, Satyrn und andere Amori zu sehen sein sollen, wie sie Amor zu Hilfe kommen; einige schwimmend, andere fliegend, andere wieder, die auf weißen Schwänen reitend zum großen Liebeskampfe über das Wasser heraneilen ... All diese Sachen schicke ich Euch in einer kleinen Zeichnung, damit Ihr zwischen den Worten und der Zeichnung bedenkt, welches meine Wünsche sind. Wenn Euch aber vielleicht bedünkt, das seien zu viele Figuren für ein Bild, liege es bei Euch, sie nach Eurem Belieben zu vermindern, solange nur nicht das Grundprinzip verändert wird, nämlich die vier ersten: Pallas, Diana, Venus und Amor.

Wenn das nicht geschieht, will ich mich für immer zufrieden erklären: zu verringern habt Ihr Freiheit, aber nicht, irgend etwas hinzuzufügen. Es möge Euch gefallen, mich zufriedenzustellen.«

(Bildvorschrift als Bestandteil eines Vertrages zwischen Isabella d'Este und Pietro Perugino, 1503, Ausg. Braghirolli, 1873, S. 164f.; dt. Übers. b. Lauts, 1952, S. 176f.; vgl. Abb. 10)

LUDOVICO ARIOSTO (1474–1533)

Astolfs Reise mit dem geflügelten Pferd zum irdischen Paradies: IV/51

*»Zafir, rubini, oro topazi e perle,
e diamanti e crisoliti e iacinti
potriano i fiori assimigliar, che per le
liete piaggie v'avea l'aura dipinti:
sì verdi l'erbe, che possendo averle
qua giù, ne foran gli smeraldi vinti;
né men belle degli arbori le frondi,
e di frutti e di fior sempre fecondi.*

*Cantan fra i rami gli augelletti vaghi
azzurri e bianchi e verdi e rossi e gialli.
Murmuranti ruscelli e cheti laghi
di limpidezza vincono i cristalli.
Una dolce aura che ti par che vaghi
a un modo sempre e dal suo stil non falli,
facea sì l'aria tremolar d'intorno,
che non potea noiar calor del giorno:*

*... e giudica, appo quel, brutto e malvagio,
e che sia al cielo et a natura in ira
questo ch'abitian noi fetido mondo
tanto è soave quel, chiaro e giocondo.«*

»Die Blumen dort auf heitern Auen schienen
Demant und Chrysolith und Hyazinth,
Saphir, Topase, Perlen, Gold, Rubinen,
Emporgezaubert von dem lauen Wind.
Und Gras und Blatt so grün: besiegt von ihnen
Steht der Smaragden helle Pracht, es sind
Nicht minder schön der Bäume Laub und Äste,
Geschmückt mit Blüten, Früchten stets aufs beste.

Und holde Vögel singen in den Zweigen,
Blau, weiß und grün und rot und gelb zu sehn;
Die Helle der Kristalle muß sich neigen
Vor muntern Bächlein und vor stillen Seen.
Gleichmäßig wallt der sanften Winde Reigen,
Die niemals rauh, nur immer lieblich wehn:
Der Hauch macht rings die Lüfte schaukelnd beben,
Daß niemals starke Gluten Plagen geben.

... Und häßlich scheint vor dieser Pracht dem Degen,
Und Gott und der Natur zugleich verhaßt,
Die schmutz'ge Erde, die wir hier bewohnen:
So herrlich ist's in jenen lichten Zonen.«

(Ariosto, Orlando furioso, XXXIV/49–52, 1516–32, Ausg. Bigi, 1982, II, S. 1443f.; dt. Übers. v. Kissner, 1922, IV, S. 102f.)

BALDASSARE CASTIGLIONE (1478–1529)

Die sowohl nützliche als auch schöne Natur: IV/52

»... e se considerate tutte le cose, trovarete che sempre quelle che son bone ed utili hanno ancor grazia di bellezza. Eccovi il stato di questa gran machina del mondo, la qual, per salute e conservazion d'ogni cosa creata è stata da Dio fabricata. Il ciel rotondo ornato di tanti divini lumi, e nel centro la terra circundata dagli elementi e dal suo peso istesso sostenuta; il sole, che girando illumina il tutto e nel verno s'accosta al più basso segno, poi a poco a poco ascende all'altra parte; la luna, che da quello piglia la sua luce, secondo che se le appropinqua o se le allontana; e l'altre cinque stelle, che diversamente fan quel medesimo corso. Queste cose tra sé han tanta forza per la connession d'un ordine composto così necessariamente, che mutandole per un punto, non poriano star insieme e ruinarebbe il mondo; hanno ancora tanta bellezza e grazia, che non posson gl'ingegni umani imaginar cosa più bella ... Eccovi le penne negli uccelli, le foglie e rami negli alberi, che dati gli sono da natura per conservar l'esser loro e pur hanno ancor grandissima vaghezza ...«

»... und wenn Ihr alle Dinge betrachtet, werdet Ihr finden, daß die guten und nützlichen stets auch die Anmut der Schönheit haben. Seht Euch die Einrichtung dieses großen Kunstwerkes der Welt an, das zum Heil und zur Erhaltung alles Geschaffenen von Gott verfertigt worden ist: den runden Himmel, von so vielen göttlichen Lichtern geschmückt, und im Mittelpunkt der Erde, von den Elementen umgeben und durch ihr eigenes Gewicht gehalten; die Sonne, die kreisend das Ganze erleuchtet, sich im Winter dem tiefsten Zeichen nähert und dann allmählich nach der anderen Seite aufsteigt; den Mond, der jener sein Licht entnimmt, je nachdem er sich ihr nähert oder sich von ihr entfernt; und die anderen fünf Sterne, die in verschiedener Weise denselben Lauf verfolgen! Diese Dinge haben untereinander so viel Kraft des Zusammenhalts auf Grund einer notwendig gefügten Ordnung, daß, wenn man diese an einem Punkte veränderte, jene nicht zusammenbleiben könnten, und die Welt zugrunde gehen würde; sie sind ferner so schön und anmutig, daß der menschliche Geist sich nichts Schöneres vorzustellen vermag ... Betrachtet das Gefieder der Vögel, die Blätter und Zweige der Bäume, die ihnen von der Natur gegeben sind, um ihre Art zu erhalten, und die dennoch auch eine große Schönheit haben ...«*

(Castiglione, Il Cortegiano, IV/58, Venedig 1528, Ausg. Maier, 1955, S. 523 f.; dt. Übers. b. Baumgart, 1986, S. 393 f.)

* Vgl. Cicero, De oratore III/178–181; Grassi, 1980, S. 266 f.

Die Würdigkeit der Malkunst, ihre Mitglieder und ihre Nützlichkeit im Krieg: IV/53

»Non mancarono ancor molti altri di chiare famiglie celebrati in quest'arte; della qual, oltra che in sé nobilissima e degna sia, si traggono molte utilità, e massimamente nella guerra, per disegnar paesi, siti, fiumi, ponti, ròcche, fortezze e tai cose ...«

»Es fehlt auch nicht an vielen anderen Mitgliedern erlauchter Familien, die in dieser Kunst berühmt waren, aus der man, außer daß sie an sich sehr vornehm und würdig ist, großen Nutzen ziehen kann, zumal im Kriege, um Orte, Landschaften, Flüsse, Brücken, Burgen, Festungen und ähnliche Dinge zu zeichnen ...«
(Castiglione, Il Cortegiano, I/49, S. 173; dt. Übers. S. 89)

MARC ANTON MICHIEL (um 1486–1522)

Über im Jahr 1525 in Venedig gesehene Bilder von Giorgione und Giovanni Bellini: IV/54

»La tela del paese cun el nascimento de Paris, cun li dui pastori ritti in piede, fu de mano de Zorzo da Castelfranco, et fu delle sue prime opere.

La tauola del San Francesco nel deserto a oglio fo opera de Zuan Bellino, cominciata da lui a M. Zuan Michiel et ha un paese propinquo finito e ricercato mirabilmente.«

»Die Landschaft auf Leinwand mit der Geburt des Paris und den zwei Hirten, die aufrecht stehen, war von der Hand des Zorzo da Castelfranco. Es war eines seiner ersten Werke.

Das Oelgemälde mit dem heiligen Franciscus in der Einöde war ein Werk des Zuan Bellino, von diesem begonnen für Herrn Zuan Michiel. Und die Landschaft im Vordergrunde ist von bewundernswerther, ausgesuchter Vollendung.«
(Michiel, Notizia d'opere del disegno, 1515–43, Ausg. Frimmel, ital. u. dt., 1888, S. 88 f.)

Über ein Bild von Giorgione, gesehen in Venedig im Jahr 1525: IV/55

»La tela a oglio delli 3 phylosophi nel paesi, dui ritti et vno sentado che contempla gli raggii solari cun quel saxo finto cusi mirabilmente, fu cominciata da Zorzo da Castelfranco, et finita da Sebastiano Venitiano.«

»Das Oelgemälde auf Leinwand mit den drei Philosophen in einer Landschaft, zweien, die aufrecht stehen und einem, der sitzt und die Sonnenstrahlen betrachtet, mit jenem Felsen, der so bewundernswerth dargestellt ist, war von Zorzo da Castelfranco begonnen und von Sebastiano aus Venedig vollendet.«
(Michiel, Notizia d'opere del disegno, S. 86 ff.)

Über Kunst- und Naturgegenstände, gesehen im Jahr 1532 in Venedig: IV/56

»Li 5 vasetti de gemme ornati d'oro sono moderni: solean essere de Francesco zio. Et cusi anchora vasi et piadene de porcellana et vasi antichi et medaglie, et cose naturali, zoe granchii, pesci, bisse, petrificadi, un camaleonte secho, caragoli picoli et rari, crocodoli, pesci bizarri.«

»Die fünf kleinen Gefässe aus kostbaren Steinen und in Goldmontirung sind modern. Sie waren früher bei Francesco Zio. Ebenso auch Gefässe und Schüsseln aus Thon und antike Vasen, Medaillen und Naturproducte wie versteinerte Krebse, Fische, Schlangen, ein eingetrocknetes Chamäleon, kleine und seltene Conchilien, Krokodile, wunderliche Fische.«
(Michiel, Notizia d'opere del disegno, S. 84 f.)

PAOLO GIOVIO (1483–1552)

Die gemalten Landschaften des Malers Dosso Dossi: IV/57

»Doxi autem Ferrariensis urbanum probatur ingenium cum in justis operibus, tum maxime in illis, quae parerga vocantur. Amoena namque picturae diverticula voluptuario labore consectatus, praeruptas cautes, viventia nemora, opacas perfluentium ripas, florentes rei rusticae apparatus, agricolarum laetos fervidosque labores, praeterea longissimos terrarum marisque prospectus, classes, aucupia, venantiones et cuncta id genus spectatu oculis jucunda, luxurianti ac festiva manu exprimere consuevit.«

»Der anmutige Stil des Dosso von Ferrara wird sowohl in jenen Werken sehr geschätzt, die zu seinem eigentlichen künstlerischen Œuvre gehören, als auch insbesondere in jenen Werken, die man als Parerga bezeichnet. Denn wenn er sich zum Vergnügen dem angenehmen Zeitvertreib des Malens hingab, pflegte er zackige Felsen, grüne Haine, die festen Ufer vorübereilender Flüsse sowie das muntere Treiben auf dem Lande, die schwere und doch fröhliche Arbeit der Bauern, ebenso weite Ausblicke über Land und Meer, Flotten und Leute beim Jagen und Vogelstellen darzustellen, und dieses ganze Genre, das unsere Augen so sehr ergötzt, malte er in einem üppigen bunten Stil.«
(Giovio, I tre elogi degli artisti, 1520/30, Ausg. Meregazzi, 1972, S. 232, zit. b. Gombrich, 1985, S. 194 u. S. 148)

FRANCISCO DE HOLLANDA (*1517)

Über Darstellungen von Landschaft und Natur in der Dichtkunst und in der Malerei: IV/58

»Mas se eu quero fallar da poesia, bem me parece que me não será muito defficultoso mostrar quão verdadeira irmã ella seja da pintura ...

Lembra-me que o principe d'elles, Vergilio, lança-se a dormir ao pé de uma faia; (e põe) como tem com letras pintado, a feição de dous vasos que fezera Alcemidonte, e uma lapa, cuberta de uma parreira labrusca, com umas cabras mastigando salgueiros, e uns montes azues, em disparte fumegando. Despois stá encostado sobre uma mão um dia todo, por ver quantos ventos e nuvens na tormenta de Eolo lançará, e como pintará o porto de Carthago numa enseada, com uma sposta ilha, e com quantos penedos e matas o cerrará. Despois pinta Troia ardendo; despois pinta umas festas em Sezilia, e além, a par de Cumas, uma strada do inferno com mil monstros e chimeras, e um passar de Aqueronte muitas almas; despois um Campo Eliseu; o exercicio dos beatos ... Lêde todo o Vergilio, que outra cousa lhe não achareis senão o officio de um Micael Angelo!

Lucano cem folhas despende em pintar uma encantadora e um romper de uma fermosa batalha. Ouvidio não é outra cousa todo senão um retavolo. Stacio a casa pinta do somno, e a muralha da gram Thebas. O poeta Lucrecio tambem pinta, e Tibulo com Catullo, com Propercio. Aqueloutro pinta uma fonte, e um bosque ali perto, com Pano, pastor, tangendo uma frauta entre as ovelhas. Aqueloutro pinta um delubro e as ninfas ao redor, fazendo danças. Aqueloutro desenha bebado a Baccho, cercado de doudas mulheres ... E isto que digo, eu não lh'o alevanto, que cada um d'elles mesmo confessa que pinta, e chamam á pintura poesia muda.«

»Wollte ich nun auch von der Poesie sprechen, so würde es mir, meiner Ansicht nach, nicht schwer fallen, nachzuweisen, dass auch sie eine rechtmäßige Schwester der Malerei ist ...

Ich stelle mir vor, wie der Dichterfürst Vergilius, im Schatten einer Buche hingestreckt, – was in Wirklichkeit geschehen ist – sich überlegt, wie er die Schnitzereien zweier von der Hand des Alcemidon gefertigter Becher in Worten schildern solle: eine von wildem Wein umrankte Grotte, an Weidenbüschen nagende Ziegen und Berge in der Ferne, in bläulichen Dunst gehüllt. Ein andermal wird er, auf den Arm gestützt, einen ganzen Tag gelegen haben, darüber nachdenkend, welche Wolken und Winde er für einen Sturm des Aeolus gebrauchen könnte; wie er den Hafen von Karthago in einer Bucht mit einer freiliegenden Insel malen müsse, durch Felsen und Wälder abgeschlossen; wie das brennende Troja, wie die Feste in Sicilien, wie neben Cumae die Höllenstraße mit tausend Ungeheuern und Chimären, und die zahllosen Seelen, die den Acheron überschreiten; die elysäischen Gefilde, das Leben der Seligen ... Kurz, lest den ganzen Vergilius: was anderes werdet Ihr darin entdecken, als die Kunst eines Michel Angelo?

Lucan füllt hundert Blätter mit der Schilderung einer Zaubrerin und dem Anbrechen einer herrlichen Schlacht. Der ganze Ovid ist ein einziges Gemälde. Statius malt den Pallast des Schlafgottes und die Mauern Thebens; auch der Dichter Lukrez malt; desgleichen Tibull, Catull und Properz. Der eine zeichnet einen Quell, von Wald umgeben, mit dem Hirtengotte Pan, der inmitten seiner Herde die Flöte bläst; ein anderer einen Hain mit Nymphen darinnen, die sich im Reigen schwingen; ein dritter den Bacchus, wie er, des Weines voll, von Bacchantinnen umspielt wird ... Und das ist nicht etwa eine von mir persönlich aufgestellte Behauptung; sie selber gestehen es ein und nennen die Malerei eine stumme Poesie.«

(Francisco de Hollanda, Da Pintura Antiga, II/2, 1547/49, Ausg. Vasconcellos, portug. u. dt., 1899, S. 66ff.)

Die Überlegenheit der Landschaftsmalerei gegenüber der Dichtung: IV/59

»E os bons poetas a cousa por que se mais cansam e que têm por mór fineza é com palavras (porventura demasiades e longas) vos mostrar como pintada uma tormenta do mar, ou um incendio de uma cidade, que se elles podessem, antes o pintariam ... Ora quanto mais diz a pintura, que juntamente vos mostra aquella tormenta cos trovões, raios, ondas e rottas, naos e penedos ... E assim mesmo mostra mui presente e vesivelmente todo aquelle incendio d'aquella cidade, em todas as suas partes, representado e visto tão igualmente como se fosse mui vero ... Não vos mostra isto espargido em palavras, que só aquella regra que tendes diante vos lembra, esquecendo-vos já o passado, e não sabendo o por vir (o qual verso não mais que as orelhas d'um grammatico difficultosamente entendem); mas vesivelmente gostam os olhos d'aquelle spectaculo como sendo verdadeiro, e os ouvidos parece que ouvem os proprios gritos e clamores das pintadas feguras. Parece-vos que cheiraes o fumo, que fugis da flama, que temeis as ruinas dos edificios; estaes para dar a mão aos que caem, staes para defender aos que pelejam com muitos; para fugir com os que fogem, e para star firme com os esforçados.

E não sómente o discreto é satisfeito, mas o simples, o vilão, a velha ... E diz o decreto de Pintura: in ipsa legunt qui literas nesciunt e adiante diz: pro lectione pictura est.«

»Wonach die Dichter trachten und was sie für die größte Kunst halten, ist, mit Worten (und oft mit viel zu vielen und viel zu langen Worten) einen Meeressturm oder einen Brand einer Stadt auszumalen, den sie viel lieber wirklich als Bild malen möchten, wenn sie es nur könnten ... Wie viel beredter aber ist die Malerei, die zu gleicher Zeit den ganzen Sturm mit Donner, Blitz, Wogengebrause, sowie untergehende Schiffe, Felsen und Fahrzeuge zeigt ... Auch führt sie den Brand der Stadt mit allen seinen Schrecknissen unmittelbar und deutlich vor Augen, so natürlich und anschaulich, als wäre es Wirklichkeit ... Sie zeigt Euch das aber nicht in Worten aufgelöst, so dass Ihr nur derjenigen Zeile erinnert, die Ihr zuletzt gelesen habt, das Vorhergegangene aber vergesst und das Nachfolgende noch nicht kennt, – welche Zeile noch dazu nur die Ohren eines Grammatikers und diese selbst nur mit Mühe aufzufassen vermögen – während die Augen hingegen, mit eins, wohlgefällig auf einem Bilde jenes Schauspiel betrachten, in welchem sie die Wirklichkeit wiedererkennen. Ja, selbst die Ohren vermeinen das Angstgeschrei und Stimmengewirr der gemalten Figuren zu vernehmen. Man glaubt den Rauch zu riechen, selber auf der Flucht vor den Flammen zu sein, vor dem Einsturz der Gebäude zu zittern. Ihr streckt die Hände aus, den Fallenden zu retten; Ihr wollt denen helfen, die sich gegen viele zu vertheidigen haben; Ihr flieht mit den Fliehenden; Ihr haltet Stand mit den Beherzten.

Auch wird nicht nur der Gebildete zufriedengestellt, sondern selbst der Einfältige, der Bauer, das alte Weib ... Das Decret über die Malerei lautet nämlich: aus Bildern mögen die lesen, welche Buchstaben nicht kennen; und abermals: an Buches Stelle tritt das Bild.«

(Francisco de Hollanda, Da Pintura Antiga, II/2, S. 70ff.)

Gespräch zwischen Vittoria Colonna und Michelangelo Buonarroti über italienische und ausländische Kunst und über Landschaftsmalerei: IV/60

»– ›*Muito desejo de saber, pois stamos nesta materia, que cousa é o pintar de Frandes, e a quem satisfaz, porque me parece mais devoto que o modo italiano.*‹

– ›*A pintura de Frandes, respondeu devagar o pintor, satisfará, senhora, geralmente a qualquer devoto, mais que nenhuma de Italia, que lha nunca fará chorar uma só lagrima, e a de Frandes muitas; isto não polo vigor e bondade d'aquela pintura, mas pola bondade d'aquele tal devoto. A molheres parecerá bem, principalmente ás muito velhas, ou ás muito moças, e assi mesmo a frades e a freiras, e a alguns fidalgos desmusicos da verdadeira harmonia. Pintam em Frandes propriamente pera enganar a vista exterior, ou cousas que vos alegrem ou de que não possaes dizer mal, assi como santos e profetas. O seu pintar é trapos, maçonerias, verduras de campos, sombras d'arvores, e rios e pontes, a que chamam paisagens, e muitas feguras para cá e muitas para acolá. E tudo isto inda que pareça bem a alguns olhos, na verdade é feito sem razao nem arte, sem symetria nem proporção, sem advertencia d'escolher nem despejo, e finalmente sem nenhuma sustancia nem nervo. E comtudo noutra parte se pinta pior que em Frandes. Nem digo tanto mal da framenga pintura porque seja toda má, mas porque quer fazer tanta cousa bem (cada uma das quaes só bastava por mui grande) que não faz nenhuma bem.*‹«

»– ›Es verlangt mich zu wissen, da wir einmal diesen Gegenstand berührt haben, was es für eine Bewandtnis mit der vlämischen Malerei hat, und wem sie gefällt; denn sie scheint mir frömmer zu sein, als die italienische.‹. –

– ›Die vlämische Malerei‹ – begann gemessen der Maler – ›wird im allgemeinen wirklich jedem Frommen mehr zusagen, als irgend ein Bild der italienischen Schule. Die italienische Malerei wird ihm keine Thräne entlocken, die vlämische hingegen viele, doch nicht so sehr infolge ihrer Trefflichkeit und Güte, als wegen der Trefflichkeit und Güte jenes Frommen selbst. Weibern wird sie gefallen, besonders den sehr alten und den sehr jungen; desgleichen Mönchen und Nonnen und gewissen Edelleuten, denen es an Empfindung für wahre Harmonie gebricht. In Flandern malt man nämlich, um das äußere Auge durch Dinge zu bestechen, welche gefallen und denen man nichts Übles nachsagen kann, wie Heilige und Propheten. Ferner malen sie Gewänder, Maßwerk, grüne Felder, schattige Bäume, Flüsse, Brücken und was sie so Landschaften nennen, und dazu viele lebhaft bewegte Figuren, hierhin und dorthin verstreut. Und obgleich alles dies gewissen Augen zusagt, so fehlt daran in Wahrheit doch die rechte Kunst, das rechte Maß und das rechte Verhältnis, sowie Auswahl und klare Vertheilung im Raume und schließlich selbst Nerv und Substanz, wenn ich auch nicht leugnen will, dass man anderwärts schlechter als in Flandern malt. Auch tadle ich die vlämische Malerei keineswegs, weil sie durch und durch schlecht ist, sondern weil sie zu viele verschiedene Dinge gutzumachen strebt (von denen jedes einzelne hinreichend groß und schwer ist), so dass sie keines davon bis zur Vollendung ausgestaltet.‹«

(Francisco de Hollanda, Da Pintura Antigua, II/1, S. 28ff.)

CRISTOFORO SORTE (1510–1595)

Über einen Brand in Verona, 1541: IV/61

»Fu appresso di assai maggior pericolo e fu di uguale spavento a tutta la città: perciochè, sentendosi di notte le campane suonare a martello nella Torre del Populo e negli altri luoghi della Piazza, né sapendo allo improviso che imaginare, tutti correvano con le armi verso la Piazza; il che ancor io facendo e veduto il fuoco, mi fermai alquanto sul Ponte nove, ove si vedeano meravigliosi effetti di quell'incendio: ché i luoghi lontani et i vicini da tre splendori in uno istesso tempo l'uno doppo l'altro si vedevano illuminati, perochè alcuna volta si vedea sboccare nell'aria una gran quantità de vapori e di fiamme, a guisa che si vederebbe fare nel piano ad un'acqua ingorgata che per un poco s'aprisse e si chiudesse, li quali lampeggiando facevano reflesso e splendore nelle castella di S. Pietro e di S. Felice, e nel Nazaretto, e ne'luoghi più bassi verso l'Adige, nel Ponte della Pietra, nella Regasta e S. Faustino, i quali allumati rendevano alle vicine acque i reflessi delle cose chiarissime, e, mentre che quelle vampe (forse per la materia che sopra vi cadeva) restavano alquanto soffocate, la luna dall'altra parte dell'Adige, risplendendo nelle facciate delle case, al pari del giorno bellissime le dimostrava, facendoci quelle stesse nelle tremuli acque del corrente fiume quasi naturalissime vedere. E verso l'incendio vedevasi il fumo asceso in tanta altezza, che, perdendo il lume del fuoco e quello della luna pigliando, ci rappresentava le forme de molti nuvoli variati de'colori ...

Ma sarebbe troppo lungo, e forse anco noioso, tutti gli effetti di cosi sventurato e dannoso accidente, e le lagrime di coloro che o la vita o la fortuna vi lasciarono, ad una ad una ricordare. E perciò dirovvi solo come questo caso, essend'io allora pittore, con li colori imitai, illuminando il paese et i luoghi vicini parte dallo splendore della luna e parte dalli vapori e vampi più vivi dello incendio. Il sereno adunque e stellato cielo della notte con la luna lucente e chiara, come si fa in tutte l'altre cose, rilevai con biaca accompagnata con azzurrino e nei lumi più vivi e fissi adoperai la biaca senza l'azzurrino, e tutti gli edificii, cioè case, fiume, alberi, e tutte l'altre cose ove non aggiungeva il lume del fuoco da essa luna illuminai, e quelle parti, ove dagli ardenti vapori di esso fuoco erano i splendori della luna occupati, da essi vapori illustrai, ricazzando tutte le cose con l'endego fino e lacca nelle materie più lontane, secondo che meglio mi pareva convenire. Essi vapori più chiari e più vivi ... fingendoli alcune chiarette fiamme, scintille e vampi di diverse sorti, secondo che meglio alla somiglianza di quel vivo e naturale mi pareva che convenissero, perciò che questi e così fatti sono soggetti tanto particolari e proprii del giudicio e della mano del pittore, che non si ponno né esprimere, e meno insegnare, se non che in fatto ciò l'operazioni dimostrano. Laonde deve assai bene bastare a sapere le sorti, le qualità e le nature dei colori che s'adoperano, e le tempere et i modi con cui si usano: perciò che colui ch'averà buon disegno e perfetta cognizione del rilevo, farà tutto quello agevolmente con la mano che non si può con la penna insegnare. Laonde non solo le cose presenti e da lui vedute, ma le già passate per molti secoli, o vere o favolose ch'elle si sieno, e molto meglio talora che non sono nelle carte descritte, quasi naturali e vive e poco meno che spiranti, si vederebbe col pennello giudiciosamente a rappresentare. Così appunto naturali e proprii dimostrarebbe tutti gli accidenti del troiano incendio, o di quello di Corinto, che fu principalissima città dell'Acaia. Così farebbe quelli delle tempestose fortune di mare ...«

»Für die ganze Stadt entstand darauf sehr große Gefahr und auch Schrecken: deshalb liefen alle bewaffnet zur Piazza, unversehens wissend, was sie sich vorzustellen hatten, und während es Nacht wurde, läuteten die Glocken vom ›Torre del Populo‹ und an den anderen Orten der Piazza Sturm. Während ich dasselbe tat und das Feuer sah, verweilte ich ein wenig auf der ›Ponte Nuovo‹, wo man wunderbare Effekte dieses Brandes sah: von der Art, daß man entfernt und nahe gelegene Plätze in dreifachem Glanz gleichzeitig einen hinter dem anderen angestrahlt sehen konnte, denn einige Male sah man eine ungeheure Menge Dunst und Flammen in die Luft steigen, so daß man sie in der Ebene sah auf einer aufgestauten Wasserfläche, die sich ein wenig öffnete und schloß, und diese aufblitzenden Flammen erzeugten einen Widerschein und Glanz auf dem Kastell von S. Pietro und S. Felice und dem Nazaretto und auf den tiefer gelegenen Plätzen zur Etsch hin, auf der ›Ponte della Pietra‹, auf der ›Regasta‹ und S. Faustino, die hell erleuchtet den Abglanz der Dinge auf das deutlichste an das nahe gelegene Wasser abgaben, und während diese Flammen (vielleicht wegen der Gegenstände, die auf sie herabfielen) ein wenig erstickt wurden, beleuchtete der Mond vom anderen Ufer der Etsch aus sehr schön die Häuser, auf ihren Fassaden glänzend, als ob es Tag wäre, und er ließ desgleichen ein äußerst naturalistisches Bild auf der zitternden Wasseroberfläche des Flusses entstehen. Und dort, wo der Brand war, sah man den Rauch zu solcher Höhe ansteigen, daß er dort ohne das Licht des Feuers und des sich zuziehenden Mondes die Formen zahlreicher Wolken in den verschiedensten Farben zeigte ...

Aber es wäre zu lang und vielleicht auch langweilig, sich all diese Auswirkungen des derart unglücklichen und schädlichen Vorfalls und die Tränen, die entweder das Leben oder das Glück Euch gelassen haben, sich in Erinnerung zurückzurufen. Und allein deshalb habe ich Euch dies gesagt, weil ich damals ein Maler war, ich ahmte alles mit Farben nach, indem ich die Landschaft und die nahe gelegenen Orte teils mit dem Glanz des Mondes, teils mit demjenigen der Flammen und des Dunstes beleuchtete, die lebendiger als der Brand waren. Den hellen und gestirnten Himmel der Nacht mit dem leuchtenden und hellen Mond hob ich mit Bleiweiß und Blau hervor, so wie man es auch bei allen anderen Sachen macht, und da, wo das Licht lebendiger und bestimmter war, verwendete ich das Weiß ohne Blau, und alle Gebäude, so die Häuser, Flüsse, Bäume und alle anderen Sachen, welche das Licht des Feuers nicht erreichte, beleuchtete ich mit diesem Mond, und die Stellen, wo der Glanz des Mondes vom silbrigen Dunst des Feuers verdeckt war, beleuchtete ich mit eben diesem Dunst, und schließlich bereicherte ich alles mit Indigo und Lack für den Hintergrund so, wie es mir besser zu passen schien ... Ich fügte einige helle Flammen, Funken und Glut verschiedener Art hinzu, so daß es mir besser zur Ähnlichkeit mit dem Lebendigen und Natürlichen zu passen schien; deshalb sind dies eigene und besondere, vom Urteil und der Hand des Meisters abhängige Themen, die man weder festlegen noch ausdrücken, geschweige denn lehren kann, wenn die Werke selbst sie nicht zum Ausdruck bringen. Deshalb muß es genügen, Arten, Qualität und Natur der Farben zu kennen, die man braucht, ebenso Farbmischungen und die Art und Weise, mit denen man sie anwendet: deswegen wird jeder, der gut zeichnen wird und genaueste Kenntnis der Oberfläche besitzt, leicht mit der Hand dasjenige ausführen, was man mit dem Stift nicht lehren kann. Daher wird er nicht nur die gegenwärtigen und von ihm gesehenen Dinge auf verständige Weise mit dem Pinsel wiedergeben, sondern auch die seit vielen Jahrhunderten wahren oder erdichteten Dinge, die, was noch besser ist, manchmal auch nicht beschrieben sind. So wird er auf natürliche und geeignete Weise alle Ereignisse des Brandes von Troja darstellen oder diejenigen des Brandes von Korinth, der Hauptstadt von Achaia. Ebenso wird er diejenigen der stürmischen Schicksale auf dem Meere darstellen ...«

(Sorte, Osservazioni nella pittura, Venedig 1580, Ausg. Barocchi, 1960, I, S. 290ff.; Übers. Ulrike Knüttgen)

PIETRO ARETINO (1492–1556)

Aretino über die Sicht von seinem Haus am Canal Grande aus: IV/62

»... io, quasi uomo che fatto noioso a se stesso non sa che farsi de la mente non che dei pensieri, rivolgo gli occhi al cielo; il quale, da che Iddio lo creò, non fu mai abbellito da così vaga pittura di ombre e di lumi. Onde l'aria era tale quale vorrebbono esprimerla la coloro che hanno invidia a voi per non poter esser voi. Che vedete, nel raccontarlo io, in prima i casamenti, che benché sien pietre vere, parevano di materia artificiata. E di poi scorgete l'aria, ch'io compresi in alcun luogo pura e viva, in altra parte torbida e smorta. Considerate anco la maraviglia ch'io ebbi dei nuvoli composti d'umidità condensa, i quali in la principal veduta mezzi si stavano vicini ai tetti degli edificii, e mezzi ne la penultima, peroché la diritta era tutta d'uno sfumato pendente in bigio nero. Mi stupii certo del color vario di cui essi si dimostrano: i più vicini ardevano con le fiamme del foco solare; e i più lontani rosseggiavano d'uno ardore di minio non così bene acceso. Oh con che belle trattegiature i pennelli naturali spingevano l'aria in là discostandola dai palazzi con il modo che la discosta il Vecellio ne far dei paesi! Appariva in certi lati un verde-azzuro, e in alcuni altri un azzuro-verde veramente composto da le bizarrie de la natura maestra dei maestri. Ella con i chiari e con gli scuri sfondava e rilevava in maniera ciò che le pareva di rilevare e di sfondare, che io, che so come il vostro pennello è spirito dei suoi spiriti, e tre e quattro volte esclamai: ›Oh, Tiziano, dove sète mo?‹

Per mia fè, che se voi aveste ritratto ciò ch'io vi conto, indurreste gli uomini ne lo stupore che confuse me; che nel contemplare quel che v'ho incontrato, ne nutrii l'animo, che più non durò la maraviglia di sì fatta pittura.«

»... Ich, wie ein Mensch, der verdrießlich über sich selbst war und nicht wußte, was mit seinem Geist und seinen Gedanken zu machen sei, ich richtete die Augen zum Himmel; seit Gott ihn erschuf, war er niemals so schön gemacht mit seinem anmutigen Bild von Schatten und Licht.

Und die Atmosphäre war so, wie die ihn gerne malen würden, die Euch beneiden, weil sie nicht Eure Fähigkeiten besitzen. Und stellt Euch (alles) vor, wie ich es Euch erzähle, im Vordergrund schienen die Häuser, obwohl sie doch aus wirklichem Stein sein mögen, wie gemalt. Und weiter seht Ihr den Himmel, den ich an einer Stelle klar und lebendig, an andrer trüb und fahl fand. Stellt Euch auch den wunderbaren Eindruck vor, den ich durch die dunstigen Wolken empfing; in der Mitte des Blickfelds standen sie nahe an den Dächern, während weiter geradeaus alles in aschgrauem Nebel versank. Ich wunderte mich, in welch unterschiedlichen Farben sich die verschiedenen Ansichten zeigten. Die nahe gelegenen (Orte) brannten wie das Licht der Sonne, die weiter entfernten leuchteten in schwächerem Feuer. Oh, mit welch kunstvollen Zügen führte da die Natur ihren Pinsel, malte sie den Himmel und setzte ihn von den Palästen ab, geradeso wie es Vecellio bei seinen Landschaften tut. An bestimmten Stellen schien die Luft grün-blau, an anderen blau-grün, von der wunderlichen Laune der Natur geschaffen, der Meisterin aller Meister. Sie hat mit Hell und Dunkel das, was sie darstellen wollte, so meisterhaft gemalt, daß ich, der ich doch weiß, wie Euer Pinsel Geist von ihrem Geist ist, drei- oder vier Mal ausrief: Oh Tizian, wo seid Ihr!

Ich versichere Euch, wenn Ihr das hier gemalt hättet, was ich Euch jetzt erzähle, würdet Ihr die Menschen in das gleiche Erstaunen versetzt haben, das mich verwirrte. Es erfüllte mir, während ich das bedenke, was ich Euch berichtet habe, den Geist. Es betrübt mich, daß das Wunder einer solchen Malerei nicht (länger) dauert.«

(Aretino, Brief an Tizian, 1544, Lettere Sull'Arte, Ausg. Camesasca, 1957, II, S. 17f.; vgl. dt. Übers. b. Eberle, 1980, S. 62)

JACOPO DA PONTORMO (1494–1556)

Der Maler und sein Verhältnis zu Natur und Landschaft: IV/63

»*... troppo ardito, e volenteroso d'imitare tutte le cose che ha fatto la natura, co'colori, perchè elle paiano esse, e ancora migliorarle per fare i suoi lavori ricchi e pieni di cose varie, facendo, dove accade, come dire, splendori, notte con fuochi, e altri lumi simili, aria nugoli, paesi lontani e d'appresso; casamenti con tante varie osservanze di prospettiva, animali di tante sorte, di tanti vari colori, e tante altre cose ...*«

»Denn in allzugrosser Kühnheit ist er bemüht, alle Dinge, welche die Natur geschaffen, mit Farben so nachzuahmen, dass sie wirklich zu sein scheinen; ja dieselben noch zu verbessern, um seine Werke reich und voll Mannigfaltigkeit zu machen, indem er, wo es sich trifft, alle Arten von Glanz darstellt, Nachtscenen mit Feuer und anderen ähnlichen Beleuchtungen, Licht und Wolken, Landschaften in der Ferne und Nähe, Gebäulichkeiten mit allen den verschiedenen Beobachtungen der Perspektive, Thiere von allen Arten und Farben und tausend andere Dinge.«

(Jacopo da Pontormo, Brief an Benedetto Varchi, 1546, Ausg. Bottari/Ticozzi, 1822, I, S. 22f.; dt. Übers. b. Guhl, 1880, I, S. 251)

PAOLO PINO (16. Jh.)

Der Florentiner Fabio erläutert dem Venezianer Lauro die Eigenschaften des vollkommenen Malers: IV/64

»*Bisogna ch'il nostro pittore sia come ebrio nello studio dell'arte, di modo che, con la buona disposizione, si facci pratico nel disegnare la qualità e quantità delle cose, svegliato nell' invenzioni e nel colorire perfetto, che l'intelligenzia sua s'istendi nell'universale per riuscire in tutte l'occorenzie, come dipignere a oglio, a fresco, a guazzo, a secco e con ciascun altro modo; eccellente nelle figure, dotto nelli paesi e pratico in altre bizzarie; consumato nella prospettiva, vago nella scultura, il che c'è al proposito anco nel far delli modelli per veder gli atti et acconciare i panni; sia amico dell'architettura, come membro dell'arte nostra, e franco nel maneggiar li colori, sì che, mancandone uno, ei sappia porre in opera gli altri, e tra molti fargli far l'effetto di quello che non vi è.*

Non però voglio ch'il nostro pittore si inveschi in altre pitture che nel far figure a imitazione del naturale, ma sia questo il suo fondamento et il suo studio prencipale; e dietro a ciò ami grandemente il farsi pratico e valente nelli lontani, dil che ne sono molto dotati gli oltramontani, e quest' avviene perché fingono i paesi abitati da loro, i quali per quella lor selvatichezza si rendono gratissimi. Ma noi Italiani siamo nel giardin del mondo, cosa più dilettevole da vedere che da fignere; pur io ho veduto di mano di Tiziano paesi miracolosi, e molto più graziosi che li fiandresi non sono. Messer Gierolemo bresciano in questa parte era dottissimo, della cui mano vidi già alcune aurore con rifletti del sole, certe oscurità con mille discrizzioni ingeniosissime e rare, le qual cose hanno più vera imagine del propio che li fiamenghi. Questa parte nel pittore è molto propia e dilettevole a sé stesso et agli altri; e quel modo di ritrare li paesi nello specchio, come usano li Tedeschi, è molto al proposito.«

»Unser Maler muß im Studium der Künste wie berauscht sein, in der Weise, daß er, zusammen mit der guten Anlage, im Zeichnen der Beschaffenheit und Größe dieser Dinge Erfahrung gewinnt, daß er in den Erfindungen lebhaft und in der Farbgebung vollkommen ist, daß seine Einsicht auf das Allgemeine drängt, um alle nötigen Dinge zu beherrschen wie die Öl-, Fresko-, Tempera-, Sekkomalerei und was auch immer anderes, daß er in den Figuren hervorragend, in den Landschaften kenntnisreich und in anderen Sonderbarkeiten erfahren ist, daß er in der Perspektive kundig, in der Bildhauerkunst anmutig, desgleichen im Anfertigen von Modellen fähig ist, um die Stellungen zu studieren und die Stoffe zurechtzugestalten, daß er auch ein Freund der Baukunst, wie ein Freund unserer Kunst, sei und frei in der Handhabung der Farben, so daß er, falls eine fehlt, in den Werken die anderen so anzubringen und durch Mischung die Wirkung hervorzubringen wüßte, als ob die Farbe dort wäre.

Aber ich will nicht, daß unser Maler von anderen Malweisen als vom nachahmenden Figurenmalen gefangen wird, sondern daß dieses seine Grundlage und sein hauptsächliches Studium sei. Danach strebe er darauf hin, in den Fernblicken erfahren und stark zu werden, etwas, womit die Künstler aus den Ländern jenseits der Berge sehr begabt sind, und dies ist so, weil sie die Landschaften, die sie bewohnen, malen, die sich durch ihre Wildheit als sehr dankbare Gegenstände erweisen. Aber wir Italiener leben im Garten der Welt, eine Sache, viel erfreulicher anzusehen als zu malen, obwohl ich wunderbare Landschaften von der Hand Tizians gesehen habe, gefälliger als diejenigen der Flamen. Meister Gian Girolamo Savoldo aus Brescia war in diesem Teil sehr gelehrt, von seiner Hand habe ich schon einige Sonnenaufgänge mit Lichtspiegelungen, gewisse Nachtstücke mit tausend geistvollen und seltenen Merkmalen gesehen, die ein wahreres und eigentümlicheres Bild abgeben als die flämischen. Dieser Teil im Maler ist für ihn selbst und für die anderen eigentümlich und erfreulich; dem entspricht sehr die Art, Landschaften mit dem Spiegel zu malen, so wie es die Deutschen gewöhnlich tun.«

(Pino, Dialogo di pittura, Venedig 1548, Ausg. Barocchi, 1960, I, S. 133f.)

MICHELANGELO BIONDO (1497–um 1570)

Rede der Malerei über den künstlerischen Gott und die Welt als Kunstwerk: IV/65

»... che cosa debbo dire de la pittura, doppo che, et esso Iddio a pento il cielo con li dua luminari grandi et con le molte stelle che luceno di et notte a mortali, pense l'aere anchora con fulmini con toni con le grandini con piogge et con le dense nube, oltra di cio, il mare si uede pento, percioche tal fiata si uede rosciggiare tal fiata biondeggiare et alcuna uolta glie di color di l'aria eui trasparente, et tal uarieta di colori ui fa la pittura, doppo le cose dette Iddio pense la terra di monti di colli di campi de gli huomini de la cittade di castella di selue di animal seluaggi et di le esalationi di fuoco, et di piu uarie cose ...«

»Was soll ich denn noch über die Malerei reden, nachdem Gott selbst den Himmel mit den beiden grossen Lichtern und den vielen Sternen bemalt hat, welche den Sterblichen Tag und Nacht leuchten; er malte auch die Luft mit den Blitzen, den Donnern, dem Hagel, dem Regen und den dichten Wolken; ausserdem erblickt man das Meer gemalt, denn zuweilen sieht man es röthlich werden, zuweilen lichter und manchesmal ist es doppelfärbig von der Luft und durchsichtig, und diese Verschiedenheit der Farben verleiht ihm die Malerei. Nach den genannten Dingen bemalte Gott die Erde mit Bergen, Hügeln, Menschen, Städten, Schlössern, Wäldern, wilden Thieren, feurigen Dünsten und verschiedenen Dingen ...«

(Biondo, Della nobilissima pittura, Kap. 4, Venedig 1549; dt. Übers. v. Ilg, 1873, S. 15)

Die künstlerische Natur und die Welt als Kunstwerk: IV/66

»... impero io concludo, che la istessa natura se diletta della pittura, anzi la gode, hauendo creato un perfetto pittore, perciò ella, sempre esercita la pittura, perche habbiamo ueduto gli prati, et gli campi, anzi gli istessi monti penti in uarii modi chiara mente ...«

»... und ich meine, die Natur ergötze sich selber mit der Malerei, auch freut sie sich, wenn sie einen vollkommenen Maler erzeugt hat. Sie selber pflegte fortwährend die Malerei, wie wir denn die Wiesen und Felder, auch die in mannigfacher Weise hell bemalten Berge gesehen haben ...«
(Biondo, Della nobilissima pittura, Kap. 5; dt. Übers. S. 23)

Wunsch nach einem Bild mit einer Meeresdarstellung: IV/67

»... et sappiate pittori eccelenti c'ho ueduto molti retratti di boschi, di monti et delli fonti di fiumi dil cielo et finalmente della terra, non dimeno non son anchora sodisfatto a pieno, per che essendo io confinato al presente nella citta posta in mezzo il mare, harrei molto acaro, che uno di uoi, mi facesse un quadro. della Marina, la quale uedendo io ritratta dal naturale sempre dinanzi agli occhi miei conseruarei il mio uedere, perche essendo la bella Marina, lucida, chiara et trasparente ritratta da uoi per mia sodisfattione, forse forse alla giornata me crescerebbe l'animo di celebraui maggiormente ch'io non ho celebrato sin'a questa hora. Per tanto saggi pittori hauendo io uegliato alquanto sopra la pittura, me è parso a uoi spetialmente destinarla, come l'arteficio al proprio artefice, impero se uoi mi farete gratia qual io chiedo da uoi, conoscerò la presente scrittura esserui grata, subitamente ch'io uedero uno, o piu ritratti della bella Marina, per che essendo io in mezzo il mare non uiuo d'altro saluo di quello che produce il mare, ne pasco gli occhi miei di altro cibo che della trasparentia marina, anzi doppo Iddio ella mi tiene uiuo al mondo ...«

»Und wisset, ausgezeichnete Maler, dass ich viele Entwürfe von Gebüschen, Bergen, Quellen, Flüssen, vom Himmel und endlich von der Erde gesehen habe, nichtsdestoweniger bin ich noch nicht völlig befriedigt. Denn indem ich nun in eine Stadt gebannt bin, die mitten im Meere liegt, wäre es mir gar lieb, dass einer von euch mir ein Gemälde der See fertigte. Wenn ich diese nach der Natur entworfen stets vor meinen Augen hätte, würde ich meine Sehkraft wahren und vielleicht wohl, wenn so die schöne See zu meiner Zufriedenheit leuchtend, klar und durchsichtig gemalt wäre, würde mir sogleich die Lust wachsen, um euch höher zu feiern, als ich bis zur Stunde euch gefeiert habe. Deshalb, ihr weisen Maler, habe ich etwas über die Malerei nachgedacht, und glaubte sie euch besonders erklären zu sollen, gewissermassen die Kunst ihrem eigenen Meister. Wenn ihr mir die Gunst erweist, die ich von euch erbitte, werde ich daran erkennen, dass euch gegenwärtige Schrift angenehm ist, sowie ich alsbald ein oder mehrere Gemälde des schönen Meeres erblicken werde. Der ich mitten im Meere weile, lebe ich von nichts Anderem als von dem, was das Meer hervorbringt, und nähre mein Auge mit keiner anderen Speise, als durch die Klarheit der See, und sie erhält mich nach Gott bei Leben in der Welt.«
(Biondo, Della nobilissima pittura, Dedica; dt. Übers. S. 2f.)

Ein Bildwunsch: IV/68

»Il quarto quadro uorrei che fosse in forma di raggi del sole, ilquale occupasse il mio uedere, pur che alquanto si conoscesse il firmamento, et spetialmente la terra

qual noi habitamo ... e tutto il resto del quadro fosse adornato di uerdissimi Bussi e di le sacre oliue.«

»Ich möchte, dass das vierte Gemälde bedeckt sei mit Sonnenstrahlen, die meinen Blick gänzlich blenden, nur dass man ein wenig vom Firmamente sehe und insbesondere die Erde, welche wir bewohnen ... Alles Uebrige von dem Bilde soll mit schön grünem Buxbaum und heiligen Oliven geziert sein.«
(Biondo, Della nobilissima pittura, Kap. 28; dt. Übers. S. 45)

GIORGIO VASARI (1511–1574)

Piero di Cosimo und sein naturverbundener Lebenswandel: IV/69

»... e teneva una vita da uomo più tosto bestiale che umano. Non voleva che le stanze si spazzassino, voleva mangiare allora che la fame veniva, e non voleva che si zappasse o potasse i frutti dell'orto, anzi lasciava crescere le viti et andare i tralci per terra, et i fichi non si potavono mai né gli altri alberi, anzi si contentava veder salvatico ogni cosa come la sua natura, allegando che le cose d'essa natura bisogna lassarle custodire a lei senza farvi altro. Recavasi spesso a vedere o animali o erbe o qualche cosa che la natura fa per istranezza ...«

»... er ... lebte mehr wie ein Tier als ein Mensch. Die Zimmer ließ er nicht fegen; er wollte essen, wenn er gerade Hunger hatte. Er verbot die Gartengewächse zu behacken und zu beschneiden, er ließ die Weinstöcke wachsen und die Reben sich über die Erde verbreiten. Die Feigenbäume durften ebenso wie die anderen nicht beschnitten werden. Er hatte seine Freude daran, alles so wild zu sehen, wie er selbst war. Er pflegte zu sagen, man müsse alles der Natur überlassen und nichts hinzutun. Er ging oft aus, um Tiere, Kräuter oder irgend welche Seltsamkeiten, die die Natur aus Laune oder Zufall hervorbringt, zu betrachten.«
(Vasari, Le Vite ..., Vita de Piero di Cosimo, 1. u. 2. Aufl., Florenz 1550/68, Ausg. Bettarini, 1976, IV Testo, S. 61 f.; dt. Übers. b. Gottschewski u. a., 1904, II, S. 185)

Die Phantasie von Piero di Cosimo: IV/70

»Fermavasi talora a considerare un muro dove lungamente fusse stato sputato da persone malate, e ne cavava le battaglie de'cavagli e le più fantastiche città e'più gran paesi che si vedesse mai; simil faceva de'nuvoli de l'aria.«

»Bisweilen blieb er stehen, um eine Wand zu betrachten, auf die Kranke gespieen hatten und schuf sich daraus Reiterschlachten, die seltsamsten Städte und die größten Landschaften, die man je sehen könnte. Ebenso tat er es bei den Wolken.«
(Vasari, Le Vite ..., Vita di Piero di Cosimo, 1. u. 2. Aufl., Ausg. Bettarini, 1976, IV Testo, S. 62; dt. Übers. 1904, II, S. 185 f.)

Leonardo da Vinci als Naturwissenschaftler: IV/71

»E tanti furono i suoi capricci, che filosofando de le cose naturali, attese a intendere la proprietà delle erbe, continuando et osservando il moto del cielo, il corso de la luna e gl'andamenti del sole.«

»Und seine Einfälle waren derart, daß er über Naturwissenschaften philosophierend, die Eigenschaften der Pflanzen zu begreifen suchte, und fortdauernd die Bewegung des Himmels, den Lauf des Mondes und die Bahn der Sonne beobachtete.«

(Vasari, Le Vite . . ., Vita di Leonardo da Vinci, 1. u. 2. Aufl., Ausg. Bettarini, 1976, IV Testo, S. 19; dt. Übers. 1906, VI, S. 5)

Über Landschaftsmaler seit Masaccio: IV/72

». . . e tentaron fare i paesi più simili al vero, e gli àlbori, l'erbe, i fiori, l'arie, i nuvoli et altre cose della natura . . .«

»Auch versuchten sie die Landschaftsdarstellungen mit ihren Bäumen, Kräutern, Blumen, Luft, Wolken und anderen Naturdingen mehr der Wirklichkeit anzunähern . . .«

(Vasari, Le Vite . . ., Proemio della seconda parte, 1. u. 2. Aufl., Ausg. Bettarini, 1971, III Testo, S. 19; dt. Übers. 1916, I/1, S. XLVI)

Vergleich von Malerei und Bildhauerei und die Bedeutung der Landschaft: IV/73

»L'arte nostra non la può far nessuno che non abbia disegno grandissimo ed un giudizio perfetto, atteso che si fa in un braccio di luogo scortar una figura di sei; e parer viva e tonda in un campo pianissimo, che è grandissima cosa; e la scultura è tonda perfettamente in sè, e quel che ella pare; e per questo disegno ed architettura nell'idea esprime il valor dell'intelletto in quelle carte che si fanno, e nelli muri e tavole di colore e disegno ci fa vedere gli spiriti e sensi in esse figure, e le vivezze di quelle. Oltre che contraffà perfettamente i fiati, i fiumi, i venti, le tempeste, le piogge, i nuvoli, le grandini, le nevi, i ghiacci, i baleni, i lampi, l'oscura notte, i sereni, il lucer della luna, il lampeggiar delle stelle, il chiaro giorno, il sole e lo splendor di quello. Formasi la stultizia e la saviezza nelle teste di pittura, ed in esse si fa le mortezze e vivezze di quella: variasi il color delle carni, cangiansi i panni, fassi vivere e morire, e di ferite coi sangui si fa vedere i morti, secondo che vuole la dotta mano e la memoria di un buono artefice. Ma dove lascio i fuochi che si dipingono, la limpidezza dell'acque, ed inoltre veggiamo dare anima vivente di colore all'immagine dei pesci vivi vivi, e le piume degli uccelli apparire. Che dirò io più della mostra dei capelli, e della morbidezza delle barbe; i colori loro si vivamente stilati e lustri, che più vivi che la vivezza somigliano; dove qui lo scultore sul duro e sassoso, pelo sopra pelo non può formare? Oimè, M. Benedetto mio, dove m'avete voi fatto entrare? in un pelago di cose, che non ne uscirò domane; com-

prendendosi sotto quest' arte tutto quello, che la natura fa, potersi d'animo e di colore imitare. Dove lascio la prospettiva divinissima? chè quando considero che è da noi operata non solo nelle linee de'casamenti, colonne, mazzocchi, palle a settantadue facce, e i paesi coi monti, e coi fiumi per via di prospettiva figurandoli, a tanta dilettazione reca gli occhi di quelli che si dilettano, che non è casa di ciabattino ove paesi tedeschi non sieno, tirati dalla vaghezza e prospettiva di quelli; chè i lontani de'monti, e le nuvole dell'aria la scultura non fa se non con duro magistero. Dove mi sarà mai da loro figurato una terribilità di vento, che sfrondando un albero delle foglie, la saetta il percuota, l'accenda il fuoco, dove si vegga la fiamma, il fumo, il vento e le faville di quello? Figuratemi in scultura una figura che, mangiando su d'un cucchiaio, abbia un boccon caldo col fumo di quello, ed il soffiar del fiato, che esca di bocca di quell'altro per freddarlo. Gli scultori non faranno mai torcere il fumo della caldezza dal soffio freddo in alcuna parte. Ma lasciamo star questo.«

»Unsere Kunst kann kein Mensch treiben, der nicht ganz vollkommen die Zeichnung inne und ein vollkommenes Urtheil hat, in Anbetracht, dass man auf einem Raum von einer Elle eine Figur verkürzt darstellen, die deren sechs hat, und diese lebendig und rund auf einer ganz ebenen Fläche erscheinen soll, was eine sehr schwere Sache ist. Die Skulptur aber ist an sich vollkommen rund und wirklich dasjenige, als was sie erscheint; und deshalb drücken Zeichnung und Baukunst in der Idee die Macht des Geistes aus, und auf den Blättern und auf Mauern, auf Farben- oder Zeichnungstafeln lassen sie uns Geist und Gefühl in jenen Figuren und deren Lebendigkeit erblicken. Ausserdem ahmt die Zeichnung vollkommen den Hauch der Luft nach, und Flüsse und Winde, Sturm und Regen, Wolken und Hagel und Schnee, Eis, Blitz und Wetterleuchten, die finstere Nacht, sowie die Klarheit des Himmels, das Licht des Mondes und das Blinken der Sterne, den hellen Tag, die Sonne und deren Glanz. Thorheit und Weisheit drückt man in gezeichneten Köpfen aus; Tod und Leben; man variirt die Farben des Fleisches und der Gewänder; man lässt leben und sterben und man kann Todte mit Blut und Wunden zeigen, wie es die erfahrene Hand und das Gedächtniss eines guten Künstlers will. Wo bringe ich aber die Feuer hin, die man malen kann, die Durchsichtigkeit der Gewässer und das Leben, das man selbst den Fischen geben und in den Federn der Vögel erscheinen lassen kann? Und was soll ich noch mehr sagen von der Darstellung der Haare und der Weichheit des Bartes und deren Farben, so lebhaft dargestellt und leuchtend, dass sie noch lebendiger als das Leben selbst erscheinen – wogegen der Bildhauer in seinem harten und spröden Material Haar an Haar nicht darstellen kann. O weh, mein liebster M. Benedetto! Worauf habt Ihr mich einzugehen verführt? In einen wahren Ocean von Dingen, aus denen ich noch morgen nicht heraus kommen werde! Denn es ist in dieser Kunst mit einbegriffen alles das, was die Natur macht, im Geist und mit Farben nachzuahmen. Und wie bringe ich die göttliche Perspektive unter? die von uns nicht bloss in den Linien der Häuser, Säulen und Kugeln mit 72 Seiten angewendet wird, sondern auch Landschaften mit Bergen und Flüssen werden auf perspektivischem Wege dargestellt und gewähren den Augen des Liebhabers eine solche Freude, dass man kaum eine Schuhflickerbude findet, in der nicht deutsche Landschaften wären, dorthin gebracht durch deren Anmuth und Perspektive. Die Skulptur aber kann die entfernten Partien der Berge und die Wolken in der Luft nur in sehr harter Weise darstellen. Wird man daher wohl jemals von ihr eine Windsbraut dargestellt sehen, die einen Baum seines Laubes beraubt, während ein Blitzstrahl ihn zerschmettert, und worauf man Flamme und Rauch und den Wind und die Funken davon erblicken kann? Macht mir einmal in der Skulptur eine Figur, die beim Essen einen Bissen auf dem Löffel hat, wovon man den Rauch sieht und das Blasen des Athems, der aus dem Munde derselben hervorgeht, um den Bissen abzukühlen! Die Bildhauer werden niemals zeigen können, wie der Rauch des Warmen vor dem kalten Hauch irgendwohin sich wendet. Doch wir wollen dies einmal bei Seite lassen.«

(Vasari, Brief an Benedetto Varchi, 1547, Ausg. Bottari/Ticozzi, 1822, I, S. 55ff.; dt. Übers. b. Guhl, 1880, I, S. 290f.)

Aus der Beschreibung der Villa Castello bei Florenz: IV/74

»... dal qual giardini secreto, per una porta alla banda di ponente, si ha l'entrata in un altro giardino grandissimo tutto pieno di frutti e terminato da un salvatico d'abeti, che cuopre le case de'lavoratori e degl'altri che lì stanno per servigio del palazzo e degl'orti.«

»Aus diesem geheimen Garten hat man durch eine Tür auf der Westseite Eintritt in einen anderen sehr großen Garten voller Obstbäume, der durch eine Tannenpflanzung abgeschlossen ist; diese verdeckt die Wohnhäuser der Arbeiter und der anderen Leute, die den Dienst im Palast und in den Gärten versehen.«

(Vasari, Le Vite ..., Vita di Niccolò detto il Tribolo, 2. Aufl., Ausg. Bettarini, 1984, V Testo, S. 209f.; dt. Übers. 1910, VII/1, S. 243)

LODOVICO DOLCE (1508–1568)

Die Farbgebung natürlicher Dinge: IV/75

»Bisogna dipoi sapere imitare il color de'panni, la seta, l'oro et ogni qualità, così bene che paia di veder la durezza o la tenerezza più e meno, secondo che alla condizion del panno si conviene; saper fingere il lustro delle armi, il fosco della notte, la chiarezza del giorno, lampi, fuochi, lumi, acqua, terra, sassi, erbe, arbori, frondi, fiori, frutti, edifici, casamenti, animali e sì fatte cose, tanto a pieno che elle abbiano tutte del vivo e non sazino mai gli occhi di chi le mira. Né creda alcuno che la forza del colorito consista nella scelta de'bei colori, come belle lache, bei azzurri, bei verdi e simili; perioché questi colori sono belli parimente senza che e'si mettano in opera; ma nel sapergli maneggiare convenevolmente.«

»Aber man muss ausserdem auch die Farbe der Stoffe, der Seide, des Goldes, sowie deren charakteristische Eigenthümlichkeiten, in einer Weise nachzuahmen verstehen, dass man im Ernste glauben könne, die denselben mehr oder weniger innewohnende Härte oder Weichheit in Wahrheit zu sehen. Ein Gleiches gilt von der Darstellung des Waffenglanzes, der Nachtdunkelheit, der Tageshelle, der Blitze, des Feuers, der Leuchter, des Wassers, der Erde, der Steine, der Gräser, der Bäume, der Blätter, der Blumen, der Früchte, der Thiere, der Gebäude u.s.w., die alle so sorgfältig gut reproducirt werden müssen, dass eine gewisse Lebenstreue an ihnen das Auge des Beschauers vor Ermüdung bewahre. Man glaube ja nicht, dass die Wirkung des Colorits in der Wahl des schönen Lackes, oder der schönen Farben, als da, eines schönen Azurblau, eines schönen Grün, und dergleichen bestehe; denn diese bleiben eben so schön, auch ohne dass man sie künstlerisch verarbeitet. Zweck der Kunst ist aber, sie entsprechend zu verwenden.«

(Dolce, Dialogo della pittura, Venedig 1557, Ausg. Barocchi, 1960, I, S. 184f.; dt. Übers. v. Cerri, 1871, S. 67f.)

Über die Anordnung im Bild und die dazu passende Landschaft: IV/76

»Non meno dee imaginarsi il pittore i siti e gli edifici simili alla qualità de'paesi, in guisa che non attribuisca ad uno quello ch'è proprio dell'altro. Onde non fu molto prudente quel pittore, il quale, di pingendo Mosè che non la verga, percotendo il sasso, ne fece uscir miracolosamente fuori l'acqua disiderata dagli Ebrei, finse un paese fertile, erboso e cinto di vaghe montagnette: sì perché la istoria pone che questo miracolo avenisse nel deserto, sì ancora perché ne'luoghi fertili v'è sempre abondanza d'acqua.«

»Ebenso soll der Maler sich Schauplatz und Gebäude der Eigenthümlichkeit des Landes entsprechend vorstellen, damit er nicht Diesem zuweise, was Jenem zukommt. Daher jener Maler nicht sehr verständig zu Werke ging, welcher Moses darstellend, der dem Felsen durch den Schlag seines Stabes das von den Juden so sehr ersehnte Wasser wunderartig entströmen liess, eine blühende Landschaft, reich an Vegetation und umgeben von lieblichen Hügeln hinzumalte: erstens weil die Geschichte meldet, dass dieses Wunder in der Wüste vor sich ging: zweitens weil es in den fruchtbaren Gegenden ohnehin immer Wasser genug gibt.«

(Dolce, Dialogo della pittura, S. 167; dt. Übers. S. 44)

Aus einer Beschreibung eines Bildes mit Venus und Adonis, gemalt von Tizian: IV/77

»Trovasi ancora nel medesimo quadro una macchia d'un paese di qualità, che'l vero non è tanto vero; dove al sommo d'un picciol colle, non molto lontano dalla vista, è un pargoletto Cupido, che si dorme all'ombra; la quale gli batte diritto sopra il capo; e d'intorno v'ha splendori e riflessi di sole mirabilissimi, che allumano ed

allegrano tutto il paese. Ma tutto questo che io mi sono faticato di dirvi, è uno accennamento picciolo, rispetto della divinità (che altra parola non si conviene) di questa pittura.«

»Man sieht ferner auf demselben Gemälde die Skizze von einer Landschaft von der Art, dass die wirkliche nicht von solcher Wahrheit ist. Daselbst ist auf der Spitze eines Hügels in nicht grosser Entfernung ein ganz junger Cupido, im Schatten schlafend, der ihm rückwärts auf den Kopf fällt. Rings um sich hat er Schimmer und Sonnenglanz von wunderbarer Schönheit, welche die ganze Landschaft erleuchten und erhellen. Aber all' das, was ich mit grosser Mühe gesagt habe, ist nur eine geringe Nachricht im Verhältnis zu der Göttlichkeit dieser Malerei (denn ein anderes Wort ist nicht zulässig).«

(Dolce, Brief an Alessandro Contarini, Venedig 1559, Ausg. Bottari/Ticozzi, 1822, III, S. 381f.; dt. Übers. b. Cerri, 1871, S. 110)

LUIGI ALVISE CORNARO (um 1475–1565/6)

Über das Landleben: IV/78

»Ho anchora oltre a questo un altro modo di solazzarmi, che io vo l'aprile e 'l maggio, et cosí il settembre et l'ottobre, per alquanti giorni a godere un mio colle, che è in questi monti Euganei, et nel piú bel sito di quelli, che ha le sue fontane et giardini, et sopra tutto commoda et bella stanza, nel quale luogo mi trovo anchora alcune fiate a qualche caccia conveniente alla mia etade, commoda et piacevole. Godo poi altrettanti giorni la mia villa di piano, la quale è bellissima, sí perché è piena di belle strade, le quali concorrono tutte in una bella piazza, in mezzo a la quale è la sua chiesa secondo la conditione del luogo honorata assai, sí anchora perché è divisa da una larga et corrente parte dello fiume Brenta; da l'una et da l'altra parte della quale vi è gran spatio di paese, tutti di campi fertili et bene cultivati, et si ritrova hora, Dio gratia, molto bene habitata, che prima non era cosí, anzi tutto il contrario, perché era paludosa et di mal aere, et stanza piú presto da biscie che da huomini. Ma havendole io levate l'acque, l'aere si fece buono, et le genti vi vennero ad habitare, et l'anime cominciorno a moltiplicare assai, et si ridusse il luogo alla perfettione che si vede hoggi dí, a tale ch'io posso dire con verità che ho dato in questo luogo a Dio altare, et tempio, et anime per adorarlo, cose tutte che mi danno infinito piacere, solazzo et contento ogn'hor che le ritorno a vedere et godere.

... Et con grande mio appiacere et contento veggio riuscir l'impresa, tanto importante a questo Stato, di ridurre, dico, tanti luoghi incolti a coltura, quanti ce ne sono, et già da esso principiata per mio ricordo.«

»Alsdann hab ich noch eine andere Art mich zu erlustigen. Denn im April und Mai gleichwie im September und Oktober, geh ich für etliche Tage auf einen

Hügel in der schönsten Gegend der euganeischen Berge, allwo ich Brunnen und Gärten und vor allem ein gar bequemes und schönes Lusthaus habe. Dort find ich mich mitunter auch zu einer leichten und vergnüglichen Jagd ein, wie es meinen vorgerückten Jahren anständig ist. Etliche weitere Tage des Jahres genieß ich mein Landgut in der Ebene, welches gar schön ist, erstlich wegen seiner vielen und schönen Wege, die allesamt in einem prächtigen Platz zusammenlaufen, dessen Mitte eine recht ansehnliche Kirche einnimmt; sodann, weil es von einem breiten Arm des Brentaflusses durchströmt wird. Auf beiden Ufern des Flusses liegen weite Felder an, fruchtbar und wohlbebaut und heute (Gott seis gedankt) auch reich an menschlichen Wohnstätten. Denn zuvor war es nicht so, sondern im Gegenteil ein sumpfiger und ungesunder Ort und eher ein Aufenthalt für Nattern als für Menschen. Ich aber hab das Wasser abgeleitet, worauf denn das Erdreich trocken und die Luft gesund worden. Und die Leute siedelten sich daselbst an, und die Einwohner vermehrten sich gar sehr, und der Ort ward schließlich zu der Vollendung gebracht, darin man ihn heutzutage siehet. So daß ich in Wahrheit sagen kann: Ich habe Gott einen Tempel und Altar gegeben und Seelen, ihn anzubeten und zu verehren. Dies alles gibt mir, so oft ich's wiedersehe, unendlich viel Glück und Befriedigung. ... Dies aber freuet und befriediget mich insonderheit, daß ein Unternehmen, so auf mein Angeben und Raten vordem begonnen worden, einen glücklichen Ausgang gewinnet; wodurch unserem Staate so große Stücke unbebauten Landes urbar gemacht werden.«

(Cornaro, Trattato de la Vita Sobria, 1558, Ausg. Milani, 1983, S. 96ff.; dt. Übers. v. Schwabe, 1925, S. 43ff.)

TORQUATO TASSO (1544–1595)

Armidas Liebesgarten: IV/79

»Poichè lasciar gli avviluppati calli,
In lieto aspetto il bel giardin s' aperse.
Acque stagnanti, mobili cristalli,
Fior varj e varie piante, erbe diverse,
Apriche collinette, ombrose valli,
Selve e spelonche in una vista offerse,
E, quel che'l bello e'l caro accresce all'opre,
L'arte che tutto fa, nulla si scopre.

Stimi (sì misto il culto è col negletto)
Sol naturali e gli ornamenti e i siti.
Di natura arte par, che per diletto
L'imitatrice sua scherzando imiti.«

»Nach wirrem Pfad erschloß mit einem Male
Ein Garten sich, gar heiter, hold und traut:
Da wurden Bäche, Seen im Sonnenstrahle
Und Blumen mancher Art und Pflanz' und Kraut,
Besonnte Hügel, grüne Schattenthale
Und Höhl' und Wald mit einem Blick erschaut,
Und – weshalb holder diese Schöpfung lachte –
Nie zeigte sich die Kunst, die Alles machte.

Du glaubst, wie Wildniß sich und Anbau fügen,
Natur der Lag' und Zierde Schöpferin,
Sie, sonst der Kunst Vorbild, scheint mit Vergnügen
Hier nachzuahmen die Nachahmerin.«

(Tasso, La Gerusalemme liberata, XVI/9,1–8; 10,1–4; Genua 1590, Ausg. Streckfuß, ital. u. dt., 1822, II, S. 182f.)

GIOVANNI PAOLO LOMAZZO (1538–1600)

Landschaftsmalerei und ihre Arten: IV/80

»Ma quelli che in questa parte hanno avuto eccellenza e grazia, così nei luoghi privati, come nei pubblici, hanno ritrovato diverse vie di farne, come primamente luoghi fetidi, oscuri, sotterranei, religiosi, e funesti, nei quali si rappresentano cimiterj, sepolcri, case inabitate, luoghi spaventevoli e solitarj, spelonche, caverne, piscine, stagni, e simili; luoghi privilegiati, ne'quali si esprimono tempj, concistori, tribunali, ginnasj, e scuole; luoghi di fuoco e di sangue, dove sono fornaci, molini, macelli, forche, patiboli; altri chiari e di aria serena, nei quali si rappresentano palazzi, case di principi, pulpiti, teatri, troni, e tutte le cose magnifiche e reali; altri dilettevoli, nei quali sono fonti, prati, orti, mari, rive, bagni, e luoghi dove si balla. Evvi ancora un'altra sorta di paesi, nei quali si esprimono officine, scuole, taverne, piazze di mercanti, affannosi deserti, selve, rupi, sassi, monti, boschi, fossi, acque, fiumi, navi, luoghi popolari, e stufe, o vogliam dire terme.«

»Diejenigen, die sich in diesem Zweig der Malerei sowohl an öffentlichen wie privaten Plätzen durch Vortrefflichkeit und Anmut hervorgetan haben, haben verschiedene Arten entdeckt, ihn auszuüben – wie dumpfe, dunkle unterirdische Orte religiöser und makabrer Natur, wo sie Kirchhöfe malen, Gräber, verlassene Häuser, unheimliche und einsame Stätten, Höhlen, Gruben, Teiche und Pfuhle; (zweitens) privilegierte Orte, wo sie Tempel zeigen, Konsistorien, Tribunale, Gymnasien und Schulen; (oder aber) Stätten voll Blut und Feuer, mit Hochöfen, Mühlen, Schlachthäusern, Galgen und Prangern; wieder andere Orte, glanzvoll und heiter in der Stimmung, wo sie Paläste darstellen, fürstliche

Wohnstätten, Kanzeln, Theater, Throne und alle möglichen großartigen und majestätischen Dinge; und wieder andere, Orte der Wonne, mit Brunnen, Wiesen, Gärten, Seen und Flüssen, Badeplätzen und Tanzstätten. Dann gibt es noch eine andere Form der Landschaft, wo sie Werkstätten darstellen, Schulen, Wirtshäuser, Märkte, schreckliche Wüsten, Wälder, Felsen, Steine, Berge, Buschwerk, Gräben, Wasser, Flüsse, Schiffe, beliebte Zusammenkunftsorte, öffentliche Bäder oder, besser gesagt, Terme.«

(Lomazzo, Trattato dell'arte della pittura, scultura ed architettura, VI/62, Mailand 1584, Ausg. Rom, 1844; dt. Übers. b. Gombrich, 1985, S. 155f.)

Literaturverzeichnis

1. Quellen

Abarbanel, s. Leone Ebreo

Alberti, Leon Battista oder Autore Anonimo: Vita di Leon Battista Alberti, lat. u. ital. In: Alberti, Opere Volgari, I, a cura di A. Bonucci, Florenz 1843, S. LXXXIX–CIX

Alberti, Leon Battista: Kleine kunsttheoretische Schriften. Ins Dt. übers. v. H. Janitschek (Quellenschr. f. Kunstgesch. u. Kunsttechnik d. Mittelalters u. d. Renaissance XI). Wien 1877

Alberti, Leon Battista: Opere Volgari, Vol. I: I Libri della Famiglia, Cena Familiaris, Villa, a cura di C. Grayson. Bari 1960

Alberti, Leon Battista: L'Architettura/De re aedificatoria, ital. u. lat., Ausg. G. Orlandi, Mailand 1966

Alberti, Leon Battista: Zehn Bücher über die Baukunst. Ins Dt. übers. v. M. Theuer (1912). Nachdruck Darmstadt 1975

Alberti, Leon Battista: Vom Hauswesen (Della Famiglia). Ins Dt. übers. v. W. Kraus. Zürich 1962

Ammannati, Bartolommeo: Lettera scritta agli Accademici del Disegno. Florenz 1582. In: G. G. Bottari/S. Ticozzi (Hrsg.), Raccolta di lettere ..., Mailand 1822, III, S. 529–539

Anonimo Fiorentino oder Magliabechiano: Il codice Magliabechiano ... scritta da Anonimo Fiorentino, hrsg. v. K. Frey. Berlin 1892

Anonimo Morelliano, s. Michiel

Aretino, Pietro: Lettere Sull'Arte, a cura di E. Camesasca. 3 Bde. Mailand 1957–60

Ariosto, Ludovico: Der rasende Roland (Orlando furioso). In: Sämtl. poetischen Werke, Bd. 4, ins Dt. übers. v. A. Kissner. Berlin 1922

Ariosto, Ludovico: Orlando furioso, a cura di E. Bigi (Classici italiani per l'uomo del nostro tempo). 2 Bde., Mailand 1982

Aristoteles: Poetik. Ins Dt. übers. v. O. Gigon. Stuttgart 1961

Averlino, s. Filarete

Bembo, Pietro: Gli Asolani e le Rime. Introduzione e note di C. Dionisotti-Casalone (Collezione di classici italiani con note, Ser. II, Vol. VII). Turin 1932

Benvenuto Rambaldi da Imola: Commento sulla Divina Commedia di Dante Allighieri. 3 Bde., Imola 1855/56

Betussi, Giuseppe: Il Raverta, dialogo ... nel quale si ragiona d'Amore e degli effetti suoi. Venedig 1544. In: G. Zonta (Hrsg.), Trattati d'amore del Cinquecento, Bari 1912, S. 1–145

Biondo, Michelangelo: Von der hochedlen Malerei. Ins Dt. übers. v. A. Ilg (Quellenschr. f. Kunstgesch. u. Kunsttechnik d. Mittelalters u. d. Renaissance V). Wien 1873
Biondo, Michelangelo: Della nobilissima pittura. Venedig 1549. Nachdr. Farnborough 1972
Boccaccio, Giovanni: Esposizioni sopra la comedia di Dante, a cura di P. Padoan. In: Tutte le opere 6, Mailand 1965
Boccaccio, Giovanni: Decamerone, a cura di V. Branca. Florenz 1976
Boccaccio, Giovanni: Decamerone. Ins Dt. übers. v. R. Macchi. Berlin, Weimar 1984
Bocchi, Francesco: Ragionamento ... sopra l'eccellenza del san Giorgio di Donatello. Florenz 1584. In: G. G. Bottari/S. Ticozzi (Hrsg.), Raccolta di lettere ..., Mailand 1822, IV, S. 258–365
Bocchi, Francesco: Von der Vortrefflichkeit der Statue des Heiligen Georg des Florentiner Bildhauers Donatello. Ins Dt. übers. v. C. Cerri. In: H. Semper, Donatello. Seine Zeit und seine Schule (Quellenschr. f. Kunstgesch. u. Kunsttechnik d. Mittelalters u. d. Renaissance IX), Wien 1875, S. 175–228
Bruni Aretino, Leonardo: Le Vite di Dante e del Petrarca, a cura di A. Lanza. Rom 1987
Bruno, Giordano: Le opere italiane, ristampate da P. de Lagarde. 2 Bde., Göttingen 1888
Bruno, Giordano: Zwiegespräche vom unendlichen All und den Welten. Ins Dt. übers. v. L. Kuhlenbeck. Darmstadt 1980
Castiglione, Baldassare: Il Cortegiano con una scelta delle Opere minori, a cura di B. Maier (Classici italiani 31). Turin 1955
Castiglione, Baldassare: Das Buch vom Hofmann (Il Libro del Cortegiano). Ins Dt. übers. v. F. Baumgart. München 1986
Cattani da Diacceto, Francesco: De pulchro, hrsg. v. S. Matton (Nuova collezione di testi umanistici inediti o rari XVIII). Pisa 1986
Cellini, Benvenuto: La vita. In: Opere di B. Castiglione, D. della Casa, B. Cellini, a cura di C. Cordié (La letteratura italiana. Storia e testi 27). Mailand 1960
Cellini, Benvenuto: Sopra i Principi e'l modo d'imparare l'arte del disegno. In: Opere, s. o., S. 1116–1121
Cellini, Benvenuto, ins Dt. übers. v. J. W. Goethe unter dem Titel: Benvenuto Cellini. (Goethe. Gedenkausgabe d. Werke, Briefe u. Gespräche, hrsg. v. E. Beutler, Zürich 1948 ff.) 2 Tle., München 1963
Cennini, Cennino: Trattato della pittura, a cura di G. Tambroni. Roma 1821
Cennini, Cennino: Das Buch von der Kunst oder Tractat der Malerei. Ins Dt. übers. v. A. Ilg (Quellenschr. f. Kunstgesch. u. Kunsttechnik d. Mittelalters u. d. Renaissance I). 2. Aufl. Wien 1888
Colonna, Francesco: Hypnerotomachia Poliphili, a cura di G. Pozzi u. L. A. Ciapponi (Medioevo e umanesimo 38). 2 Bde., 2. Aufl. Padua 1980
Concilium Tridentinum. Diariorum, actorum, epistularum, tractatuum, nova collectio. 12 Bde., Freiburg 1901 ff., Bd. 9, hrsg. v. S. Ehses, Freiburg 1924

Condivi, Ascanio: Das Leben des Michelangelo Buonarroti. Ins Dt. übers. v. P. Valdeck (Quellenschr. f. Kunstgesch. u. Kunsttechnik d. Mittelalters u. d. Renaissance VI). Wien 1874

Condivi, Ascanio: Vita. In: Michelangelo Buonarroti, Lettere e rime, Turin 1925, S. 1–124

Cornaro, Luigi Alvise: Vom mäßigen Leben und der Kunst, ein hohes Alter zu erreichen. Ins Dt. übers. v. J. Schwabe. Basel 1925

Cornaro, Luigi Alvise: Trattato de la Vita Sobria. In: Scritti sulla vita sobria, a cura di M. Milani. Venedig 1983

Diacceto, s. Cattani

Dolce, Lodovico: Aretino oder Dialog über Malerei. Ins Dt. übers. v. C. Cerri (Quellenschr. f. Kunstgesch. u. Kunsttechnik d. Mittelalters u. d. Renaissance II). Wien 1871

Dolce, Lodovico: Dialogo della pittura …, intitolato l'Aretino. Venedig 1557. In: P. Barocchi (Hrsg.), Trattati d'arte …, Bari 1960, I, S. 141–206

Dürer, Albrecht: Dürer – Schriftlicher Nachlaß, hrsg. v. H. Rupprich. 3 Bde., Berlin 1956–69

Ebreo, s. Guglielmo Ebreo

Ebreo, s. Leone Ebreo

Enea Silvio, s. Piccolomini

Equicola, Mario: Libro de natura de amore. Venedig 1525

Ficino, Marsilio: Opera omnia, Basel 1576. Riprod. a cura di M. Sancipriano, von presentazione di P. O. Kristeller. Turin 1959

Ficino, Marsilio: Über die Liebe oder Platons Gastmahl, lat. u. dt. Ins Dt. übers. v. K. P. Hasse, hrsg. v. R. Blum. Hamburg 1984

Filarete, Antonio Averlino detto: Tractat über die Baukunst nebst seinen Büchern von der Zeichenkunst und den Bauten der Medici, hrsg. v. W. v. Oettingen (Quellenschr. f. Kunstgesch. u. Kunsttechnik d. Mittelalters u. d. Neuzeit, N.F. III). Wien 1890

Firenzuola, Agnolo: Gespräche über die Schönheit der Frauen. Ins Dt. übers. v. P. Seliger. Leipzig 1907

Firenzuola, Agnolo: Novellen und Gespräche des Agnolo Firenzuola. Ins Dt. übers. v. A. Wesselski. München 1910

Firenzuola, Agnolo: Celso – Dialogo delle bellezze delle donne. In: Opere, a cura di A. Seroni (I classici italiani), Florenz 1958, S. 519–596

Francesco di Giorgio Martini: Trattati di architettura ingegneria e arte militare, a cura di C. Maltese. 2 Bde., Mailand 1967

Francisco de Hollanda: Vier Gespräche über die Malerei, geführt zu Rom 1538, portug. u. dt., hrsg. v. J. de Vasconcellos (Quellenschr. f. Kunstgesch. u. Kunsttechnik d. Mittelalters u. d. Neuzeit, N.F. IX). Wien 1899

Gauricus, Pomponius: De Sculptura. Ins Dt. übers. v. H. Brockhaus. Leipzig 1886

Ghiberti, Lorenzo: I commentarii, hrsg. v. J. v. Schlosser unter dem Titel: Lorenzo Ghibertis Denkwürdigkeiten, 2 Bde., Berlin 1912

Giovio, Paolo: I tre elogi degli artisti. In: Gli elogi degli uomini illustri, a cura di R. Meregazzi, Opere VIII, Rom 1972, S. 227–232
Guglielmo Ebreo: Trattato dell'arte del ballo. In: Scelta di curiosità letterarie inedite o rare, Vol. XXXIII Dispense CXXXI–CXXXII.1, Bologna 1968
Leonardo da Vinci: Les manuscrits ... avec transcriptions littérales. Ausg. M. C. Ravaisson-Mollien, 6 Bde., Paris 1881–91
Leonardo da Vinci: Das Buch von der Malerei, nach dem Codex Vaticanus (Urbinas) 1270. Ins Dt. übers. u. hrsg. v. H. Ludwig (Quellenschr. f. Kunstgesch. u. Kunsttechnik d. Mittelalters u. d. Renaissance XV–XVII). 3 Bde., Wien 1882
Leonardo da Vinci: Il codice Atlantico ... nella Biblioteca Ambrosiana di Milano. 2 Bde., Mailand 1894–1904
Leonardo da Vinci: Traktat von der Malerei, Ausg. M. Herzfeld. Jena 1909
Leonardo da Vinci: Der Denker, Forscher und Poet. Nach den veröffentlichten Handschriften. Ausg. M. Herzfeld. 3 Aufl. Jena 1911
Leonardo da Vinci: Tagebücher und Aufzeichnungen, nach den italienischen Handschriften, übers. u. hrsg. v. T. Lücke. Leipzig 1940
Leonardo da Vinci: Tutti gli scritti – Scritti letterari, a cura di A. Marinoni. Mailand 1952
Leonardo da Vinci: The Literary Works, ital. u. engl., hrsg. v. J. P. Richter. 3. Aufl. London 1973
Leone Ebreo: Dialoghi d'amore, a cura di S. Caramella (Scrittori d'Italia 114). Bari 1929
Lomazzo, Giovanni Paolo: Trattato dell'arte della pittura, scultura ed architettura. 3 Bde., Rom 1844
Luigini da Udine, Federigo: Il libro della bella donna, a cura di G. Daelli (Bibl. Rara XXIII). Mailand 1863
Machiavelli, Niccolò: Lettere, a cura di F. Gaeta. In: Opere 6, Mailand 1961
Mander, Karel van: Das Lehrgedicht (Het Schilder-Boeck), niederl. u. dt., hrsg. v. R. Hoecker (Quellenstudien z. holländ. Kunstgesch. VIII). Haag 1916
Manetti, Antonio: Vita di Filippo Brunelleschi, ed. critica D. de Robertis, Note di G. Tanturli. Mailand 1976
Medici, Lorenzo de': Dichtungen. Ins Dt. übers. v. C. Stange. 2 Bde., Bremen 1940
Medici, Lorenzo de': Comento sopra alcuni de'suoi sonetti. In: Opere, a cura di L. Cavalli, Neapel 1969
Michelangelo Buonarroti: Die Gedichte des M.B. Ins Dt. übers. v. W. Robert-tornow. Berlin 1896
Michelangelo Buonarroti, hrsg. v. Carl Frey unter dem Titel: Die Dichtungen des M.B. (1897), Berlin 1964
Michelangelo Buonarroti: Sonette. Ins Dt. übers. v. E. Redslob. Heidelberg 1964
Michiel, Marc Anton, hrsg. v. Theodor Frimmel unter dem Titel: Der Anonimo Morelliano, Marcanton Michiel's Notizia d'opere del disegno, ital. u. dt. (Quellenschr. f. Kunstgesch. u. Kunsttechnik d. Mittelalters u. d. Neuzeit, N.F. 1). Wien 1888

Montaigne, Michel de: Reisetagebuch. In: Ges. Werke, hrsg. v. O. Flake u. W. Weigand. München, Leipzig 1908
Montaigne, Michel de: Die Essais. Ausgewählt u. ins Dt. übers. v. A. Franz. Stuttgart 1969
Nifo, Agostino: Libri due, de pulchro et de amore. Lugduni 1549
Palladio, Andrea: I quattro libri dell'architettura. Venedig 1570. Nachdr. Hildesheim, New York 1979
Palladio, Andrea: Die vier Bücher zur Architektur. Ins Dt. übers. v. A. Beyer u. U. Schütte, Darmstadt 1986
Patrizi, Francesco: L'amorosa filosofia, a cura di J. C. Nelson. Florenz 1963
Patrizi, Francesco: Pagine scelte, a cura di S. Cella. Padua 1965
Petrarca, Francesco: Epistolae de Rebus Familiaribus. Florenz 1859
Petrarca Francesco: L'autobiografia, il secreto e dell'ignoranza sua e d'altrui, a cura di A. Solerti. Florenz 1904
Petrarca, Francesco: De sui ipsius et multorum ignorantia (Bibliothèque Littéraire de la Renaissance 6). Ausg. L. M. Capelli. Paris 1906
Petrarca, Francesco: Brief an die Nachwelt. Ins Dt. übers. v. H. Hefele (Das Zeitalter d. Renaissance I/2). Jena 1925
Petrarca, Francesco: Briefe. Ausgewählt u. übers. v. H. Nachod u. P. Stern. Berlin 1931
Petrarca, Francesco: De secreto conflictua curarum mearum. In: Opere, a cura di E. Bigi (I classici italiani II). 2. Aufl. Mailand 1964
Philostrat: Die Bilder, griech. u. dt., hrsg. v. O. Schönberger. Tübingen 1968
Piccolomini, Enea Silvio: Briefwechsel. Hrsg. v. R. Wolkan. 4 Bde., Wien 1909–18
Piccolomini, Enea Silvio: Ausgewählte Texte. Ins Dt. übers. v. B. Widmer. Basel, Stuttgart 1960
Piccolomini, Enea Silvio: Briefe, Dichtungen. Ins Dt. übers. v. M. Mell u. U. Abel. München 1966
Piccolomini, Enea Silvio: Commentarii rerum memorabilium. Ausg. Rom 1584. Nachdr. Frankfurt a. M. 1974
Pico della Mirandola, Giovanni: Commento suo una canzona de amore composta di Girolamo da Benivieni ... In: ders., De hominis dignitate, a cura di E. Garin, Florenz 1942, S. 443–581
Pico della Mirandola, Giovanni: De dignitate hominis, lat. u. dt. Ins Dt. übers. v. H. Reich, eingeleitet v. E. Garin (Respublica Literaria 1). Bad Homburg u. a. 1968
Pino, Paolo: Dialogo di pittura. Venedig 1548. In: P. Barocchi (Hrsg.), Trattati d'arte ..., Bari 1960, I, S. 93–139
Pius II., s. Piccolomini
Platon: Phaidon. Politeia. Ins Dt. übers. v. F. Schleiermacher (Sämtl. Werke 3). Hamburg 1958
Platon: Phaidros oder vom Schönen. Ins Dt. übers. v. K. Hildebrandt. Stuttgart 1965
Platon: Das Gastmahl oder von der Liebe. Ins Dt. übers. v. K. Hildebrandt. Stuttgart 1968

Plinius d. Ä.: Naturkunde (Naturalis Historiae), Buch XXXV: Farben, Malerei, Plastik, lat. u. dt. Ins Dt. übers. v. R. König. Darmstadt 1978
Plinius d. J.: Briefe, lat. u. dt., hrsg. v. H. Kasten. 5. Aufl. München, Zürich 1984
Ristoro d'Arezzo: Della composizione del mondo, pubbl. da E. Narducci (Bibl. Rara LIV). Mailand 1864
Sannazaro, Jacopo: Arcadia. In: Opere, a cura di E. Carrara (Classici italiani 25), Turin 1925, S. 49–220
Savonarola, Girolamo: Auswahl aus seinen Schriften und Predigten. Ins Dt. übers. v. J. Schnitzer (Das Zeitalter d. Renaissance II/10). Jena 1928
Savonarola, Girolamo: De simplicitate christianae vitae. In: Opere IV, Rom 1959
Savonarola, Girolamo: Prediche sopra Aggeo. In: Opere VII, Rom 1965
Savonarola, Girolamo: Espositio in psalmum Miserere mei, Deus. In: Opere XII, Rom 1976
Scaliger, Julius Caesar: Poeticus libri septem. Lyon 1561. Nachdr. Stuttgart u. a. 1964
Sorte, Cristoforo: Osservazioni nella pittura. Venedig 1580. In: P. Barocchi (Hrsg.), Trattati d'arte ..., Bari 1960, I, S. 271–301
Tacitus: Annalen, lat. u. dt., hrsg. v. E. Heller. Zürich, München 1982
Tasso, Torquato: La Gerusalemme Liberata (Befreites Jerusalem), ital. u. dt., hrsg. v. K. Streckfuß. 2 Bde., Leipzig 1822
Tasso, Torquato: Aminta, ital. u. dt., hrsg. v. O. Taube. Bremen 1968
Trissino, Gian Giorgio: I Ritratti. In: W. Hirdt, Gian Giorgio Trissinos Porträt der Isabella d'Este. Ein Beitrag zur Lukian-Rezeption in Italien (Studien zum Fortwirken der Antike 12), ital. u. dt., Heidelberg 1981, S. 19–39
Tullia d'Aragona: Della infinità di amore, Venedig 1547. In: G. Zonta (Hrsg.), Trattati d'amore del Cinquecento, Bari 1912, S. 145–243
Valla, Lorenzo: De voluptate/On Pleasure, lat. u. engl., translat. by A.K. Hieatt and M. Lorch. New York 1977
Varchi, Benedetto: Opere. 2 Bde., Triest 1858/59
Vasari, Giorgio: Die Lebensbeschreibungen der berühmtesten Architekten, Bildhauer und Maler. Übers. u. komm. v. A. Gottschewski, G. Gronau, M. Wackernagel, E. Jaeschke. 7 Bde., Straßburg 1904–1927
Vasari, Giorgio: Le vite de piú eccellenti architetti, pittori, et scultori italiani, de Cimabue insino a'tempi nostri. Florenz 1550. 2. Aufl. Florenz 1568 unter dem Titel: Le vite de'più eccellenti pittori, scultori et architettori ... di nuovo ampliate ... co' ritratti loro. Testo a cura di R. Bettarini, Commento a cura di P. Barocchi. Florenz 1966 ff.
Vieri detto il Verino Secondo, Francesco de': Lezzioni d'amore, with a introduction by J. Colaneri (Humanist. Bibl., Abhandlungen u. Texte II/6). München 1973
Villani, Giovanni: Cronica. 3 Bde., Florenz 1845. Nachdr. Frankfurt a. M. 1969
Vitruv: De architectura libri decem (Zehn Bücher über die Architektur), lat. u. dt., hrsg. v. C. Fensterbusch. 3. Aufl. Darmstadt 1981

Xenophon: Oekonomikus oder über die Haushaltungskunst. Ins Dt. übers. v. A. Zeising. Stuttgart 1866
Zuccari, Federico: L'idea de'pittori, scultori e architetti. Turin 1607. In: Scritti d'arte, a cura di D. Heikamp (Fonti per lo studio della storia dell'arte inedite o rare I). Florenz 1961

2. Sammelwerke

Barocchi, Paola (Hrsg.): Scritti d'arte del Cinquecento. 3 Bde., Mailand, Neapel 1971–76
Barocchi, Paola (Hrsg.): Trattati d'arte del Cinquecento fra manierismo e controriforma (Scrittori d'Italia 219, 221, 222). Bd. 1: Varchi, Pino, Dolce, Danti, Sorte. Bari 1960. Bd. 2: Gilio, Paleotti, Aldrovandi. Bari 1961. Bd. 3: C. Borromeo, Ammannati, Bocchi, R. Alberti, Comanini. Bari 1962
Bottari, Giovanni Gaetano u. Ticozzi, Stefano: Raccolta di lettere sulla pittura, scultura ed architettura. 8 Bde., Mailand 1822–25. Nachdrucke Hildesheim 1976, Sala Bolognese 1979/80
Garin, Eugenio (Hrsg.): La disputa delle arti nel quattrocento. Testi editi ed inediti di Giovanni Baldi, Leonardo Bruni, Poggio Bracciolini, Giovanni d'Arezzo, Bernardo Ilicino, Niccoletto Vernia, Antonio de'Ferrariis detto il Galateo (Edizione Naz. dei Classici del pensiero italiano I/9). Florenz 1947
Gaye, Giovanni (Hrsg.): Carteggio inedito d'artisti dei secoli XIV, XV, XVI. 3 Bde., Florenz 1839/40. Nachdruck Turin 1961
Guhl, Ernst (Hrsg.): Künstlerbriefe. 2. Aufl. Berlin 1880
Holt, Elizabeth Gilmore (Hrsg.): A Documentary History of Art (1947/48). 2 Bde., Princeton 1981/82
Sciolla, Gianni Carlo, con la collaborazione di A. Tessari (Hrsg.): Letteratura artistica dell'età dell'umanesimo, Antologia di Teste 1400–1520. Turin 1982
Zonta, Giuseppe (Hrsg.): Trattati d'amore del Cinquecento (Giuseppe Betussi, Francesco Sansovino, Tullia d'Aragona, Bartolommeo Gottifredi) (Scrittori d'Italia 37). Bari 1912

3. Sekundärliteratur

Albrecht, Juerg: Die Häuser von Giorgio Vasari in Arezzo und Florenz. In: Künstlerhäuser von der Renaissance bis zur Gegenwart, hrsg. v. E. Hüttinger, Zürich 1985, S. 83–100
Alpers, Svetlana Leontief: ›Ekphrasis‹ and Aesthetic Attitudes in Vasari's ›Lives‹. In: Journal of the Warburg and Courtauld Institutes 23 (1960), S. 190–215
Anders, Günther: Die Antiquiertheit des Menschen. 2 Bde., München 1987
Andreae, Bernard: Plinius und der Laokoon (8. Trierer Winckelmannsprogramm). Mainz 1987

Antal, Frederic: Die florentinische Malerei und ihr sozialer Hintergrund. Berlin 1958
Assunto, Rosario: Il paesaggio e l'estetica (Geminae ortae 14). 2 Bde., Neapel 1973
Assunto, Rosario: Die Theorie des Schönen im Mittelalter (1963). Köln 1982
Bauer, Hermann: Kunst und Utopie. Studien über das Kunst- und Staatsdenken in der Renaissance. Berlin 1965
Baxandall, Michael: Bartholomaeus Facius on Painting. A fifteenthcentury Manuscript of the ›De viris illustribus‹. In: Journal of the Warburg and Courtauld Institutes 27 (1964), S. 90–107
Baxandall, Michael: Guarino, Pisanello and Manuel Chrysoloras. In: Journal of the Warburg and Courtauld Institutes 28 (1965), S. 183–204
Baxandall, Michael: Die Wirklichkeit der Bilder. Malerei und Erfahrung im Italien des 15. Jahrhunderts. Frankfurt a. M. 1984
Beierwaltes, Werner: Marsilio Ficinos Theorie des Schönen im Kontext des Platonismus (Sitzungsberichte d. Heidelberger Akad. d. Wissenschaften, Philos.-Histor. Kl., Jg. 1980, Abh. 11). Heidelberg 1980
Bentmann, Reinhard u. Müller, Michael: Materialien zur italienischen Villa der Renaissance. In: Architectura. Zeitschrift für Geschichte der Architektur, München, Berlin 1972, S. 167–191
Bentmann, Reinhard u. Müller, Michael: Die Villa als Herrschaftsarchitektur. Versuch einer kunst- und sozialgeschichtlichen Analyse (1970). 2. Aufl. Frankfurt a. M. 1981
Blume, Dieter: Beseelte Natur und ländliche Idylle. In: Natur und Antike in der Renaissance, Ausstell. Kat. Frankfurt a. M. 1985/86, S. 173–197
Blunt, Anthony: Kunsttheorie in Italien 1450–1600 (1940). München 1984
Böheim, Julius: Das Landschaftsgefühl des ausgehenden Mittelalters. Diss. Leipzig 1934
Borinski, Karl: Die Antike in Poetik und Kunsttheorie. Vom Ausgang des klassischen Altertums bis auf Goethe und Wilhelm von Humboldt. 2 Bde., 2. Aufl. Leipzig 1914
Borinski, Ludwig: Das Wesen des europäischen Humanismus. In: Antike und Abendland 14 (1968), S. 19–35
Braghirolli, Willelmo: Notizie e documenti inediti intorno a Pietro Vannucci detto il Perugino. In: Giornale di Erudizione artistica, Bd. 2 (Boncompagni 1873), S. 73–80, 137–144, 209–217, 241–250, 273–291
Brainard, Ingrid: Die Choreographie der Hoftänze in Burgund, Frankreich und Italien. Maschinenschriftl. Diss. Göttingen 1956
Braunfels, Sigrid: Vom Mikrokosmos zum Meter. In: Der »vermessene« Mensch. Anthropometrie in Kunst und Wissenschaft, München 1973, S. 43–74
Braunfels, Sigrid: Der vermessene Mensch. In: Die Antike-Rezeption in den Wissenschaften während der Renaissance, hrsg. v. A. Buck u. K. Heitmann (Mitteilung X der Komm. f. Humanismusforschung), Weinheim 1983, S. 51–70

Braunfels, Wolfgang: Mittelalterliche Stadtbaukunst in der Toskana. Berlin 1953
Bredekamp, Horst: Der Mensch als Mörder der Natur. Das ›Iudicuum Iovis‹ von Paul Niavis und die Leibmetaphorik. In: All Geschöpf ist Zung und Mund. Beiträge aus dem Grenzbereich von Naturkunde und Theologie, hrsg. v. H. Reinitzer (Vestigia Bibliae 6), Hamburg 1984, S. 261–283
Bredekamp, Horst: Vicino Orsini und der heilige Wald von Bomarzo. 2 Bde., Worms 1985
Brinckmann, Albert Erich: Baumstilisierungen in der mittelalterlichen Malerei (Studien zur deutschen Kunstgeschichte 69). Straßburg 1906
Buck, August (Hrsg.): Zu Begriff und Problem der Renaissance. Darmstadt 1969
Buderath, Bernhard u. Makowski, Henry: Die Natur dem Menschen untertan. Ökologie im Spiegel der Landschaftsmalerei. München 1986
Bürck, Gerhart: Selbstdarstellung und Personenbildnis bei Enea Silvio Piccolomini (Pius II.) (Baseler Beiträge zur Geschichtswissenschaft 56). Basel, Stuttgart 1956
Burckhardt, Jacob: Die Kultur der Renaissance in Italien. Ein Versuch (1860). 10. Aufl. Stuttgart 1976
Burckhardt, Jacob: Der Cicerone. Eine Anleitung zum Genuß der Kunstwerke Italiens (1855). Stuttgart 1986
Burdach, Konrad: Reformation, Renaissance, Humanismus. Zwei Abhandlungen über die Grundlage moderner Bildung und Sprachkunst (1910/14). Darmstadt 1978
Burke, Peter: Helden, Schurken und Narren. Europäische Volkskultur in der frühen Neuzeit. Stuttgart 1981
Burke, Peter: Die Renaissance in Italien. Sozialgeschichte einer Kultur zwischen Tradition und Erfindung. Berlin 1985
Buscaroli, Rezio: La pittura di paesaggio in Italia. Bologna 1935
Buttlar, Adrian v. u. Eberle, Matthias: Landschaft und Landschaftsgarten. In: Funkkolleg Kunst, Studienbegleitbrief 7, hrsg. v. Dt. Inst. f. Fernstudien a. d. Univ. Tübingen. Weinheim, Basel 1985
Caliari, Pietro: Paolo Veronese, sua vita e sue opere. Rom 1888
Cassirer, Ernst: Individuum und Kosmos in der Philosophie der Renaissance. Berlin 1927
Chapeaurouge, Donat de: Aktporträts des 16. Jahrhunderts. In: Jahrbuch der Berliner Museen 11 (1969), S. 161–177
Chledowski, Casimir v.: Rom – Die Menschen der Renaissance. 4. Aufl. München 1913
Clark, Kenneth: Landschaft wird Kunst. Köln 1962
Confurius, Gerrit: Sabbioneta – oder die schöne Kunst der Stadtgründung. München, Wien 1984
Croce, Benedetto: Il ›De pulchro‹ di Agostino Nifo. In: Quaderni della critica 3 (Bari 1947), S. 54–61
Curtius, Ernst Robert: Europäische Literatur und lateinisches Mittelalter. Bern 1948

Daltrop, Georg: Die Laokoongruppe im Vatikan (Xenia, Konstanzer Althistor. Vorträge u. Forschungen 5). Konstanz 1982
Deruisseau, L. G.: Die Moden der Renaissance. In: Ciba-Rundschau 17 (1937), S. 590–621
Dietze, Walter: Raum, Zeit und Klasseninhalt der Renaissance. In: Renaissance-Barock-Aufklärung, hrsg. v. W. Bahner, Kronenberg/Ts. 1976, S. 72–128
Dolff-Bonekämper, Gabi u. Fast, Kirsten u. Friedrich, Annegret: Der feministische Ansatz: Zur Korrektur des herrschenden Blicks. In: Funkkolleg Kunst, Studienbegleitbrief 12, hrsg. v. Dt. Inst. f. Fernstudien a. d. Univ. Tübingen. Weinheim, Basel 1985
Dörrenhaus, Fritz: Villa und Villegiatura in der Toskana. Wiesbaden 1976
Drerup, Heinrich: Die römische Villa. In: Marburger Winckelmann-Programm 1959, S. 1–24
Dresdner, Albert: Die Entstehung der Kunstkritik im Zusammenhang der Geschichte des europäischen Kunstlebens (1915). München 1968
Eberle, Matthias: Individuum und Landschaft: zur Entstehung und Entwicklung der Landschaftsmalerei. Gießen 1980
Eco, Umberto: Der Name der Rose. München 1986
Elias, Norbert: Über den Prozeß der Zivilisation. 2 Bde., 13. Aufl. Frankfurt a. M. 1988
Elwert, W. Theodor: Michelangelo und die italienische Lyrik der Hochrenaissance. In: Ders., Aufsätze zur italienischen Lyrik (Studien zu den romanischen Sprachen und Literaturen 1), Wiesbaden 1967, S. 45–76
Ercoli, Giuliano: Il Trecento Senese nei Commentari di Lorenzo Ghiberti. In: Lorenzo Ghiberti nel suo tempo ... (Istituto Naz. di Studi sul Rinascimento), 2 Bde., Florenz 1980, II, S. 317–341
Esch, Arnold: Über den Zusammenhang von Kunst und Wirtschaft in der italienischen Renaissance. In: Zeitschrift für historische Forschung 8 (1981), S. 179–222
Euler-Künsemüller, Sabine: Bildgestalt und Erzählung zum frühen Reliefwerk Lorenzo Ghibertis. Diss. Bochum, Frankfurt a. M. u. a. 1980
Europäische Kunst um 1400. 8. Ausstellung unter den Auspizien des Europarates. Ausstell. Kat. Wien 1962
Fazio, Mario: Historische Stadtzentren Italiens. Köln 1980
Feinstein, Diego Horacio: Der Harmoniebegriff in der Kunstliteratur und Musiktheorie der italienischen Renaissance. Diss. Freiburg i. Br. 1977
Feldges, Uta: Landschaft als topographisches Porträt. Der Wiederbeginn der europäischen Landschaftsmalerei in Siena. Bern 1980
Feliciangeli, B.: L'itinerario d'Isabella d'Este Gonzaga attraverso la Marca e l'Umbria nell'Aprile del 1494. In: Atti e Memorie della R. Deputazione di storia patria per le province delle Marche, N.S. Bd. VIII (1912), S. 1–119
Floerke, Hanns: Das Weib in der Renaissance. München 1929
Forster, Kurt W.: Back to the Farm. Vernacular Architecture and the Development of the Renaissance Villa. In: Architectura. Zeitschrift für Geschichte der Architektur, München, Berlin 1974, S. 1–12

Förster, Renate: Liebe, Poesie, Emanzipation. Petrarca und die Dichterinnen der italienischen Renaissance. Frankfurt a. M. 1985
Friedländer, Max J.: Von Kunst und Kennerschaft. Berlin 1957
Garin, Eugenio: Der italienische Humanismus. Bern 1947
Garin, Eugenio: Geschichte und Dokumente der abendländischen Pädagogik I, Mittelalter. Reinbek b. Hamburg 1964
Gehlen, Arnold: Ueber einige Kategorien des entlasteten, zumal des ästhetischen Verhaltens. In: Studium Generale Jg. 3, H. 1 (1950), S. 54–60
Gerl, Hanna-Barbara: Einführung in die Philosophie der Renaissance. Darmstadt 1989
Gerstenberg, Kurt: Die ideale Landschaftsmalerei. Ihre Begründung und Vollendung in Rom. Halle 1933
Gleichen-Russwurm, Alexander v.: Geschichte der europäischen Geselligkeit. Bd. 4: Die Sonne der Renaissance – Sitten und Gebräuche der europäischen Welt 1450–1600. Stuttgart 1921
Goebel, Gerhard: Träume von Polifilo. In: Italienische Studien 5 (1982) S. 3–21
Goethe, Johann Caspar: Reise durch Italien im Jahre 1740 (Viaggio per Italia). Ins Dt. übers. v. A. Meier. München 1986
Goethe, Johann Wolfgang: Tagebuch der italienischen Reise 1786. Frankfurt a. M. 1976
Gombrich, Ernst H.: Ideal und Typus in der italienischen Renaissancemalerei. Opladen 1983
Gombrich, Ernst H.: Die Kunsttheorie der Renaissance und die Entstehung der Landschaftsmalerei. In: Ders., Zur Kunst der Renaissance, Bd. 1, Norm und Form, Stuttgart 1985, S. 140–157, 192–197
Gombrich, Ernst H.: Leonardo da Vincis Forschungsmethode der Analyse und Permutation. Die Formen der Bewegung von Wasser und Luft. In: Ders., Zur Kunst der Renaissance, Bd. 3, Die Entdeckung des Sichtbaren, Stuttgart 1987, S. 55–76, 168–177
Gramaccini, Norberto: Das genaue Abbild der Natur – Riccios Tiere und die Theorie des Naturabgusses seit Cennino Cennini. In: Natur und Antike in der Renaissance, Ausstell. Kat. Frankfurt a. M. 1985/86, S. 198–225
Grassi, Ernesto: Die Theorie des Schönen in der Antike (1962). Köln 1980
Grassi, Ernesto: Einführung in philosophische Probleme des Humanismus. Darmstadt 1986
Guldan, Ernst: Das Monster-Portal am Palazzo Zuccari in Rom. Wandlungen eines Motivs vom Mittelalter zum Manierismus. In: Zeitschrift für Kunstgeschichte 32 (1969), S. 229–261
Gurjewitsch, Aaron J.: Das Weltbild des mittelalterlichen Menschen. München 1980
Hansmann, Wilfried: Gartenkunst der Renaissance und des Barock. Köln 1983
Hauser, Arnold: Sozialgeschichte der Kunst und Literatur. 2 Bde., München 1953
Hausmann, Friederike: Zwischen Landgut und Piazza. Der Alltag von Florenz in Machiavellis Briefen. Berlin 1987

Heller, Agnes: Der Mensch der Renaissance. Köln 1981
Hennebo, Dieter: Geschichte des Stadtgrüns – I. Von der Antike bis zur Zeit des Absolutismus. Hannover u. a. 1970
Herzog, Günter: Hubert Robert und das Bild im Garten. Worms 1989
Hoffmann, Konrad: Antikenrezeption und Zivilisationsprozeß im erotischen Bilderkreis der frühen Neuzeit. In: Antike und Abendland 24 (1978), S. 146–158
Hösle, Johannes: Pietro Aretinos Werk. Berlin 1969
Hübner, Kurt: Der Begriff des Naturgesetzes in der Antike und in der Renaissance. In: Die Antike-Rezeption in den Wissenschaften während der Renaissance, hrsg. v. A. Buck u. K. Heitmann (Mitteilung X der Komm. f. Humanismusforschung), Weinheim 1983, S. 7–28
Humboldt, Alexander v.: Kosmos. Entwurf einer physischen Weltbeschreibung, 5 Bde., Stuttgart, Tübingen 1865–62
Hüttinger, Eduard: Künstlerhäuser von der Renaissance bis zur Gegenwart. Zürich 1985
Ilg, Albert: Ueber den kunsthistorischen Werth der Hypnerotomachia Poliphili. Wien 1872
Ingenhoff-Danhäuser, Monika: Maria Magdalena – Heilige und Sünderin in der italienischen Renaissance. Tübingen 1984
Jahn, Johannes: Antike Tradition in der Landschaftsdarstellung bis zum 15. Jahrhundert (Sitzungsberichte der sächs. Akad. d. Wiss. zu Leipzig, Philolog.-histor. Kl., Bd. 117, H. 1). Berlin 1975
Jaspers, Karl: Lionardo als Philosoph, Bern, 1953
Kallab, Wolfgang: Vasari-Studien (Quellenschriften f. Kunstgesch. u. Kunsttechnik d. Mittelalters u. d. Neuzeit, N.F. 15). Wien, Leipzig 1908
Keller, Harald: Die Kunstlandschaften Italiens (1960). 2 Bde., München 1983
Kern, Edith: Die Gärten in der Rahmenerzählung des ›Decameron‹. In: Boccaccios Decameron, hrsg. v. P. Brockmeier, Darmstadt 1974, S. 244–270
Kirschstein, Max: Siena. München 1923
Klesse, Brigitte: Seidenstoffe in der italienischen Malerei des 14. Jahrhunderts (Schriften d. Abegg-Stiftg. 1). Bern 1967
Klotz, Heinrich B.: L. B. Albertis ›De re aedificatoria‹ in Theorie und Praxis. In: Zeitschrift für Kunstgeschichte 32 (1969), S. 93–103
Koerting, Gustav: Petrarca's Leben und Werke (Geschichte der Literatur Italiens im Zeitalter der Renaissance 1). Leipzig 1878
Könneker, Barbara: Wesen und Wandel der Narrenidee im Zeitalter des Humanismus. Wiesbaden 1966
Krautheimer, Richard: Lorenzo Ghiberti. Princeton 1956
Kris, Ernst u. Kurz, Otto: Die Legende vom Künstler. Wien 1934
Kristeller, Paul Oskar: Changing Views of the Intellectual History of the Renaissance since Jacob Burckhardt. In: The Renaissance – A Reconsideration of the Theories and Interpretations of the Age, hrsg. v. T. Helton, Madison/Wisconsin 1961, S. 27–52

Kristeller, Paul Oskar: Die Philosophie des Marsilio Ficino. Frankfurt a. M. 1972
Kristeller, Paul Oskar: Humanismus und Renaissance (Humanist. Bibliothek R. I, Bd. 21, 22). 2 Bde., München 1974–76
Kristeller, Paul Oskar: Acht Philosophen der italienischen Renaissance: Petrarca, Valla, Ficino, Pico, Pomponazzi, Telesio, Patrizi, Bruno. Weinheim 1983
Kubelik, Martin: Zur typologischen Entwicklung der Quattrocento-Villa im Veneto. Diss. Aachen, 2 Bde., München 1977
Künstler, Gustav: Vom Entstehen des Einzelbildnisses und seiner frühen Entwicklung in der flämischen Malerei. In: Wiener Jahrbuch für Kunstgeschichte 27 (1974), S. 20–64
Lauts, Jan: Isabella d'Este. Fürstin der Renaissance 1474–1539. Hamburg 1952
Lebe, Reinhard: Als Markus nach Venedig kam. Die Erfolgsgeschichte der Republik von San Marco. Frankfurt a. M. 1980
Lehmann, Herbert: Die Physiognomie der Landschaft. In: Studium Generale Jg. 3, H. 4/5 (1950), S. 182–195
Lehmann, Herbert: Zur Problematik der Abgrenzung von ›Kunstlandschaften‹ dargestellt am Beispiel der Po-Ebene. In: Erdkunde. Archiv für wissenschaftliche Geographie 15 (1961), S. 249–264
Lippe, Rudolf zur: Naturbeherrschung am Menschen. Bd. 1: Körpererfahrung als Entfaltung von Sinnen und Beziehungen in der Ära des italienischen Kaufmannskapitals. Frankfurt a. M. 1974
Lorenz, Hellmut: Leon Battista Alberti. In: Exempla historica, Epochen der Weltgeschichte in Biographien, Bd. 20, Frankfurt a. M. 1983, S. 27–50
Lorenz, Konrad: Die Rückseite des Spiegels. Versuch einer Naturgeschichte menschlichen Erkennens. 3. Aufl. München 1980
Lorenzetti, Paolo: La bellezza e l'amore nei trattati del cinquecento. Pisa 1917
Lüdecke, Heinz: Leonardo da Vinci im Spiegel seiner Zeit. Berlin 1952
Maisak, Petra: Arkadien. Genese und Typologie einer idyllischen Wunschwelt (Europ. Hochschulschriften R. XXVIII, Kunstgeschichte 17). Frankfurt a. M., Bern 1981
Martin, Alfred v.: Soziologie der Renaissance. 3. Aufl. München 1974
Meiss, Millard: Painting in Florence and Siena after the Black Death. Princeton, New Jersey 1951
Mereschkowski, Dimitri: Leonardo da Vinci (1902). München, Zürich 1973
Mühlhäusser, Anna: Die Landschaftsschilderung in Briefen der italienischen Frührenaissance (Abhandlungen zur Mittleren und Neueren Geschichte 56). Berlin, Leipzig 1914
Mühlmann, Heiner: Albertis St. Andrea-Kirche und das Erhabene. In: Zeitschrift für Kunstgeschichte 32 (1969), S. 153–157
Mühlmann, Heiner: Über den humanistischen Sinn einiger Kerngedanken der Kunsttheorie seit Alberti. In: Zeitschrift für Kunstgeschichte 33 (1970), S. 127–142
Mühlmann, Heiner: Ästhetische Theorie der Renaissance, Leon Battista Alberti. Bonn 1981

Münkler, Herfried: Machiavelli. Die Begründung des politischen Denkens der Neuzeit aus der Krise der Republik Florenz. Frankfurt a. M. 1982
Naredi-Rainer, Paul v.: Architektur und Harmonie. Zahl, Maß und Proportion in der abendländischen Baukunst. Köln 1982
Nelson, John Charles: Renaissance Theory of Love. The Context of Giordano Bruno's ›Eroici furori‹. New York 1958
Oberhuber, Konrad: Hieronymus Cook, Battista Pittoni und Paolo Veronese in Villa Maser. In: Munuscula Discipulorum. Kunsthistor. Studien, Hans Kauffmann z. 70. Geb. 1966, hrsg. v. T. Buddensieg u. M. Winner, Berlin 1968, S. 207–223
Otto, Stephan (Hrsg.): Geschichte der Philosophie in Text und Darstellung. Bd. 3: Renaissance und frühe Neuzeit. Stuttgart 1984
Panhans, Günter: Florentiner Maler verarbeiten ein Eyckisches Bild. In: Wiener Jahrbuch für Kunstgeschichte 27 (1974), S. 188–198
Panofsky, Erwin: The Codex Huygens and Leonardo da Vinci's Art Theory. London 1940
Panofsky, Erwin: Idea. Ein Beitrag zur Begriffsgeschichte der älteren Kunsttheorie (Studien der Bibliothek Warburg 5, 1925). 3. Aufl. Berlin 1975
Panofsky, Erwin: Sinn und Deutung in der bildenden Kunst. Köln 1978
Panofsky, Erwin: Studien zur Ikonologie (1939). Köln 1980
Panofsky, Erwin: Die Renaissancen der europäischen Kunst. Frankfurt a. M. 1984
Passavant, Johann David: Rafael von Urbino und sein Vater Giovanni Santi, Bd. 1, Leipzig 1839
Pater, Walter: Die Renaissance. Leipzig 1902
Pauly, Charlotte Elfriede: Der venezianische Lustgarten. Seine Entwicklung und seine Beziehungen zur venezianischen Malerei (Zur Kunstgeschichte des Auslandes 112). Straßburg 1916
Pächt, Otto: Early Italian Nature Studies and the Early Calendar Landscape. In: Journal of the Warburg and Courtauld Institutes 13 (1950), S. 13–47
Pedrazzoli, A.: La marchesa Isabella d'Este Gonzaga a diporto sul Lago di Garda colla sua corte. In: Archivio storico lombardo 17 (Mailand 1890), S. 866–878
Pedretti, Carlo: Leonardo da Vinci – Natur und Landschaft. Naturstudien aus der Kgl. Bibliothek in Windsor Castle. Einleitung v. K. Clark, Kat. v. C. Pedretti. Ausstell. Kat. Hamburg 1983
Perpeet, Wilhelm: Das Kunstschöne. Sein Ursprung in der italienischen Renaissance. Freiburg, München 1987
Perrig, Alexander: Leonardo: Die Anatomie der Erde. In: Jahrbuch der Hamburger Kunstsammlungen 25 (1980), S. 51–80
Perrig, Alexander: Der Renaissancekünstler als Wissenschaftler. In: Funkkolleg Kunst, Studienbegleitbrief 25, hrsg. v. Dt. Inst. f. Fernstudien a. d. Univ. Tübingen. Weinheim, Basel 1985
Perrig, Alexander: Die theoriebedingten Landschaftsformen in der italienischen Malerei des 14. und 15. Jahrhunderts. In: Die Kunst und das Studium der Natur, hrsg. v. W. Prinz u. A. Beyer, Weinheim 1987, S. 41–60

Petriconi, Hellmuth: Das neue Arkadien. In: Antike und Abendland 3 (1948), S. 187–200
Pfister, Kurt: Vittoria Colonna. Werden und Gestalt der frühbarocken Welt. München 1950
Pflaum, Heinz: Die Idee der Liebe. Leone Ebreo. Zwei Abhandlungen zur Geschichte der Philosophie in der Renaissance (Heidelberger Abhandlungen z. Philosophie u. ihrer Geschichte 7). Tübingen 1926
Pieper, Jan: Pienza. In: Bauwelt Jg. 77, H. 45 (1986), S. 1710–1731
Piepmeier, R.: Landschaft, III. Der ästhetisch-philosophische Begriff. In: Historisches Wörterbuch der Philosophie, V, Basel 1980, Sp. 15–28
Piper, Ernst: Der Aufstand der Ciompi. Berlin 1978
Piper, Ernst: Savonarola – Umtriebe eines Politikers und Puritaners im Florenz der Medici. Berlin 1979
Pleister, Werner: Boccaccio. In: Exempla historica, Epochen der Weltgeschichte in Biographien, Bd. 22, Frankfurt a. M. 1983, S. 9–43
Pochat, Götz: Figur und Landschaft – Eine historische Interpretation der Landschaftsmalerei von der Antike bis zur Renaissance. Berlin, New York 1973
Pochat, Götz: Geschichte der Ästhetik und Kunsttheorie. Von der Antike bis zum 19. Jahrhundert. Köln 1986
Prinz, Wolfram u. a.: Studien zu den Anfängen des oberitalienischen Villenbaues. In: Kunst in Hessen und am Niederrhein 13 (1973), S. 7–45
Reumont, Alfred v.: Frauenschicksale in der Renaissance. 2 Bde., Dresden 1927
Ritter, Joachim: Landschaft. Zur Funktion des Ästhetischen in der modernen Gesellschaft (Schriften d. Ges. zur Förderung d. Westfäl. Wilhelms-Universität zu Münster 54). Münster 1963, 2. Aufl. 1978
Ronner, Wolfgang: Die Kirche und der Keuschheitswahn. Christentum und Sexualität. München 1971
Rupprecht, Bernhard: Villa. Zur Geschichte eines Ideals. In: Probleme der Kunstwissenschaft. Bd. 2: Wandlungen des Paradiesischen und Utopischen. Studien zum Bild eines Ideals, hrsg. v. H. Bauer, Berlin 1966, S. 210–250
Schlosser, Julius v.: Die Kunstliteratur. Ein Handbuch zur Quellenkunde der Neueren Kunstgeschichte. Wien 1924
Schlosser, Julius v.: Leben und Meinungen des florentinischen Bildners Lorenzo Ghiberti. München 1941
Schmidt, Ernst A.: Arkadien. In: Abendland und Antike 21 (1975), S. 36–57
Schneider, Norbert: Natur und Kunst im Mittelalter. In: Funkkolleg Kunst, Studienbegleitbrief 10, hrsg. v. Dt. Inst. f. Fernstudien a. d. Univ. Tübingen. Weinheim, Basel 1985
Schudt, Ludwig: Italienreisen im 17. und 18. Jahrhundert (Röm. Forschungen der Bibliotheca Hertziana 15). Wien, München 1959
Schweinfurth, Philipp: Die Bedeutung der byzantinischen Kunst für die Stilbildung der Renaissance. In: Die Antike 9 (1933), S. 105–120
Snell, Bruno: Arkadien, die Entdeckung einer geistigen Landschaft. In: Antike und Abendland 1 (1945), S. 26–41

Steckner, Cornelius: Baurecht und Bauordnung – Architektur, Staatsmedizin und Umwelt bei Vitruv. In: Vitruv-Kolloquium, hrsg. v. H. Knell u. B. Wesenberg (Schriften d. Dt. Archäologen-Verbandes VIII), Darmstadt 1984, S. 259–278

Stützer, Herbert Alexander: Die italienische Renaissance. Köln 1977

Tatarkiewicz, Wladyslaw: Geschichte der Ästhetik. Bd. 3: Die Ästhetik der Neuzeit von Petrarca bis Vico. Basel, Stuttgart 1987

Toffanin, Giuseppe: Geschichte des Humanismus. Berlin 1941

Tolnay, Charles de: Werk und Weltbild des Michelangelo. Zürich 1949

Torney, A. u. J. F.: Renaissance-Intarsien, die Kunst der Geometrie. In: Spektrum der Wissenschaft (Sept. 1982), S. 112–119

Turner, Almon Richard: The Vision of Landscape in Renaissance Italy. Princeton 1966

Twain, Mark: Die Arglosen auf Reisen (The Innocents Abroad, 1869, Tl. 1). Ins Dt. übers. v. M. Busch (Amerikan. Humoristen 4). Leipzig 1875

Twain, Mark: Die neue Pilgerfahrt (The Innocents Abroad, 1869, Tl. 2). Ins Dt. übers. v. M. Busch (Amerikan. Humoristen 5). Leipzig 1875

Twain, Mark: Bummel durch Europa (A Tramp Abroad, 1880). Ins Dt. übers. v. A. M. Brock. In: Ges. Werke, III, München 1966

Vasoli, Cesare: Profezia e ragione. Studi sulla cultura del Cinquecento e del Seicento (Collana di Filosofia XVIII). Neapel 1974

Váczy, Péter: Die menschliche Arbeit als Thema der Humanisten und Künstler der Renaissance. In: Acta Historiae Artium, Acad. Scient. Hung. 13 (1967), S. 149–176

Verspohl, Franz-Joachim: Der Platz als politisches Gesamtkunstwerk. In: Funkkolleg Kunst, Studienbegleitbrief 6, hrsg. v. dt. Inst. f. Fernstudien a. d. Univ. Tübingen. Weinheim, Basel 1985

Vescovini, Graziella Federici: Le fonti ottiche medievali del Commentario terzo di Lorenzo Ghiberti. In: Lorenzo Ghiberti nel suo tempo ... (Istituto Naz. di Studi sul Rinascimento), 2 Bde., Florenz 1980, II, S. 349–387

Voigt, Georg: Enea Silvio de' Piccolomini als Papst Pius der Zweite, und sein Zeitalter. 3 Bde., Berlin 1856–63

Voigt, Georg: Die Wiederbelebung des classischen Alterthums. Berlin 1859

Vorländer, Karl: Geschichte der Philosophie. Bd. 3: Philosophie der Renaissance. Beginn der Naturwissenschaft. Reinbek b. Hamburg 1965

Wackernagel, Martin: Der Lebensraum des Künstlers in der florentinischen Renaissance. Leipzig 1938

Wackernagel, Martin: Der ideale Landsitz eines christlichen Humanisten der Renaissancezeit. In: Festgabe f. Alois Fuchs z. 70. Geb., hrsg. v. W. Tack, Paderborn 1950, S. 159–171

Walser, Ernst: Gesammelte Studien zur Geistesgeschichte der Renaissance. Basel 1932

Walters, Margaret: Der männliche Akt – Ideal und Verdrängung in der europäischen Kunstgeschichte. 3. Aufl. Berlin 1986

Warburg, Aby: Flandrische Kunst und Florentinische Frührenaissance. In: Jahrbuch der Preuss. Kunstsammlungen 23 (1902) S. 247–266
Wind, Edgar: Heidnische Mysterien in der Renaissance. Frankfurt a. M. 1981
Windelband, Wilhelm: Lehrbuch der Geschichte der Philosophie. 16. Aufl. Tübingen 1976
Wittkower, Margot u. Rudolf: Künstler – Außenseiter der Gesellschaft. Stuttgart u. a. 1965
Wittkower, Rudolf: Grundlagen der Architektur im Zeitalter des Humanismus. München 1969
Wittkower, Rudolf: Allegorie und Wandel der Symbole in Antike und Renaissance. Köln 1983
Wollgast, Siegfried: Zur Friedensidee in der Renaissancezeit. Berlin 1968
Zilsel, Edgar: Die Entstehung des Geniebegriffs. Ein Beitrag zur Ideengeschichte der Antike und des Frühkapitalismus. Leipzig 1912

Abbildungsnachweis

Alinari, Florenz   Frontispiz, Abb. 7, 11, 18
Archiv DuMont Buchverlag   Abb. 2, 6, 8, 9, 13, 14, 16, 17, 19, 20
Archiv des Autors   Abb. 3, 5, 12
Paris, Service photographique des musées nationaux   Abb. 10
Wien, Kunsthistorisches Museum   Abb. 15

Die Abbildung 4 stammt aus dem Buch »Architektur und Harmonie« von Paul von Naredi-Rainer (DuMont Dokumente), erstmals abgebildet in: Zeitschrift für Kunstgeschichte 40/1977 in dem Aufsatz von Naredi-Rainer »Exkurs zum Problem der Proportionen bei Alberti«.

Register der Personen